Die Neuauflage der Vorschläge für eine Richtlinie des Rates über eine Gemeinsame (konsolidierte) Körperschaftsteuer-Bemessungsgrundlage

Forum Unternehmens-, Steuer- und Bilanzrecht

Deutsche, europäische und internationale Rechtsfragen

Herausgegeben von Oliver Fehrenbacher / Michael Stöber

Band 13

PETER LANG

Hendrik Arendt

Die Neuauflage der Vorschläge für eine Richtlinie des Rates über eine Gemeinsame (konsolidierte) Körperschaftsteuer-Bemessungsgrundlage

Steuerrechtliche Auslegung und Analyse der Vereinbarkeit mit dem Europäischen Recht

PETER LANG

Bibliografische Information der Deutschen Nationalbibliothek
Die Deutsche Nationalbibliothek verzeichnet diese Publikation in der Deutschen Nationalbibliografie; detaillierte bibliografische Daten sind im Internet über http://dnb.d-nb.de abrufbar.

Zugl.: Kiel, Univ., Diss., 2019

D 8
ISSN 2366-293X
ISBN 978-3-631-80322-6 (Print)
E-ISBN 978-3-631-80323-3 (E-PDF)
E-ISBN 978-3-631-81046-0 (EPUB)
E-ISBN 978-3-631-81047-7 (MOBI)
DOI 10.3726/b16493

Peter Lang – Berlin · Bern · Bruxelles · New York · Oxford · Warszawa · Wien

Diese Publikation wurde begutachtet.

www.peterlang.com

Danksagung

Die vorliegende Arbeit wurde am 28. Oktober 2016 von der Rechtswissenschaftlichen Fakultät der Christian-Albrechts-Universität zu Kiel als Dissertation angenommen. Rechtsprechung und Literatur wurden bis Februar 2019 berücksichtigt.

Mein besonderer Dank gilt meinem Doktorvater Prof. Dr. Michael Stöber für die Aufnahme als Doktorand und die Unterstützung bei der Themenfindung sowie den hilfreichen Anmerkungen bei der Erstellung der Dissertation und die anschließende Bewertung. Zudem danke ich Herrn Prof. Dr. Michael Stöber und Herrn Prof. Dr. Oliver Fehrenbacher für die Aufnahme in ihre Schriftenreihe. Daneben bedanke ich mich auch bei Prof. Dr. Dietmar Gosch für die Übernahme und Erstellung des Zweitvotums.

Ich danke meinen fachlichen Förderern, die mich gelehrt haben, stets den Blick über den juristischen Tellerrand zu wagen und keine Angst vor unbekannten Inhalten zu haben, und mich – für anfangs fremde – Themen begeistern konnten. Ohne die Chance das Steuerrecht für mich zu entdecken, wäre eine Promotion nicht möglich gewesen. Ich danke auch für den fachlichen Austausch und kreativen Einfluss von Kommilitonen, Kollegen und Freunden während der Erstellung der Dissertation.

Bedanken möchte ich mich auch bei meiner Familie für ihre Unterstützung, die es mir ermöglicht hat, mich ohne finanzielle Sorgen zwischen dem Studium und Referendariat vollständig auf meine Promotion konzentrieren zu können.

Mein größter Dank gebührt meinen (wohl) größten Kritikern und zugleich größten Förderern – meinen Eltern Birgit Arendt und Johann Beckmann. Sie haben mir meinen bisherigen Lebensweg ermöglicht. Ich schätze die Balance aus Unterstützung und Freiheit, die es mir gestattet hat, stets meine eigenen Erfahrungen machen und meinen eigenen Weg bestimmen zu können. Ich widme Ihnen diese Arbeit als Zeichen meiner Dankbarkeit.

Düsseldorf, September 2019 Hendrik Arendt

Inhaltsverzeichnis

Abkürzungsverzeichnis

€	Euro
a.A.	andere(r) Ansicht
a.F.	alte Fassung
ABl.-EG	Amtsblatt der Europäischen Gemeinschaft
ABl.-EU	Amtsblatt der Europäischen Union
AEUV	Vertrag über die Arbeitsweise der Europäischen Union i.d.F. der Bekanntmachung vom 09.05.2008 (ABl.-EG vom 09.05.2008, C 115/47), zuletzt geändert am 11.07.2012 (ABl.-EU vom 11.07.2012, L 204/131)
AO	Abgabenordnung i.d.F. der Bekanntmachung vom 01.10.2002 (BGBl. I vom 10.10.2002, S. 3866), zuletzt geändert durch Art. 19 Abs. 12 des Gesetzes vom 23.12.2016 (BGBl. I vom 29.12.2016, S. 3234)
AStG	Gesetz über die Besteuerung bei Auslandbeziehungen (Außensteuergesetz) i.d.F. vom 08.09.1972 (BGBl. I vom 12.09.1972, S. 1713), zuletzt geändert durch Art. 5 des Gesetzes vom 27.06.2017 (BGBl. I vom 04.07.2017, S. 2074)
ATAD	Richtlinie (EU) 2016/1164 des Rates vom 12.07.2016 mit Vorschriften zur Bekämpfung von Steuervermeidungspraktiken mit unmittelbaren Auswirkungen auf das Funktionieren des Binnenmarkts (ABl.-EU vom 19.07.2016, L 193/1)
BAO	Bundesgesetz über allgemeine Bestimmungen und das Verfahren für die von den Abgabenbehörden des Bundes, der Länder und Gemeinden verwalteten Abgaben (Bundesabgabenordnung) i.d.F. vom 28.06.1961 (BGBl. der Republik Österreich vom 04.08.1961, S. 1031), zuletzt geändert am 20.04.2017 (BGBl. der Republik Österreich I vom 12.04.2017, S. 1)
Begr.	Begründer/in
BEPS	Base Erosion and Profit Shifting
BewG	Bewertungsgesetz i.d.F. vom 01.02.1991 (BGBl. I vom 13.02.1991, S. 230), zuletzt geändert durch Art. 2 des Gesetzes vom 04.11.2016 (BGBl. I vom 09.11.2016, S. 2464)
BR-Drucks.	Bundesrats-Drucksache

Bschl.	Beschluss
bspw.	beispielsweise
BT-Drucks.	Bundestags-Drucksache
BVerfGG	Bundesverfassungsgerichtsgesetz i.d.F. der Bekanntmachung vom 11.08.1993 (BGBl. I vom 19.08.1993, S. 1473), zuletzt geändert durch Gesetz vom 18.07.2017 (BGBl. I vom 28.07.2017, S. 2730)
bzw.	beziehungsweise
CGI	Code général des impôts (französisches Steuergesetzbuch) i.d.F. vom 29.04.2017
EBITDA	Earnings before interest, taxes, depreciation and amortization, d.h. Gewinn vor Zinsen, Steuern, Abschreibungen auf Sachanlagen und immaterielle Vermögensgegenstände
EMRK	Europäische Menschenrechtskonvention – Konvention zum Schutze der Menschenrechte und Grundfreiheiten i.d.F. der Bekanntmachung vom 22.10.2010 (BGBl. II vom 29.10.2010, S. 1198), zuletzt geändert durch Protokoll Nr. 15 vom 24.06.2013 (BGBl. II vom 11.12.2014, S. 1034)
entspr.	Entsprechend (e/er)
EstG	Einkommensteuergesetz i.d.F. der Bekanntmachung vom 08.10.2009 (BGBl. I vom 13.10.2009, S. 3366), zuletzt geändert Gesetz vom 18.07.2017 (BGBl. I vom 28.07.2017, S. 2730)
et al.	Et alii (und andere)
EUGrCh	Charta der Grundrechte der Europäischen Union i.d.F. vom 12.12.2007 (ABl.-EU vom 14.12.2007, C 303/1)
EUV	Vertrag über die Europäische Union i.d.F. der Bekanntmachung vom 01.12.2009 (ABl.-EG vom 09.05.2008, C 115/13), zuletzt geändert am 24.04.2012 (ABl.-EU vom 24.04.2012, L 112/21)
EUZBBG	Gesetz über die Zusammenarbeit von Bundesregierung und Deutschem Bundestag in Angelegenheiten der Europäischen Union vom 04.07.2013 (BGBl. I vom 12.07.2013, S. 2170)
EUZBLG	Gesetz über die Zusammenarbeit von Bund und Ländern in Angelegenheiten der Europäischen Union vom 12.03.1993 (BGBl. I vom 19.03.1993, S. 313), zuletzt geändert am 22.09.2009 (BGBl. I vom 24.09.2009, S. 3031)
EWSA	Europäischer Wirtschafts- und Sozialausschuss

f.	folgende Seite/Randnummer/Textziffer
ff.	fortfolgende Seiten/Randnummern/Textziffern
FGO	Finanzgerichtsordnung i.d.F. der Bekanntmachung vom 28.03.2001 (BGBl. I vom 06.04.2001, S. 442; berichtigt im BGBl. I vom 31.08.2001, S. 2262; berichtigt im BGBl. I vom 20.02.2002, S. 679), zuletzt geändert durch Art. 8 des Gesetzes vom 12.07.2018 (BGBl. I vom 17.07.2018, S. 1151)
GewStG	Gewerbesteuergesetz i.d.F. der Bekanntmachung vom 15.10.2002 (BGBl. I vom 24.10.2002, S. 4167), zuletzt geändert durch Art. 10 des Gesetzes vom 27.06.2017 (BGBl. I vom 04.07.2017, S. 3191)
GKB	Vorschlag für eine Richtlinie zur Gemeinsamen Körperschaftsteuer-Bemessungsgrundlage i.d.F. vom 25.10.2016, COM(2016) 683 final
$GKKB_{2011}$	Vorschlag für eine Richtlinie zur Gemeinsamen konsolidierten Körperschaftsteuer-Bemessungsgrundlage i.d.F. vom 16.03.2011, COM(2011) 121 final
$GKKB_{2016}$	Vorschlag für eine Richtlinie zur Gemeinsamen konsolidierten Körperschaftsteuer-Bemessungsgrundlage i.d.F. vom 25.10.2016, COM(2016) 685 final
GOBT	Geschäftsordnung des Deutschen Bundestages vom 25.06.1980 (BGBl. I vom 15.08.1980, S. 1237), zuletzt geändert durch Beschluss des Bundestages vom 03.04.2014 (BGBl. I vom 16.05.2014, S. 534)
HGB	Handelsgesetzbuch i.d.F. vom 10.05.1987 (Reichsgesetzblatt S. 219), zuletzt geändert durch Gesetz vom 18.07.2017 (BGBl. I vom 28.07.2017, S. 2745)
Hrsg.	Herausgeber/in
i.d.F.	in der Fassung
i.V.m.	in Verbindung mit
IAS	International Accounting Standards
IFRS	International Financial Reporting Standards
IL	Inkomstskattelag (schwedisches Einkommensteuergesetz) i.d.F. vom 01.01.2000, zuletzt geändert am 07.01.2017

IntVG	Gesetz über die Wahrnehmung der Integrationsverantwortung des Bundestages und des Bundesrates in Angelegenheiten der Europäischen Union (Integrationsverantwortungsgesetz) vom 22.09.2009 (BGBl. I vom 24.09.2009, S. 3022)
KonsAvL	Laki konserniavutuksesta verotuksessa (finnisches Gesetz über Konzernbeiträge im Rahmen der Besteuerung) (825/1986) i.d.F. vom 21.11.1986, zuletzt geändert durch SDK 287/2017 vom 17.05.2017
KStG	Körperschaftsteuergesetz i.d.F. der Bekanntmachung vom 15.10.2002 (BGBl. I vom 24.10.2002, S. 4144), zuletzt geändert durch Art. 14 des Gesetzes vom 18.07.2017 (BGBl. I vom 28.07.2017, S. 2730)
Mio.	Millionen
Mrd.	Milliarden
OECD	Organization for Economic Co-operation and Development
OECD-MA	OECD-Musterabkommen 2014 zur Vermeidung der Doppelbesteuerung auf dem Gebiet der Steuern vom Einkommen und vom Vermögen
OECD-RL	OECD Leitlinien für Verrechnungspreisgrundsätze für multinationale Unternehmen und Steuerverwaltungen vom 22.07.2010
öEStG	Österreichisches Einkommensteuergesetz: Bundesgesetz i.d.F. vom 07.07.1988 über die Besteuerung des Einkommens natürlicher Personen (BGBl. der Republik Österreich vom 29.07.1988, S. 2903), zuletzt geändert am 18.01.2017 (BGBl. I der Republik Österreich vom 18.01.2017, S. 1)
SCE	Europäische Genossenschaft (SCE) im Sinne der Verordnung (EG) Nr. 1435/2003 des Rates vom 22.07.2003 (ABl.-EU vom 18.08.2003, L 207/1) und der Richtlinie 2003/72/EG des Rates vom 22.07.2003 (ABl.-EU vom 18.07.2003, L 207/25)
SE	Europäische Gesellschaft oder Societas Europaea (SE) im Sinne der Verordnung (EG) Nr. 2157/2001 des Rates vom 08.10.2001 (ABl.-EU vom 10.11.2001, L 294/1) und der Richtlinie 2001/86/EG des Rates vom 08.10.2001 (ABl.-EU vom 10.11.2001, L 294/22)
Sec.	Section = Bezeichnung des Paragraphen in englischsprachigen Rechtssystemen

SolzG	Solidaritätszuschlaggesetz 1995 i.d.F. der Bekanntmachung vom 15.10.2002 (BGBl. I vom 24.10.2002, S. 4130), zuletzt geändert durch Art. 11 des Gesetzes vom 20.12.2016 (BGBl. I vom 23.12.2016, S. 3000)
SSec.	Subsection = Bezeichnung des Absatzes in englischsprachigen Rechtssystemen
SSL	Bekendtgørelse af selskabsskatteloven (Gesetz zur Besteuerung der dänischen Aktiengesellschaft („aktieselskab")) i.d.F. vom 20.05.2015
str.	streitig
SubProt	Protokoll (Nr. 2) über die Anwendung der Grundsätze der Subsidiarität und der Verhältnismässigkeit (ABl.-EU vom 09.05.2008, C 115/1)
TCA	Taxes Consolidation Act 1997 (Irisches Steuergesetz) von i.d.F. des Finance Act vom 25.12.2016
TRILS	Texto refundido de la Ley del Impuesto sobre Sociedades (spanisches Körperschaftsteuergesetz) i.d.F. des Real Decreto Real Decreto Legislativo 4/2004 vom 05.03.2004, zuletzt geändert am 26.05.2015
TUIR	Testo Unico delle Imposte sui Redditi (italienischer Einheitstext der Steuern auf das Einkommen) i.d.F. des Decreto Del Presidente Della Republica (Nr. 917) vom 22.12.1986, zuletzt geändert am 06.08.2015
Tz.	Textziffer(n)
UmwG	Umwandlungsgesetz vom 28.10.1994 (BGBl. I vom 08.11.1994, S. 3210), zuletzt geändert durch das Gesetz vom 17.07.2017 (BGBl. I vom 21.07.2017, S. 2434)
v.	vom
WIB	Wetboek van de inkomstenbelastingen (belgisches Einkommensteuergesetz)
WVB	Wet op de vennootschapsbelasting (niederländisches Körperschaftsteuergesetz) i.d.F. vom 08.10.1969, zuletzt geändert am 01.04.2007

ZLRL	Richtlinie 2003/49/EG des Rates vom 03.06.2003 über eine gemeinsame Steuerregelung für Zahlungen von Zinsen und Lizenzgebühren zwischen verbundenen Unternehmen verschiedener Mitgliedstaaten (ABl.-EU vom 26.06.2003, L 157/49)

Weitere Abkürzungen sind *Kirchner* (Abkürzungsverzeichnis der Rechtssprache, 8. Auflage, Berlin 2015) zu entnehmen.

Teil 1: Einleitung

Mit der sogenannten Lissabon-Strategie hat sich die Europäische Union im Jahr 2000 das Ziel gesetzt „die Union zum wettbewerbsfähigsten und dynamischsten wissensbasierten Wirtschaftsraum in der Welt zu machen – einem Wirtschaftsraum, der fähig ist, ein dauerhaftes Wirtschaftswachstum mit mehr und besseren Arbeitsplätzen und einem größeren sozialen Zusammenhalt zu erzielen“[1]. Die Bundesrepublik Deutschland ist fester Bestandteil der Europäischen Union. Im Jahr 2015 flossen deutsche Exporte in Höhe von 693 Mrd. €, welche 58 % der weltweiten Exporte entsprechen, in den europäischen Binnenmarkt.[2] Prozentual kommen ebenso viele Importe (543 Mrd. €)[3] aus dem europäischen Ausland. Der europäische Absatzmarkt ist somit für den Wohlstand in Deutschland von zentraler Bedeutung und im Wettkampf mit Volkswirtschaften aufstrebender Schwellenländer ein zentraler Pfeiler.[4]

Wie diese Untersuchung zeigen wird, steht die grenzüberschreitende Tätigkeit unter besonderer Beobachtung. Zum einen sind die Mitgliedstaaten der Europäischen Union darauf bedacht, die Tätigkeit kleiner und mittlerer Unternehmen zu fördern, zum anderen den Missbrauch durch steuergestalterische Mittel zu bekämpfen. So veröffentlichte die Europäische Kommission am 25.10.2016 die Vorschläge für Richtlinien des Rates über eine Gemeinsame Körperschaftsteuer-Bemessungsgrundlage[5] und über eine Gemeinsame konsolidierte Körperschaftsteuer-Bemessungsgrundlage[6]. Diese Untersuchung beschäftigt sich mit Körperschaften, die

---

1 Europäischer Rat v. 23.-24.03.2000, Schlussfolgerungen des Vorsitzes, Tz. I.5, abrufbar unter: http://www.europarl.europa.eu/summits/lis1_de.htm (zuletzt abgerufen am 16.12.2018).

2 Statistisches Bundesamt, Zusammenfassende Übersichten für den Außenhandel 2015, Wiesbaden 2016, S. 32, Abb. Exporte.

3 Statistisches Bundesamt, Zusammenfassende Übersichten für den Außenhandel 2015, Wiesbaden 2016, S. 33, Abb. Importe.

4 Koalitionsvertrag v. 19 Legislaturperiode – (Ein neuer Aufbruch für Europa. Eine neue Dynamik für Deutschland. Ein neuer Zusammenhalt für unser Land), S. 55 ff.; Koalitionsvertrag v. 18. Legislaturperiode – (Deutschlands Zukunft gestalten), S. 7, 11; Koalitionsvertrag v. 17. Legislaturperiode – (WACHSTUM. BILDUNG. ZUSAMMENHALT.), S. 115.

5 Vorschlag für eine Richtlinie des Rates über eine Gemeinsame Körperschaftsteuer-Bemessungsgrundlage v. 25.10.2016, COM(2016) 685 final, abrufbar unter: https://ec.europa.eu/transparency/regdoc/rep/1/2016/DE/COM-2016-685-F1-DE-MAIN.PDF (zuletzt abgerufen am 14.01.2019), zukünftig abgekürzt: COM(2016) 685 final.

6 Vorschlag für eine Richtlinie des Rates über eine Gemeinsame konsolidierte Körperschaftsteuer-Bemessungsgrundlage (GKKB) v. 25.10.2016, COM(2016) 683 final, abrufbar unter: https://ec.europa.eu/transparency/regdoc/rep/1/2016/DE/

bereits auf dem europäischen Binnenmarkt grenzüberschreitend tätig sind bzw. zukünftig tätig werden wollen, wobei diesbezüglich stets nur körperschaftsteuerliche und – soweit nötig – verfahrensrechtliche Aspekte beleuchtet werden.

A. Begrifflichkeiten

Als europäischen Binnenmarkt bezeichnet man gemäß Art. 26 Abs. 2 AEUV einen Raum ohne Binnengrenzen, in dem der freie Verkehr von Waren, Personen, Dienstleistungen und Kapital gewährleistet ist. Die Errichtung des Binnenmarkts ist eines der Ziele[7] der Europäischen Union gemäß Art. 3 Abs. 3 Satz 1 EUV. Der Binnenmarkt konzentriert sich auf die Beseitigung von Beschränkungen für grenzüberschreitende Betätigungen. Zudem verlangt das Protokoll Nr. 27 über den Binnenmarkt und den Wettbewerb[8] ein System, welches den Wettbewerb vor Verfälschungen schützt. Dies hat jedoch aus rechtlicher Sicht keinen Einfluss auf die Ausgestaltung der Wettbewerbsordnung.[9] Die Beseitigung einer Doppelbesteuerung oder einer aus der Anwendung der nationalen Besteuerungssysteme entstehenden Disparität zwischen den Mitgliedstaaten der Europäischen Union ist für den europäischen Binnenmarkt nicht von Belang.[10] Denn der Binnenmarkt verlangt keine Steuerneutralität.[11] *Vanistendael* beschreibt den Binnenmarkt daher metaphorisch nicht als einen großen Billardtisch, der das gesamte Gebiet der Europäischen Union umfasst, sondern als einem Raum mit 28 kleinen Billardtischen, in denen der Zugang unter dem Grundsatz der Gleichbehandlung steht.[12]

In der Europäischen Union hat die Förderung von Investitionen und nachhaltigem Wachstum in einem stärkeren, integrierten Binnenmarkt Priorität.[13] Die Idee der europäischen Integration beruht auf dem Zusammenschluss der Völker

---

COM-2016-683-F1-DE-MAIN.PDF (zuletzt abgerufen am 14.01.2019), zukünftig abgekürzt: COM(2016) 683 final.

7 Vgl. zur historischen Entwicklung: *Heinemann* in: Kellersmann *et al.*, EU I, S. 17.

8 Protokoll Nr. 27 über Binnenmarkt und den Wettbewerb v. 26.10.2012, ABl.-EU C 326/309.

9 *Herdegen* Europarecht, § 13 Rn. 1.

10 So bspw.: EuGH v. 29.11.2011 – C-371/10 (National Grid Indus), Slg 2011, I-12273, Rn. 62; EuGH v. 28.02.2008 – C-293/06 (Deutsche Shell), Slg 2008, I-1129, Rn. 41; EuGH v. 06.12.2007 – C-298/05 (Columbus Container Services), Slg 2007, I-10451, Rn. 27; EuGH v. 18.07.2007 – C-231/05 (Oy AA), Slg 2007, I-6373, Rn. 52; EuGH v. 21.09.1999 – C-307/97 (Saint-Gobain ZN), Slg 1999, I-6161, Rn. 57; *Lehner* in: Blumenberg, FS Haarmann 2015, S. 689 (693).

11 *Schön* in: Schön/Heber, Grundfragen des Europäischen Steuerrechts, S. 121.

12 *Vanistendael* General report on the fundamental freedoms and national sovereignty in the European Union, S. 191 f.; *Vanistendael* EC Tax Review 2003, S. 136 (139).

13 Eine faire und effiziente Unternehmensbesteuerung in der Europäischen Union – Fünf Aktionsschwerpunkte v. 17.06.2015, COM(2015) 302 final, S. 2, zukünftig abgekürzt: COM(2015) 302 final.

zu einem gemeinsamen Wirtschaftsraum und durch koordiniertes Handeln in den einzelnen Politikfeldern.[14] Hierzu bedarf es steuerlicher Spielregeln für die Unternehmen. Die Europäische Union und ihr Vorgänger[15], die Europäische Gemeinschaft, ist jedoch keine Steuerrechtsunion nach Art. 95 EGV.[16] Da Steuerrecht grundsätzlich der nationalen Gesetzgebungskompetenz[17] der Mitgliedstaaten unterliegt, würde sie erst mit der endgültigen Aufgabe der nationalen Steuersouveränität[18] in die Kompetenz der Europäischen Union übergehen.[19] Daher umfasst der Begriff des europäischen Steuerrechts[20] das begrenzte eigene Steuerrecht der Europäischen Union sowie die Normen des primären (bspw. EUV und AEUV) und des sekundären (bspw. Verordnungen und Richtlinien) Gemeinschaftsrechts.[21] Art. 113 AEUV ermächtigt den Rat der Europäischen Union zum Erlass von Rechtsvorschriften zur Harmonisierung der indirekten Steuern; auf dieser Grundlage hat der Rat bspw. die MwSt-Systemrichtlinie erlassen[22]. Im Bereich der direkten Steuern fehlt es am originären europäischen Steuerrecht, das durch ein Organ[23] der Europäischen Union als Normgeber zu entwickeln wäre.[24] Vielmehr üben die Mitgliedstaaten ihre Kompetenz „unter Wahrung des Gemeinschaftsrechts“[25] aus, sodass die Grundfreiheiten die nationalen Steuerrechtsordnungen beeinflussen.[26]

---

14 *Kirchhof* DFGT 2011/2012, S. 23 (24).

15 Vgl. zur Historie der EU: *Kellersmann* in: Kellersmann *et al.*, EU I, S. 15 ff.; *Weber-Grellet* Europäisches Steuerrecht, S. 5 ff.; *Herdegen* Europarecht, § 4; *Streinz* Europarecht, Rn. 16 ff.

16 *Weber-Grellet* StuW 1995, S. 336 (336); *Arndt/Fischer/Fetzer* Europarecht, S. 237; *Bieber et al.* Die Europäische Union. Europarecht und Politik, § 19 Rn. 11.

17 In Deutschland hat der Bund die Gesetzgebungskompetenz gemäß Art. 105 Abs. 2, Art. 106 Abs. 3, Art. 70 GG.

18 *Kirchhof* DFGT 2011/2012, S. 23 (23).

19 *Weber-Grellet* Europäisches Steuerrecht, S. 2; *Birk/Desens/Tappe* Steuerrecht, Rn. 223; *Kellersmann* in: Kellersmann *et al.*, EU I, S. 15.

20 Vgl. bereits zum Begriff: *Birk* FR 2005, S. 121 (ff.).

21 *Weber-Grellet* Europäisches Steuerrecht, S. 1; *Englisch* in: Tipke/Lang, Steuerrecht, § 4 Rn. 1; *Kirchhof* DFGT 2011/2012, S. 23 (25).

22 Richtlinie des Rates über das gemeinsame Mehrwertsteuersystem v. 28.11.2006, ABl.-EU v. 11.12.2006, L 347/1, zuletzt geändert durch Richtlinie des Rates 2013/61/EU v. 17.12.2013, ABl.-EU v. 28.12.2013, L 353/5.

23 Vgl. *Herdegen* Europarecht, § 7; *Weber-Grellet* Europäisches Steuerrecht, S. 10 ff.; *Kellersmann* in: Kellersmann *et al.*, EU I, S. 21 ff.

24 *Haase* Internationales und Europäisches Steuerrecht, Rn. 14; Einführung einer eigenen EU-Unternehmenssteuer wird bspw. gefordert von: *Rödder* in: Kessler/Förster/Watrin, FS Herzig 2010, S. 349 (363); oder bereits: *Birk* in: Birk, Handbuch des europäischen Steuer- und Abgabenrechts, § 11 Rn. 11.

25 EuGH v. 13.12.2005 – C-446/03 (Marks&Spencer), Slg 2005, I-10837; EuGH v. 07.09.2004 – C-319/02 (Manninen), Slg 2004, I-7477; EuGH v. 27.06.1996 – C-107/94 (Asscher), Slg 1996, I-3089; EuGH v. 11.08.1995 – C-80/94 (Wielockx), Slg 1995, I-2493; EuGH v. 14.02.1995 – C-279/93 (Schumacker), Slg 1995, I-225.

26 *Birk/Desens/Tappe* Steuerrecht, Rn. 223.

Zentrale Bedeutung für die Einhaltung des Gemeinschaftsrechts hat der EuGH, der gemäß Art. 19 Abs. 1 Satz 2 EUV als sogenannter Motor der Harmonisierung[27] mit der Sicherung und Wahrung des Rechts bei der Auslegung und Anwendung der Verträge beauftragt ist. Die maßgebliche Aufgabe für die Entwicklung des originären europäischen Steuerrechts läge bei der Kommission, da ihr gemäß Art. 17 Abs. 2 Satz 1 EUV das gesetzgeberische Initiativrecht zusteht.[28] Dennoch handelt es sich bei den meisten Rechtsnormen nicht um originäres europäisches Recht, die Anwendung finden. Lediglich die Sachverhalte sind „europäisch".[29]

Solche europäischen Sachverhalte werden durch grenzüberschreitend tätige Unternehmen verwirklicht. Aus ökonomischer Sicht bezeichnet der Begriff Unternehmen einen Vertrag zur Interessensverfolgung zwischen Kapitalgeber, Arbeitnehmer und Geschäftsführer.[30] Da bei Kapitalgesellschaften dem Geschäftsführer bzw. Management die Verfügungsgewalt und der Gewinn den Anteilseignern zustehen, ist das Unternehmen selbst keine eigene Person, bildet keinen eigenen Willen und besitzt keine steuerliche Leistungsfähigkeit.[31] Demgegenüber basiert die juristische Betrachtungsweise auf dem gesellschaftsrechtlichen Begriff der Kapitalgesellschaft, die als juristische Person selbst steuerlich leistungsfähig ist.[32]

Den Konzern, also die rechtliche und wirtschaftliche Verbindung mehrerer Rechtsträger, betrachtet das Unternehmenssteuerrecht nach dem Trennungsprinzip[33] als voneinander unabhängige Steuersubjekte.[34] Der betriebswirtschaftlichen Einheit bzw. der ökonomischen Wirklichkeit[35] wird in erster Linie durch die ertragsteuerliche Organschaft gemäß § 14 ff. KStG Rechnung getragen.[36]

---

27 *Haase* Internationales und Europäisches Steuerrecht, Rn. 16; *Schlücke* Die Umsetzung von EuGH-Entscheidungen in das deutsche Steuerrecht: Das Beispiel der Betriebsstättenverluste, S. 297 ff.; *Mellinghoff/Schließl* in: Lüdicke, Praxis und Zukunft des deutschen Internationalen Steuerrechts, S. 45 (53 ff.).

28 *Kellersmann* in: Kellersmann *et al.*, EU I, S. 23 f.; *Englisch* DFGT 2011/2012, S. 87 (108).

29 *Haase* Internationales und Europäisches Steuerrecht, Rn. 17.

30 Vgl. m.w.N.: *Homburg* Allgemeine Steuerlehre, S. 228.

31 *Homburg* Allgemeine Steuerlehre, S. 228.

32 *Marx* DB 1996, S. 950 (950); *Frotscher* Körperschaftsteuer, Gewerbesteuer, Rn. 261; *Wackerbarth/Eisenhardt* Recht der Kapitalgesellschaften mit Bezügen zum Bilanz-, Insolvenz- und Kapitalmarktrecht, § 2 Rn. 29; vgl. zu den Unternehmensbegriffen: *Homburg* Allgemeine Steuerlehre, S. 228.

33 Vgl. zur Abgrenzung zum Transparenzprinzip: *Böhmer* StuW 2012, S. 33 (33 ff.); *Birk/Desens/Tappe* Steuerrecht, Rn. 1103; *Hey* in: Tipke/Lang, Steuerrecht, § 11 Rn. 1 f.

34 BFH v. 03.03.2010 – I R 68/09, DStR 2010, S. 858 (860); *Witt* Die Konzernbesteuerung Vorschlag zur Fortentwicklung des Rechts der steuerlichen Organschaft, S. 1; *Herzig* in: Herzig, Organschaft, S. 3; *Montag* in: Tipke/Lang, Steuerrecht, § 18 Rn. 400; *Birk/Desens/Tappe* Steuerrecht, Rn. 1203; *Hey* in: Herrmann/Heuer/Raupach, EStG/KStG, § 14 Rn. 6 ff.

35 *Lüdicke* FR 2009, S. 1025 (1025 ff.).

36 *Montag* in: Herzig, Organschaft, S. 304.

Unternehmenssteuern bezeichnen alle Steuern, die entweder das Unternehmen als solches oder die dahinterstehenden Unternehmer, Manager oder Anteilseigner treffen.[37] Somit folgt für Körperschaften aus dem Trennungsprinzip, dass zwei Vermögenssphären bestehen. Rechtssystematisch führt die getrennte Besteuerung der Gewinne der juristischen Person und der ausgeschütteten Dividende an natürliche Personen gemäß § 20 Abs. 1 Nr. 1 EStG[38] zu einer wirtschaftlichen Doppelbesteuerung.[39] Das zu versteuernde Einkommen der juristischen Person als eigenständiges Steuersubjekt[40] unterliegt der proportionalen Körperschaftsteuer in Höhe von 15 % gemäß § 23 Abs. 1 KStG nebst Solidaritätszuschlag[41] in Höhe von 5,5 % gemäß § 1 Abs. 1 SolzG. Die Körperschaftsteuer trägt regelmäßig in Höhe von 3 % (in 2015 ca. 19,6 Mrd. €) zum deutschen Steueraufkommen bei.[42] Daneben entsteht Gewerbesteuer gemäß § 2 Abs. 2 Satz 1 GewStG, welche gemäß § 7 Satz 1 GewStG i.V.m. § 8 Abs. 1 Satz 1 KStG i.V.m. §§ 4 ff. EStG an den körperschaftsteuerlichen Gewinn anknüpft. Da die Gemeinden gemäß Art. 106 Abs. 6 GG[43] die Gewerbesteuer erheben, ist sie mit ca. 75 % (in 2015: 45 Mrd. €)[44] für das Steueraufkommen der Gemeinden maßgeblich. Zusammenfassend beträgt die effektive Steuerbelastung einer Kapitalgesellschaft in Deutschland ca. 30 %. Der europäische Durchschnitt liegt bei ca. 22 %.[45]

Im Zusammenhang mit der internationalen Besteuerung grenzüberschreitend tätiger Unternehmen nimmt man stets auch den Begriff der sogenannten aggressiven Steuerplanung wahr.[46] Es fehlt zu diesem Begriff an einer klaren, allgemeingültigen Definition der Grenze zwischen wirtschaftlich begründeter Ausnutzung des Steuersatzgefälles und sogenannter aggressiver Steuerplanung.[47] Nach Ansicht der

---

37 *Homburg* Allgemeine Steuerlehre, S. 228.

38 *Birk/Desens/Tappe* Steuerrecht, Rn. 764, 1204, 1283.

39 *Jacobs et al.* Int. Unternehmensbesteuerung, S. 121; *Böhmer* StuW 2012, S. 33 (33); *Hey* in: Tipke/Lang, Steuerrecht, § 11 Rn. 6.

40 *Palm* Person im Ertragsteuerrecht, S. 472 ff.

41 Vgl. m.w.N.: *Birk/Desens/Tappe* Steuerrecht, S. 22.

42 Bundesministerium der Finanzen v. 02.-04.05.2016 – (Ergebnis der 148. Sitzung des Arbeitskreises „Steuerschätzungen"), Tabelle 1, Tabelle 4.

43 BVerfG v. 27.01.2010 – 2 BvR 2185/04, 2 BvR 2189/04, BVerfGE 125, S. 141; BFH v. 18.08.2004 – I B 87/04, BFHE 206, S. 453; vgl. zu verfassungsrechtlichen Bedenken im Schriftum: *Otting* DB 2004, S. 1222 (1222 ff.); *Walz/Süß* DStR 2003, S. 1637 (1637 ff.).

44 Bundesministerium der Finanzen v. 02.-04.05.2016 – (Ergebnis der 148. Sitzung des Arbeitskreises „Steuerschätzungen"), Tabelle 1, Tabelle 4.

45 Vgl. im europäischen Vergleich: *Jacobs et al.* Int. Unternehmensbesteuerung, Tabelle 10, S. 168; *Homburg* Allgemeine Steuerlehre, S. 236.

46 Zuletzt zu den in den öffentlichen Medien diskutierten Panama- und Paradise-Papers, die durch Süddeutsche Zeitung und das International Consortium for Investigative Journalists ausgewertet worden waren. Eine gesammelte Analyse findet sich unter: https://panamapapers.sueddeutsche.de (zuletzt abgerufen am 01.12.2018).

47 *Haas* in: Blumenberg *et al.*, FS Haarmann 2015, S. 563 (569); *Fuest et al.* DB 2013, S. 33 (36).

Europäischen Kommission beabsichtigt aggressive Steuerplanung, die Feinheiten eines Steuersystems oder Unstimmigkeiten zwischen den Steuersystemen auszunutzen, um die Steuerlast zu minimieren.[48] So ist Steuerplanung nach Ansicht von *Blumers* neben der eigentlichen Ausführung lediglich ein Bestandteil der Steuergestaltung.[49] Durch Steuergestaltung wird nach Ansicht von *Rödder* die Höhe und/oder der Zeitpunkt der steuerlichen Belastung durch Sachverhaltsgestaltung oder Wahlrechte beeinflusst.[50] In jedem Fall endet legale Steuergestaltung dort, wo illegale Steuerumgehung anfängt.[51] Die Verschärfung des Steuerwettbewerbs innerhalb der Europäischen Union vermag auf die immer komplexer werdenden nationalen Steuersysteme und die unzureichende Abstimmung unter den Mitgliedstaaten zurückgehen, die ihrerseits erst Anreize und Möglichkeiten zur Gewinnverlagerung eröffnen.[52] Die Aggressivität ergibt sich vor allem aus der Reaktion des Gesetzgebers, der seines Erachtens unmoralische bzw. ungewollte steuerliche Gestaltungen aufgrund seines Fiskalinteresses untersagt.[53] Dies wurde in Deutschland insbesondere mit der Intention deutlich, die mit dem Steuerumgehungsbekämpfungsgesetz verbunden war.[54]

B. Problemstellung

Die geltenden Regeln im Europäischen Steuerrecht gehen auf die Zeit nach dem Zweiten Weltkrieg zurück. Die fortschreitenden Anforderungen eines globalen, mobilen und zunehmend digitalisierten Wirtschaftsumfeldes sind in den Besteuerungssystemen der Mitgliedstaaten noch nicht angekommen.[55] Um diesem Problem Einhalt zu gebieten, bezwecken die Richtlinienvorschläge grundlegend die Förderung des Zugangs zum europäischen Binnenmarkt einerseits und die Bekämpfung des Missbrauchs mit steuerlichen Gestaltungsmitteln andererseits. Die Untersuchung wird aufzeigen, inwiefern die Richtlinienvorschläge zum Erreichen dieser Ziele beitragen. Dabei wird auch auf das Verhältnis zu anderen Maßnahmen des sekundären Unionsrechts eingegangen werden. Denn durch die Masse an Gesetzgebungsakten der Europäischen Union kommt es, wie darzulegen ist, zu Überschneidungen zwischen den entstehenden Rechtsakten.

---

48 Empfehlung der Kommission betreffend aggressive Steuerplanung v. 06.12.2012 – 2012/772/EU, ABl.-EU v. 12.12.2012, L 338/41.

49 *Blumers* BB 2013, S. 2785 (2786).

50 Vgl. ausführlich zu dem Begriff: *Rödder* in: Hüttemann, DStJG (33) 2010, S. 93 (96).

51 *Blumers* BB 2013, S. 2785 (2787).

52 Vgl. ebenso: COM(2016) 685 final; S. 8 *Spengel/Stutzenberger* IStR 2018, S. 37 (38).

53 Vgl. zu der aggressiven Steuerplanung durch den Steuerwettbewerb der Mitgliedstaaten: *Haas* in: Blumenberg *et al.*, FS Haarmann 2015, S. 563 (570 f.).

54 Vgl. *El Mourabit* BB 2017, S. 91 (92); *Rosenberg et al.* DB Beilage zu Heft 51/52 2017, S. 5 (5).

55 Vgl. ebenso: COM(2016) 685 final, S. 8; *Spengel/Stutzenberger* IStR 2018, S. 37 (38).

Die Richtlinienvorschläge beschäftigen sich mit der Harmonisierung der mitgliedstaatlichen körperschaftsteuerlichen Bemessungsgrundlagen. Von einzelnen Mitgliedstaaten wurde in diesem Zusammenhang im Rahmen der sogenannten begründeten Stellungnahme vorgebracht, dass die Europäische Union mit den Richtlinienvorschlägen gegen das sogenannte Subsidiaritätsprinzip gemäß Art. 5 EUV verstoße, da durch die Richtlinienvorschläge der Kernbestandsteil steuerrechtlicher Souveränität betroffen sei. Um Überlagerungen mit früheren Arbeiten[56] zu den einzelnen Normen der $GKKB_{2011}$ zu vermeiden, liegt der Fokus dieser Untersuchung auf den neu implementierten Normen. Es ist jedoch auffällig, dass der Begriff des Subsidiaritätsprinzips uneinheitlich verwendet wird, sodass diese Untersuchung es sich auch zum Gegenstand macht, den Prüfungsumfang des Art. 5 EUV und die begründete Stellungnahme zu spezifizieren. Dies wird insbesondere notwendig, um die Kernfrage dieser Untersuchung zu klären, ob und inwiefern die Richtlinienvorschläge als Gesamtes oder die Bestimmungen im Einzelnen mit Art. 5 EUV vereinbar sind und die Kritik der Mitgliedstaaten begründet ist.

C. Methodik der Untersuchung

Die Untersuchung der Richtlinienvorschläge erfolgt dabei anhand eines Vergleichs zwischen den unterschiedlichen Rechtsordnungen. Der Rechtsvergleich zwischen der unionsrechtlichen und mitgliedstaatlichen Bestimmung verfolgt unterschiedliche Ziele. Einerseits dient ein Rechtsvergleich der kritischen Betrachtung und Kontrolle des bestehenden Rechts, um die Effektivität der eigenen Rechtsinstitute bzw. der eigenen Rechtsnormen zu überprüfen[57] und gegebenenfalls zu verbessern[58], das bestehende System zu hinterfragen oder Lücken zu schließen.[59] Andererseits können die Erkenntnisse des Vergleichs zur Harmonisierung unterschiedlicher Rechtsordnungen und zur Bildung allgemeiner Rechtssätze genutzt

56 Vgl. bspw. *Dahlke* Harmonisierung der Konzernbesteuerung in der Europäischen Union. ökonomische Analyse einer einheitlichen konsolidierten körperschaftsteuerlichen Bemessungsgrundlage; *Eggert* Die Gewinnermittlung nach dem Richtlinienvorschlag über eine Gemeinsame Konsolidierte Körperschaftsteuer-Bemessungsgrundlage: Vergleich mit der Gewinnermittlung nach dem HGB, EStG und den IFRS; *Herzig* Gemeinsame konsolidierte Körperschaftsteuerbemessungsgrundlage (GKKB); *Schön/Schreiber/Spengel* A CCCTB for Europe; Vgl. detailliert: *Weiss* Die steuerliche Behandlung stiller Reserven im Rahmen des Übergangs auf eine Gemeinsame Konsollidierte Körperschaftssteuer-Bemessungsgrundlage (GKKB).

57 *Neumayer* in: Grasmann/David, Einführung in die großen Rechtssysteme der Gegenwart, S. 31.

58 *Sacco/Rossi* Einführung in die Rechtsvergleichung, S. 25 f.

59 *Rösler* JuS 1999, S. 1084 (1087); *Zweigert/Kötz* Einführung in die Rechtsvergleichung, S. 13 ff., 20 ff.

werden.[60] Der Rechtsvergleich kann als Makrovergleich[61], der die vergleichenden Rechtsordnungen als Ganzes betrachtet, oder als Mikrovergleich[62] erfolgen, der die Rechtsinstitute und Rechtsnormen gegenüberstellt und die Gemeinsamkeiten und Unterschiede im Kontext zu anderen Normen der untersuchten Rechtsordnung aufzeigt. Diese Untersuchung erfolgt anhand der Methodik von *Zweigert/Kötz*, sodass die Bestimmungen anhand der Aufgaben und der Funktion dargestellt werden.[63] Zunächst wird stets die Bestimmung der Richtlinienvorschläge vor den mitgliedstaatlichen Regelungen dargestellt. Die vergleichende Analyse mit den mitgliedstaatlichen Regelungen erfolgt dabei unter dem Aspekt der Vereinbarkeit mit Art. 5 EUV. Der Vergleich mit primär- oder sekundärrechtlichem Unionsrecht erfolgt dabei unter dem Aspekt der Einhaltung der Verhältnismäßigkeit gemäß Art. 5 Abs. 4 EUV. Der Vergleich wird durch Stimmen in der Literatur und der Mitgliedstaaten vervollständigt, soweit dies möglich ist. Die Literatur befasst sich in erster Linie mit dem Vorschlag für eine Richtlinie des Rates über eine Gemeinsame Körperschaftsteuer-Bemessungsgrundlage[64] aus 2011 und beschränkt sich hinsichtlich der aktuellen Richtlinienvorschläge auf die Zusammenfassung und Darstellung der Bestimmungen. Tiefergehende Analysen sind nur selten vorhanden. Die vorliegende Untersuchung soll zu den bisher nicht beachteten Bereichen Stellung nehmen und dem Leser einen umfassenden Gesamtblick über die Richtlinienvorschläge bieten.

D. Gang der Untersuchung

Der Teil 2 (Grenzüberschreitende Tätigkeit innerhalb des EU-Binnenmarktes) stellt die grundsätzlichen Begrifflichkeiten im Kontext zum Verständnis dieser Untersuchung vor, bevor anschließend die aktuelle Besteuerungssituation einer grenzüberschreitenden Tätigkeit erläutert wird. Dabei wird auch näher auf die unterschiedlichen Formen der grenzüberschreitenden Tätigkeit eingegangen. Abschließend erfolgt ein historischer Abriss der steuerlichen Gesetzgebung der Europäischen Union.

---

60 *Neumayer* in: Grasmann/David, Einführung in die großen Rechtssysteme der Gegenwart, S. 34.

61 *Zweigert/Kötz* Einführung in die Rechtsvergleichung, S. 4.

62 *Pommer* Rechtsübersetzung und Rechtsvergleichung. Translatologische Fragen zur Interdisziplinarität, S. 84 f.

63 *Zweigert/Kötz* Einführung in die Rechtsvergleichung, S. 33 ff.

64 Vorschlag für eine Richtlinie des Rates über eine Gemeinsame konsolidierte Körperschaftsteuer-Bemessungsgrundlage (GKKB) v. 16.03.2011, abrufbar unter: http://www.europarl.europa.eu/meetdocs/2009_2014/documents/com/com_com(2011)0121_/com_com(2011)0121_de.pdf (zuletzt abgerufen am 14.01.2019), zukünftig abgekürzt: KOM(2011) 121 endgültig.

Der Schwerpunkt von Teil 3 (Harmonisierung der Körperschaftsteuer-Bemessungsgrundlage) liegt auf der europarechtlichen Einordnung der Richtlinienvorschläge. Im Mittelpunkt des Teils stehen der Ursprung und die Entwicklung der Richtlinienvorschläge sowie die dahinterstehenden Motive und Ziele. Um die Verknüpfung zum Vergleich mit mitgliedstaatlichem Steuerrecht herzustellen, bietet sich eine Aufbauweise anhand der darzustellenden unionsrechtlichen Rechtsbehelfe an, die den Mitgliedstaaten der Europäischen Union in der legislativen Diskussion zur Verfügung stehen. Schließlich wird das unionsweit harmonisierte System insgesamt auf seine Vereinbarkeit mit dem Unionsrecht – insbesondere der Vereinbarkeit mit Art. 5 Abs. 3, 4 EUV – überprüft.

In Teil 4 (Gemeinsame Körperschaftsteuer-Bemessungsgrundlage) werden dann die einzelnen Bestimmungen des Richtlinienvorschlags nach oben genannter Methode analysiert. Die Untersuchung beschäftigt sich dabei vornehmlich mit den Bestimmungen, die neu in die Diskussion um ein unionsrechtliches Regelungssystem getreten sind. Der Fokus liegt hierbei insbesondere auf der unionsrechtlichen Förderung von Forschungs- und Entwicklungsaktivitäten, der Einführung einer unionsrechtlichen Zinsschranke, den Maßnahmen zur Wegzugsbesteuerung, sowie dem grenzüberschreitenden Verlustausgleich als Meilenstein in der Diskussion.

Teil 5 (Gemeinsame konsolidierte Körperschaftsteuer-Bemessungsgrundlage) behandelt die $GKKB_{2016}$ übersichtsartig, da die Bestimmungen aus der $GKKB_{2011}$ überwiegend übernommen wurden. Das Kapitel dient lediglich der Vollständigkeit, um die seit 2011 bestehenden Problembereiche darzustellen, die nicht beseitigt wurden.

Abschließend erfolgt im Teil 6 (Schlussbetrachtung) eine Zusammenfassung der Ergebnisse.

Teil 2: Grenzüberschreitende Tätigkeit innerhalb des EU-Binnenmarktes

A. Grenzüberschreitende Tätigkeit und die Besteuerung

Großkonzerne, aber zunehmend auch mittlere Unternehmen tätigen ihre Geschäfte auf internationaler Bühne. Jedoch ist die Bildung europaorientierter Unternehmenseinheiten infolge der unterschiedlichen nationalen Steuergesetze und -grenzen gehemmt.[65] Es bedarf internationaler Regeln, um dennoch eine gewisse Flexibilität zu gewährleisten.

I. Internationales Steuerrecht

Wann auch immer ein steuerlicher Sachverhalt die Hoheitsgrenzen eines Steuergesetzgebers überschreitet, kommt das sogenannte internationale Steuerrecht zur Anwendung. Infolge des Souveränitätsprinzips ist jeder Staat verpflichtet, die Gebietshoheit anderer Staaten anzuerkennen und zu beachten. Dies schließt jedoch nicht das Recht aus, die sich auf fremdem Hoheitsgebiet ereignenden Sachverhalte zu besteuern.[66] Folglich betrifft das internationale Steuerrecht das nationale materielle und prozessuale Steuerrecht für grenzüberschreitende Sachverhalte zweier Steuergesetzgeber (sogenanntes Außensteuerrecht).[67] Um entstehende Besteuerungskonflikte zu vermeiden, ist das internationale Steuerrecht im engeren Sinne Abkommensrecht[68], welches die Besteuerungsansprüche voneinander abgrenzt.[69] Letztlich handelt es sich nach zutreffender Auffassung von *Wassermeyer/Schwenke* nicht um Rechtsbegriffe, sondern um reine Ordnungsbegriffe.[70] Ergänzt werden diese Normen durch BMF-Schreiben, Erlasse und Verfügungen der (deutschen bzw. nationalen) Finanzverwaltung[71] sowie sekundäres Recht der EU.[72]

---

65 *Jacobs et al.* Int. Unternehmensbesteuerung, S. 182; ebenso: *Dorner* in: Dawid/Dorner, Verrechnungspreise. Grundlagen und Praxis, S. 1.

66 *Brähler* Internationales Steuerrecht, S. 3; *Kluge* Das Internationale Steuerrecht: Gemeinschaftsrecht, Außensteuerrecht, Abkommensrecht, Rn. B 11.

67 Vgl. *Haase* Internationales und Europäisches Steuerrecht, Rn. 12 f.

68 *Wassermeyer/Schwenke* in: Wassermeyer, DBA, Vor Art. 1 MA Rn. 7; das Internationale Steuerrecht im engeren Sinne eher als Kollisionsrecht verstehend: *Brähler* Internationales Steuerrecht, S. 3.

69 *Haase* Internationales und Europäisches Steuerrecht, Rn. 12 f.; *Brähler* Internationales Steuerrecht, S. 1.

70 *Wassermeyer/Schwenke* in: Wassermeyer, DBA, Vor Art. 1 MA Rn. 6 f.

71 Vgl. detailliert: *Reith* Internationales Steuerrecht, Rn. 2.170 ff.

72 Vgl. *Haase* Internationales und Europäisches Steuerrecht, Rn. 46; *Englisch* in: Tipke/Lang, Steuerrecht, § 5 Rn. 28 ff.; *Reith* Internationales Steuerrecht, Rn. 2.1.

1. *Anknüpfungspunkte für die Besteuerung*

Jeder Besteuerungsstaat hat ein natürliches Interesse daran, sein Besteuerungsrecht über seine eigenen Hoheitsgrenzen auszudehnen, um sein nationales Steueraufkommen zu maximieren.[73] So darf ein internationaler Sachverhalt besteuert werden, wenn eine hinreichend enge Beziehung zu dem besteuernden Staat besteht (sogenannter „genuine link").[74] Das Steuerrecht folgt hier dem Äquivalenzinteresse[75], nach dem diejenigen, welche die Vorteile staatlicher Organisation für ihre wirtschaftliche Tätigkeit in Anspruch nehmen, zu den Kosten eines Staates beitragen sollen.[76]

Diese enge Beziehung zur Wirtschaftsordnung des Besteuerungsstaates entsteht infolge persönlicher oder sachlicher Anknüpfungspunkte (sogenannte Besteuerung dem Grunde nach).[77] Persönliche Anknüpfungspunkte können sich über die Nationalität, d.h. zivilrechtlicher Sitz, oder die Ansässigkeit[78], d.h. wirtschaftliche Gebietszugehörigkeit anhand des Sitzes oder Ortes der Geschäftsleitung der juristischen Person, definieren.[79] Ein signifikanter Unterschied der beiden Ansätze zeigt sich eher bei der Besteuerung natürlicher Personen.[80] Eine juristische Person ist in Deutschland[81] gemäß § 1 Abs. 1 KStG i.V.m. §§ 10 oder 11 AO unbeschränkt körperschaftsteuerpflichtig. Im internationalen Kontext spricht man auch von „Steuerinländer".[82] Zur Vervollständigung sei gesagt, dass in Deutschland das Prinzip der tatsächlichen, rechtlichen oder fiktiven Anwesenheit (Ansässigkeit oder Wohnsitz) Anwendung findet.[83] Sachliche Anknüpfungspunkte zum Inland

---

73 *Reith* Internationales Steuerrecht, Rn. 3.9.

74 Vgl. BFH v. 18.12.1963 – I 230/61 S, BStBl. III 1964, S. 253 (256 f.); BFH v. 16.12.1964 – II 154/61 U, BStBl. III 1965, S. 134 (135); *Mössner* in: Mössner, Steuerrecht international tätiger Unternehmen, Rn. 2.3; *Verdross/Simma* Universelles Völkerrecht. Theorie und Praxis, § 1183; *Rudolf* in: Lutter, FS Bärmann 1975, S. 769 (777).

75 *Lehner/Waldhof* in: Kirchhof/Söhn/Mellinghoff, EStG, § 1 EStG Rn. A7; vgl. m.w.N.: *Hey* in: Tipke/Lang, Steuerrecht, § 3 Rn. 44;.

76 *Mössner* in: Mössner, Steuerrecht international tätiger Unternehmen, Rn. 2.3.

77 *Brähler* Internationales Steuerrecht, S. 3 f.; *Mössner* in: Mössner, Steuerrecht international tätiger Unternehmen, Rn. 2.3. f.

78 Vgl. detailliert zu den synonym verwendeten Begrifflichkeiten: *Reith* Internationales Steuerrecht, Rn. 3.9.

79 *Haase* Internationales und Europäisches Steuerrecht, Rn. 20 f.; *Brähler* Internationales Steuerrecht, S. 4; *Mössner* in: Mössner, Steuerrecht international tätiger Unternehmen, Rn. 2.3.

80 *Brähler* Internationales Steuerrecht, S. 4.

81 Vgl. zu den Körperschaftsteuersystemen anderer Mitgliedstaaten: *Jacobs et al.* Int. Unternehmensbesteuerung, S. 136 ff.

82 *Reith* Internationales Steuerrecht, Rn. 3.10.

83 *Schaumburg* in: Schaumburg, Internationales Steuerrecht, Rn. 6.2; *Birk/Desens/Tappe* Steuerrecht, Rn. 666; vgl. m.w.N.: *Reith* Internationales Steuerrecht, Rn. 3.10; a.A. *Brähler* Internationales Steuerrecht, S. 4.

bestehen, wenn dort Tatbestandsmerkmale durch das Steuergut verwirklicht werden und der Steuerpflichtige infolgedessen an den Vorteilen des Staates teilhat.[84] Der Besteuerung unterliegen nur Einkünfte aus inländischen Einkunftsquellen (sogenanntes Quellenprinzip) bzw. Einkünfte aus den im Hoheitsgebiet belegenden Vermögensgegenständen (sogenanntes Belegenheitsprinzip).[85] Die persönliche Verbindung zum Inland ist nebensächlich und der „Steuerausländer" ist gemäß § 2 KStG beschränkt körperschaftsteuerpflichtig.[86] Die parallele Anwendung hat bei Ertragsteuern den Vorteil, Steuergestaltungen entgegenzuwirken.[87]

Weitreichendste Ausprägung der sogenannten (sachlichen) „Besteuerung dem Umfang nach" ist das Welteinkommensprinzip, nach dem die gesamten im In- oder Ausland erwirtschafteten Einkünfte in die Steuerbemessungsgrundlage des „Anwesenheitsstaates" einbezogen werden.[88] Diesem Prinzip folgt der Staat bei unbeschränkter Steuerpflicht, um Besteuerungsansprüche auch außerhalb seines Hoheitsgebiets geltend zu machen.[89] Dem gegenüber steht das Territorialitätsprinzip[90], welches dem Staat einen Besteuerungsanspruch lediglich für solche Einkünfte sichert, die innerhalb seines Hoheitsgebietes einen Steuertatbestand verwirklichen und die beschränkte Steuerpflicht auslösen.[91]

2. Doppelbesteuerung

Durch diese Besteuerungsgrundsätze soll das internationale Steuerrecht der offenen Volkswirtschaft Geltung verschaffen, eine effiziente und gerechte Besteuerung sicherstellen und die Erträge in geeigneter Weise auf die beteiligten Staaten verteilen.[92] Die Kombination von Welteinkommens- und Territorialitätsprinzip kann bei grenzüberschreitender Tätigkeit[93] zu einer Kollision mehrerer

84 *Egner* Internationale Steuerlehre, S. 7; *Mössner* in: Mössner, Steuerrecht international tätiger Unternehmen, Rn. 2.4.

85 *Haase* Internationales und Europäisches Steuerrecht, Rn. 23; *Brähler* Internationales Steuerrecht, Rn. 3.11.

86 *Brähler* Internationales Steuerrecht, S. 4; *Reith* Internationales Steuerrecht, Rn. 3.11.

87 *Egner* Internationale Steuerlehre, S. 7.

88 *Haase* Internationales und Europäisches Steuerrecht, Rn. 21; *Brähler* Internationales Steuerrecht, S. 5.

89 *Haase* Internationales und Europäisches Steuerrecht, Rn. 21; *Brähler* Internationales Steuerrecht, S. 6.

90 Vgl. zu den unterschiedlich verwendeten Begriffen: *Reith* Internationales Steuerrecht, Rn. 3.11.

91 *Haase* Internationales und Europäisches Steuerrecht, Rn. 23; *Brähler* Internationales Steuerrecht, S. 5 f.

92 *Homburg* Allgemeine Steuerlehre, S. 270.

93 Vgl. zu den unterschiedlichen Kombinationsmöglichkeiten bei unbeschränkter und beschränkter Steuerpflicht: *Haase* Internationales und Europäisches Steuerrecht, Rn. 25 f.; *Kluge* Das Internationale Steuerrecht: Gemeinschaftsrecht, Außensteuerrecht, Abkommensrecht, Rn. B 30.

Besteuerungsansprüche auf dasselbe Besteuerungssubstrat führen.[94] Im Vergleich zu reinen Inlandsgeschäften wäre derjenige benachteiligt, der am globalisierten Wirtschaftsleben teilnimmt.[95] Fraglich ist dann, wer infolge der „Heterogenität nichtharmonisierter Steuersysteme“[96] das vorzugswürde Besteuerungsrecht[97] und damit die Besteuerungshoheit hat. Dieses Problem könnt nur dann im Einklang mit nationalen Investitionen gelöst werden, wenn die ausländische Investition eine höhere Rentabilität vor Steuern aufweisen würde.[98] Nach Ansicht des EuGH ist es dessen ungeachtet nicht die Aufgabe des Wohnsitzstaates, diesen Nachteil durch das Zusammenwirken beider Rechtsordnungen zu verhindern.[99] Diese Rechtsprechungslinie des EuGH sei jedoch ein ständiger Quell von Unsicherheit und Willkür.[100] Ein neutrales Steuersystem für grenzüberschreitende Sachverhalte ließe sich nach *Schön et al.* ohnehin nur durch vollständige Harmonisierung der Bemessungsgrundlage und des Steuertarifs erreichen.[101]

Durch die Kollision der Besteuerungsrechte entsteht eine Doppelbesteuerung.[102] Sie lässt sich grundlegend in die juristische, wirtschaftliche und virtuelle Doppelbesteuerung unterteilen.[103] Eine Doppelbesteuerung im juristischen Sinne liegt vor, wenn derselbe Steuerpflichtige auf dieselben Einkünfte oder Vermögenswerte in demselben Besteuerungszeitraum dieselben oder jedenfalls gleichartige Steuern

94 *Birk/Desens/Tappe* Steuerrecht, Rn. 1453; *Brähler* Internationales Steuerrecht, S. 16; *Homburg* Allgemeine Steuerlehre, S. 275.

95 *Egner* Internationale Steuerlehre, S. 10.

96 *Jacobs et al.* Int. Unternehmensbesteuerung, S. 207.

97 Vgl. m.w.N.: *Jacobs et al.* Int. Unternehmensbesteuerung, S. 208; *Cordewener/Schnitger* StuW 2006, S. 50 (56 f.); *Thömmes* DB 2002, S. 2690 (2693); vgl. mit der Annahme einer Gesamtschuld der Besteuerungshoheiten: *Reimer* in: Kokott et al., Grundfreiheiten im Steuerrecht der EU-Staaten, S. 58.

98 *Brähler* Internationales Steuerrecht, S. 20.

99 Vgl. EuGH v. 16.07.2009 – C-128/08 (Damseaux), Slg 2009, I-6823, Rn. 22; EuGH v. 15.05.2008 – C-414/06 (Lidl Belgium), Slg 2008, I-3601, Rn. 25; EuGH v. 08.11.2007 – C-379/05 (Amutra), Slg 2007, I-9569, Rn. 75 f.; vgl. *Schwenke* in: Baumhoff/Schönfeld, Grenzüberschreitende Verlustverrechnung, S. 6; *Schnitger* IStR 2004, S. 635 (637 ff.); *Prinz/Cordewener* GmbHR 2003, S. 80 (82); *Spengel/Golücke* RIW 2003, S. 333 (346).

100 *Schön* in: Schön/Heber, Grundfragen des Europäischen Steuerrechts, S. 125 f.

101 *Schön* in: Schön/Heber, Grundfragen des Europäischen Steuerrechts, S. 116; *Lehner* in: Pelka, DStJG 2000 (23), S. 263 (274 f., 282); *Roxan* Modern Law Review 2000, S. 831 (834); *Reimer* in: Kokott *et al.*, Grundfreiheiten im Steuerrecht der EU-Staaten, S. 59; *Mössner/Kellersmann* DStZ 1999, S. 505 (516).

102 Vgl. Abgrenzung zur steuerlichen Doppelbelastung: *Reith* Internationales Steuerrecht, Rn. 3.44.

103 Vgl. zu den Unterschieden und der Konturlosigkeit des Begriffes: *von Freeden* in: Schaumburg, Internationales Steuerrecht, Rn. 12.1 ff.; *Jacobs et al.* Int. Unternehmensbesteuerung, S. 3; *Kluge* Das Internationale Steuerrecht: Gemeinschaftsrecht, Außensteuerrecht, Abkommensrecht, Rn. B 20; *Spitaler* Das Doppelbesteuerungsproblem bei den direkten Steuern, S. 53 ff.

in zwei oder mehreren Staaten abführen muss.[104] Bei einer wirtschaftlichen Doppelbesteuerung ist die Person des Steuerpflichtigen irrelevant.[105] Entscheidend ist, dass derselbe wirtschaftliche Vorgang[106] bzw. dasselbe wirtschaftliche Ergebnis[107] in demselben Besteuerungszeitraum in zwei oder mehreren Staaten identisch oder vergleichbar besteuert wird.[108] Im Einzelfall kann die Unterscheidung zwischen juristischer und wirtschaftlicher Doppelbesteuerung schwierig sein.[109] So besteht bei der juristischen Doppelbesteuerung häufig ein Anspruch auf eine Entlastungsmaßnahme.[110] Im Gegensatz dazu ist eine virtuelle Doppelbesteuerung keine tatsächliche (effektive), sondern nur eine denkbare Doppelbesteuerung.[111] Eine effektive Doppelbesteuerung besteht, wenn der Steuerpflichtige die entstandene Steuer in den jeweiligen Besteuerungsstaaten tatsächlich entrichtet.[112] Bei einer virtuellen Doppelbesteuerung wird der zugrundeliegende Sachverhalt von dem nationalen Steuerrecht eines Besteuerungsstaates nicht erfasst, während der andere beteiligte Besteuerungsstaat den Sachverhalt aufgrund einer Maßnahme zur Vermeidung der Doppelbesteuerung nicht bzw. nicht vollständig besteuert.[113]

3. Maßnahmen zur Vermeidung der Doppelbesteuerung

Volkswirtschaftlich behindert die Doppelbesteuerung eine effiziente internationale Allokation von Produktionsfaktoren. Aus fiskalischer Sicht führt sie kurzfristig zu höheren Steuereinnahmen, welche jedoch langfristig durch verhindertes Wirtschaftswachstum und daraus resultierende geringere steuerpflichtige Erträge ausgeglichen werden.[114] Zudem erfolgt bei der Doppelbesteuerung keine Besteuerung nach wirtschaftlicher Leistungsfähigkeit.[115] Konsequenterweise wird daher die auf

---

104 Vgl. m.w.N.: *Wassermeyer/Schwenke* in: Wassermeyer, DBA, Vor Art. 1 MA Rn. 2.

105 *Wassermeyer/Schwenke* in: Wassermeyer, DBA, Vor Art. 1 MA Rn. 3.

106 *Mössner* in: Mössner, Steuerrecht international tätiger Unternehmen, Rn. 2.249.

107 *Frotscher* Internationales Steuerrecht, Rn. 6.

108 Vgl. m.w.N.: *Wassermeyer/Schwenke* in: Wassermeyer, DBA, Vor Art. 1 MA Rn. 3; *Lehner* in: Vogel/Lehner, DBA, Grundlagen Rn. 9.

109 Vgl. bspw. *Lehner* in: Vogel/Lehner, DBA, Vor Art. 1 Rn. 9; *Mössner* in: Mössner, Steuerrecht international tätiger Unternehmen, Rn. 2.250.

110 *Wassermeyer/Schwenke* in: Wassermeyer, DBA, Vor Art. 1 MA Rn. 3; *Egner* Internationale Steuerlehre, S. 11.

111 Vgl. st. Rspr.: BFH v. 10.01.2012 – I R 66/09 (DBA Türkei 1985), BFHE 236, S. 304 (311); BFH v. 19.05.1993 – I R 64/92 (DBA Italien 1925), BFH/NV 1994, S. 11; BFH v. 14.12.1988 – I R 148/87 (DBA Italien 1925), BFHE 155, S. 374.

112 *Wassermeyer/Schwenke* in: Wassermeyer, DBA, Vor Art. 1 MA Rn. 4.

113 *Wassermeyer/Schwenke* in: Wassermeyer, DBA, Vor Art. 1 MA Rn. 4 f.; *Lehner* in: Vogel/Lehner, DBA, Grundlagen Rn. 71; *Mössner* in: Mössner, Steuerrecht international tätiger Unternehmen, Rn. 2.251.

114 *Brähler* Internationales Steuerrecht, S. 20.

115 *Hey* in: Tipke/Lang, Steuerrecht, § 3 Rn. 40 ff.; *Schaumburg* in: Lang, FS Tipke 1995, 125 (143 ff.); *Brähler* Internationales Steuerrecht, S. 20.

der ersten Stufe entstandene Doppelbesteuerung auf der zweiten Stufe durch kollisionsauflösende Maßnahmen beseitigt.[116]

a. *Unilaterale Maßnahmen*

Unilaterale Maßnahmen zur Vermeidung der Doppelbesteuerung basieren auf den nationalen Steuergesetzen und sind in ihrer normativen Entstehung und Anwendung an das nationale Recht gebunden.[117] In der Regel erfolgt die Vermeidung der Doppelbesteuerung anhand der sogenannten Anrechnungsmethode[118] gemäß § 26 Abs. 1 KStG. Danach rechnet der Staat die im Ausland entrichtete Steuer auf die inländische Steuer an, die aufgrund des Welteinkommensprinzips entsteht.[119] Der anrechnende Staat sichert das Besteuerungsniveau, gleichgültig ob der Steuerpflichtige im Inland oder im Ausland tätig ist, was bei unbeschränkter Anrechnung dem Grundsatz der Kapitalexportneutralität[120] entspricht.[121]

Alternativ hat der unbeschränkt Steuerpflichtige die Möglichkeit, für die Abzugsmethode gemäß § 26 Abs. 2 Satz 2 KStG i.V.m. § 34c Abs. 2, 3 EStG zu optieren. Ausländische Steuern werden von der Bemessungsgrundlage abgezogen.[122] Die Abzugsmethode erfolgt sowohl bei juristischer als auch bei wirtschaftlicher Doppelbesteuerung.[123] Infolgedessen kommt es nicht zu einer Vermeidung, sondern nur zur Milderung der Doppelbesteuerung, sodass keine Wettbewerbsneutralität gegenüber inländischen Unternehmen hergestellt werden kann.[124]

Die Finanzbehörde kann mit Zustimmung des BMF die Körperschaftsteuer auf ausländische Einkünfte gemäß § 26 Abs. 1 Satz 1 Nr. 1 KStG i.V.m. § 34c Abs. 5 i.V.m. dem Pauschalierungserlass[125] ganz oder teilweise erlassen oder mit einem Pauschbetrag festsetzen. Tatbestandsvoraussetzung ist, dass der Erlass oder die Pauschalierung aus volkswirtschaftlichen Gründen zweckmäßig ist oder die Anwendung des § 34 Abs. 1 EStG besonders schwierig ist.[126]

---

116 *Homburg* Allgemeine Steuerlehre, S. 275.

117 *Haase* Internationales und Europäisches Steuerrecht, Rn. 41; *Brähler* Internationales Steuerrecht, S. 21.

118 *Brähler* Internationales Steuerrecht, S. 59 ff.

119 *Haase* Internationales und Europäisches Steuerrecht, Rn. 42; *Birk/Desens/Tappe* Steuerrecht, Rn. 1461; *Brähler* Internationales Steuerrecht, S. 60 ff.

120 Vgl. zum Begriff und zur Abgrenzung zur Kapitalimportneutralität: *Jacobs et al.* Int. Unternehmensbesteuerung, S. 20.

121 Vgl. zu den Anrechnungsmöglichkeiten: *Schaumburg* in: Schaumburg, Internationales Steuerrecht, Rn. 14.27 ff.; *Birk/Desens/Tappe* Steuerrecht, Rn. 1458 ff.

122 *Schaumburg* in: Schaumburg, Internationales Steuerrecht, Rn. 14.32; *Brähler* Internationales Steuerrecht, S. 63 ff.

123 *Egner* Internationale Steuerlehre, S. 14.

124 *Schaumburg* in: Schaumburg, Internationales Steuerrecht, Rn. 14.32; *Egner* Internationale Steuerlehre, S. 14.

125 BMF-Schreiben v. 10.04.1984 – IV C 6 – S 2293 – 11/84, BStBl. I S. 252.

126 Vgl. dazu: *Wagner* in: Blümich, EStG/KStG/GewStG, § 34c EStG Rn. 103 ff.

b. Bilaterale Maßnahmen

Bilaterale Maßnahmen sind gegenseitige Abkommen zwischen zwei Besteuerungsstaaten, die das Besteuerungsrecht in grenzüberschreitenden Sachverhalten untereinander aufteilen.[127] Neben Doppelbesteuerungsabkommen fallen ebenso Amts- und Rechtshilfeabkommen hierunter.[128] Derzeit ist die Bundesrepublik Deutschland Vertragsstaat von 97 Abkommen zur Vermeidung der Doppelbesteuerung auf dem Gebiet der Steuern vom Ertrag und vom Vermögen.[129] Doppelbesteuerungsabkommen sind völkerrechtliche Verträge, die nach den Regeln des Wiener Übereinkommens über das Recht der Verträge vom 23.05.1969[130] zustande kommen.[131]

Soweit die Zustimmung des Bundestages und Bundesrates gemäß Art. 105 Abs. 3 GG vorliegt, wird der völkerrechtliche Vertrag gemäß Art. 59 Abs. 2 Satz 1 GG[132] innerstaatlich in Kraft gesetzt.[133] Die Doppelbesteuerungsabkommen begründen selbst keine Besteuerungsansprüche, sondern schränken die Besteuerungsansprüche der Vertragsstaaten ein.[134] Die Beschränkung kann sich auf die Besteuerungsgrundlage bzw. die Besteuerungshöhe beziehen.[135] Gemäß § 2 Abs. 1 AO gehen Regelungen aus Doppelbesteuerungsabkommen dem nationalen Normtext vor, ohne dass ihnen der Status einer höherrangigen Norm eingeräumt wird.[136] Vielmehr handelt es sich hier um Auslegungsregeln[137], nach der die Regelung des

---

127 *Brähler* Internationales Steuerrecht, S. 21.

128 *Haase* Internationales und Europäisches Steuerrecht, Rn. 47.

129 Stand der Doppelbesteuerungsabkommen und anderer Abkommen im Steuerbereich sowie der Abkommensverhandlungen am 01.01.2017, BMF v. 18.01.2017 – IV B 2 – S 1301/07/10017-08, S. 4 ff.

130 Gesetz zu dem Wiener Übereinkommen vom 23. Mai 1969 über das Recht der Verträge v. 03.08.1985 (BGBl. II v. 13.08.1985, S. 926).

131 *Wassermeyer/Schwenke* in: Wassermeyer, DBA, Vor Art. 1 MA Rn. 9; *Lehner* in: Vogel/Lehner, DBA, Grundlagen Rn. 46 ff.; *Kluge* Das Internationale Steuerrecht: Gemeinschaftsrecht, Außensteuerrecht, Abkommensrecht, Rn. R 2.

132 Vgl. zum Theorienstreit Vollzugs- bzw. Transformationstheorie m.w.N.: *Wassermeyer/Schwenke* in: Wassermeyer, DBA, Art. 1 MA Rn. 7a; *Vogel* in: Vogel/Lehner, DBA, Grundlagen Rn. 61 ff.

133 *Wassermeyer/Schwenke* in: Wassermeyer, DBA, Vor Art. 1 MA Rn. 11; vgl. detailliert zum Verfahren des Abschlusses eines völkerrechtlichen Vertrags: *Arnauld* Völkerrecht, Rn. 188 ff.

134 BFH v. 15.01.1971, III R 125/69, BStBl. II 1971, S. 380; Art. 13 Nr. 3 OECD-MK; a.A. *Wassermeyer/Schwenke* in: Wassermeyer, DBA, Art. 1 MA Rn. 9; vgl. zu DBA als Schrankenrecht: *Debatin* Beihefter zu DStR (Nr. 23) 1992, S. 1 (2).

135 *Brähler* Internationales Steuerrecht, S. 101.

136 *Mössner* in: Mössner, Steuerrecht international tätiger Unternehmen, Rn. 2.454.

137 Vgl. detailliert zur § 2 Abs. 1 AO Klarstellung: *Kluge* Das Internationale Steuerrecht: Gemeinschaftsrecht, Außensteuerrecht, Abkommensrecht, Rn. R 7.

Doppelbesteuerungsabkommens trotz des anderslautenden nationalen Normtextes angewendet wird.[138]

Unerwünschte Inhalte der Doppelbesteuerungsabkommen korrigiert der Vertragsstaat auf nationaler Ebene durch Abkommensüberschreibungen (sogenannter Treaty Override). Obwohl der Treaty Override gegen den Grundsatz „pacta sunt servanda" im Sinne des Art. 26 Wiener Übereinkommen über das Recht der Verträge verstößt und somit unzweifelhaft völkerrechtswidrig ist, besteht für den anderen Vertragsstaat die Möglichkeit, Gegenmaßnahmen zu ergreifen, die auf die Herstellung des vertragsmäßigen Zustands, Aussetzung oder Beendigung des Doppelbesteuerungsabkommens gerichtet sind.[139] Der Steuergesetzgeber bringt durch einen Treaty Override im Sinne eines nationalen einfachen Gesetzes seinen gegenteiligen Willen zum Ausdruck.[140] Nach Ansicht des BVerfG ist ein Treaty Override mit dem Grundgesetz vereinbar.[141]

Die Auslegung der Regelungen erfolgt im Allgemeinen anhand der gängigen juristischen Auslegungsmethoden.[142] Vorrangig ist nach überwiegender Ansicht die grammatikalische Auslegung.[143] Als ergänzende Auslegungsmittel sind die Art. 31 ff. Wiener Übereinkommen über das Recht der Verträge heranzuziehen, um bspw. vorbereitende Arbeiten oder unterschiedlichen Sprachfassungen für die Auslegung zu verwenden.[144] Soweit sich das Doppelbesteuerungsabkommen an dem Aufbau und der Konzeption eines Musterabkommens[145] (bspw. OECD-Musterabkommen)

---

138 BFH v. 17.05.1995 – I B 183/94, DB 1995, S. 2150 (2151).

139 BVerfG v. 15.12.2015 – 2 BvL 1/12, DStR 2016, S. 359 Rn. 63; *Arnauld* Völkerrecht, Rn. 203, 240, 416; *Stöber* DStR 2016, S. 1889 (1890); *Lehner* in: Vogel/Lehner, DBA, Einl. Rn. 197 f.; *Frotscher* in: Spindler/Tipke/Rödder, FS Schaumburg 2009, S. 687 (693).

140 *Mössner* in: Mössner, Steuerrecht international tätiger Unternehmen, Rn. 2.454.

141 BVerfG v. 15.12.2015 – 2 BvL 1/12, DStR 2016, S. 359 (359); vgl. dazu: *Lehner* in: Vogel/Lehner, DBA, Grundlagen Rn. 201; *Frotscher* IStR 2016, S. 561 (561 ff.); *Benz/Rosenberg* in: Blumenberg *et al.*, FS Haarmann 2015, S. 300 (311 ff.); a.A. m.w.N.: *Stöber* DStR 2016, S. 1889 (1890 ff.).

142 Vgl. allgemein zu den Auslegungsmethoden: Teil 3: F.I; BFH v. 20.02.1979, VII R 16/78, BStBl. II 1979, S. 268 (274); BFH v. 15.06.1973, III R 118/70, BStBl. II 1973, S. 810 (811); s. zur Kontroverse: *Kluge* Das Internationale Steuerrecht: Gemeinschaftsrecht, Außensteuerrecht, Abkommensrecht, Rn. R 34 f.

143 Vgl. m.w.N.: *Wassermeyer/Schwenke* in: Wassermeyer, DBA, Vor Art. 1 MA Rn. 31.

144 BFH v. 16.12.1998, I R 40/97, BStBl. II 1999, S. 207 (208 f.); vgl. m.w.N.: *Wassermeyer/Schwenke* in: Wassermeyer, DBA, Vor Art. 1 MA Rn. 37 ff.; *Lehner* in: Vogel/Lehner, DBA, Grundlagen Rn. 125 ff.; *Kluge* Das Internationale Steuerrecht: Gemeinschaftsrecht, Außensteuerrecht, Abkommensrecht, Rn. R 36 ff.

145 Soweit diese Untersuchung auf ein Musterabkommen verweist, ist stets das OECD-Musterabkommen aus dem Jahr 2014 gemeint. Einen überarbeiteten Entwurf zu diesem Musterabkommen hat die OECD nebst Musterkommentar am 11.07.2017 unter http://www.oecd.org/tax/treaties/draft-contents-2017-update-oecd-model-tax-convention.pdf (zuletzt abgerufen am 06.11.2017) veröffentlicht.

orientiert, ist der entsprechende Musterkommentar ein weiteres Auslegungshilfsmittel.[146]

Ein Doppelbesteuerungsabkommen findet gemäß Art. 1 OECD-MA für alle Personen Anwendung, die in einem oder in beiden Vertragsstaaten ansässig sind. Abkommensberechtigt[147] im Sinne des Abkommens ist nach der Legaldefinition des Art. 3 Abs. 1 lit. a, b OECD-MA unter anderem jede Gesellschaft, d.h. juristische Personen oder Rechtsträger, die für die Besteuerung wie juristische Personen behandelt werden. Hierunter fallen aus Sicht des deutschen Steuerrechts alle in § 1 KStG aufgezählten Steuersubjekte.[148] Bei ausländischen Gesellschaften wird anhand eines Typenvergleichs ermittelt, ob diese in ihrer zivilrechtlichen Struktur einer inländischen juristischen Person entsprechen.[149]

Eine Gesellschaft ist in dem Vertragsstaat ansässig, in dem sie gemäß Art. 4 Abs. 1 OECD-MA aufgrund des Ortes der Geschäftsleitung oder eines anderen ähnlichen Merkmals steuerpflichtig ist oder gemäß Art. 4 Abs. 3 OECD-MA im Falle sogenannter doppelter Ansässigkeit am Ort der tatsächlichen Geschäftsleitung. Ort der Geschäftsleitung ist gemäß § 10 AO der Mittelpunkt der geschäftlichen Oberleitung, d.h. der laufenden Geschäftsführung.[150] Anknüpfungspunkt für ein anderes ähnliches Merkmal ist aus deutscher Sicht der Sitz im Sinne des Verwaltungssitzes gemäß § 11 AO.[151] Nach Art. 2 Abs. 1, Abs. 2 OECD-MA werden durch das Doppelbesteuerungsabkommen alle Steuern vom Einkommen und Ertrag erfasst. Dies umfasst aus deutscher Perspektive für Gesellschaften die Körperschaftsteuer nebst Solidaritätszuschlag und die Gewerbesteuer.[152] Der

---

146 *Wassermeyer/Schwenke* in: Wassermeyer, DBA, Vor Art. 1 MA Rn. 51 ff.; *Lehner* in: Vogel/Lehner, DBA, Grundlagen Rn. 130 f.; *Kluge* Das Internationale Steuerrecht: Gemeinschaftsrecht, Außensteuerrecht, Abkommensrecht, Rn. R 40.

147 Vgl. zum Begriff des Abkommensberechtigten und seiner Auslegung: *Mössner* in: Mössner, Steuerrecht international tätiger Unternehmen, Rn. 2.427 f.; s. ebenso: *Haas* in: Wassermeyer, FS Wassermeyer 2015, S. 74.

148 Vgl. m.w.N.: *Wassermeyer/Schwenke* in: Wassermeyer, DBA, Vor Art. 1 MA Rn. 21.

149 BFH v. 20.08.2008 – I R 34/08, GmbHR 2009, S. 101 (104); BFH v. 04.04.2007 – I R 110/05, GmbHR S. 717 (718); vgl. zu den Kriterien: BMF-Schreiben v. 19.03.2004 – IV B 4-S 1301 USA-22/04 (Schreiben betreffend steuerliche Einordnung der nach dem Recht der Bundesstaaten der USA gegründeten Limited Liability Company), BStBl. I S. 411; *Henkel* in: Mössner, Steuerrecht international tätiger Unternehmen, Rn. 6.6; vgl. zu dem BMF-Schreiben: *Djanani/Brähler/Hartmann* IStR 2004, S. 481 (481 ff.); *Fahrenberg/Henke* IStR 2004, S. 485 (485 ff.).

150 BFH v. 15.10.97 – I R 76/95, DStRE 1998, S. 233 (234); *Drüen* in: Tipke/Kruse, AO/FGO, § 10 AO Rn. 1, 3.

151 BFH v. 28.02.1990 – I R 120/86, BB 1990 S. 1538 (1539); *Drüen* in: Tipke/Kruse, AO/FGO, § 11 AO Rn. 1; *Wassermeyer/Kaeser/Schwenke* in: Wassermeyer, DBA, Art. 4 MA Rn. 30.

152 *Wassermeyer/Kaeser* in: Wassermeyer, DBA, Art. 2 MA Rn. 30; *Schaumburg* in: Schaumburg, Internationales Steuerrecht, Rn. 16.183.

räumliche Geltungsbereich des Doppelbesteuerungsabkommens erstreckt sich auf das Hoheitsgebiet der beiden Vertragsstaaten[153]. Soweit nichts Anderes festgelegt ist, bestimmt sich das Hoheitsgebiet[154] nach innerstaatlichem Recht.[155]

Zur Vermeidung der Doppelbesteuerung wird in den Abkommen die Anrechnungsmethode oder die Freistellungsmethode verwendet. Bei der Freistellungsmethode stellt der sogenannte Ansässigkeitsstaat die im Ausland von der ausländischen Steuer erfassten Einkünfte von der inländischen Besteuerungsgrundlage frei.[156] Dies entspricht dem Grundsatz der Kapitalimportneutralität[157], weil im freigestellten Staat (sogenannter Quellenstaat) investiertes Kapital unabhängig von der Herkunft steuerlich gleich behandelt wird.[158] Zudem verwirklicht diese Methode das Territorialitätsprinzip.[159] Die entsprechende Regelung im Doppelbesteuerungsabkommen führt als sogenannte self-executing-Norm[160] zu einer unmittelbar wirkenden Steuerbefreiung.[161] Die Bundesrepublik Deutschland folgt regelmäßig der Freistellungsmethode.[162]

c. Multilaterale und supranationale Maßnahmen

Mehrseitige völkerrechtliche Verträge (sogenannte multilaterale Vereinbarungen) zur Vermeidung der Doppelbesteuerung sind aufgrund der verschiedenen Interessen der Vertragsstaaten eher selten.[163] Das Übereinkommen der Union über die Beseitigung der Doppelbesteuerung[164] ist ein solches multilaterales Abkommen[165] zwischen den Mitgliedstaaten der Europäischen Union mit dem Ziel, Doppelbesteuerungen

153 Vgl. zum Vertragsstaat in deutschen DBA: *Dürrschmidt* in: Vogel/Lehner, DBA, Art. 3 Rn. 45.

154 Vgl. detailliert zum Hoheitsgebiet: *Arnauld* Völkerrecht, Rn. 793 ff.

155 *Schaumburg* in: Schaumburg, Internationales Steuerrecht, Rn. 16.177.

156 *Haase* Internationales und Europäisches Steuerrecht, Rn. 42.

157 Vgl. zum Begriff und zur Abgrenzung zur Kapitalexportneutralität: *Jacobs et al.* Int. Unternehmensbesteuerung, S. 20.

158 *Birk/Desens/Tappe* Steuerrecht, Rn. 1458; *Schaumburg* in: Schaumburg, Internationales Steuerrecht, Rn. 14.24.

159 *Schaumburg* in: Schaumburg, Internationales Steuerrecht, Rn. 14.20.

160 BFH v. 13.11.2002 – I R 13/02, DStR 2003, S. 685 (687); BFH v. 29.05.1996 – I R 167/94, BStBl. II 1997, S. 60; BFH v. 29.05.1996 – I R 15/94, DB 1996, S. 1554 (1554).

161 BFH v. 14.03.1989 – I R 20/87, BStBl. II 1989, S. 649; *Wassermeyer* in: Wassermeyer, DBA, Art. 23A MA Rn. 51; *Schaumburg* in: Schaumburg, Internationales Steuerrecht, Rn. 14.21; *Birk/Desens/Tappe* Steuerrecht, Rn. 1466.

162 Vgl. zur Steuerpolitik: *Lüdicke* Beihefter zu IStR (Nr. 10) 2013, S. 26 (26 ff.); *Schönfeld/Häck* ISR 2013, S. 168 (168 ff.); *Lehner* FR 2011, S. 1087 (1087 ff.).

163 *Brähler* Internationales Steuerrecht, S. 21.

164 Übereinkommen 90/436/EWG zur Vermeidung der Doppelbesteuerung für den Fall der Gewinnberichtigung zwischen verbundenen Unternehmen v. 20.08.1990, ABl. L 225.

165 Vgl. *Eicker/Stockburger* IWB 2005, S. 203 (210).

aufgrund von Verrechnungspreisen zu vermeiden.[166] Da das Übereinkommen nicht als Gemeinschaftsrecht der Europäischen Union zu qualifizieren ist, überprüft der EuGH Streitigkeiten nicht, die aufgrund des Übereinkommens entstehen.[167] Hierzu hat die Europäische Union in Ergänzung zur GKB und $GKKB_{2016}$ einen Richtlinienvorschlag für eine Richtlinie über das Verfahren zur Beilegung von Besteuerungsstreitigkeiten in der Europäischen Union abgefasst. Es sollen die Rechte und Pflichten des Steuerpflichtigen umfassend geregelt und durch die Mitgliedstaaten bis zum 1. Juli 2019 in nationales Recht umgesetzt werden.[168]

Eine überstaatliche Organisation kann aufgrund der von Mitgliedstaaten übertragenen Kompetenzen supranationale Maßnahmen erlassen, an welche die Mitgliedstaaten verbindlich gebunden sind.[169] Hierunter fällt die sogenannte Mutter-Tochter-Richtlinie[170].

II. Formen der grenzüberschreitenden Tätigkeit

Im Jahr 2014 investierten deutsche Unternehmen 957.930 Mio. € im Ausland, wobei ca. die Hälfte (479.163 Mio. €) in den europäischen Binnenmarkt – vornehmlich Großbritannien und Luxemburg – investiert wurde.[171] Demgegenüber flossen Investitionen in Höhe von nur 361.467 Mio. € nach Deutschland.[172]

Unternehmen gehen grenzüberschreitende Tätigkeiten ein, um wettbewerbsfähig zu bleiben bzw. neue Märkte zu erschließen.[173] Sie erreichen eine größere Kundenbasis bei gleichzeitiger Kontrolle der Vertriebskanäle und nutzen weltweit attraktive Standortbedingungen aus.[174] Ein sogenannter Outbound[175] baut dabei

166 Vgl. detailliert zum Übereinkommen: *Schaumburg* in: Schaumburg, Internationales Steuerrecht, Rn. 16.108.

167 *Krabbe* in: Wassermeyer, DBA, Vor Art. 1 Rn. 8 EU-SchÜ; *Thiele* Europäisches Prozessrecht: Verfahrensrecht vor dem Gerichtshof der Europäischen Union, § 5 Rn. 9 f.; *Pechstein/Görlitz/Kubicki* EU-Prozessrecht, Rn. 286.

168 COM(2016) 686 final; vgl. einführend: *Rosenberg et al.* DB Beilage zu Heft 51/52 2017, S. 5 (5 f.); vgl. detailliert dazu: *Strotkemper* IWB 2017, S. 55 (55 ff.); vgl. zum Stand der Diskussionen: https://eur-lex.europa.eu/procedure/DE/2016_338 (zuletzt abgerufen am 01.12.2018).

169 *Brähler* Internationales Steuerrecht, S. 21.

170 Richtlinie des Rates über das gemeinsame Steuersystem der Mutter- und Tochtergesellschaften verschiedener Mitgliedstaaten v. 23.07.1990, 90/434/EWG, ABl.-EU v. 04.03.2005, L 58/19, zuletzt geändert am 27.01.2015, 2015/121/EU, ABl.-EU v. 28.01.2015, L 21/1.

171 Deutsche Bundesbank, Bestandserhebung über Direktinvestitionen, Frankfurt am Main April 2016, S. 40 f.

172 Deutsche Bundesbank, Bestandserhebung über Direktinvestitionen, Frankfurt am Main April 2016, S. 72 f.

173 *Borstell/Jamin* in: Kessler/Kröner/Köhler, Konzernsteuerrecht, § 8 Rn. 251 f.

174 *Dorner* in: Dawid/Dorner, Verrechnungspreise. Grundlagen und Praxis, S. 1.

175 Vgl. dazu detailliert: *Egner* Internationale Steuerlehre, S. 87.

als ein in Deutschland unbeschränkt Steuerpflichtiger eine Beziehung ins Ausland und ein sogenannter Inbound[176] eine Beziehung ins Inland auf.

1. *Direkte grenzüberschreitende Tätigkeit*

Die simpelste Form der grenzüberschreitenden Tätigkeit ist das Direkt- oder Exportgeschäft. Das Unternehmen verzichtet auf einen festen Stützpunkt im anderen Land und liefert Waren bzw. Dienstleistungen direkt an den Abnehmer.[177] Das Direktgeschäft basiert auf einer schuldrechtlichen Leistungsbeziehung.[178]

Die Einkünfte eines Outbounds unterliegen nach dem Welteinkommensprinzip der unbeschränkten Steuerpflicht gemäß § 1 Abs. 1, Abs. 2 KStG. Für den Inbound entsteht bei einer hinreichend engen Beziehung zum Besteuerungsstaat eine beschränkte Steuerpflicht gemäß § 2 KStG i.V.m. § 49 EStG.[179]

Soweit ein Doppelbesteuerungsabkommen besteht, ist das Besteuerungsrecht anhand der einschlägigen Regelung aufzuteilen. Das Besteuerungsrecht für Unternehmensgewinne[180] bei einem Outbound-Direktgeschäft sind mangels Betriebsstätte gemäß Art. 7 OECD-MA vollständig dem Inland vorbehalten.[181] Zinsen und Dividenden unterliegen in der Regel in deutschen Doppelbesteuerungsabkommen, entgegen dem OECD-MA, der Anrechnungsmethode.[182] Für Lizenzgebühren liegt das Besteuerungsrecht ebenfalls beim Ansässigkeitsstaat des Steuerpflichtigen gemäß Art. 12 Abs. 1 OECD-MA. Bei Inbound-Aktivitäten ist das Besteuerungsrecht inländischer Dividenden im Wohnsitzstaat auf maximal 15 % gemäß Art. 10 Abs. 2 lit. b OECD-MA begrenzt. Zinsen können gemäß Art. 11 Abs. 2 OECD-MA durch den deutschen Quellenstaat in Höhe von 10 % besteuert werden. In deutschen Abkommen wird dem deutschen Quellenstaat einer Lizenz eine begrenzte Quellenbesteuerung[183] zugestanden.[184]

176 Vgl. dazu: *Egner* Internationale Steuerlehre, S. 131.

177 *Birk/Desens/Tappe* Steuerrecht, Rn. 1469; *Jacobs et al.* Int. Unternehmensbesteuerung, S. 299.

178 *Jacobs et al.* Int. Unternehmensbesteuerung, S. 299; *Brähler* Internationales Steuerrecht, S. 219.

179 Vgl. dazu detailliert: *Jacobs et al.* Int. Unternehmensbesteuerung, S. 304, 310.

180 Vgl. zum Begriff bezogen auf das OECD-MA: *Wassermeyer/Kaeser/Schwenke* in: Wassermeyer, DBA, Art. 7 MA Rn. 14 ff.

181 Vgl. zu betriebsstättenlosen Unternehmensgewinnen m.w.N.: *Wassermeyer/Kaeser/Schwenke* in: Wassermeyer, DBA, Art. 7 MA Rn. 56.

182 *Jacobs et al.* Int. Unternehmensbesteuerung, S. 385.

183 Vgl. zum Begriff: *Gröpl* in: Dauses/Ludwigs, Handbuch des EU-Wirtschaftsrechts, S. 109; *Dautzenberg* BB 2004, S. 17 (19).

184 *Pöllath/Lohbeck* in: Vogel/Lehner, DBA, Art. 12 Rn. 29 f.; *Jacobs et al.* Int. Unternehmensbesteuerung, S. 267.

Soweit kein Doppelbesteuerungsabkommen vorliegt, finden die unilateralen Maßnahmen des § 26 KStG zur Vermeidung eine Doppelbesteuerung Anwendung.

2. Tätigkeit mittels Betriebsstätte oder ständiger Vertreter

In der Regel wird der Unternehmer bei steigendem Umfang hinsichtlich Kapital und Personal und Dauerhaftigkeit[185] der grenzüberschreitenden Tätigkeit im Ausland eine Betriebsstätte gründen bzw. einen ständigen Vertreter bestellen. Eine Betriebsstätte ist gemäß § 12 Satz 1 AO jede feste Geschäftseinrichtung oder Anlage, die der Tätigkeit eines Unternehmens dient.[186] Ständiger Vertreter ist gemäß § 13 Satz 1 AO eine Person, die nachhaltig die Geschäfte eines Unternehmens besorgt und dabei dessen Sachweisungen unterliegt.[187] Im Gegensatz zur Tochterkapitalgesellschaft bedarf es weder einer Vorgründungs[188]- oder Vorgesellschaft[189], noch einer gesellschaftsrechtlichen Mindestkapitalausstattung.[190] Durch die wesentlichen Unterschiede in der Liquidation rentiert sich die Betriebsstätte bereits bei kürzeren Engagements.[191] Die Betriebsstätte ist sowohl aus bilanzrechtlicher[192] als auch aus steuerrechtlicher Sicht unselbstständig, obwohl sie aus wirtschaftlicher Sicht verselbstständigt ist.[193] Daher löst die innerbetriebliche und grenzüberschreitende Transaktion, die auf dem Wertschöpfungsprozess einer unselbstständigen und wirtschaftlich abhängigen Einheit beruht, zwischen der beschränkt steuerpflichtigen Betriebsstätte bei dem sogenannten Stammhaus, welches unbeschränkt steuerpflichtig ist, keine Gewinnrealisierung aus.[194]

Die Besteuerung der Outbound-Betriebsstätte erfolgt auf Ebene des Stammhauses gemäß § 1 Abs. 1, Abs. 2 KStG. Im Falle einer Inbound-Betriebsstätte entscheidet die Qualifikation des nationalen Steuerrechts, ob eine Betriebsstätte vorliegt.[195]

---

185 Vgl. zur Dauerhaftigkeit einer Betriebsstätte: BFH v. 28.08.1986, V R 20/79, BStBl. II 1987, S. 162; vgl. m.w.N.: *Stöber* in: Lademann, EStG, § 49 Rn. 733.

186 Vgl. dazu detailliert: *Drüen* in: Tipke/Kruse, AO/FGO, § 12 AO; *Stöber* in: Lademann, EStG, § 49 Rn. 728 ff.

187 Vgl. dazu detailliert: *Drüen* in: Tipke/Kruse, AO/FGO, § 13 AO; *Stöber* in: Lademann, EStG, § 49 Rn. 42 ff.

188 *Wackerbarth/Eisenhardt* Recht der Personengesellschaften mit Grundzügen des GmbH- und des Aktienrechts, § 38 Rn. 694 ff.

189 *Wackerbarth/Eisenhardt* Recht der Personengesellschaften mit Grundzügen des GmbH- und des Aktienrechts, § 38 Rn. 698 ff.

190 *Brähler* Internationales Steuerrecht, S. 226.

191 *Brähler* Internationales Steuerrecht, S. 226.

192 *Wied/Reimer* in: Blümich, EStG/KStG/GewStG, § 49 EStG Rn. 42; vgl. zu den Folgen aus bilanzrechtlicher Sicht: *Egner* Internationale Steuerlehre, S. 103, 146.

193 *Hemmelrath* in: Vogel/Lehner, DBA, Art. 7 Rn. 79; *Jacobs et al.* Int. Unternehmensbesteuerung, S. 458.

194 Vgl. zu Thesaurierungs- und Ausschüttungsfragen: FG Hessen v. 16.09.1983 – IV 381/78, RIW 1984, S. 662; *Brähler* Internationales Steuerrecht, S. 227.

195 *Jacobs et al.* Int. Unternehmensbesteuerung, S. 461.

So kommt aus deutscher Sicht eine beschränkte Steuerpflicht gemäß §§ 2, 8 Abs. 1 Satz 1 KStG i.V.m. § 49 Abs. 1 Nr. 2 lit. a EStG in Betracht.[196]

Liegt ein Doppelbesteuerungsabkommen vor, ist Art. 5 Abs. 1 OECD-MA zu beachten, welcher deutlich enger als § 12 Satz 1 AO ist.[197] Nach dem sogenannten Betriebsstättenprinzip[198] oder Prinzip der wirtschaftlichen Zugehörigkeit[199] liegt das Besteuerungsrecht für Unternehmensgewinne, die auf das Stammhaus entfallen, beim Ansässigkeitsstaat und für Unternehmensgewinne der Betriebsstätte gemäß Art. 5, 7 OECD-MA beim Betriebsstättenstaat.[200] Übereinstimmend mit dem in Art. 7 OECD-MA verankerten Konzept der funktional selbstständigen Einheit erfolgt die Gewinnabgrenzung gemäß § 1 Abs. 5, Abs. 6 AStG i.V.m. Betriebsstättengewinnaufteilungsverordnung[201] anhand des sogenannten Fremdvergleichs bzw. Dealing-at-arm's-length-Klausel. Die Einkünfte der Betriebsstätte werden somit freigestellt. Auf Ebene des Stammhauses werden sie lediglich im Rahmen des Progressionsvorbehaltes gemäß Art. 23A OECD-MA i.V.m. § 32b EStG berücksichtigt.[202]

3. *Kapitalgesellschaft als untergeordnete Konzerngesellschaft*

Anstelle einer Betriebsstätte kann sich der Unternehmer auch einer Kapitalgesellschaft für die grenzüberschreitende Tätigkeit bedienen. Kapitalgesellschaften[203] sind rechtsfähige, selbstständige juristische Personen.[204] Aufgrund des internationalen Konzernsteuerrechts wird die Rechtspersönlichkeit der ausländischen

---

196 Vgl. detailliert zur Gewinnermittlung: *Stöber* in: Lademann, EStG, § 49 Rn. 760 ff.

197 *Görl* in: Vogel/Lehner, DBA, Art. 5 Rn. 3; *Gersch* in: Klein, AO, § 12 Rn. 19; *Stöber* in: Lademann, EStG, § 49 Rn. 825 ff.

198 BFH v. 18.12.1963 – I 230/61 S, BStBl. III 1964, S. 253 (256); *Frotscher* in: Frotscher/Drüen, Körperschaftsteuergesetz, Gewerbesteuergesetz, Umwandlungssteuergesetz – Kommentar, § 49 EStG Rn. 48; *Stöber* in: Lademann, EStG, § 49 Rn. 101 f.; Stöber DStZ 2016, S. 582 (585).

199 *Jacobs et al.* Int. Unternehmensbesteuerung, S. 465.

200 Vgl. einführend m.w.N.: *Köhler* in: Kessler/Förster/Watrin, FS Herzig 2010, S. 953 (967 f.).

201 Verordnung zur Anwendung des Fremdvergleichsgrundsatzes auf Betriebsstätten nach § 1 Abs. 5 AStG, (BGBl. I v. 13.10.2014, S. 1603), zuletzt geändert durch Art. 5 der Verordnung v. 12.07.2017 (BGBl. I v. 19.07.2017, S. 2360); vgl. dazu: *Wassermeyer* IStR 2015, S. 37 (37 ff.); *Stöber* in: Lademann, EStG, § 49 Rn. 760 ff., 827 ff.

202 *Jacobs et al.* Int. Unternehmensbesteuerung, S. 473.

203 *Jacobs et al.* Int. Unternehmensbesteuerung, S. 273; *Wackerbarth/Eisenhardt* Recht der Personengesellschaften mit Grundzügen des GmbH- und des Aktienrechts, § 2 Rn. 34.

204 *Wackerbarth/Eisenhardt* Recht der Personengesellschaften mit Grundzügen des GmbH- und des Aktienrechts, § 2 Rn. 24 ff.; *Wackerbarth/Eisenhardt* Recht der Kapitalgesellschaften mit Bezügen zum Bilanz-, Insolvenz- und Kapitalmarktrecht, § 2 Rn. 43.

Gesellschaft sowohl vom Staat der Muttergesellschaft (sogenannter Heimatstaat) als auch vom Staat der Tochtergesellschaft (sogenannter Tätigkeitsstaat) anerkannt.[205] Dies gilt jedoch infolge der Anwendung der Niederlassungsfreiheit gemäß Art. 49 AEUV nur zwischen Mitgliedstaaten der EU.[206] Dennoch ist es insbesondere in Outbound-Fällen notwendig zu klären, ob aus Sicht des Heimatstaates eine Kapital- bzw. Personengesellschaft[207] vorliegt. Für die steuerrechtliche Qualifikation ist anhand eines zweistufigen Typenvergleichs[208] der materiellen Struktur bzw. des real vorgefundenen Unternehmenstypus zu prüfen, ob die ausländische Gesellschaft mit einer der im nationalen Steuerrecht erfassten Gesellschaftstypen wirtschaftlich vergleichbar ist.[209] Kapitalgesellschaften können im Tätigkeitsstaat schuldrechtliche Verträge ohne Beteiligung der Muttergesellschaft mit ihren Gesellschaftern oder Dritten abschließen.[210] Der wesentliche Vorteil der Tätigkeit durch eine Kapitalgesellschaft liegt einerseits in der Haftungsbeschränkung.[211] Andererseits bieten sich einfache Regeln des Gesellschafterwechsels und günstige Finanzierungsmöglichkeiten.[212] Demgegenüber ist die Gründung einer Kapitalgesellschaft in der Regel an Formvorschriften, Mitbestimmungspflichten, umfassende Publizitäts- und Prüfungsvorschriften und entsprechende Kosten gebunden.[213]

a. Besteuerung der Mutter-Tochtergesellschaft

In den Outbound-Fällen ist die ausländische Tochtergesellschaft nur nach den Vorschriften des Tätigkeitstaates in der Regel als unbeschränkt Steuerpflichtiger zu besteuern.[214] Vor dem Steuerzugriff durch die deutsche Besteuerung ist

205 *Menck* in: Mössner, Steuerrecht international tätiger Unternehmen, Rn. 1.55.

206 EuGH v. 05.11.2002 – C-208/00 (Überseering), Slg 2002, I-9919; EuGH v. 09.03.1999 – C-212/97 (Centros), Slg 1999, I-1459; vgl. zum Unterschied zu bei Sitzverlegung aus einem Drittstaat: *Debatin* GmbHR 1991, S. 164 (168 f.).

207 Vgl. zu den international unterschiedlichen zivilrechtlichen Ausgestaltungsmöglichkeiten der Personengesellschaft: *Windbichler* ZGR 2014, S. 110 (110 ff.).

208 Vgl. OFD Frankfurt v. 12.02.2014 – S 2241 A-107-St 213 (Verfügung betreffend ausländische Personengesellschaften; Verfahrensrechtliche Hinweise und Abgrenzungskriterien zu Kapitalgesellschaften); vgl. Prüfungsschema für die Qualifikation: *Jacobs et al.* Int. Unternehmensbesteuerung, S. 416.

209 *Jacobs et al.* Int. Unternehmensbesteuerung, S. 393.

210 Vgl. *Jacobs et al.* Int. Unternehmensbesteuerung, S. 274.

211 *Jacobs et al.* Int. Unternehmensbesteuerung, S. 392; *Brähler* Internationales Steuerrecht, S. 261.

212 *Jacobs et al.* Int. Unternehmensbesteuerung, S. 392; *Schänzle/Engel* in: Mössner, Steuerrecht international tätiger Unternehmen, Rn. 5.4.

213 *Jacobs et al.* Int. Unternehmensbesteuerung, S. 392.

214 *Jacobs et al.* Int. Unternehmensbesteuerung, S. 420; vgl. zur Besteuerung bei Veräußerung und Liquidation: *Henkel* in: Mössner, Steuerrecht international tätiger Unternehmen, Rn. 6.146 ff.

die selbstständige Kapitalgesellschaft abgeschirmt.[215] Dieses Prinzip wird nur ausnahmsweise durchbrochen, wenn aufgrund missbräuchlicher Gestaltungen zur Herbeiführung der Abschirmung im Sinne der §§ 39, 41, 42 AO sogenannte Basisgesellschaften[216] vorliegen.[217] Infolge der Qualifizierung als Basisgesellschaft werden die der Kapitalgesellschaft zugerechneten Einkünfte als unmittelbar inländische Einkünfte der Muttergesellschaft behandelt.[218] In den Fällen der sogenannten Hinzurechnungsbesteuerung[219] kommt es zu einer weiteren Ausnahme, indem §§ 7 ff. AStG eine „eigene Steuerpflicht [der Muttergesellschaft begründet], die sich aus den niedrig besteuerten, thesaurierten Gewinnen ihrer Auslandsbeteiligung ableitet."[220]

Soweit die ausländische Tochtergesellschaft im Tätigkeitsstaat Gewinne an die inländische Muttergesellschaft als Gesellschafterin ausschüttet, ist auch die Muttergesellschaft entsprechend im Tätigkeitsstaat beschränkt steuerpflichtig, was zu einer Quellenbesteuerung i.H.v. 15–35 % der Gewinnanteile (Dividenden) oder der Entgelte (Zins- und Lizenzgebühren) führt.[221] Soweit es sich um solche Mutter- und Tochtergesellschaften innerhalb der Europäischen Union handelt, bei denen die Muttergesellschaft wenigstens 25 % der Anteile am Kapital der Tochtergesellschaft hält, sind Dividenden[222] und Zins- und Lizenzgebühren[223] von der Quellenbesteuerung ausgenommen. Die Dividenden unterliegen bei der Muttergesellschaft im inländischen Heimatstaat der unbeschränkten Steuerpflicht gemäß §§ 1 Abs. 1, Abs. 2, 7 Abs. 1, Abs. 2, 8 Abs. 1, Abs. 2 KStG i.V.m. §§ 20 Abs. 1, Abs. 8, 15 Abs. 1 EStG. Bedingt durch § 8b Abs. 1, Abs. 5 KStG werden die Einkünfte aus der Beteiligung an einer anderen Kapitalgesellschaft i.H.v. 95 % von der inländischen

215 Vgl. BFH v. 25.02.2004 – I R 42/02, BStBl. II 2005, S. 14; BFH v. 17.07.1985 – I R 104/82, BStBl. II 1986, S. 129; *Birk/Desens/Tappe* Steuerrecht, Rn. 1474.

216 Vgl. zum Begriff der Basisgesellschaften: *Jacobs et al.* Int. Unternehmensbesteuerung, S. 400 ff.; *Henkel* in: Mössner, Steuerrecht international tätiger Unternehmen, Rn. 7.8.

217 Vgl. grundlegend: BFH v. 21.01.1976 – I R 234/73, BStBl. II 1976, S. 513; vgl. zu den Gestaltungen, Folgen und Abgrenzung zur Hinzurechnungsbesteuerung: *Henkel* in: Mössner, Steuerrecht international tätiger Unternehmen, Rn. 7.9 ff.

218 BFH v. 10.06.1992 – I R 105/89, BStBl. II 1992, S. 1029; BFH v. 09.12.1980 – VIII R 11/77, BStBl. II 1981, S. 339.

219 Vgl. dazu detailliert: *Haase* Internationales und Europäisches Steuerrecht, Rn. 511 ff.

220 *Jacobs et al.* Int. Unternehmensbesteuerung, S. 406.

221 *Jacobs et al.* Int. Unternehmensbesteuerung, S. 421.

222 Richtlinie des Rates über das gemeinsame Steuersystem der Mutter- und Tochtergesellschaften verschiedener Mitgliedstaaten v. 23.07.1990, 90/434/EWG, ABl. EU v. 04.03.2005, L 58/19, zuletzt geändert am 27.01.2015, 2015/121/EU, ABl.-EU v. 28.01.2015, L 21/1.

223 Richtlinie des Rates über eine gemeinsame Steuerregelung für Zahlungen von Zinsen und Lizenzgebühren zwischen verbundenen Unternehmen verschiedener Mitgliedstaaten v. 03.06.2003, 2003/49/EG, ABl.-EU v. 26.06.2003, L 157/49.

Einkommensermittlung freigestellt. Falls die Voraussetzungen für solche Beteiligungsverhältnisse zwischen der Muttergesellschaft und der Tochtergesellschaft nicht vorliegen, führt die Kongruenz von beschränkter (im Tätigkeitsstaat) und unbeschränkter Steuerpflicht (im Ansässigkeitsstaat) zu einer juristischen Doppelbesteuerung bei der Muttergesellschaft. Bei Leistungsentgelten wird die Doppelbesteuerung durch die Anrechnungsmethode gemäß § 26 Abs. 1 Satz 1 Nr. 1 KStG i.V.m. § 34c Abs. 2 EStG vermieden. Für Beteiligungserträge erfolgt die Vermeidung über die Freistellungsmethode gemäß § 8b Abs. 1 KStG, soweit eine Mindestbeteiligung i.H.v. 10 % vorliegt.[224]

Diese oben genannte Quellensteuerbefreiung für die angesprochenen Beteiligungsverhältnisse zwischen der Muttergesellschaft und der Tochtergesellschaft findet bei Vorliegen eines Doppelbesteuerungsabkommens zwischen EU-Mitgliedstaaten ebenfalls Anwendung. Liegen diese Beteiligungsverhältnisse jedoch nicht vor, steht das Besteuerungsrecht gemäß Art. 10 Abs. 1 OECD-MA bzw. Art. 11 Abs. 1 OECD-MA dem Ansässigkeitsstaat des Gesellschafters zu. Jedoch besteht abkommensrechtlich gemäß Art. 10 Abs. 2, 11 Abs. 2 OECD-MA die Möglichkeit der begrenzten Quellenbesteuerung.[225] Das Besteuerungsrecht für die Einkünfte der Tochtergesellschaft liegt beim Ansässigkeitsstaat der Tochtergesellschaft.

In Inbound-Fällen unterliegt die inländische selbstständige Tochtergesellschaft der unbeschränkten Steuerpflicht gemäß § 1 Nr. 1 KStG. Im Falle schuldrechtlicher Leistungsbeziehungen ist insbesondere die Zinsschranke gemäß § 8a KStG i.V.m. § 4h EStG bei der Ermittlung der Einkünfte zu beachten. Die ausgeschütteten Gewinne unterliegen beim Anteilseigner – der ausländischen Muttergesellschaft – der beschränkten Steuerpflicht gemäß § 49a Abs. 1 Nr. 5 i.V.m. § 20 Abs. 1 EStG (gegebenenfalls i.V.m. § 2 Nr. 1 KStG). Die Steuer bemisst sich nach dem Status der Muttergesellschaft als Einkommensteuerpflichtiger (25 % gemäß § 43a Abs. 1 Nr. 1 EStG)[226] oder Körperschaftsteuerpflichtiger (15 % gemäß § 23 Abs. 1 KStG).[227] In DBA-Inbound Fällen ergeben sich zum normalen Inbound-Fall keine Abweichungen.[228]

b. Exkurs: Verwendung eines Verrechnungspreissystems

Insbesondere bei grenzüberschreitend tätigen nationalen Konzernen, die aus Kapitalgesellschaften bestehen, führen die Gesellschaften untereinander

224 Vgl. zu beiden Methoden: *Jacobs et al.* Int. Unternehmensbesteuerung, S. 430 f.

225 Vgl. detailliert: *Wassermeyer/Kaeser* in: Wassermeyer, DBA, Art. 10 MA Rn. 3, 12, Art. 11 MA Rn. 3.

226 Vgl. zur Kapitalertragsteuer: *Birk/Desens/Tappe* Steuerrecht, Rn. 759 ff.; *Henkel* in: Mössner, Steuerrecht international tätiger Unternehmen, Rn. 9.13 ff.

227 *Jacobs et al.* Int. Unternehmensbesteuerung, S. 283 ff.; *Henkel* in: Mössner, Steuerrecht international tätiger Unternehmen, Rn. 9.14.

228 Vgl. zu offenen und verdeckten Gewinnausschüttungen: *Jacobs et al.* Int. Unternehmensbesteuerung, S. 288 ff.

schuldrechtliche Beziehungen, deren Preise anhand sogenannter Verrechnungspreise untereinander berechnet werden.[229] Schuldrechtliche Leistungsbeziehungen der Tochtergesellschaft mit Gesellschaftern, insbesondere der Muttergesellschaft im Heimatstaat, unterliegen dem Fremdvergleichsgrundsatz gemäß § 1 Abs. 1 Satz 1 AStG.

Unilateral sind neben den einfachen Steuergesetzen[230] auch die Gewinnabgrenzungsaufzeichnungsverordnung[231] und Funktionsverlagerungsverordnung[232] anzuwenden. Soweit ein Doppelbesteuerungsabkommen vorliegt, ist es nach den oben genannten Maßgaben anzuwenden. Der Fremdvergleichsgrundsatz ist in Art. 9 OECD-MA kodifiziert.[233] Der Fremdvergleichsgrundsatz, als Instrument eines quantitativen Vergleichsmaßstabes, dient der Bestimmung und Dokumentation[234] der Verrechnungspreise. Er fordert gemäß § 1 Abs. 1 Satz 1 AStG eine Verrechnung konzerninterner Lieferungen und Leistungen zu Preisen, die voneinander unabhängige[235] Dritte unter sonst gleichen oder vergleichbaren[236] Verhältnissen vereinbart haben oder vereinbart hätten.[237] Die Methode zur Ermittlung des Verrechnungspreises basiert auf einer Analyse der Verteilung von Funktion und

229 *Birk/Desens/Tappe* Steuerrecht, Rn. 1480; *Dorner* in: Dawid/Dorner, Verrechnungspreise. Grundlagen und Praxis, S. 2.

230 *Haase* Internationales und Europäisches Steuerrecht, Rn. 438 ff.; *Baumhoff* in: Mössner, Steuerrecht international tätiger Unternehmen, Rn. 3.10 ff. Vgl. zu den entsprechenden nationalen Korrekturnormen: *Buurmann* in: Dawid/Dorner, Verrechnungspreise. Grundlagen und Praxis, S. 17 ff.

231 Verordnung zu Art, Inhalt und Umfang von Aufzeichnungen im Sinne des § 90 Abs. 3 AO v. 13.11.2003 (BGBl. I v. 27.11.2003, S. 2296), zuletzt geändert durch Art. 7 des Gesetzes v. 26.06.2013 (BGBl. I v. 29.06.2013, S. 1809).

232 Verordnung zur Anwendung des Fremdvergleichsgrundsatzes nach § 1 Abs. 1 AStG in Fällen grenzüberschreitender Funktionsverlagerungen v. 12.08.2008 (BGBl. I v. 18.08.2008, S. 1680), zuletzt geändert durch Art. 24 des Gesetzes v. 26.06.2013 (BGBl. I v. 29.06.2013, S. 1809).

233 Vgl. dazu übersichtlich: *Hummel* in: Wassermeyer, FS Wassermeyer 2015, S. 279 (283 f.).

234 Vgl. detailliert zur Verechnungspreisdokumentation gemäß § 90 Abs. 3 AO: *Dawid* in: Dawid/Dorner, Verrechnungspreise. Grundlagen und Praxis, S. 49 ff.

235 Vgl. detailliert zur Unabhängigkeit: *Baumhoff* in: Mössner, Steuerrecht international tätiger Unternehmen, Rn. 3.72 ff.

236 Vgl. detailliert zur Vergleichbarkeit: *Baumhoff* in: Mössner, Steuerrecht international tätiger Unternehmen, Rn. 3.83 ff.

237 BMF v. 23.02.1983 – IV C 5-S 1341-4/83 (Schreiben betreffend Grundsätze für die Prüfung der Einkunftsabgrenzung bei international verbundenen Unternehmen (Verwaltungsgrundsätze)), BStBl. I 1983, S. 218, zuletzt geändert am 12.04.2005, BStBl. I 2005, S. 570; vgl. dazu: *Haase* Internationales und Europäisches Steuerrecht, Rn. 463; *Baumhoff* in: Mössner, Steuerrecht international tätiger Unternehmen, Rn. 3.71.

Risiko[238] zwischen den verbundenen Vertragspartnern. Die nach den OECD-RL[239] entwickelte sogenannte geschäftsvorfallbezogene Standardmethode basiert auf Preisen oder Bruttomargen.[240] Die national (§ 1 Abs. 3 Satz 1 AStG) und international anerkannten Standardmethoden sind die Preisvergleichsmethode[241], die Wiederverkaufsmethode[242] und die Kostenaufschlagsmethode[243]. Innerhalb dieser Standardmethoden gibt es weder einen Vorrang einer Methode noch eine gefestigte Rangfolge in der Unternehmens- und Verwaltungspraxis sowie Rechtsprechung.[244] Soweit sich für die Leistungsbeziehungen keine Referenztransaktionen wie bei den Standardmethoden finden lassen, werden die sogenannten geschäftsvorfallbezogenen Gewinnmethoden[245] angewendet.[246] Sie vergleichen den Gewinn der verbundenen Unternehmen mit dem Gewinn vergleichbarer unverbundener Unternehmen.[247] Die OECD-RL unterscheidet zwischen der (geschäftsvorfallbezogenen und globalen) Gewinnaufteilungsmethode[248] und der geschäftsvorfallbezogenen Nettomargenmethode[249].

---

238 Vgl. detailliert zur Funktions- und Risikoanalyse: *Haase* Internationales und Europäisches Steuerrecht, Rn. 483 ff.; *Schwerdt* in: Dawid/Dorner, Verrechnungspreise. Grundlagen und Praxis, S. 137; *Baumhoff* in: Mössner, Steuerrecht international tätiger Unternehmen, Rn. 3.94 ff.

239 Vgl. dazu: *Förster* IStR 2011, S. 21 (720 ff.); *Staudacher/Groß* SWI 2011, S. 461 (461 ff.).

240 *Schwerdt* in: Dawid/Dorner, Verrechnungspreise. Grundlagen und Praxis, S. 140; *Baumhoff* in: Mössner, Steuerrecht international tätiger Unternehmen, Rn. 3.219.

241 Vgl. einführend: *Haase* Internationales und Europäisches Steuerrecht, Rn. 472; vgl. detailliert: *Baumhoff* in: Mössner, Steuerrecht international tätiger Unternehmen, Rn. 3.174 ff.; *Schwerdt* in: Dawid/Dorner, Verrechnungspreise. Grundlagen und Praxis, S. 142 ff.

242 Vgl. einführend: *Haase* Internationales und Europäisches Steuerrecht, Rn. 475; vgl. detailliert: *Baumhoff* in: Mössner, Steuerrecht international tätiger Unternehmen, Rn. 3.179 ff.; *Schwerdt* in: Dawid/Dorner, Verrechnungspreise. Grundlagen und Praxis, S. 155 ff.

243 Vgl. einführend: *Haase* Internationales und Europäisches Steuerrecht, Rn. 473; vgl. detailliert: *Baumhoff* in: Mössner, Steuerrecht international tätiger Unternehmen, Rn. 3.188 ff.; *Schwerdt* in: Dawid/Dorner, Verrechnungspreise. Grundlagen und Praxis, S. 155 ff.

244 *Haase* Internationales und Europäisches Steuerrecht, Rn. 477; *Baumhoff* in: Mössner, Steuerrecht international tätiger Unternehmen, Rn. 3.172 f.; *Schwerdt* in: Dawid/Dorner, Verrechnungspreise. Grundlagen und Praxis, S. 179.

245 Vgl. zur fehlenden Normierung in § 1 Abs. 3 Satz 1 AStG: *Baumhoff* in: Mössner, Steuerrecht international tätiger Unternehmen, Rn. 3.221.

246 *Baumhoff* in: Mössner, Steuerrecht international tätiger Unternehmen, Rn. 3.219.

247 *Baumhoff* in: Mössner, Steuerrecht international tätiger Unternehmen, Rn. 3.220; *Schwerdt* in: Dawid/Dorner, Verrechnungspreise. Grundlagen und Praxis, S. 140.

248 Vgl. detailliert: *Baumhoff* in: Mössner, Steuerrecht international tätiger Unternehmen, Rn. 3.225 ff., 3.332 f.; *Schwerdt* in: Dawid/Dorner, Verrechnungspreise. Grundlagen und Praxis, S. 172 ff.

249 Vgl. detailliert: *Baumhoff* in: Mössner, Steuerrecht international tätiger Unternehmen, Rn. 3.229 ff.; *Schwerdt* in: Dawid/Dorner, Verrechnungspreise. Grundlagen und Praxis, S. 163 ff.

Problematisch sind insbesondere Fälle, in denen die jeweiligen Finanzbehörden die Einkünfte unterschiedlich voneinander abgrenzen und es so nicht zur direkten Anwendung der Normen der Doppelbesteuerungsabkommen kommt. Art. 25 OECD-MA sieht in solchen Fällen ein Verständigungsverfahren zwischen den beteiligten Finanzbehörden vor.[250]

Der Steuerpflichtige ist insbesondere bei Auslandssachverhalten gemäß § 90 Abs. 3 Satz 1 AO verpflichtet, die Geschäftsvorfälle zur Ermittlung des entsprechenden Sachverhalts zu dokumentieren und im Falle einer Außenprüfung gemäß § 200 AO vorzulegen. Eine ähnliche Dokumentationspflicht trifft gemäß § 93 Abs. 1 AO denjenigen, der an der schuldrechtlichen Beziehung beteiligt ist. Verletzt der Steuerpflichtige seine Mitwirkungspflicht im Besteuerungsverfahren oder in der Außenprüfung, ist die Finanzbehörde berechtigt, die im Inland steuerpflichtigen Einkünfte gemäß § 162 Abs. 3 AO zu schätzen.[251] Des Weiteren können allgemeine Verzögerungsgelder oder Zwangsgelder verhängt werden.[252] Problembereiche für den Steuerpflichtigen ergeben sich aus der Unverwertbarkeit oder verspäteten Abgabe der Verrechnungspreisdokumentation[253] und unterschiedlicher Auswahl der Finanzbehörde der ausgewählten Verrechnungspreismethode[254].

4. *Personengesellschaft*

Der Vollständigkeit halber sei die grenzüberschreitende Tätigkeit durch eine Personengesellschaft[255] erwähnt. Sie ist jedoch nicht Gegenstand dieser Arbeit. Die Personengesellschaft ist aufgrund des sogenannten Transparenzprinzips[256] nicht Einkommen- oder Körperschaftsteuersubjekt. Vorteil der Personengesellschaft ist, dass sie im Heimatland direkt am Markt tätig wird und des Weiteren die Vorteile einer Betriebsstätte gegenüber einer Kapitalgesellschaft mitbringt.[257]

---

250 Vgl. detailliert: *Strotkemper* Das Spannungsverhältnis zwischen Schiedsverfahren in Steuersachen und einem Internationalen Steuergerichtshof. Möglichkeiten zur Verbesserung der Streitbeilegung im Internationalen Steuerrecht, S. 63 ff.; *Strotkemper* IStR 2016, S. 479 (484 ff.).

251 Vgl. zum objektiven Schätzrahmen: *Buurmann* in: Dawid/Dorner, Verrechnungspreise. Grundlagen und Praxis, S. 38 f.

252 *Buurmann* in: Dawid/Dorner, Verrechnungspreise. Grundlagen und Praxis, S. 39.

253 Vgl. zu den Verwertbarkeitsproblemen: *Bittner/Dawid/Metzner* in: Dawid/Dorner, Verrechnungspreise. Grundlagen und Praxis, S. 203 ff.

254 Vgl. mit Beispielen zu den Auswahlunterschieden: *Bittner/Dawid/Metzner* in: Dawid/Dorner, Verrechnungspreise. Grundlagen und Praxis, S. 208 ff.

255 Vgl. zu den Grundformen der Personengesellschaften aus steuerlicher Sicht: *Mick/Dyckmanns* in: Mössner, Steuerrecht international tätiger Unternehmen, Rn. 8.7 ff.

256 *Birk/Desens/Tappe* Steuerrecht, Rn. 1103; *Hey* in: Tipke/Lang, Steuerrecht, § 11 Rn. 1 f.; vgl. dazu: *Böhmer* StuW 2012, S. 33 (33 ff.).

257 Vgl. zu den steuerlichen Vor- und Nachteilen einer Personengesellschaft: *Schänzle/Engel* in: Mössner, Steuerrecht international tätiger Unternehmen, Rn. 5.2 ff.

Betreibt die Personengesellschaft im Outbound-Fall ein gewerbliches Unternehmen im Ausland als Betriebsstätte, werden ihre Einkünfte der in Deutschland ansässigen Muttergesellschaft für steuerliche Zwecke zugerechnet.[258] Im Falle einer Inbound-Personengesellschaft ergibt sich im Inland eine beschränkte Steuerpflicht. Problematisch sind insbesondere die Fälle, in denen die ausländische Rechtsordnung die Personengesellschaft anders qualifiziert als die deutsche Rechtsordnung.[259]

B. Übersicht über die Historie der europäischen Steuergesetzgebung

Erste Ideen für die Harmonisierung der Besteuerung innerhalb der Europäischen Wirtschaftsgemeinschaft wurden bereits 1967 gefasst.[260] 1969 beschäftigten sich der Neumark-Report und 1970 der Van-der-Trempel-Report zum ersten Mal mit dem Problem der Doppelbesteuerung in der EU. Infolgedessen wurde am 16.01.1969 der erste Vorschlag für eine Richtlinie zur Harmonisierung der Steuersysteme hinsichtlich Mutter-Tochtergesellschaften[261] verabschiedet. Zur verbesserten Zusammenarbeit zwischen den Finanzbehörden der einzelnen Mitgliedstaaten auf dem Gebiet der direkten Steuern erließ die Europäische Wirtschaftsgemeinschaft am 19.12.1977 eine entsprechende Richtlinie.[262] Da sich bereits in den früheren Reporten die Besteuerung der Dividenden als möglicher wettbewerbsverzerrender Faktor herausgestellt hatte, veröffentlichte das Europäische Parlament 1979 eine Resolution betreffend die Harmonisierung der Körperschaftsteuersysteme und der Quellensteuer auf Dividenden.[263] Vier Jahre später schloss sich das Europäische

---

258 Vgl. *Birk/Desens/Tappe* Steuerrecht, Rn. 1476; vgl. detailliert zur laufenden Besteuerung: *Schänzle/Engel* in: Mössner, Steuerrecht international tätiger Unternehmen, Rn. 5.23 f.

259 BMF v. 16.04.2010 – IV B 2-S 1300/09/10003 (Schreiben betreffend Anwendung der Doppelbesteuerungsabkommen (DBA) auf Personengesellschaften), BStBl. I 2010, S. 354; vgl. dazu: *Birk/Desens/Tappe* Steuerrecht, Rn. 1477 f.; vgl. m.w.N.: *Hey* in: Tipke/Lang, Steuerrecht, § 13 Rn. 131; *Schänzle/Engel* in: Mössner, Steuerrecht international tätiger Unternehmen, Rn. 5.22.

260 Vgl. Mitteilung der Kommission an den Rat: Programm für die Harmonisierung der direkten Steuern v. 26.06.1967 in: Bulletin der Europäischen Wirtschaftsgemeinschaft, Beilage Nr. 8, S. 6 ff.

261 Richtlinie des Rates über das gemeinsame Steuersystem der Mutter- und Tochtergesellschaften verschiedener Mitgliedstaaten v. 16.01.1969, ABl.-EG 1969, C39/7.

262 Richtlinie 77/799/EWG des Rates über die gegenseitige Amtshilfe zwischen den zuständigen Behörden der Mitgliedstaaten im Bereich der direkten Steuern v. 19.12.1977, ABl.-EG v. 27.12.1977, L 336/15.

263 Entschließung zur Harmonisierung der Körperschaftsteuersysteme und der Quellensteuer auf Dividenden, v. 08.05.1979, ABl.-EG v. 05.06.1979, C 140/19.

Parlament diesem Vorhaben an.[264] Die Europäische Kommission beauftragte am 20.04.1990 einen Sachverständigenausschuss mit der Evaluierung, ob die Unterschiede zwischen den Körperschaftsteuersystemen der Mitgliedstaaten zu binnenmarktrelevanten Wettbewerbsverzerrungen führen.[265] Unter Vorsitz des ehemaligen niederländischen Finanzministers Onno Ruding stellte der Sachverständigenausschuss die Disparität der einzelnen Körperschaftsteuersysteme fest. Die unterschiedliche Höhe des Steueraufkommens resultierte aus den KSt-Bemessungsgrundlagen und KSt-Sätzen. Insbesondere die unterschiedliche Behandlung von grenzüberschreitenden Einkommen, bspw. Dividenden, Zinsen und Lizenzen, führen zu Wettbewerbsverzerrungen innerhalb der EU, die durch Handlungen auf EU-Ebene behoben werden müssen. Jedoch muss weiterhin ein Maß an Flexibilität zur Generierung des Steueraufkommens der Mitgliedstaaten durch direkte Steuern gewährleistet sein.[266]

Die sogenannte Mutter-Tochter-Richtlinie stellt seit ihrem Erlass im Jahr 1990[267] mit ihren Änderungen in den Jahren 2003[268], 2011[269] und 2015[270] die ausführlichste Harmonisierungsbemühung der Europäischen Union gemäß Art. 115 AEUV dar. Die Harmonisierung soll den europäischen Binnenmarkt für unionsweite wirtschaftliche Aktivität attraktiv machen.[271] Denn wie oben bereits beschrieben, kann die Ausschüttung[272] von Unternehmensgewinnen innerhalb des Konzerns

264 Entschließung des Europäischen Parlaments zur Steuerharmonisierung in der Gemeinschaft v. 17.11.1983, ABl.-EU 28.05.1983, C 342/73.

265 Mitteilung der Kommission an das Parlament und den Rat über Leitlinien zur Unternehmensbesteuerung v. 20.04.1990, SEK (1990) 601 endgültig.

266 Vgl. zum Ruding-Report: *Knobbe-Keuk* EC Tax Review 1992, S. 22 (22 ff.).

267 Richtlinie 90/435/EWG des Rates über das gemeinsame Steuersystem der Mutter- und Tochtergesellschaften verschiedener Mitgliedstaaten v. 23.07.1990, ABl.-EU v. 20.08.1990, L 225/6.

268 Richtlinie 2003/123/EWG des Rates zur Änderung der Richtlinie 90/435/EWG über das gemeinsame Steuersystem der Mutter- und Tochtergesellschaften verschiedener Mitgliedstaaten v. 22.12.2003, ABl.-EU v. 13.01.2004, L 7/41.

269 Richtlinie 2011/96/EU des Rates über das gemeinsame Steuersystem der Mutter- und Tochtergesellschaften verschiedener Mitgliedstaaten – Neufassung v. 30.11.2011, ABl.-EU v. 29.12.2011, L 345/8.

270 Richtlinie 2015/121/EU des Rates zur Änderung der RL 2011/96/EU über das gemeinsame Steuersystem der Mutter- und Tochtergesellschaften verschiedener Mitgliedstaaten v. 27.01.2015, ABl.-EU v. 28.01.2015, L 21/1.

271 Vgl. m.w.N.: *Gröpl* in: Dauses/Ludwigs, Handbuch des EU-Wirtschaftsrechts, Rn. 303 ff.; *Egner* Internationale Steuerlehre, S. 40.

272 Vgl. zur Gleichbehandlung der möglichen Ausschüttungsformen: EuGH v. 25.09.2003 – C-58/01 (Océ van der Grinten), Slg 2003, I-9809; EuGH v. 04.10. 2001 – C-294/99 (Athinaïki Zythopoiia), Slg 2001, I-6797; EuGH v. 08.06.2000 – C-375/98 (Epson), Slg 2000, I-4243.

eine dreifache Besteuerung (Gewinn der Tochtergesellschaft, Kapitalertrag der Muttergesellschaft, Gewinn der Muttergesellschaft) auslösen.[273] Daher bezweckt die Richtlinie die Beseitigung dieser Mehrfachbelastung.[274] Die Richtlinie ist auf Körperschaften mit einer Mindestbeteiligung in Höhe von 10 % und einer Haltedauer von mindestens zwei Jahren anzuwenden.[275] Der Sitzstaat der Tochtergesellschaft besteuert bei Anwendung der Regelungen den Gewinn der Tochter und erhebt keine Quellensteuer, d.h. jede Form einer Quellensteuer auf die von der Tochtergesellschaft abgeführten Gewinne ist untersagt.[276] Die Umsetzung der Mutter-Tochter-Richtlinie begünstigt die periodische Besteuerung und führt zu einer Kostenentlastung europaweit operierender Konzerne.[277] Der deutsche Steuergesetzgeber setzte die Vorgaben der Richtlinien insbesondere in den Regelungen der § 8b Abs. 1, Abs. 5 KStG sowie § 8 Abs. 1 Satz 1 KStG i.V.m. § 43b EStG um. Er versuchte mit den einzelnen Regelungen den missbräuchlichen Aufbau von Beteiligungsketten und das sogenannte directive shopping zu unterbinden.[278] Anzumerken ist jedoch, dass durch die Entlastung der Muttergesellschaft im Tätigkeitsstaat der Standort mit dem niedrigeren Steuerniveau im Sinne des Prinzips der Kapitalimportneutralität attraktiver ist und das Steueraufkommen innerhalb der Europäischen Union verschoben wird.[279]

Basierend auf den Ergebnissen des Ruding-Ausschusses wurde parallel zur Mutter-Tochter-Richtlinie die Fusionsrichtlinie verabschiedet.[280] Die Richtlinie betrifft die grenzüberschreitende Unternehmensumstrukturierung innerhalb der

273 Vgl. dazu auch: *Treisch* in: Kellersmann *et al.*, EU II, S. 3; *Egner* Internationale Steuerlehre, S. 40.

274 Vgl. dazu: Erwägungsgründe 4 und 6 der Richtlinie 2011/96/EU des Rates über das gemeinsame Steuersystem der Mutter- und Tochtergesellschaften verschiedener Mitgliedstaaten – Neufassung v. 30.11.2011, ABl.-EU v. 29.12.2011, L 345/8.

275 Vgl. dazu: *Treisch* in: Kellersmann *et al.*, EU II, S. 35.

276 Vgl. dazu EuGH v. 08.06.2000 – C-375/98 (Epson), Slg 2000, I-4243.

277 *Jacobs et al.* Int. Unternehmensbesteuerung, S. 181 f.

278 Vgl. zur Umsetzung in Deutschland und Österreich: *Treisch* in: Kellersmann *et al.*, EU II, S. 10 ff.; *Rehm/Nagler* Europäisches Steuerrecht, S. 24; *Birker* BB 2012, S. 1961 (1961); *Bergmann* StuW 2010, S. 246 (259).

279 *Gröpl* in: Dauses/Ludwigs, Handbuch des EU-Wirtschaftsrechts, Rn. 307; *Jacobs et al.* Int. Unternehmensbesteuerung, S. 178.

280 Richtlinie 90/434/EWG des Rates über das gemeinsame Steuersystem für Fusionen, Spaltungen, die Einbringung von Unternehmensteilen und den Austausch von Anteilen, die Gesellschaften verschiedener Mitgliedstaaten betreffen v. 23.07.1990, ABl.-EG v. 20.08.1990, L 225/1, zuletzt geändert durch die Richtlinie 2005/19/EG des Rates zur Änderung der Richtlinie 90/434/EWG über das gemeinsame Steuersystem für Fusionen, Spaltungen, die Einbringung von Unternehmensteilen und den Austausch von Anteilen, die Gesellschaften verschiedener Mitgliedstaaten betreffen v. 17.02.2005, ABl.-EU v. 04.03.2005, L 58/19.

Europäischen Union und somit die aperiodische Konzernbesteuerung.[281] Durch eine unionsweite Strukturänderung kommt es aufgrund der einzelnen nationalen Steuergesetze zur nachteiligen Aufdeckung stiller Reserven, die zu einem erheblichen Liquiditätsnachteil führen.[282] Nach Ansicht des EuGH kann der bloß drohende Verlust des Besteuerungsrechts für die stillen Reserven die sofortige Besteuerung bei Grenzübertritt der Wirtschaftsgüter unter Berücksichtigung der Niederlassungsfreiheit gemäß Art. 49 AEUV nicht verhältniswahrend rechtfertigen.[283] Die Richtlinie sieht für diesen Fall keinen endgültigen Steuerverzicht, sondern eher einen Steueraufschub oder eine Steuerstundung[284] bis zum Zeitpunkt der echten Veräußerung vor.[285] Durch den Steueraufschub soll den Mitgliedstaaten nicht das Besteuerungspotential entzogen werden.[286] Die Richtlinie gilt gemäß Art. 1 lit. a i.V.m. Art. 3 Abs. 1 lit. a Fusionsrichtlinie für Kapitalgesellschaften, die der Körperschaftsteuer unterliegen und aus zwei unterschiedlichen Mitgliedstaaten stammen.[287] Im Rahmen der Richtlinie sind insbesondere die Fusion, Spaltung, Einbringung und der Anteilstausch privilegiert, sodass die Übertagung einzelner Wirtschaftsgüter ebenso wenig wie die Verlegung des Gesellschaftssitzes oder der Rechtsformwechsel in den Anwendungsbereich fallen.[288] Die Steuerstundung ist

281 *Jacobs et al.* Int. Unternehmensbesteuerung, S. 182; *Egner* Internationale Steuerlehre, S. 42.

282 Vgl. *Rehm/Nagler* Europäisches Steuerrecht, S. 215 f.; *Dautzenberg* Unternehmensbesteuerung im EG-Binnenmarkt. Problembereiche und Perspektiven, S. 24.

283 Vgl. EuGH v. 29.11.2011 – C-371/10 (National Grid Indus), Slg 2011, I-12273, Rn. 42 ff.; EuGH v. 11.03.2004 – C-9/02 (De Lasteyrie du Saillant), Slg 2004, I-2409, Rn. 50 ff.; EuGH v. 21.11.2002 – C-436/00 (X und Y), Slg 2002, I-10829, Rn. 51 ff.

284 Vgl. zu den unterschiedlichen Begriffen und Rechtsfolgen: *Gröpl* in: Dauses/Ludwigs, Handbuch des EU-Wirtschaftsrechts, Rn. 286 ff.

285 *Jacobs et al.* Int. Unternehmensbesteuerung, S. 182; *Treisch* in: Kellersmann *et al.*, EU II, S. 172; *Rehm/Nagler* Europäisches Steuerrecht, S. 24

286 Vgl. dazu Erwägungsgründe 5 und 7 der Richtlinie 2009/133/EG des Rates über das gemeinsame Steuersystem für Fusionen, Spaltungen, Abspaltungen, die Einbringung von Unternehmensteilen und den Austausch von Anteilen, die Gesellschaften verschiedener Mitgliedstaaten betreffen, sowie für die Verlegung des Sitzes einer Europäischen Gesellschaft oder einer Europäischen Genossenschaft von einem Mitgliedstaat in einen anderen Mitgliedstaat v. 19.10.2009, ABl.-EU v. 25.11.2009, L 310/34; vgl. dazu: *Treisch* in: Kellersmann *et al.*, EU II, S. 179.

287 Vgl. Mitteilung der Kommission an den Rat, das Europäische Parlament und den Wirtschafts- und Sozialausschuss: Ein Binnenmarkt ohne steuerliche Hindernisse – Strategie zur Schaffung einer konsolidierten Körperschaftsteuer-Bemessungsgrundlage für die grenzüberschreitende Unternehmenstätigkeit in der EU v. 23.10.2001, KOM (2001) 582 endgültig; *Dautzenberg* Unternehmensbesteuerung im EG-Binnenmarkt. Problembereiche und Perspektiven, S. 222 f.; *Knobbe-Keuk* DB 1991, S. 298 (304).

288 Vgl. dazu ausführlich: *Gröpl* in: Dauses/Ludwigs, Handbuch des EU-Wirtschaftsrechts, Rn. 92 f., 116, 276 ff.; *Egner* Internationale Steuerlehre, S. 42.

sowohl bei der Gesellschaft als auch beim Gesellschafter gemäß Art. 4 Abs. 1, 8 Abs. 1 Fusionsrichtlinie zu berücksichtigen.[289] Im Ergebnis ermöglicht die Umsetzung der Richtlinie eine effiziente Konzernsteuerplanung.[290]

2003 erließ der Europäische Rat die Zins- und Lizenzgebührenrichtlinie[291] mit dem Ziel, sämtliche Quellensteuern abzuschaffen, die bei der Zahlung von Zinsen und Lizenzgebühren in einem EU-Konzern entstehen.[292] Die Zahlungen sind somit nur beim Empfänger steuerpflichtig.[293] So werden die juristische[294] Doppelbesteuerung des Steuersachverhalts, zusätzlicher Verwaltungsaufwand bei der empfangenen Gesellschaft, Liquiditätsbelastungen durch die quellensteuerabführende Gesellschaft und die Entstehung eines negativen Zinseffektes aufgrund des Zeitunterschiedes zwischen der Zahlung der Quellensteuer und der direkten Anrechnung vermieden.[295] 2011 hat die Kommission einen Richtlinienvorschlag[296] zur Neufassung der Richtlinie beschlossen, der jedoch noch nicht umgesetzt worden ist.

Auch im Bereich der grenzüberschreitenden Verlustverrechnung hat die Europäische Union bereits einige Versuche zur Harmonisierung unternommen.[297] Dennoch blieben alle Anstrengungen ohne Erfolg.

C. Zwischenfazit zur grenzüberschreitenden Tätigkeit innerhalb des EU-Binnenmarktes

Zusammenfassend bedarf es bei grenzüberschreitender wirtschaftlicher Aktivität aktuell vorwiegend einer Regelung in Doppelbesteuerungsabkommen und der Anwendung von Verrechnungspreissystemen, um eine faire Besteuerung sicherzustellen. In der Praxis führen beide Vorgehensweisen dennoch zu Doppel- bzw. doppelter Nichtbesteuerung und – aus Sicht der Öffentlichkeit – ungewollter unternehmerischer Steuerplanung.

---

289 Vgl. dazu: *Treisch* in: Kellersmann *et al.*, EU II, S. 177.

290 Vgl. m.w.N. und zu den Gestaltungsmöglichkeiten: *Jacobs et al.* Int. Unternehmensbesteuerung, S. 186.

291 Richtlinie 2003/49/EG des Rates über eine gemeinsame Steuerregelung für Zahlungen von Zinsen und Lizenzgebühren zwischen verbundenen Unternehmen verschiedener Mitgliedstaaten v. 03.06.2003, ABl.-EU v. 26.06.2003, L 157/49.

292 *Goebel/Küntscher* IStR 2011, S. 630 (632).

293 *Jacobs et al.* Int. Unternehmensbesteuerung, S. 187.

294 Nach Ansicht des EuGH nur juristische und nicht wirtschaftliche Doppelbesteuerung: EuGH v. 21.07.2011 – C-397/09 (Scheuten Solar Technology), Slg 2011, I-6455, Rn. 28; *Goebel/Küntscher* IStR 2011, S. 630 (632).

295 *Treisch* in: Kellersmann *et al.*, EU II, S. 51.

296 COM (2011) 714.

297 Vgl. KOM (1984); KOM (90) 595; *Weiten* (Finale) Verluste aus ausländischen EU/EWR-Direktinvestitionen. Eine Untersuchung zur inländischen Berücksichtigung ausländischer Verluste aus deutscher Steuerperspektive, S. 90 f.

Die bisherigen Umsetzungen der Richtlinien richten sich nur an die Besteuerung von Körperschaften und somit betrifft es die Körperschaftsteuer. Jedoch weist diese im internationalen Vergleich sowie im nationalen, deutschen Steueraufkommen nur geringe Bedeutung auf.[298] Nach Ansicht von *Schmitt* könne man daher auf die Gewerbesteuer als Unternehmenssteuer zurückgreifen und auf die Körperschaftsteuer gänzlich verzichten.[299] Diesem Ansatz wird man mit Blick auf die dem deutschen Bestreuerungssystem zugrundliegende Idee der Besteuerung anhand der Leistungsfähigkeit sowie der Rechtsformfreiheit wohl nicht folgen können. Da die Besteuerung von Personengesellschaften unstreitig der Kompetenz der einzelnen Mitgliedstaaten für die Einkommensteuer vorbehalten ist[300], kann aus steuerlicher Perspektive kein sogenanntes level-playing-field entstehen.[301] Zudem fehlt es an einem steuerpolitischen Leitbild für grenzüberschreitende Investitionen, da das im OECD-Modell angelegte Mischsystem zwischen Kapitalexport- und Kapitalimportneutralität und damit verbunden das Nebeneinander von Anrechnungs- und Freistellungsmethode verfestigt würde.[302] Die Koexistenz der 28 nationalen Besteuerungssysteme in der Europäischen Union und die damit verbundene Abschottung führt zu besonderen Aufzeichnungs- und Befolgungskosten für Unternehmen und Finanzverwaltung, Doppel- und Minderbesteuerung bei der Anwendung grenzüberschreitender Verrechnungspreise sowie zur Beschränkung des grenzüberschreitenden Verlustausgleichs auf die durch den EuGH vorgegebenen Anwendungsfälle.[303]

298 *Richter/Welling* FR 2013, S. 793 (796).
299 Vgl. mit einer Darstellung der unterschiedlichen Ansichten: *Richter/Welling* FR 2013, S. 793 (796, 799).
300 Vgl. zur Kompetenz aus Sicht der EU: COM(2001) 582 final.
301 *Jacobs et al.* Int. Unternehmensbesteuerung, S. 191.
302 *Jacobs et al.* Int. Unternehmensbesteuerung, S. 190.
303 COM(2001) 582 final; vgl. dazu: *Jacobs et al.* Int. Unternehmensbesteuerung, S. 191.

Teil 3: Harmonisierung der Körperschaftsteuer-Bemessungsgrundlage

Bevor die einzelnen Bestimmungen analysiert werden, bedarf es zunächst einer Prüfung, ob die Europäische Union zum Erlass einer solch umfassenden Harmonisierungsmaßnahme berechtigt ist. So werden im Folgenden die Hintergründe der Richtlinienvorschläge erläutert, bevor geklärt werden kann, ob diese dem Grundsatz nach mit übergeordnetem Recht vereinbar sind.

A. Entstehungsgeschichte

Die Idee einer Gemeinsamen konsolidierten Körperschaftsteuer-Bemessungsgrundlage für unionsweit tätige Unternehmen wurde erstmalig am 23.10.2001 von der Europäischen Kommission erwähnt.[304] Das Arbeitsdokument zielte darauf ab, ein einheitliches Regelwerk für Unternehmen zu schaffen und die Gewinn- und Verlustrechnung auf Grundlage einer einheitlichen oder harmonisierten Bemessungsgrundlage zu vereinfachen.[305] So haben sich vier Ansätze[306] zur Unternehmensbesteuerung herausgebildet:

- Besteuerung im Sitzland
- Besteuerung nach einer konsolidierten (einheitlichen) Bemessungsgrundlage
- europäische Körperschaftsteuer
- obligatorische einheitliche „harmonisierte Bemessungsgrundlage"

Die mit dem Arbeitsdokument verfolgte Politik wurde 2003 durch den Rat bestätigt.[307] Sogenannte kapitalmarktorientierte Unternehmen erstellen bereits seit dem 01.01.2005 konsolidierte Jahresabschlüsse nach dem Konzept der IAS auf.[308]

Die Arbeitsgruppe $GKKB_{2011}$ nahm im November 2004 ihre Arbeit auf, bestehend aus Sachverständigen der Verwaltungen der Mitgliedstaaten, der Wirtschaft und der Wissenschaft.[309] Die Kommission setzte sich mit der Vorlage eines Vorschlags für einen Rechtsakt bis 2008 ein ambitioniertes politisches Ziel.[310] Das Europäische

304 COM(2001) 582 final
305 COM(2001) 582 final, S. 447.
306 Vgl. zu den Hauptmerkmalen der einzelnen Ansätze: COM(2001) 582 final, S. 408 f.
307 COM (2003) 726.
308 Verordnung (EG) Nr. 1606/2002 des Europäischen Parlaments und des Rates v. 19.07.2002 betreffend die Anwendung internationaler Rechnungslegungsstandards, ABl.-EU v. 11.09.2002, L 243/1.
309 Vgl. KOM(2007) 223, S. 8.
310 KOM(2005) 532.

Parlament entschloss sich im Dezember 2005, die Arbeiten an der $GKKB_{2011}$ zu fördern.[311] Ebenso nahm der Europäische Wirtschafts- und Sozialausschuss im Februar 2006 erstmalig zu dem Vorhaben Stellung und unterstützte die Arbeit der Kommission, obgleich sie von einem längeren Erarbeitungsprozess ausging.[312]

2006 zog die Kommission ein erstes Zwischenfazit und appellierte an die Mitgliedstaaten, sich personell stärker an den Arbeiten zu beteiligen, damit das zeitnahe und ambitionierte Umsetzungsziel erreicht werden könne.[313] Eine schnelle Umsetzung wurde dadurch behindert, dass die Sachverständigen an den bestehenden nationalen Regelungen festhielten.[314] Die Kommission erkannte früh, dass eine förmliche Anknüpfung an IAS/IFRS nicht sinnvoll sei, da diese Standards sehr wandelbar und für den Großteil der angesprochenen Unternehmen nicht anwendbar seien.[315] 2007 stellte man in der Mitteilung der Kommission die Konsolidierung und die fakultative Anwendung als strukturelle Kernelemente des Richtlinienvorschlags vor.[316] Darüber hinaus hielt die Kommission fest, dass eine Angleichung der Körperschaftsteuersätze nicht Teil des Richtlinienvorschlags werden solle.

Nach Diskussionen mit Sachverständigen der Mitgliedstaaten, Denkfabriken und Wissenschaftlern veröffentlichte die Kommission am 16.03.2011 in einem Arbeitsdokument die Ergebnisse ihrer Folgeneinschätzung[317] und den Vorschlag einer $GKKB_{2011}$[318]. Die Mitgliedstaaten äußerten zeitnah ihre Bedenken zu dem Vorschlag, die sich insbesondere auf die Verletzung des Subsidiaritätsprinzips gemäß Art. 5 Abs. 3 EUV, die optionale Anwendung der Richtlinie und Auslegungsprobleme einer unionsweiten Regelung konzentrierten.[319] Der Ausschuss der Regionen teilte die Ansicht der Mitgliedstaaten und stellte zudem die Einhaltung des Verhältnismäßigkeitsgrundsatzes gemäß Art. 5 Abs. 4 EUV in Frage, da die Richtlinie nur auf eine begrenzte Anzahl von Unternehmen in der Europäischen Union anzuwenden wäre.[320] Die Stellungnahme des Europäischen Wirtschafts- und

311 Entschließung des Europäischen Parlaments über die Besteuerung von Unternehmen in der Europäischen Union: Einheitliche konsolidierte Körperschaftsteuer-Bemessungsgrundlage v. 13.10.2005, 2005/2121 INI.

312 Stellungnahme des Europäischen Wirtschafts- und Sozialausschusses zur Schaffung einer gemeinsamen konsolidierten Bemessungsgrundlage für die Unternehmensbesteuerung in der EU (Sondierungsstellungnahme) v. 14.02.2006, ECO/165.

313 KOM(2006) 157, S. 9 f.

314 KOM(2006) 157, S. 10.

315 KOM(2006) 157, S. 11.

316 KOM(2007) 223.

317 SWD (2011) 316.

318 COM(2011) 121.

319 Vgl. bspw.: Deutschland v. 06.05.2011, BT-Drucks. 17/5748; Deutschland v. 17.06.2011, BR-Drucks. 155/11; Schweden v. 16.05.2011, Notice of Members 37/2011; Malta v. 20.05.2011, Notice of Members 41/2011.

320 Stellungnahme des Europäischen Ausschusses der Regionen – Eine faire und effiziente Unternehmensbesteuerung in der Europäischen Union v. 10.02.2016 – ECOS-V-018, ABl.-EU C 51/34, Tz. 44.

Sozialausschusses stellte ergänzend in Frage, ob die Verbreiterung der Steuerbemessungsgrundlage zu einem negativen Steueraufkommen in den einzelnen Mitgliedstaaten führen werde und ob die $GKKB_{2011}$ angesichts ihres territorial begrenzten Geltungsbereichs zur Lösung der Problematik der auf EU-externen Einflüssen beruhenden Steuergestaltungen beitragen könne.[321]

Aufgrund der breiten Diskussion im EU-Parlament und im Rat über die $GKKB_{2011}$ wurde der Richtlinienvorschlag unter den jeweiligen Vorsitzenden durch Kompromissvorschläge mehrfach geändert.[322] Zusammenfassend kam es jedoch aufgrund der Vorbehalte im europäischen Parlament nicht zur Verabschiedung der Richtlinie. Dennoch hielt das Parlament stets an dem Vorhaben fest und forderte die Mitgliedstaaten zur Einigung auf, um die $GKKB_{2011}$ zunächst für Unternehmen und Genossenschaften in Europa obligatorisch einzuführen und später auf alle übrigen Unternehmen – mit Ausnahme der kleinen und mittleren Unternehmen – auszuweiten.[323]

Spengel attestiert den Impulsen, die aus der Idee einer Kapitalmarktunion[324] entstanden sind, die Replik einer harmonisierten Körperschaftsteuer-Bemessungsgrundlage.[325] Man wollte dabei die Diskriminierung der Eigenkapitalfinanzierung limitieren, um die Stabilität der Unternehmen in Krisenzeiten zu erhöhen. Daneben griff auch der Aktionsplan für eine faire und effiziente Unternehmensbesteuerung am 17.06.2015 den Richtlinienvorschlag aus dem Jahr 2011 erneut auf.[326] Der Aktionsplan sah – neben der Wiederbelebung der $GKKB_{2011}$ – eine Auffrischung des Betriebsstättenbegriffs, Verbesserung der Verrechnungspreise und Bindung von Steuervergünstigungen an den Ort der Wertschöpfung vor, wobei diese Maßnahmen auf das BEPS-Projekt der OECD zurückgehen.[327] Ebenfalls wurden ein grenzüberschreitender Verlustabzug, der in enger Verbindung zur GKB steht, und die Verbesserung der Streitbeteiligungsmechanismen in den Aktionsplan aufgenommen. Um die sogenannte aggressive Steuerplanung einzudämmen, bedürfe es

---

321 Stellungnahme des Europäischen Wirtschafts- und Sozialausschusses zu dem „Vorschlag für eine Richtlinie des Rates über eine Gemeinsame konsolidierte Körperschaftsteuer-Bemessungsgrundlage (GKKB)“ v. 06.04.2011 – 2012/C 24/12, ABl.-EU C 24/63, Tz. 4.5, 4.7.

322 Vgl. zu den einzelnen Kompromisstexten: Dänemark v. 04.04.2012 – 8387/12 FISC 49; Dänemark v. 02.05.2012 – 9180/13 FISC 80; Litauen v. 14.10.2013 – 14768/13 FISC 181; Griechenland v. 26.05.2014 – 10177/14 FISC 84; Italien v. 19.11.2014 – 15756/14 FISC 197; vgl. zum Kompromisstext Italiens: *Krauß* IStR 2015, S. 727 (727 ff.).

323 Jährlicher Steuerbericht-Entschließung des Europäischen Parlaments vom 25.03.2015 zu dem jährlichen Steuerbericht (214/2144(INI)), ABl.-EU C 324/2.

324 Mitteilung der Kommission v. 30.09.2015 – COM(2015) 468 final (Aktionsplan zur Schaffung einer Kapitalmarktunion).

325 *Spengel* ifst-Schrift Nr. 520 (2017), S. 23 (23).

326 COM (2015) 302.

327 Vgl. zum BEPS-Projekt m.w.N.: *Haas* in: Blumenberg *et al.*, FS Haarmann 2015, S. 563 (563 ff.).

eines Aktionsplans, der Empfehlungen zum Vorgehen gegenüber kooperationsunwilligen Drittstaaten und einer Koordinierung von Steuerprüfungen durch die Mitgliedstaaten ausspricht.[328]

Am 23.09.2015 nahm der Ausschuss für Wirtschaft und Währung des Parlaments dazu Stellung und stellte die Bemühungen um eine einheitliche Bemessungsgrundlage in den Mittelpunkt des Vorhabens.[329] Die Europäische Kommission eröffnete am 08.10.2015 das öffentliche Konsultationsverfahren, an dem 175 Teilnehmer (37 % eingetragene Vereine, 32 % Unternehmen, wobei ca. 20 % der Unternehmen aus Bulgarien und 14 % aus Deutschland stammten)[330] zur Neuauflage gesammelt wurden und das am 08.01.2016 endete.[331] Daran anschließend forderte das Parlament am 08.12.2015 erstmalig, den Weg zur Konsolidierung von nun an in zwei Schritten zu beschreiten.[332] Abschließend legte die Kommission dann am 25.10.2016 im Rahmen einer Mitteilung[333] die Richtlinienvorschläge für eine GKB[334] und GKKB$_{2016}$[335] vor.

Der EWSA bereitete bereits am 16.12.2016 mit der Arbeitsgruppe „Section for Economic and Monetary Union and Economic and Social Cohesion" unter Leitung des Berichterstatters *Michael McLoughlin* die Stellungnahme zur GKB und GKKB vor, welche am 20.09.2017 veröffentlicht wurde.[336] Der Rechtsausschuss des Europäischen Parlaments nahm am 01.03.2018 ebenfalls zu beiden Richtlinienvorschlägen Stellung und sprach sich erstmals für die Aufnahme der sogenannten digitalen Niederlassungen aus.[337] Das Europäische Parlament folgte diesem Vorschlag und sprach sich am 15.03.2018 mehrheitlich – 438 gegen 145 Stimmen bei 69 Enthaltungen – für die Aufnahme aus.[338]

---

328 COM (2015) 302, S. 15 ff.

329 Summary record of the meeting of the Committee on Economic and Monetary Affiars (ECON) of the European Parliament, held in Brussels on 23.09.2015, 12624/15m v. 02.10.2015.

330 Europäische Kommission, Impact Assessment Accompanying the document Proposals for a Council Directive on a CCTB and a CCCTB, Straßburg, 25.10.2016, SWD(2016) 341 final, S. 89 f.; COM(2016) 685 final, S. 7

331 Vgl. Pressemitteilung v. 08.10.2015, IP/15/5796.

332 Outcome of the Council Meeting, Brüssel v. 08.12.2015, 15068/15, S. 6.

333 COM(2016) 682.

334 COM(2016) 683 final.

335 COM(2016) 685 final.

336 Abrufbar unter: https://www.eesc.europa.eu/en/our-work/opinions-information-reports/opinions/common-consolidated-corporate-tax-base (zuletzt abgerufen am 26.12.2018).

337 Abrufbar unter: http://www.europarl.europa.eu/sides/getDoc.do?pubRef=-//EP//TEXT+REPORT+A8-2018-0050+0+DOC+XML+V0//DE#title4 (zuletzt abgerufen am 26.12.2018).

338 Vgl. Pressemitteilung der Plenartagung v. 15.03.2018, abrufbar unter: http://www.europarl.europa.eu/news/de/press-room/20180309IPR99422/neues-korper

B. Motive und Kontext der Richtlinie

Die meisten grenzüberschreitend tätigen Unternehmen waren Industriebetriebe, deren dezentral ausgerichtete Geschäftsmodelle eine klare Unterteilung der Produktionsprozesse zwischen Muttergesellschaft und Tochtergesellschaften zuließen. Die Besteuerung der Gewinne erfolgte an der Quelle der Wertschöpfung und man verwies bei Grenzüberschreitung auf das Verrechnungspreissystem und die Doppelbesteuerungsabkommen.[339] Die Digitalisierung in der Wirtschaftswelt führt dazu, dass Prozesse und Unternehmen globaler und mobiler werden.[340] Die Geschäftsmodelle werden komplexer, sodass der Ort der Wertschöpfung sowie der Ort der Besteuerung vermehrt auseinanderfallen.[341]

Die Koexistenz von 28 Körperschaftsbesteuerungssystemen in der Europäischen Union führt zu Diskrepanzen, Besteuerungsschlupflöchern und Wettbewerbsverzerrungen für grenzüberschreitend tätige Konzerne.[342] Aufgrund der sogenannten aggressiven Steuerplanung ist es notwendig, dass die Mitgliedstaaten das nationale Gesamtsteueraufkommen vor Erosion und Gewinnverlagerungen ins Ausland schützen.[343] Durch niedrige Körperschaftsteuersätze[344], doppelten Steuerabzug[345], europarechtlich fragwürdige Regelungen[346], bisheriger Harmonisierungsbemühungen[347] und unterschiedliche Auslegung von Missbrauchsregelungen[348] entsteht ein konkurrierender Steuerwettbewerb[349] unter den Mitgliedstaaten mit dem Ziel, ausländische Investitionen, Produktions-, Forschungs- und Entwicklungs- oder

schaftsteuersystem-soll-digitale-prasenz-berucksichtigen (zuletzt abgerufen am 26.12.2018).

339 COM(2015) 302 final, S. 3; Richtlinie (EU) 2016/1164 des Rates v. 12.07.2016 mit Vorschriften zur Bekämpfung von Steuervermeidungspraktiken mit unmittelbaren Auswirkungen auf das Funktionieren des Binnenmarkts, ABl.-EU L 193/1, Tz. 1.

340 COM(2016) 685 final, S. 2.

341 COM(2016) 682, S. 3; Stellungnahme des Europäischen Ausschusses der Regionen – Eine faire und effiziente Unternehmensbesteuerung in der Europäischen Union v. 10.02.2016 – ECOS-V-018, ABl.-EU 2016 C 51/34, Tz. 3;

342 COM(2016) 685 final, S. 2; COM(2015) 302 final, S. 2.

343 COM(2016) 685 final, S. 2; COM(2016) 682, S. 3 f.

344 COM(2016) 26, S. 3.

345 COM(2016) 26, S. 3.

346 Vgl. übersichtsweise eine Aufstellung der deutschen Regelungen: *Kessler/Spengel* DB Beilage zu Heft 5 2017, S. 1 (1 ff.).

347 Vgl. dazu: Teil 2: B.

348 Richtlinie (EU) 2015/121 des Rates vom 27.01.2015 zur Änderung der Richtlinie 2011/96/EU über das gemeinsame Steuersystem der Mutter- und Tochtergesellschaften verschiedener Mitgliedstaaten, ABl.-EU v. 28.01.2015, L 21/1, Tz. 3 f.

349 *Lampert* EuZW 2013, S. 493 (496 f.); vgl. detailliert: *Bauer* Steuerwettbewerb in der EU. Ein steuerlicher Belastungsvergleich zwischen Personengesellschaften, Kapitalgesellschaften und Genossenschaften, S. 102 ff.

Vertriebsaktivitäten zu fördern.[350] Zudem führt die steuerliche Begünstigung von Eigen- und Fremdkapitalfinanzierung dazu, dass Unternehmen weder in die Kapitalmärkte investieren noch ihre Eigenkapitalbasis stärken, was sie krisenanfälliger macht.[351] Den Mitgliedstaaten entgehen aufgrund der unternehmerischen Steuerplanung jährlich erhebliche Steuereinnahmen.[352] Infolgedessen verteilt sich die nationale Gesamtsteuerbelastung[353] auf Arbeitnehmer und national tätige Unternehmen.[354] Die fehlende Steuergerechtigkeit stört den sozialen Frieden, die Steuermoral und die wirtschaftliche Stabilität.[355] Nach *Kaeser* führte die gesellschaftliche Diskussion dazu, dass Außenprüfungen stärker dadurch motiviert würden, den „Anteil am Steuerkuchen mit allen Mitteln nicht nur zu verteidigen, sondern auch zu vergrößern".[356]

Demgegenüber führen die zunehmende Komplexität[357] und fehlende Konformität der Körperschaftsbesteuerungssysteme für grenzüberschreitend tätige Unternehmen dazu, dass sie Zeit und Kosten für die Einhaltung der Verrechnungspreisvorschriften nach dem Fremdvergleichsgrundsatz aufbringen müssen, ohne dass sie dem Schwerpunkt ihrer Geschäftstätigkeit nachgehen und diese entwickeln können.[358] Die mit der Rechtsunsicherheit einhergehende Angst vor Mehrfachbesteuerung und der Verwaltungsaufwand benachteiligen vorzugsweise kleine und mittlere Unternehmen, sodass sie gehemmt sind, im europäischen Binnenmarkt zu investieren.[359] Aus den bisherigen Bestrebungen des „Small Business Act"[360] geht hervor, dass die kleinen und mittleren Unternehmen besonders unterstützt und

350 Vgl. *Hey* in: Lüdicke/Mellinghoff/Rödder, FS Gosch 2016, S. 167; *Zourek* FR 2012, S. 763 (764).

351 COM(2016) 682, S. 9 f.; COM(2015) 302 final, S. 2.

352 COM(2016) 23, S. 2.

353 Vgl. zu den Folgen für die Umverteilung der Steuerbelastung in Deutschland: BMF, Gutachten „Einheitliche Bemessungsgrundlage der Körperschaftsteuer in der Europäischen Union" v. 26.03.2007, S. 53.

354 COM(2016) 23, S. 2; COM(2015) 302 final, S. 2.

355 COM(2015) 302 final, S. 2; Stellungnahme des Europäischen Ausschusses der Regionen — Eine faire und effiziente Unternehmensbesteuerung in der Europäischen Union v. 10.02.2016 – ECOS-V-018, ABl.-EU 2016 C 51/34, Tz. 9.

356 *Kaeser* FR 2013, S. 788 (792); vgl. zur Betriebsprüfung: *Bittner/Dawid/Metzner* in: Dawid/Dorner, Verrechnungspreise. Grundlagen und Praxis, S. 217 ff.

357 Vgl. zur Komplexität in Deutschland: *Herzig* IStR 2011, S. 662 (662); *Scheffler/Krebs* Beihefter zur DStR (Nr. 22) 2011, S. 13 (15).

358 COM(2016) 685 final, S. 3; COM(2016) 682, S. 3; COM(2011) 121, S. 4; Stellungnahme des Europäischen Ausschusses der Regionen — Eine faire und effiziente Unternehmensbesteuerung in der Europäischen Union v. 10.02.2016 – ECOS-V-018, ABl. EU 2016 C 51/34, Tz. 4.

359 COM(2015) 302 final, S. 2; Stellungnahme des Europäischen Ausschusses der Regionen — Eine faire und effiziente Unternehmensbesteuerung in der Europäischen Union v. 10.02.2016 – ECOS-V-018, ABl.-EU 2016 C 51/34, Tz. 10.

360 KOM(2011) 78.

gefördert werden müssen.[361] Kleine und mittlere Unternehmen könnten durch eine harmonisierte Regelung ihre Befolgungskosten um ca. 30 % senken.[362] Auch die starke Beteiligung am Konsultationsverfahren zeige das Interesse der kleinen und mittleren Unternehmen an der Neuauflage.[363]

Ein gemeinsames Vorgehen der Mitgliedstaaten kann den europäischen Binnenmarkt stärken und die Steuerbasis bewahren.[364] Eine Lösung auf rein nationaler Ebene würde die Fragmentierung des europäischen Binnenmarktes aufgrund widerstreitender Strategien nur vorantreiben.[365]

C. Ziele

Die Politik der Europäischen Union zielt in den letzten Jahren auf ein harmonisiertes Besteuerungssystem ab, das für Wirtschaftswachstum und Wettbewerbsfähigkeit sorgt, zu Investitionen innerhalb der Europäischen Union oder aus Drittländern und zum grenzüberschreitenden Handel anregt, Arbeitsplätze sichert und schafft, Innovationen fördert sowie das europäische Sozialmodell bewahrt.[366]

Zur Förderung dieser übergeordneten Zielvorstellung bedarf es eines günstigen steuerlichen Umfelds (sogenanntes level playing field), damit der europäische Binnenmarkt effizient und reibungslos funktioniert.[367] Grundvoraussetzung dafür ist ein faires und neutrales Steuersystem, in dem Unternehmen ihren gerechten Anteil zahlen.[368] Um das Besteuerungsaufkommen der Mitgliedstaaten zu schützen, muss

---

361 COM(2011) 121, S. 5; Koalitionsvertrag v. 19 Legislaturperiode – (Ein neuer Aufbruch für Europa. Eine neue Dynamik für Deutschland. Ein neuer Zusammenhalt für unser Land), S. 61; Koalitionsvertrag v. 18. Legislaturperiode – (Deutschlands Zukunft gestalten), S. 16.

362 COM(2016) 682, S. 6.

363 Vgl. COM(2016) 685 final, S. 7.

364 COM(2016) 26, S. 5; COM(2015) 302 final, S. 6 f.

365 COM(2016) 26, S. 4.

366 Vgl. COM(2016) 685 final, S. 2; COM(2016) 682, S. 2; COM(2011) 121, S. 4; KOM(2007) 223; KOM(2006) 157; KOM (2005) 532; vgl. zu den Zielen: *Oestreicher* DStR 2009, S. 773 (778); *Rautenstrauch* FR 2009, S. 114 (115); vgl. auch zu Fiscalis 2020: EU-Verordnung Nr. 1286/2013 v. 11.12.2013, ABl.-EU 2013 L 347/25.

367 COM(2016) 685 final, Tz. 2; COM(2016) 682, S. 4; KOM(2006) 157, S. 4; vgl. unterstützend auf nationaler Ebene Deutschlands und Frankreichs: BMF v. 19.01.2018, Gemeinsames Positionspapier Deutschlands und Frankreichs zum GKB-Vorschlag, abrufbar unter: https://www.bundesfinanzministerium.de/Content/DE/Standardartikel/Themen/Europa/2018-06-20-Meseberg-Anl2.pdf?__blob=publicationFile&v=1 (zuletzt abgerufen am 06.12.2018); vgl. ebenso: *Hey* Harmonisierung der Unternehmensbesteuerung in Europa. Ein Vorschlag unter Auswertung des Ruding-Berichts und der US-amerikanischen „integration debate", S. 107.

368 COM(2016) 682, S. 6; vgl. m.w.N.: *Zajicek* Körperschaftsteuersysteme in der Europäischen Union: Möglichkeiten und Grenzen einer Harmonisierung, S. 184 f.; vgl.

die Steuergestaltung durch Steuerumgehung und Steuerbetrug bekämpft werden.[369] Ziel ist es, die Besteuerung an den Ort der Wertschöpfung zu knüpfen.[370] Aber ebenso muss für grenzüberschreitend tätige Unternehmen das Risiko der Doppelbesteuerung minimiert werden.[371]

Um das Besteuerungssystem für Unternehmen wachstumsfreundlich zu gestalten, müssen die Regelungen transparent, d.h. klar und verständlich sein.[372] Transparente Regelungen schaffen Rechtssicherheit für die Unternehmen.[373] Durch das Einstimmigkeitserfordernis für den Erlass einer Richtlinie gemäß Art. 115 AEUV entsteht ein kontinuierliches und stabiles Besteuerungssystem. Insofern kann ein transparentes, stabiles System helfen, sowohl hohe Befolgungs- und Rechtsberatungskosten der Unternehmen als auch die Verwaltungskosten der Finanzbehörden zu senken, die sowohl durch die nationalen Besteuerungssysteme als auch die Verrechnungspreissysteme entstehen.[374]

D. Kurzdarstellung der Richtlinienvorschläge

Die Neugestaltung der $GKKB_{2011}$ erfolgt in zwei Schritten. Der erste Schritt dieses stufenweisen Ansatzes ist die GKB. Im Fokus des Richtlinienvorschlags steht die politische Einigung über die Komponenten einer gemeinsamen Körperschaftsteuer-Bemessungsgrundlage und deren internationale Dimension.[375] So legt die Richtlinie in Art. 6 GKB die allgemeinen Grundsätze und in Art. 7 GKB die einzelnen Bestandteile der Berechnung der Körperschaftsteuer-Bemessungsgrundlage

m.w.N.: *Krauß* Gruppenbesteuerung nach dem Richtlinienvorschlag zur CCCTB, S. 30 f.

369 KOM(2006) 157, S. 4.

370 COM(2016) 685 final, S. 2; COM(2016) 682, S. 3.

371 COM(2016) 685 final, S. 2; COM(2016) 682, S. 6 f.

372 COM(2015) 302, S. 7; COM(2011) 121, Tz. 4; KOM(2006) 157, S. 7; vgl. m.w.N.: *Krauß* Gruppenbesteuerung nach dem Richtlinienvorschlag zur CCCTB, S. 33 f.

373 COM(2016) 682, S. 5; vgl. ebenso: BMF v. 19.01.2018, Gemeinsames Positionspapier Deutschlands und Frankreichs zum GKB-Vorschlag, abrufbar unter: https://www.bundesfinanzministerium.de/Content/DE/Standardartikel/Themen/Europa/2018-06-20-Meseberg-Anl2.pdf?__blob=publicationFile&v=1 (zuletzt abgerufen am 06.12.2018); vgl. m.w.N.: *Zajicek* Körperschaftsteuersysteme in der Europäischen Union: Möglichkeiten und Grenzen einer Harmonisierung, S. 191 f.

374 COM(2016) 685 final, S. 3, 7; COM(2016) 682, S. 4; KOM(2006) 157, S. 4; COM(2001) 121, S. 6; vgl. m.w.N.: *Zajicek* Körperschaftsteuersysteme in der Europäischen Union: Möglichkeiten und Grenzen einer Harmonisierung, S. 191 f., *Dahlke* Harmonisierung der Konzernbesteuerung in der Europäischen Union. ökonomische Analyse einer einheitlichen konsolidierten körperschaftsteuerlichen Bemessungsgrundlage, S. 70; *Boss* Steuerharmonisierung oder Steuerwettbewerb?, S. 31; *Hey* Steuerplanungssicherheit als Rechtsproblem, S. 94 ff.

375 COM(2016) 685 final, S. 3.

fest. Die Richtlinie findet gemäß Art. 2 Abs. 1 GKB auf die in einem Mitgliedstaat gegründeten und im Anhang I[376] genannten Unternehmensformen obligatorisch Anwendung, soweit sie der Körperschaftsteuer nach Anhang II[377] unterliegen und einen Gesamtumsatz von mindestens 750 Mio. € im Geschäftsjahr erzielen. Zudem ist die Anwendung für Unternehmensformen, die in einem Drittland (d.h. Nicht-EU-Mitgliedstaat) gegründet worden sind, ebenfalls obligatorisch, soweit sie die restlichen Tatbestandsvoraussetzungen erfüllen. Unternehmen, welche die Tatbestandsvoraussetzungen des Art. 2 Abs. 1 lit. c und d GKB nicht erfüllen, können die Richtlinie optional anwenden. Damit zielt die Richtlinie vorrangig auf die einheitliche Besteuerung grenzüberschreitend tätiger Unternehmen ab. Nichtsdestotrotz ist es möglich, dass auch rein national tätige Unternehmen der Richtlinie gegenüber den nationalen Regelungen den Vorzug geben. Wenn die Unternehmen die Bestimmungen der GKB anwenden, unterliegen sie gemäß Art. 1 Abs. 2 GKB in Bezug auf die in der Richtlinie geregelten Fragen nicht weiter dem nationalen Körperschaftsteuerrecht. Erwähnenswert ist auch, dass der Richtlinienvorschlag Vorschriften gegen Verschuldungsanreize und zur Förderung von Forschung und Entwicklung enthält. Bis zur Einführung der $GKKB_{2016}$ können Verluste einer sogenannten qualifizierten Tochtergesellschaft oder Betriebsstätte gemäß Art. 41, 42 GKB grenzüberschreitend – unter dem Vorbehalt der Nachversteuerung – verrechnet werden. Die Umsetzung der Richtlinie in die entsprechenden Rechts- und Verwaltungsvorschriften durch die Mitgliedstaaten sollte gemäß Art. 70 Abs. 1 GKB bereits zum 31.01.2018 und die der Anwendung der entsprechenden Normen ab dem 01.01.2019 erfolgen.

Wenn die GKB erfolgreich verabschiedet worden ist, soll die $GKKB_{2016}$ zum 31.12.2020 erlassen und ab dem 01.01.2021 gemäß Art. 80 Abs. 1 $GKKB_{2016}$ angewendet werden. Dieser zweite Schritt enthält die Bedingungen für Bildung, Eintritt, Austritt sowie Umstrukturierung einer Gruppe gemäß Art. 6 ff. $GKKB_{2016}$. Die Einkünfte einer Gruppe sind gemäß Art. 7 $GKKB_{2016}$ zu konsolidieren und anschließend anhand einer Aufteilungsformel gemäß Art. 28 ff. $GKKB_{2016}$ auf die Gruppenmitglieder aufzuteilen. Die Aufteilungsformel unterteilt sich in die Faktoren Umsatz, Arbeit (d.h. Lohnsummen und Arbeitnehmerzahl) und Vermögenswerte gemäß Art. 28 Abs. 1 GKB. Die aufgeteilte Körperschaftsteuer-Bemessungsgrundlage wird gemäß Art. 45 $GKKB_{2016}$ mit dem jeweiligen nationalen Körperschaftsteuersatz versteuert. Allein der sogenannte Hauptsteuerpflichtige reicht gemäß Art. 51 $GKKB_{2016}$ eine konsolidierte Körperschaftsteuererklärung für die Gruppe

376 COM(2016) 685, Anhang I. Vgl. Deutschland: SE, SCE, AG, KGaA, GmbH, Versicherungsverein auf Gegenseitigkeit, Erwerbs- und Wirtschaftsgenossenschaft, Betriebe gewerblicher Art von juristischen Personen des öffentlichen Rechts und andere nach deutschem Recht gegründete Gesellschaften, die der deutschen Körperschaftsteuer unterliegen.

377 COM(2016) 685, Anhang II.

bei der sogenannten Hauptsteuerbehörde ein. Im Ergebnis weist die $GKKB_{2016}$ nur wenige Veränderungen gegenüber der $GKKB_{2011}$ auf.[378]

Beide Richtlinienvorschläge werden auf Basis des Art. 115 AEUV im besonderen Gesetzgebungsverfahren[379] erlassen und bedürfen somit der Einstimmigkeit des Europäischen Rates. Für die formelle Rechtmäßigkeit des Gesetzgebungsaktes bedarf es ausdrücklich der Anhörung des Parlaments und des EWSA[380].

E. Rechtsakt: Richtlinie gemäß Art. 115, 288 Abs. 3 AEUV

Die Richtlinienvorschläge wurden als Richtlinie erlassen und bedürfen der Einstimmigkeit des Europäischen Rates sowie der Anhörung des EU-Parlamentes und des EWSA. Art. 115 AEUV ist in den Bereichen, die von der Rechtsangleichung gemäß Art. 114 Abs. 2 AEUV ausgenommen sind, von besonderer Bedeutung.[381] Ziel ist es, Steuerneutralität und Steuereffizienz zu erreichen.[382]

Eine Richtlinie gemäß Art. 288 Abs. 3 AEUV ist ein dem Unionsrecht eigentümlicher Rechtsakt.[383] Er ist insbesondere von der Verordnung[384] gemäß Art. 288 Abs. 2 AEUV abzugrenzen, welche keiner Umsetzung durch die Mitgliedstaaten bedarf und bei Gleichrangigkeit unter Beachtung der Verhältnismäßigkeit gemäß Art. 5 Abs. 4 EUV der Richtlinie vorzuziehen ist.[385] Die Verordnung gilt unmittelbar gemäß Art. 288 Abs. 1 Satz 2 AEUV und ist durch die Mitgliedstaaten zu beachten und zu vollziehen.[386] Im Falle des Art. 115 AEUV wird eine Richtlinie durch den Rat erlassen.[387] Sie ist nach der Zielvorstellung der Verträge das Instrument, das einerseits Rechtsangleichung[388], nicht Rechtsvereinheitlichung[389], trotz der Souveränitätsrechte der Mitgliedstaaten ermöglicht und andererseits

---

378 Vgl. COM(2016) 683 final, S. 10 ff.

379 Vgl. einführend zum besonderen Gesetzgebungsverfahren: *Streinz* Europarecht, Rn. 557 ff.

380 EWSA v. 20.09.2017 – ECO/419 (Stellungnahme zur GKB und GKKB).

381 *Tietje* in: Grabitz/Hilf/Nettesheim, EUV/AEUV, Art. 115 AEUV Rn. 1; *Kahl* in: Calliess/Ruffert, EUV/AEUV, Art. 114 Rn. 10.

382 Vgl. m.w.N.: *Jacobs et al.* Int. Unternehmensbesteuerung, S. 223 f.; *Spengel* in: Kessler/Förster/Watrin, FS Herzig 2010, S. 879 (882).

383 *Oppermann/Classen/Nettesheim* Europarecht, § 9 Rn. 83; *Heinemann* in: Kellersmann *et al.*, EU I, S. 38.

384 Vgl. zur Verordnung: *Streinz* Europarecht, Rn. 470 ff.; *Oppermann/Classen/Nettesheim* Europarecht, § 9 Rn. 71 ff.

385 *Streinz* Europarecht, Rn. 480.

386 *Streinz* Europarecht, Rn. 475.

387 *Oppermann/Classen/Nettesheim* Europarecht, § 9 Rn. 88; *Heinemann* in: Kellersmann *et al.*, EU I, S. 40; *Geismann* in: von der Groeben/Schwarze/Hatje, Europäisches Unionsrecht, Art. 288 AEUV Rn. 17; *Streinz* Europarecht, Rn. 557 ff.

388 Vgl. *Ipsen* Europäisches Gemeinschaftsrecht, S. 58.

389 Vgl. m.w.N.: *Jacobs et al.* Int. Unternehmensbesteuerung, S. 115 f.

dem mitgliedstaatlichen Gesetzgeber Raum für die Besonderheiten des nationalen Rechts lässt, um eine funktionelle Äquivalenz der Normensysteme anzustreben.[390]

Der Erlass einer Richtlinie erfolgt in einem zweistufigen Rechtsetzungsverfahren.[391] Der Rat der Europäischen Union erlässt eine Richtlinie mit entsprechender Umsetzungsverpflichtung für die Mitgliedstaaten. Diese setzen die Richtlinie unter Berücksichtigung der von der Europäischen Union festgesetzten Ziele in innerstaatliches Recht um.[392] Dieser Vorgang trägt der mitgliedstaatlichen politischen und verfassungsrechtlichen Souveränität Rechnung.[393] Die Mitgliedstaaten wählen nach ihrem Ermessen gemäß Art. 288 Abs. 3 AEUV das am besten geeignete Mittel für die Umsetzung in eine verbindliche Rechtsvorschrift.[394] Die umgesetzte Regelung muss dem Einzelnen eine gerichtlich durchsetzbare Rechtsposition zusichern – bspw. durch ein materielles Gesetz, sodass die Umsetzung in Verwaltungsvorschriften nicht in Frage kommt.[395] Laut *Heinemann* handelt es sich bei den umgesetzten Normen jedoch meistens nicht um Angleichungsschritte der eigenen Rechtspolitik, sondern vielmehr um den kleinsten gemeinsamen Nenner, auf den sich die Fachverwaltungen einigen konnten.[396] Die Umsetzung der Richtlinie hat vollständig und innerhalb einer bestimmten Frist zu erfolgen.[397]

Die Richtlinie entfaltet keine unmittelbare Wirkung für die Rechtstellung des Bürgers. Ausnahmsweise kann sich ein Steuerpflichtiger auf die Richtlinie berufen, wenn die Anwendung der Richtlinie für ihn gegenüber der nationalen Regelungslage günstiger ist und die Richtlinienregelung nach Auslegung eine unmittelbare Rechtsbeziehung zwischen den Mitgliedstaaten entfaltet.[398] Die unmittelbare Anwendung einer Richtlinie ist nach ständiger Rechtsprechung nur unter engen,

---

390 *Herdegen* Europarecht, § 8 Rn. 42; *Jacobs et al.* Int. Unternehmensbesteuerung, S. 116; *Heinemann* in: Kellersmann *et al.*, EU I, S. 38.

391 *Streinz* Europarecht, Rn. 477; *Herdegen* Europarecht, § 8 Rn. 41; *Hobe/Fremuth* Europarecht, Rn. 390; *Heinemann* in: Kellersmann *et al.*, EU I, S. 40.

392 EuGH v. 22.06.2000 – C-318/98 (Fornasar), Slg 2000, I-4785, Rn. 41; EuGH v. 18.12.1997 – C-129/96 (Inter-Enviroment Wallonie), Slg 1997, I-7411, Rn. 40; *Streinz* Europarecht, Rn. 477; *Heinemann* in: Kellersmann *et al.*, EU I, S. 40.

393 *Streinz* Europarecht, Rn. 479.

394 Vgl. EuGH v. 15.10.1986 – 168/85 (Kommission/Italien), Slg 1986, I-2945, Rn. 13; *Oppermann/Classen/Nettesheim* Europarecht, § 9 Rn. 92; *Heinemann* in: Kellersmann *et al.*, EU I, S. 38 f.

395 EuGH v. 11.08.1995 – C-433/93, Slg 1995, I-2303, Rn. 18 ff.; EuGH v. 30.05.1991 – C-361/88 (Kommission/Deutschland (TA-Luft)), Slg 1991, I-2567, Rn. 13.

396 *Heinemann* in: Kellersmann *et al.*, EU I, S. 39.

397 *Herdegen* Europarecht, § 8 Rn. 42; *Streinz* Europarecht, Rn. 498; *Hobe/Fremuth* Europarecht, Rn. 3910.

398 EuGH v. 04.12.1974 – C-41/74 (van Duyn), Slg 1974, S. 1337; vgl. BVerfGE v. 8.04.1987 – 2 BvR 687/85, BVerfGE 75, S. 223 (233 ff.); BFH v. 27.07.2011 – I R 32/10, BStBl. II 2014, S. 513, Rn. 26; BFH v. 01.12.2010 – XI R 46/08, BFH/NV 2011, S. 712, Rn. 26.

vom EuGH gezeichneten Voraussetzungen möglich.[399] Das zweistufige Verfahren ermöglicht es den Mitgliedstaaten, die unionsrechtliche Regelung flexibel an die Besonderheiten ihrer mitgliedstaatlichen Rechtsordnung anzupassen.[400]

Strittig ist die sogenannte Vorwirkung der Richtlinie, d.h. ob und inwieweit eine Rechtswirkung bereits vor der Umsetzung in nationales Recht besteht.[401] Da die hier behandelten Richtlinienvorschläge jedoch noch nicht durch den Rat der Europäischen Union erlassen worden sind, bedarf es keiner näheren Darstellung des Streits. Richtlinienvorschläge können keine Vorwirkung entfalten.

F. Vereinbarkeit der Richtlinienvorschläge mit Gemeinschaftsrecht

Der EuGH hat gemäß Art. 19 Abs. 1 Satz 2 EUV die Aufgabe, das primäre und sekundäre Unionsrecht auszulegen.[402] Er bedient sich dabei nicht der völkerrechtlichen Auslegungsmethoden gemäß Art. 31 Wiener Übereinkommen über das Recht der Verträge[403], sondern der juristischen Auslegungsmethoden. Laut *Streinz* räumt der EuGH der Auslegungsmethode, welche die Vertragsziele am ehesten fördert und die Funktionsfähigkeit der Union sichert, den Vorzug ein.[404] Die Harmonisierung gemäß Art. 115 AEUV unterliegt denselben Schranken wie Maßnahmen gemäß Art. 114 AEUV, sodass insbesondere Grundrechte der EUGrCh, die Verträge EUV und AEUV, insbesondere die Grundfreiheiten des Art. 45 ff. AEUV und der Subsidiaritäts- und der Verhältnismäßigkeitsgrundsatz gemäß Art. 5 Abs. 3, 4 EUV durch den EuGH überprüft werden.[405]

Da es sich bei GKB und $GKKB_{2016}$ um Vorschläge für Richtlinien handelt, ist fraglich, ob diese einer Überprüfung durch den EuGH unterliegen. Die AEUV kennt hierfür einige Verfahrensarten, die sich jedoch in der Regel an ein vollendetes

---

399 Vgl. bspw.: EuGH v. 26.04.2012 – C-621/10 und C-129/11 (Balkan and Sea Properties und Provadinvest), RIW 2012, S. 650, Rn. 53 ff.; EuGH v. 10.05.2011 – C-147/08 (Römer), Slg 2011, I-3591, Rn. 57; BFH v. 20.08.2009 – V R 32/08, BStBl. II 2010, S. 88; vgl. detailliert: *Herdegen* Europarecht, § 8 Rn. 51 ff.; vgl. detailliert m.w.N.: *Streinz* Europarecht, Rn. 490 ff.

400 *Leible* in: Streinz, EUV/AEUV, Art. 94 EGV Rn. 22; *Taschner* in: von der Groeben/Schwarze/Hatje, Europäisches Unionsrecht, Art. 94 EGV Rn. 42 ff.

401 Vgl. zur Vorwirkung der Anti-BEPS-Richtlinie: *Stöber* in: Schön/Sternberg, Zukunftsfragen des deutschen Steuerrechts III, S. 149 ff.; *Kubitza* EuZW 2016, S. 691 (691 ff.); *Streinz* Europarecht, Rn. 509; vgl. m.w.N.: *Hobe/Fremuth* Europarecht, Rn. 392.

402 *Thiele* Europäisches Prozessrecht: Verfahrensrecht vor dem Gerichtshof der Europäischen Union, § 3 Rn. 1; vgl. grundlegend: *Schroeder* JS 2004, S. 180 (180 ff.).

403 *Schwarze* in: Schwarze *et al.*, EU-Kommentar, Art. 19 EUV Rn. 36; *Oppermann/Classen/Nettesheim* Europarecht, § 9 Rn. 165.

404 *Streinz* Europarecht, § 8 Rn. 625.

405 *Tietje* in: Grabitz/Hilf/Nettesheim, EUV/AEUV, Art. 114 AEUV Rn. 46 ff., Art. 115 AEUV Rn. 32.

Gesetzgebungsverfahren anschließen. Die folgenden Ausführungen behandeln somit den hypothetischen Fall, dass die Richtlinien, wie vorgeschlagen, in nationales Recht umgesetzt werden und es einer Überprüfung der einzelnen Bestimmungen bedarf.

I. Exkurs: Auslegungsmethoden im internationalen Steuerrecht

Der folgende Exkurs soll einen Überblick über die Auslegungsmethoden im Allgemeinen vermitteln. Er bildet die Grundlage für die unterschiedlichen Auslegungsergebnisse im Rahmen der Analyse der Bestimmungen der Richtlinienvorschläge. Denn in der Regel sind Normen des Steuerrechts unvollständige Rechtssätze, welche die Rechtsfolge nur in Verbindung mit anderen Regelungen anordnen.[406] Dies ist auch bei der GKB der Fall, welche die Anwendung in Art. 1 und 2 GKB anordnet und in den folgenden Artikeln die Bestandteile der Bemessungsgrundlage festlegt. Ob ein steuerlicher Sachverhalt unter die Anwendung der konkreten Regelung fällt, ist anhand der Subsumtion zu ermitteln[407]. Dabei bedarf es der Gesetzesauslegung, um den Sinngehalt der Rechtsnorm zu ermitteln.[408]

Abgesehen davon wurden die Richtlinienvorschläge in 23 Sprachen veröffentlicht. Bereits zur $GKKB_{2011}$ wurde daher das Problem diskutiert, wie Auslegungsdivergenzen und Regelungslücken aufzulösen sind, die aus sprachlichen Ungenauigkeiten bzw. Übersetzungsunterschieden resultieren.[409] Nichtsdestotrotz ist die Richtlinie im Sinne des Art. 20 EuGRCh auszulegen, soweit die Richtlinie nicht auf das nationale Recht des Mitgliedstaates verweist.[410] Gleiches gilt in der Umsetzung der Richtlinie in nationales Recht.[411]

Die grammatikalische Auslegung bildet den Ausgangspunkt für die Sinnerschließung einer Norm anhand der verwendeten Begriffe.[412] Eine sprachliche Formulierung kann keineswegs so klar und eindeutig sein, dass dem Wortlaut eine

---

406 *Englisch* in: Tipke/Lang, Steuerrecht, § 5 Rn. 47.

407 Vgl. zur Subsumtion detailliert: *Larenz/Canaris* Methodenlehre der Rechtswissenschaft, S. 91 ff.

408 *Englisch* in: Tipke/Lang, Steuerrecht, § 5 Rn. 48.

409 Vgl. *Hamannt/Halverscheid* in: Blumenberg *et al.*, FS Haarmann 2015, S. 593 (598 f.); *Herzig* IStR 2011, S. 662 (662); *Herzig/Kuhr* DB 2011, S. 2053 (2058); *Hüttemann* DStZ 2011, S. 507 (512); *Lenz/Rautenstrauch* DB 2011, S. 726 (730).

410 EuGH v. 06.03.2008 – C-98/07 (Højesteret), Slg 2008, I-1281, Rn. 17; EuGH v. 21.04.2005 – C-25/03 (Finanzamt Arnsberg), Slg 2005, I-4491, Rn. 24; EuGH v. 15.07.2004 – C-321/02 (Harbs), Slg 2004, I-7101, Rn. 28; EuGH v. 27.11.2003 – C-497/01 (Zita Modes Sàrl), Slg 2003, I-14393, Rn. 34.

411 EuGH v. 26.05.2005 – C-498/03 (Kingscrest), Slg 2005, I-4427, Rn. 52; EuGH v. 06.11.2003 – C-45/01 (Dornier), Slg 2003, I-12911, Rn. 69; EuGH v. 10.09.2002 – C-141/00 (Kügler), Slg 2002, I-6833, Rn. 56.

412 Vgl. *Larenz/Canaris* Methodenlehre der Rechtswissenschaft, S. 320.

einzige Vorgabe für die Anwendung zu entnehmen ist.[413] Vielmehr unterliegt die sprachliche Formulierung einem zeitlichen Wandel, sodass die Vorgabe anhand des Zweckes der Regelung überprüft wird.[414] Es ist notwendig, den eingespielten Sprachgebrauch des Gesetzgebers – fernab von gesetzlichen Definitionen für die Wortbedeutungen[415] der Fach- und Umgangssprache – im jeweiligen Kontext zu ermitteln.[416] Bei der Auslegung durch den EuGH ist zu beachten, dass der Unionsvertrag gemäß Art. 55 Abs. 1 EUV in jeder Sprachfassung verbindlich ist.[417] So sind gegebenenfalls die unterschiedlichen Vertragssprachen[418] bei der Auslegung des Primärrechts und die jeweiligen Amtssprachen zur Auslegung des Sekundärrechts heranzuziehen.[419] Jedoch hat der EuGH entgegen den obigen Ausführungen unter Rückgriff auf die sogenannte actre-clair-Doktrin[420] bei einem eindeutigen Wortlaut auf andere Auslegungsmethoden verzichtet.[421] Der EuGH hält eine eigenständige unionsrechtliche Begriffsbildung[422] des Primär- und Sekundärrechts für angemessen, wenn aufgrund der Sprachfassungen unumgängliche Divergenzen[423] aufgetreten sind.[424]

---

413 Diese Ansicht vertraten früher bspw.: BVerfG v. 09.11.1955 – 1 BvL 13/52 und 1 BvL 21/52, BVerfGE 4, S. 331 (351); BGH v. 19.06.1956 – I ZR 104/54, NJW 1956, S. 1553 (1553).

414 BFH v. 04.12.2006 – GrS 1/05, BStBl. II. 2007, S. 508, Rn. 90 f.; BFH v. 14.05.1991 – VIII R 31/88, BFHE 164, 516, BStBl. II. 1992, S. 167, Rn. 19; vgl. m.w.N.: *Drüen* in: Tipke/Kruse, AO/FGO, § 4 AO Rn. 262; *Englisch* in: Tipke/Lang, Steuerrecht, § 5 Rn. 57; *Rüthers/Fischer/Birk* Rechtstheorie mit juristischer Methodenlehre, Rn. 732.

415 Vgl. zu Veränderlichkeit der Wortbedeutungen: *Rüthers/Fischer/Birk* Rechtstheorie mit juristischer Methodenlehre, Rn. 171 ff.

416 *Rüthers/Fischer/Birk* Rechtstheorie mit juristischer Methodenlehre, Rn. 738.

417 Vgl. dazu: *Oppermann/Classen/Nettesheim* Europarecht, § 9 Rn. 170; *Thiele* Europäisches Prozessrecht: Verfahrensrecht vor dem Gerichtshof der Europäischen Union, § 3 Rn. 2; *Walter* Rechtsfortbildung durch den EuGH. Eine rechtsmethodische Untersuchung ausgehend von der deutschen und französischen Methodenlehre, S. 64 ff.

418 Vgl. einführend zu den unterschiedlichen Sprachfassungen: *Oppermann/Classen/Nettesheim* Europarecht, § 9 Rn. 171.

419 *Oppermann/Classen/Nettesheim* Europarecht, § 9 Rn. 170; *Streinz* Europarecht, § 8 Rn. 625; vgl. m.w.N.: *Thiele* Europäisches Prozessrecht: Verfahrensrecht vor dem Gerichtshof der Europäischen Union, § 3 Rn. 2.

420 EuGH v. 09.03.1978 – 79/77 (Kühlhaus Zentrum/Hauptzollamt Hamburg), RIW 1978, S. 609 (610); vgl. *Streinz* Europarecht, § 8 Rn. 704.

421 *Oppermann/Classen/Nettesheim* Europarecht, § 9 Rn. 170; *Streinz* Europarecht, § 8 Rn. 704.

422 Vgl. dazu: *Schwarze* in: Schwarze *et al.*, EU-Kommentar, Art. 19 EUV Rn. 39; *Seyr* Der effet utile in der Rechtsprechung des Europäischen Gerichtshofs, § 8 Rn. 627.

423 Vgl. *Anweiler* Die Auslegungsmethoden des Gerichtshofs der Europäischen Gemeinschaften, S. 147.

424 Vgl. m.w.N.: *Thiele* Europäisches Prozessrecht: Verfahrensrecht vor dem Gerichtshof der Europäischen Union, § 3 Rn. 4; vgl. a.A. in den Schlussanträgen des GA Lenz

Die systematische Auslegung gewinnt ihre Erkenntnisse aus der Stellung der Regelung im Gesetz, in Gesetzesabschnitten, der Paragraphenfolge, dem inneren Aufbau der jeweiligen Regelung der Systematik des EUV bzw. des abgeleiteten Aktes.[425] Diese Methode beruht auf der Vorstellung, dass eine Rechtsordnung ein geordnetes Normengefüge widerspruchsfreier normativer Wertmaßstäbe ist.[426] Diese Annahme ist jedoch unrealistisch, sodass keine Regelung für sich alleine stehen kann.[427] Die Entwicklungen in der Gesetzeserstellung, die gerade im Steuerrecht zu unübersichtlichen Paragraphen mit zahlreichen Absätzen und schlechter Formulierung (bspw. § 4h oder § 10e EStG) geführt haben, zeigen, dass die systematische Auslegungsmethode nicht überbewertet werden darf.[428]

Die teleologische Auslegungsmethode stellt auf die Prinzipien, Richtwerte und politische Zielsetzung der Regelung ab, um Wertungswidersprüche innerhalb des Besteuerungssystems zu vermeiden.[429] Diese Methode unterscheidet zwischen Fiskalzweck-, Sozialzweck- sowie Vereinfachungsnormen.[430] Regelt der Gesetzgeber ökonomische Sachverhalte wie bspw. im Steuerrecht, bietet es sich an, den wirtschaftlichen Gehalt eines Sachverhalts näher zu beleuchten.[431] Die sogenannte wirtschaftliche Betrachtungsweise steht im Kontext mit der teleologischen Auslegung und ist bei Abweichungen zwischen dem zivilrechtlichen und steuerrechtlichen Begriffsverständnis zu prüfen.[432] Die Zwecke der Unionsverträge ergeben sich aus der Präambel und den Zielen der europäischen Integration gemäß Art. 3 EUV.[433] Der Zweck eines Rechtsaktes des Sekundärrechts ergibt sich aus den im Rechtsakt einführend genannten Zielen und Erwägungsgründen und den allgemeinen und sektoriellen Zielen des EUV.[434] Anhand der teleologischen Auslegung ist es möglich, den dynamischen Charakter der Verträge als Rahmen eines fortschreitenden Integrationsprozesses zu verstehen.[435] Eine besondere europarechtliche

---

in: EuGH v. 18.12.1986 – 93/85 (Kommission/Großbritannien), Slg 1986, S. 4011 (4022).

425 *Oppermann/Classen/Nettesheim* Europarecht, § 9 Rn. 172; *Rüthers/Fischer/Birk* Rechtstheorie mit juristischer Methodenlehre, Rn. 744; *Englisch* in: Tipke/Lang, Steuerrecht, § 5 Rn. 64.

426 Vgl. m.w.N.: *Oppermann/Classen/Nettesheim* Europarecht, § 9 Rn. 173; *Rüthers/Fischer/Birk* Rechtstheorie mit juristischer Methodenlehre, Rn. 744.

427 *Rüthers/Fischer/Birk* Rechtstheorie mit juristischer Methodenlehre, Rn. 745.

428 Vgl. dazu: BFH v. 15.12.2010 – VIII R 50/09, BStBl. II 2011, S. 506, Rn. 32.

429 *Englisch* in: Tipke/Lang, Steuerrecht, § 5 Rn. 67.

430 Vgl. detailliert *Englisch* in: Tipke/Lang, Steuerrecht, § 5 Rn. 68.

431 *Englisch* in: Tipke/Lang, Steuerrecht, § 5 Rn. 70 f.

432 *Englisch* in: Tipke/Lang, Steuerrecht, § 5 Rn. 73.

433 *Anweiler* Die Auslegungsmethoden des Gerichtshofs der Europäischen Gemeinschaften, S. 207.

434 *Gärditz* in: Rengeling/Middeke/Gellermann, Handbuch des Rechtsschutzes in der Europäischen Union, § 34 Rn. 58; *Thiele* Europäisches Prozessrecht: Verfahrensrecht vor dem Gerichtshof der Europäischen Union, § 3 Rn. 13.

435 *Oppermann/Classen/Nettesheim* Europarecht, § 9 Rn. 176.

Ausprägung der teleologischen Auslegung ist der sogenannte effet-utile-Grundsatz. Nach diesem Effektivitätsgrundsatz werden primär- und sekundärrechtliche Unionsregelungen so ausgelegt, dass sie die größtmögliche Wirksamkeit und den größten praktischen Nutzen erzeugen.[436] Insbesondere bei der Begründung des Vorrangs des Unionsrechts vor nationalem Recht hat sich der EuGH auf die Sicherstellung der Funktionsfähigkeit der Union als Interpretationsmethode des Effektivitätsgrundsatzes berufen.[437]

Mittels der historischen Auslegung werden die maßgeblichen Zweckvorstellungen und Wertungen im Entstehungsprozess der Regelung ermittelt. Die Gesetzgebungsmaterialien können Unterschiede und deren entsprechende Begründung zwischen den einzelnen Entwürfen aufzeigen.[438] Diese Methode ist jedoch vornehmlich ergänzend heranzuziehen. Der sogenannte Wille des Gesetzgebers im Entstehungsprozess und der Norm muss hinreichend klaren Ausdruck gefunden haben.[439] Bei sogenannten wertungsausfüllungsbedürftigen unbestimmten Rechtsbegriffen[440] ist die Wertung einem ständigen Wandel unterworfen.[441] Für das Unionsrecht ist sie von geringer Bedeutung.[442] Insbesondere für das Primärrecht ist es schwierig, den ursprünglichen Willen der Verfasser des Vertragstextes zu ermitteln, da die Quellenlage lückenhaft und bruchstückartig ist.[443] Im Bereich des Sekundärrechts sind die Entstehungsvoraussetzungen regelmäßig umfassender dokumentiert.[444] *Thiele et al.* fordern daher, dass der EuGH der historischen Auslegungsmethode größere Bedeutung zumessen sollte, da das Gericht gegenwärtig

---

436 EuGH v. 04.12.1974 – C-41/74 (van Duyn), Slg 1974, S. 1337, Rn. 12; EuGH v. 19.11.1991 – C-6/90 und C-9/90 (Frankovich/Italien), Slg 1991, I-5357, Rn. 33; *Thiele* Europäisches Prozessrecht: Verfahrensrecht vor dem Gerichtshof der Europäischen Union, § 3 Rn. 14.

437 *Bieber et al.* Die Europäische Union. Europarecht und Politik, § 9 Rn. 18; *Anweiler* Die Auslegungsmethoden des Gerichtshofs der Europäischen Gemeinschaften, S. 227.

438 *Englisch* in: Tipke/Lang, Steuerrecht, § 5 Rn. 60.

439 Vgl. bspw.: BFH v. 23.10.2013 – X R 3/12, BStBl. II 2014, S. 58 Rn. 23 ff.; BFH v. 12.11.2013 – VIII R 36/10, BStBl. II 2014, S. 168 Rn. 17 f.

440 Vgl. detailliert zum Steuerrecht: *Jehke* Bestimmtheit und Klarheit im Steuerrecht, S. 36 ff.

441 *Englisch* in: Tipke/Lang, Steuerrecht, § 5 Rn. 62.

442 *Wegener* in: Calliess/Ruffert, EUV/AEUV, Art. 19 EUV Rn. 13; *Bieber et al.* Die Europäische Union. Europarecht und Politik, § 9 Rn. 15; *Oppermann/Classen/Nettesheim* Europarecht, § 9 Rn. 174; *Thiele* Europäisches Prozessrecht: Verfahrensrecht vor dem Gerichtshof der Europäischen Union, § 3 Rn. 6.

443 *Schwarze* in: Schwarze *et al.*, EU-Kommentar, Art. 19 EUV Rn. 37; *Thiele* Europäisches Prozessrecht: Verfahrensrecht vor dem Gerichtshof der Europäischen Union, § 3 Rn. 6; *Seyr* Der effet utile in der Rechtsprechung des Europäischen Gerichtshofs, S. 76.

444 *Schroeder* JS 2004, S. 180 (183).

außerhalb des jeweiligen Rechtsaktes stehende Dokumente unter dem Hinweis auf den Grundsatz der Rechtssicherheit nicht heranziehe.[445]

Gemäß Art. 4 Abs. 3 EUV sind die Mitgliedstaaten zur effektiven Durchsetzung des Unionsrechts[446] verpflichtet. Die daraus entstehende sogenannte europarechtskonforme Auslegung unterteilt sich in die unionsrechtskonforme und die richtlinienkonforme Auslegung. Nach der unionsrechtskonformen Auslegung ist das Sekundärrecht der Union in Einklang mit dem Primärrecht und das nationale Recht im Zweifel in Übereinstimmung mit dem Primärrecht und den EU-Verordnungen auszulegen.[447] Die Nichtigkeit eines sekundärrechtlichen Rechtsaktes kommt nicht in Betracht, soweit mindestens ein vertretbares Auslegungsergebnis mit dem Primärrecht vereinbar ist.[448] Regelungen, die auf unionsrechtlicher Harmonisierung beruhen, sind zudem durch wertende Rechtsvergleichung mit dem binnenmarktbezogenen Ziel internationaler Wettbewerbsneutralität und gegebenenfalls einer kollisionsfreien zwischenstaatlichen Aufteilung von Besteuerungsbefugnissen auszulegen.[449] Dies gilt namentlich bei der Entwicklung der ungeschriebenen allgemeinen Rechtsgrundsätze und der Grundrechte des Unionsrechts.[450] Nationale Rechtsordnungen werden sowohl untereinander als auch mit den Zielen der Europäischen Union verglichen.[451] Der Rechtsvergleichung kommt in einem föderalen Gemeinwesen besondere Bedeutung zu.[452] Bei umgesetzten Regelungen, die auf einer Richtlinie gemäß Art. 288 Abs. 3 AEUV beruhen, ist daher die richtlinienkonforme Auslegungsmethode[453] anzuwenden. Voraussetzung dieser Auslegungsmethode ist die Mehrdeutigkeit der Regelung.[454] Im Zweifel ist davon auszugehen, dass der nationale Gesetzgeber bei der Norm eine Richtlinie umsetzen wollte,

---

445 *Borchardt* in: Lenz/Borchardt, EU-Verträge, Art. 19 EUV Rn. 22; *Rengeling/Kotzur* in: Rengeling/Middeke/Gellermann, Handbuch des Rechtsschutzes in der Europäischen Union, § 4 Rn. 5; *Thiele* Europäisches Prozessrecht: Verfahrensrecht vor dem Gerichtshof der Europäischen Union, § 3 Rn. 7.

446 Vgl. *Rüthers/Fischer/Birk* Rechtstheorie mit juristischer Methodenlehre, Rn. 222.

447 Vgl. EuGH v. 10.04.1984 – 14/83 (von Colson), Slg 1984, S. 1891, Rn. 27 f.; vgl. a.A.: EuGH v. 04.02.1988 – 157/86 (Murphy u. a.), Slg 1988, S. 673; *Thiele* Europäisches Prozessrecht: Verfahrensrecht vor dem Gerichtshof der Europäischen Union, § 3 Rn. 21; *Rüthers/Fischer/Birk* Rechtstheorie mit juristischer Methodenlehre, Rn. 767a.

448 *Thiele* Europäisches Prozessrecht: Verfahrensrecht vor dem Gerichtshof der Europäischen Union, § 3 Rn. 21.

449 *Englisch* in: Tipke/Lang, Steuerrecht, § 5 Rn. 69.

450 Vgl. m.w.N.: *Thiele* Europäisches Prozessrecht: Verfahrensrecht vor dem Gerichtshof der Europäischen Union, § 3 Rn. 20.

451 *Oppermann/Classen/Nettesheim* Europarecht, § 9 Rn. 180.

452 *Mayer* in: Calliess, Verfassungswandel, S. 167.

453 Vgl. ausführlich zum Streit um den Rang der richtlinienkonformen Auslegung: *Drüen* in: Tipke/Kruse, AO/FGO, § 4 AO Rn. 242 ff.

454 Vgl. m.w.N.: *Rüthers/Fischer/Birk* Rechtstheorie mit juristischer Methodenlehre, Rn. 769.

sodass infolge der Auslegung auch die Rechtsprechung des EuGH zu der Richtlinie für den Anwender verbindlich wird.[455] Diese Auslegungsmethode darf aber nicht dazu missbraucht werden, ein eindeutiges, richtlinienwidriges Auslegungsergebnis der traditionellen[456] Auslegungsmethoden zu verhüllen.[457]

Soweit sich mehrere Auslegungsmöglichkeiten ergeben, bedarf es der verfassungskonformen Auslegung, um die Vereinbarkeit mit dem Grundgesetz zu beurteilen.[458] Diese Methode ist keine eigenständige Auslegungsmethode, sondern eher eine Vorrangregel.[459] Sie geht von der Einheit der Verfassung und einem Stufenaufbau der Rechtsordnung aus.[460] Auch ist es damit zu vermeiden, dass durch ein FG verfassungswidrige in verfassungskonforme Regelungen umgedeutet werden können.[461] Folglich hat die verfassungskonforme Auslegung nach st. Rspr. des BVerfG ihre Grenze, wenn sie mit dem Wortlaut und dem erkennbaren Willen des Gesetzgebers im Widerspruch steht.[462]

Eine Sonderstellung nimmt die Auslegung von Doppelbesteuerungsabkommen ein. Sie sind nach ihrem Ziel und Zweck gegenüber den oben genannten Methoden autonom auszulegen.[463] Dieses Verständnis folgt aus Art. 31 Wiener Übereinkommen über das Recht der Verträge und dem Umstand der Musterabkommen, die nur durch eine vom nationalen Recht losgelöste Betrachtung zur Vereinheitlichung und Erleichterung der Abkommenspraxis beitragen.[464] Innerstaatliches Begriffsverständnis hat, soweit der Vertragstext dies nicht ausdrücklich zulässt, keinen Einfluss auf das vertragliche Begriffsverständnis.[465]

---

455 *Englisch* in: Tipke/Lang, Steuerrecht, § 5 Rn. 94.

456 Zurückgehend auf: *Savigny* Bd. 1, S. 213; *Savigny* Bd. 3, S. 244; vgl. dazu detailliert: *Rüthers/Fischer/Birk* Rechtstheorie mit juristischer Methodenlehre, Rn. 698 ff.

457 Vgl. EuGH v. 15.04.2008 – C-268/06 (Impact), Slg 2008, I-2483, Rn. 100; vgl. ebenso: BFH v. 08.03.2012 – V R 14/11, BStBl. II 2012, S. 630, Rn. 20; vgl. dazu detailliert: *Englisch* in: Tipke/Lang, Steuerrecht, § 4 Rn. 32 ff.

458 Vgl. m.w.N.: *Englisch* in: Tipke/Lang, Steuerrecht, § 4 Rn. 32 ff.; *Rüthers/Fischer/Birk* Rechtstheorie mit juristischer Methodenlehre, Rn. 763

459 BVerfG v. 16.12.2010 – 2 BvL 16/09, NVwZ-RR 2011, S. 387 (388 f.); BFH v. 15.12.2010 – VIII R 50/09, BStBl. II 2011, S. 506, Rn. 40; *Drüen* in: Tipke/Kruse, AO/FGO, § 4 AO Rn. 239b; vgl. auch zum Unterschied zwischen verfassungsorientierter und verfassungskonformer Auslegung: *Drüen* StuW 2012, S. 269 (271).

460 *Rüthers/Fischer/Birk* Rechtstheorie mit juristischer Methodenlehre, Rn. 763.

461 *Drüen* in: Tipke/Kruse, AO/FGO, § 4 AO Rn. 239b; *Rüthers/Fischer/Birk* Rechtstheorie mit juristischer Methodenlehre, Rn. 764; *Drüen* StuW 2012, S. 269 (277).

462 BVerfG v. 11.01.2005 – 2 BvR 167/02, BVerfGE 112, S. 164, Rn. 50; BVerfG v. 27.11.1990 – 1 BvR 402/87, BVerfGE 83, S. 144, Rn. 42 f.; BVerfG v. 01.07.1953 – 1 BvL 23/51, BVerfGE 2, S. 398, Rn. 63; vgl. m.w.N.: *Englisch* in: Tipke/Lang, Steuerrecht, § 45 Rn. 58.

463 *Lehner* in: Vogel/Lehner, DBA, Grundlagen Rn. 113a ff.; *Lang* ISR 2015, S. 41 (42); *Lang* IWB 2011, S. 281 (288).

464 *Lang* ISR 2015, S. 41 (43).

465 *Lang* ISR 2015, S. 41 (43).

II. Subsidiaritätsrüge gemäß Art. 6 Abs. 1 SubProt

Die nationalen Parlamente[466] können ex-ante gemäß Art. 6 Abs. 1 SubProt i.V.m. Art. 12 lit. b EUV sogenannte begründete Stellungnahmen (Frühwarnsystem) gegen den Entwurf eines Gesetzgebungsaktes bei den Präsidenten des Europäischen Parlaments, des Rates und der Kommission einreichen. Gegenstand der Rüge ist die Verletzung des Subsidiaritätsgrundsatzes im Sinne des Art. 5 Abs. 3 EUV durch den Entwurf des Gesetzgebungsaktes. Zur Rüge befugt sind die nationalen Parlamente. Jede Kammer des nationalen Parlaments hat eine Stimme gemäß Art. 7 Abs. 1 Satz 1, 2 Protokoll Nr. 2.[467] In Deutschland sind gemäß § 11 IntVG sowohl der Bundesrat als auch der Bundestag befugt, Stellungnahmen abzugeben[468], die durch den Präsidenten des Bundestages oder des Bundesrates an den Rügegegner übermittelt werden. Im Bundestag übernimmt der Ausschuss für die Angelegenheiten der Europäischen Union gemäß § 93 b Abs. 1 GOBT i.V.m. Art. 45 Satz 1 GG i.V.m. § 2 Satz 1 EUZBBG diese Aufgabe.[469] Die Länder und insbesondere die Fachbeamten der entsprechenden Landesministerien sind an diesem Prozess gemäß §§ 1, 3, 5 Abs. 1 EUZBLG durch den Bundesrat beteiligt.[470] Die Richtlinienvorschläge sind gemäß Art. 289 Abs. 3, Art. 288 Abs. 3 AEUV tauglicher Rügegegenstand. Die achtwöchige Frist für die Stellungnahme ist am 03.01.2017 verstrichen. Bis zu diesem Tag übermittelten das schwedische Parlament[471], das irische Unter- und Oberhaus[472], das luxemburgische Parlament[473], das

466 Vgl. zum Begriff: *Brosius-Linke* DVBl 2014, S. 622 (622); *Hölscheidt* integration 2008, S. 254 (254 ff.).

467 Vgl. dazu: *Mellein* Subsidiaritätskontrolle durch nationale Parlamente. Eine Untersuchung zur Rolle der mitgliedstaatlichen Parlamente in der Architektur Europas, S. 204; *Schröder* JZ 2004, S. 8 (12).

468 Vgl. detailliert zur Subsidiaritätsprüfung in Bundestag und Bundesrat: *Becker* ZPol 2013, S. 5 (5 ff.).

469 Vgl. zur Aufgabenverteilung im Bundestag: *Bickenbach* EuR 2013, S. 523 (530 f.); *Hölscheidt* DÖV 2012, S. 105 (112); *Shirvani* JZ 2010, S. 753 (754).

470 *Brosius-Linke* DVBl 2014, S. 622 (622); vgl. m.w.N.: *Bickenbach* EuR 2013, S. 523 (530 f.); *Shirvani* JZ 2010, S. 753 (754 f.).

471 Sveriges Riksdag v. 15.12.2017 – SkU16, abrufbar unter: http://www.ipex.eu/IPEXL-WEB/dossier/document/COM20160685.do (zuletzt abgerufen am 25.02.2019); Sveriges Riksdag v. 15.12.2017 – SkU17, abrufbar unter: http://www.ipex.eu/IPEXL-WEB/dossier/document/COM20160685.do (zuletzt abgerufen am 25.02.2019).

472 Dáil Éireann and Seanad Éireann v. 21.12.2016 – 15770/16 FISC 239, abrufbar unter: http://www.ipex.eu/IPEXL-WEB/dossier/document/COM20160685.do (zuletzt abgerufen am 25.02.2019).

473 Chambre des Députés v. 28.12.2016 – 5218/17 FISC 13, abrufbar unter: http://www.ipex.eu/IPEXL-WEB/dossier/document/COM20160685.do (zuletzt abgerufen am 25.02.2019).

britische Repräsentantenhaus[474], das dänische Parlament[475], der niederländische Senat[476], das niederländische Repräsentantenhaus[477] und das maltesische Parlament[478] begründete Stellungnahmen an die Rügegegner. Weitere Mitgliedstaaten[479] übermittelten ebenfalls Stellungnahmen, in denen sie sich allgemein zu den Richtlinienvorschlägen äußerten. Vermutlich hängt die Rügebereitschaft der – vornehmlich kleineren – Mitgliedstaaten von dem Verständnis der europäischen Integration, der Zugänglichkeit zum Gesetzesvorhaben, der Minderheitsregierungen und der wirtschaftlicher Rezession ab.[480]

Die Subsidiaritätsrüge ist begründet, wenn die Entwürfe der Gesetzgebungsakte das unionsvertragliche Subsidiaritätsprinzip verletzen. Die Einhaltung des Subsidiaritätsprinzips und der Verhältnismäßigkeit sind in den Entwürfen gemäß Art. 5 Satz 1, 2 SubProt so detailliert[481] zu begründen, dass die Einhaltung dieser Grundsätze überprüft werden kann. Inhalt der Ausführungen bei Richtlinienvorschlägen sind die finanziellen Auswirkungen, welche so gering wie möglich sein sollen und in einem angemessenen Verhältnis zum angestrebten Ziel stehen müsse, und die Auswirkungen auf die Rechtsvorschriften der Mitgliedstaaten gemäß Art. 5 Satz 3 SubProt.

---

474 British House of Representatives v. 09.01.2017 – 5220/17 FISC 14, abrufbar unter: http://www.ipex.eu/IPEXL-WEB/dossier/document/COM20160685.do (zuletzt abgerufen am 25.02.2019).

475 Folketinget v. 12.01.2017 – 5213/17 FISC 8, abrufbar unter: http://www.ipex.eu/IPEXL-WEB/dossier/document/COM20160685.do (zuletzt abgerufen am 25.02.2019).

476 Eerste Kamer der Staten-Generaal v. 12.01.2017 – 5216/17 FISC 11, abrufbar unter: http://www.ipex.eu/IPEXL-WEB/dossier/document/COM20160685.do (zuletzt abgerufen am 25.02.2019).

477 Tweede Kamer der Staten-Generaal v. 12.01.2017 – 5215/17 FSIC 10, abrufbar unter: http://www.ipex.eu/IPEXL-WEB/dossier/document/COM20160685.do (zuletzt abgerufen am 25.02.2019).

478 Maltesisches Parlament v. 12.01.2017 – 5217/17 FISC 12, abrufbar unter: http://www.ipex.eu/IPEXL-WEB/dossier/document/COM20160685.do (zuletzt abgerufen am 25.02.2019).

479 Bundesrat (Deutschland) v. 16.12.2016, BR-Drucks. 641/16; Bundesrat (Deutschland) v. 16.12.2016, BR-Drucks. 640/16; Congreso de los diputados (Spanien) v. 13.01.2017 – 5269/17 FISC 17, abrufbar unter: http://www.ipex.eu/IPEXL-WEB/dossier/document/COM20160685.do (zuletzt abgerufen am 25.02.2019); Assembleia de República (Portugal) v. 12.01.2017 – 5214/17 FISC 9, abrufbar unter: http://www.ipex.eu/IPEXL-WEB/dossier/document/COM20160685.do (zuletzt abgerufen am 25.02.2019); Bundesrat (Österreich) v. 17.01.2017, 43/MT-BR/2017, abrufbar unter: http://www.ipex.eu/IPEXL-WEB/dossier/document/COM20160685.do (zuletzt abgerufen am 25.02.2019).

480 Vgl. m.w.N.: *Höpner/Ehret* PVS 2016, S. 403 (408 f.).

481 Vgl. zur Notwendigkeit von Folgenabschätzungen: *Ladenburger* ZEuS 2011, S. 389 (400 ff.).

Nach dem Grundsatz der begrenzten Einzelermächtigung[482] gemäß Art. 5 Abs. 1 Satz 1, Abs. 2 EUV handelt die Europäische Union zur Erfüllung ihrer Ziele in den Sachbereichen, in denen ihr Kompetenzen[483] durch die Mitgliedstaaten explizit eingeräumt und auch in dieser Form übertragen wurden.[484] Es fehlt an der sogenannten Kompetenz-Kompetenz.[485] Der Kompetenzumfang ergibt sich aus Art. 2 Abs. 6 AEUV und die Zuteilung der Kompetenz aus Art. 3, 4 AEUV.[486] Die Mitgliedstaaten verlieren im Bereich der geteilten Zuständigkeit ihre Kompetenz gemäß Art. 2 Abs. 2 Satz 2 AEUV, wenn die Union ihre Zuständigkeit ausübt.[487] Dies gilt unabhängig vom Subsidiaritätsprinzip oder vom Grundsatz der Verhältnismäßigkeit.[488] Nach Ansicht des EuGH kann die Europäische Union auch ohne ausdrückliche Kompetenz handeln, soweit die Ausübung anders nicht in vernünftiger und zweckmäßiger Weise erfolgen kann.[489] Das Prinzip dient der föderalen Balance zwischen der Europäischen Union und den Mitgliedstaaten und grenzt die Kompetenzsphären voneinander ab.[490] Fehlt es an der Ermächtigung, ist die Handlung rechtswidrig.[491] Kompetenzwidrige, fehlerhafte Gesetzgebungsakte sind bis zur Aufhebung durch den EuGH oder durch das entsprechende Rechtssetzungsorgan anzuwenden.[492]

Das Subsidiaritätsprinzip i.e.S.[493] gemäß Art. 5 Abs. 3 EUV besagt, dass die Europäische Union in den Kompetenzbereichen geteilter Zuständigkeit tätig

---

482 *Streinz* in: Streinz, EUV/AEUV, Art. 5 EUV Rn. 2; vgl. m.w.N. zur sprachlichen Ungenauigkeit des Begriffs „Einzelermächtigung": *Ipsen* Europäisches Gemeinschaftsrecht, S. 425 ff.

483 Vgl. zu den verschiedenen Kompetenzbegründungen: *Oppermann/Classen/Nettesheim* Europarecht, § 11 Rn. 16 ff.; *Hobe/Fremuth* Europarecht, Rn. 184 ff.

484 *Bast* in: Grabitz/Hilf/Nettesheim, EUV/AEUV, Art. 5 EUV Rn. 23; *Oppermann/Classen/Nettesheim* Europarecht, § 11 Rn. 13; *Bickenbach* EuR 2013, S. 523 (526); *Heinemann* in: Kellersmann *et al.*, EU I, S. 26.

485 *Streinz* Europarecht, Rn. 135; *Buschmann/Daiber* DÖV 2011, S. 504 (504).

486 Vgl. dazu: *Calliess* in: Calliess/Ruffert, EUV/AEUV, Art. 5 EUV Rn. 3; *Langguth* in: Lenz/Borchardt, EU-Verträge, Art. 5 EUV Rn. 3.

487 Vgl. ebenso: *Oppermann/Classen/Nettesheim* Europarecht, § 11 Rn. 15.

488 *Nettesheim* in: Bogdandy/Bast, Europäisches Verfassungsrecht., S. 389, 391, 408.

489 EuGH v. 15.07.1960 – 20-59 (Italien/Hohe Behörde), Slg 1960, S. 681 (708); vgl. zur notwendigen Flexibilität: *Nettesheim* in: Bogdandy/Bast, Europäisches Verfassungsrecht., S. 400 f.

490 *Bast* in: Grabitz/Hilf/Nettesheim, EUV/AEUV, Art. 5 EUV Rn. 15.

491 *Bast* in: Grabitz/Hilf/Nettesheim, EUV/AEUV, Art. 5 EUV Rn. 26; vgl. zu den Folgen nach deutschem Verfassungsrecht: *Buschmann/Daiber* DÖV 2011, S. 504 (505).

492 *Lienbacher* in: Schwarze *et al.*, EU-Kommentar, Art. 5 EUV Rn. 13; *Annacker* Der fehlerhafte Rechtsakt im Gemeinschafts- und Unionsrecht, S. 81 ff.

493 Vgl. bisherige Rechtsprechung: EuGH v. 12.05.2011 – C-176/09 (Luxemburg/Parlament u. Rat), Slg 2011, I-3727, Rn. 80 ff.; EuGH v. 08.06.2010 – C-58/08 (Vodafone), Slg 2010, I-4999, Rn. 76 ff.; EuG v. 25.04.2013 – T-526/10 (Inuit Tapiriit Kanatami u.a./Kommission), Celex-Nr. 62010TJ0526, Rn. 85; *Hobe/Fremuth* Europarecht, Rn. 188; vgl. zur Entwicklung des Subsidiaritätsprinzips: *Bickenbach* EuR 2013, S. 523 (525 f.); *Shirvani* JZ 2010, S. 753 (753).

werden kann, sofern und soweit die Ziele nicht durch die Mitgliedstaaten ausreichend verwirklicht werden können (sogenanntes Negativkriterium[494]), sondern wegen ihres Umfangs oder ihrer Wirkungen auf Unionsebene besser (sogenanntes Positivkriterium[495]) zu verwirklichen sind.[496] Aus der systematischen Auslegung des Art. 5 Abs. 1 EUV folgt, dass die Subsidiaritätsprüfung als horizontale Schranke bzw. Kompetenzausübungsschranke zur Einzelermächtigung hinzutritt.[497] Es entsteht ein Spannungsverhältnis zum Solidaritätsprinzip hinsichtlich der Einhaltung der Ziele der EU.[498] Bezüglich des Steuerrechts führt das Subsidiaritätsprinzip dazu, dass auf EU-Ebene die Förderung von Wettbewerbs- und Investitionsneutralität dem Harmonisierungskonzept des Wettbewerbs der Steuersysteme gewichen ist.[499]

Der Grundsatz der Verhältnismäßigkeit gemäß Art. 5 Abs. 4 EUV besteht grundsätzlich aus den Elementen Geeignetheit, Erforderlichkeit und Verhältnismäßigkeit i.e.S.[500] Der Grundsatz ist unumstritten auf rechtsverbindliche Akte anwendbar.[501] Maßstab der Prüfung sind die Ziele der Europäischen Union gemäß Art. 3 EUV.[502] Die ex-ante-Kontrolle der Zweck-Mittel-Relation kann nur erfolgen, wenn die konkret gewählten Mittel mit den konkreten Zielen der Regelung vereinbar sind und wenn keine gleichermaßen effektive, weniger in mitgliedstaatliche Rechte einschneidende Regelungsalternative bestehe.[503] So wählt die Europäische Union die Richtlinie als Rechtsakt gemäß Art. 288 Abs. 3 AEUV, da diese einerseits eine unionsweite Rechtsangleichung ermöglicht und andererseits den mitgliedstaatlichen Gesetzgeber durch die Umsetzung nicht unnötig belastet.[504] Die Maßnahme

494 Vgl. detailliert: *Calliess* in: Calliess/Ruffert, EUV/AEUV, Art. 5 EUV Rn. 33 ff.

495 Vgl. detailliert: *Calliess* in: Calliess/Ruffert, EUV/AEUV, Art. 5 EUV Rn. 39 ff.

496 Vgl. *Bast* in: Grabitz/Hilf/Nettesheim, EUV/AEUV, Art. 5 EUV Rn. 54 ff.; *Heinemann* in: Kellersmann *et al.*, EU I, S. 27; *Merten* Die Subsidiarität Europas, 81; *Shirvani* JZ 2010, S. 753 (758).

497 *Bast* in: Grabitz/Hilf/Nettesheim, EUV/AEUV, Art. 5 Rn. 50; *Streinz* Europarecht, Rn. 172.

498 *Calliess* in: Calliess/Ruffert, EUV/AEUV, Art. 5 EUV Rn. 23.

499 *Dautzenberg* Unternehmensbesteuerung im EG-Binnenmarkt. Problembereiche und Perspektiven, S. 34 ff.; *Hey* in: Lüdicke/Mellinghoff/Rödder, FS Gosch 2016, S. 161 (167).

500 *Oppermann/Classen/Nettesheim* Europarecht, § 11 Rn. 33; *Trstenjak/Beysen* EuR 2012, S. 265 (269).

501 Vgl. m.w.N.: *Trstenjak/Beysen* EuR 2012, S. 265 (267).

502 Vgl. m.w.N.: *Calliess* in: Calliess/Ruffert, EUV/AEUV, Art. 5 EUV Rn. 44; vgl. *Bast* in: Grabitz/Hilf/Nettesheim, EUV/AEUV, Art. 5 EUV Rn. 70.

503 EuGH v. 12.11.1996 – C-84/94 (Großbritannien/Rat), Slg 1996, I-5755, Rn. 58; EuGH v. 10.12.2002 – C-491/01 (British American Tabacco), Slg 2002, I-11453, Rn. 123; *Bast* in: Grabitz/Hilf/Nettesheim, EUV/AEUV, Art. 5 EUV Rn. 70.

504 Vgl. *Heinemann* in: Kellersmann *et al.*, EU I, S. 38 f.; *Trstenjak/Beysen* EuR 2012, S. 265 (272).

darf weder formell noch materiell bzw. inhaltlich sowie formal die Ziele übersteigen.[505] Eine Richtlinie stellt im Vergleich zur Verordnung das mildere Mittel dar.[506]

1. Prüfungsumfang einer begründeten Stellungnahme

Der Wortlaut des SubProt lässt offen, ob die begründete Stellungnahme sich insoweit nur auf Art. 5 Abs. 3 EUV (Subsidiarität i.e.S.) oder auf sämtliche Kriterien des Art. 5 EUV (Subsidiarität i.w.S.) beziehen soll. Diese Frage ist jedoch von elementarer Bedeutung für den Prüfungsumfang der begründeten Stellungnahme. Denn er legt fest, was die Mitgliedstaaten im Rahmen der Stellungnahme bemängeln können. Ebengleiches gilt für den Prüfungsumfang der Subsidiaritätsrüge gemäß Art. 6 Abs. 1 SubProt.

Der Wortlaut des Art. 6 Abs. 1 Satz 1 SubProt baut, ebenso wie Art. 5 Abs. 3 EUV auf dem Begriff „Subsidiaritätsprinzip" auf. Daher könnte die Verwendung desselben Begriffes Indiz für die Prüfung anhand derselben Grundsätze, d.h. der Grundsätze des Art. 5 Abs. 3 EUV, sein. In diesem Kontext ist auch der Wortlaut des Art. 12 lit. b EUV zu analysieren, der an den Begriff „Grundsatz der Subsidiarität" anknüpft. Schon die feinen begrifflichen Unterschiede zeigen, dass der Wortlaut dem Prüfungsumfang keinerlei Kontur zu verleihen vermag. Jedoch hält *Pechstein* diesen Wortlaut, trotz Beachtung der aufgezeigten sprachlichen Unterschiede, und die Verweisung in Art. 1 SubProt für so eindeutig, dass die extensive Auslegung zu einer allgemeinen Kompetenzkontrolle contra legem führe.[507] *Andere* stellen in ihrer Wortlautanalyse weiter fest, dass die in Art. 5 Abs. 3 UAbs. 1 EUV niedergelegte Definition bereits die Frage der Zuständigkeit der Europäischen Union aufgreife und der Wortlaut eine Anknüpfung an die Subsidiarität i.w.S nicht ausschließe.[508] Auch das SubProt selbst steht unter dem Titel „Anwendung der Grundsätze der Subsidiarität und der Verhältnismässigkeit" und trägt damit weiter zur Verwirrung bei.[509] Das Begründungserfordernis des Art. 5 SubProt verweist zudem auf eine detaillierte Darstellung des Verhältnismäßigkeitsgrundsatzes, sodass die Prüfung des Verhältnismäßigkeitsgrundsatzes umfasst ist.[510] Doch stehen eher die oben genannten Normen mit der Rügeumfang im direkten Zusammenhang und nicht die Pflicht zur detaillierten Darstellung.

Aus der Entstehungsgeschichte des Vertrages von Lissabon resultiert, dass das Subsidiaritätsprinzip politischer Natur und der Grundsatz der Verhältnismäßigkeit

505 *Bickenbach* EuR 2013, S. 523 (527 f.); *Trstenjak/Beysen* EuR 2012, S. 265 (266 ff.).

506 *Calliess* Subsidiaritäts- und Solidaritätsprinzip in der Europäischen Union. Vorgaben für die Anwendung von Art. 5 (ex-Art. 3b) EGV nach dem Vertrag von Amsterdam, S. 391 ff.; vgl. dazu: *Ladenburger* ZEuS 2011, S. 389 (396 ff.).

507 *Pechstein/Görlitz/Kubicki* EU-Prozessrecht, Rn. 369.

508 *Kaufmann-Bühler* in: Lenz/Borchardt, EU-Verträge, Art. 12 EUV Rn. 12; *Buschmann/Daiber* DÖV 2011, S. 504 (506).

509 *Brosius-Linke* DVBl 2014, S. 622 (622 f.).

510 *Bickenbach* EuR 2013, S. 523 (543).

eher rechtlicher Natur sei. Da es sich bei der Subsidiaritätsrüge um einen Frühwarnmechanismus handele, seien nur politische Bewertungen zulässig.[511] Weil an die Subsidiaritätsrüge die Subsidiaritätsklage gemäß Art. 8 Abs. 1 SubProt, dogmatisch in der Form einer Nichtigkeitsklage gemäß Art. 263 AEUV, anschließt, wird dieses Argument durch die Literatur[512] widerlegt. Denn der EuGH[513] überprüft im gerichtlichen Verfahren nur justiziable und nicht lediglich politische Prinzipien.[514]

Sinn und Zweck des SubProt ist es sicherzustellen, dass die Entscheidungen der Europäischen Union so bürgernah wie möglich getroffen werden. Die Frage der Bürgernähe stellt sich jedoch nicht bei der Subsidiarität i.e.S., sondern vielmehr beim Grundsatz der begrenzten Einzelermächtigung und sollte daher auch in die Prüfung einbezogen werden.[515] Denn die Bundesregierung erlangt über ihre Vertreter im Rat gemäß Art. 16 Abs. 2 EUV Einfluss auf die europäische Gesetzgebung, während ihr auf nationaler Ebene lediglich ein Gesetzesinitiativrecht nach Art. 76 Abs. 1 Alt. 1 GG i.V.m. und § 15 Abs. 1 GOBReg zusteht. Daher bietet die Subsidiaritätsrüge aus dem Blickwinkel des deutschen Staatsorganisationsrechts dem Bundestag als Vertretungsorgan der Bürger und dem Bundesrat als Vertretungsorgan der Länderverwaltungen die Möglichkeit, unabhängig von der Bundesregierung das institutionell am besten geeignete Kontrollinstrument der Europäischen Union zu sein.[516] Infolgedessen ist die Prüfung nach Ansicht einiger Autoren auf die Subsidiarität i.w.S. zu erweitern.[517] Wenn man Art. 5 Abs. 3 EUV nicht als Erforderlichkeitsprüfung versteht, bedarf es dennoch einer Auslegung, die dem Negativkriterium eine eigenständige Bedeutung als Funktionssperre verleiht.[518]

---

511 Europäischer Konvent v. 28.05.2003 – CONV 724/1/03, S. 142; Europäischer Konvent v. 23.09.2002 – CONV 286/02, S. 6.

512 Vgl. m.w.N.: *Buschmann/Daiber* DÖV 2011, S. 504 (508 f.).

513 Vgl. bspw.: EuGH v. 13.05.1997 – C-233/94 (Deutschland/EP und Rat), Slg 1997, I-2405, Rn. 22 ff., 55 ff.

514 *Lienbacher* in: Schwarze *et al.*, EU-Kommentar, Art. 5 EUV Rn. 28 ff.; *Bickenbach* EuR 2013, S. 523 (546); *Heinemann* in: Kellersmann *et al.*, EU I, S. 27 f.; *Buschmann/Daiber* DÖV 2011, S. 504 (509); *v. Danwitz* in: Dolde *et al.*, FS Sellner 2010, S. 37 (45); *Glaser* ZG 2007, S. 366 (376).

515 *Bickenbach* EuR 2013, S. 523 (538); *Buschmann/Daiber* DÖV 2011, S. 504 (507 f.); *Calliess* Subsidiaritäts- und Solidaritätsprinzip in der Europäischen Union. Vorgaben für die Anwendung von Art. 5 (ex-Art. 3b) EGV nach dem Vertrag von Amsterdam, S. 113 ff.; *Höpner/Ehret* PVS 2016, S. 403 (405).

516 *Bickenbach* EuR 2013, S. 523 (542 f.); *Buschmann/Daiber* DÖV 2011, S. 504 (508); *Weber* DÖV 2011, S. 497 (501); *Thiele* EuR 2010, S. 30 (48); *Hölscheidt* integration 2008, S. 254 (264).

517 *v. Danwitz* in: Dolde *et al.*, FS Sellner 2010, S. 37 (45 f.); *Mellein* Subsidiaritätskontrolle durch nationale Parlamente. Eine Untersuchung zur Rolle der mitgliedstaatlichen Parlamente in der Architektur Europas, S. 128, 264 ff.; vgl. kritisch: *Trstenjak/Beysen* EuR 2012, S. 265 (271 ff.).

518 *Bickenbach* EuR 2013, S. 523 (538); vgl. m.w.N.: *Shirvani* JZ 2010, S. 753 (758); *Glaser* ZG 2007, S. 366 (380); *Faber* DVBl 1991, S. 1126 (1135).

Des Weiteren ist das Subsidiaritätsprinzip nur zu prüfen, soweit eine sogenannte geteilte Zuständigkeit im Sinne des Art. 4 AEUV vorliegt.[519] Daher gehört die Frage nach der Zuständigkeit zweckmäßig zum Prüfungsumfang.[520] Eben dieser rechtliche Schluss findet sich auch in der Rechtsprechung des EuGH wieder.[521] Eröffnet man bereits in der Rüge die Möglichkeit, die Subsidiarität i.w.S. zu prüfen, wird der EuGH nicht mit der anschließenden Subsidiaritätsklage gemäß Art. 263 AEUV belastet.[522] Bei besonderen Gesetzgebungsverfahren nach Art. 115 AEUV entspricht es meines Erachtens dem Sinn und Zweck eben dieser Verfahrensökonomie des bürgernahen Gesetzgebungsverfahrens, dass alle formellen und materiellen Aspekte im Sinne des Art. 5 EUV überprüfbar sind. Hierzu gehören im Rahmen der Prüfung des Grundsatzes der Verhältnismäßigkeit auch die Ergebnisse der gemäß Art. 5 Abs. 4 UAbs. 2 EUV i.V.m. Art. 2 Satz 1 SubProt durchgeführten Anhörungen.[523] Soweit es die Subsidiaritätsrüge durch die nationalen Parlamente bezweckt, die Gesetzgebungsverfahren der Europäischen Union auf ihre Bürgernähe zu kontrollieren, ist die Einhaltung aller Normen zu beachten, die zur Erreichung des Ziels notwendig sind.[524] Ein Blick auf die sogenannte umfassende Bewertung gemäß § 13 Abs. 6 Satz 2 IntVG zeigt das Verständnis der nationalen Parlamente[525], welche einen Gesetzesvorschlag der Europäischen Union einer Prüfung des Subsidiaritätsprinzips i.w.S. unterziehen.[526] Für die Einbeziehung der Verhältnismäßigkeit

---

519 *Tietje* in: Grabitz/Hilf/Nettesheim, EUV/AEUV, Art. 114 AEUV, Rn. 54; *Buschmann/Daiber* DÖV 2011, S. 504 (506); *Frenz* JURA 2010, S. 641 (642); *Shirvani* JZ 2010, S. 753 (757); vgl. zur politikwissenschaftlichen Sichtweise: *Höpner/Ehret* PVS 2016, S. 403 (408).

520 *Oppermann* DVBl 2003, S. 1165 (1171).

521 EuGH v. 29.03.2007 – C-64/04, Slg 2007, I-2623, Rn. 28 ff.; EuGH v. 22.06.2004 – C-42/01, Slg 2004, I-6079, Rn. 42 f.; EuG v. 21.09.2005 – T-315/01 (Kadi/Rat und Kommission), Slg 2005, II-3649, Rn. 279 ff.; vgl. dazu: *Buschmann/Daiber* DÖV 2011, S. 504 (507).

522 *Brosius-Linke* DVBl 2014, S. 622 (623); vgl. anhand der Subsidiaritätsklage wohl auch: *Schröder* DÖV 2009, S. 61 (65); vgl. hier noch mit Einschränkungen: *Pechstein/Görlitz/Kubicki* EU-Prozessrecht, Rn. 369; vgl. hier dann überraschend befürwortend: *Pechstein* in: Pechstein, Die neue Subsidiaritätsklage: Die Interessen nationaler Parlamente in der Hand des EuGH, S. 135 (141); *Buschmann/Daiber* DÖV 2011, S. 504 (508); *Thiele* EuR 2010, S. 30 (47); a.A. *Becker* ZPol 2013, S. 5 (29).

523 Vgl. ebenso: *Bickenbach* EuR 2013, S. 523 (530 f.); *Shirvani* JZ 2010, S. 753 (757).

524 *Buschmann/Daiber* DÖV 2011, S. 504 (508).

525 Vgl. mit einer einführenden Betrachtung der Kontrolle in anderen Mitgliedstaaten: *Weber* DÖV 2011, S. 497 (502 f.).

526 So der Deutsche Bundestag: Beschlussempfehlung und Bericht des Ausschusses für die Angelegenheiten der Europäischen Union zum Gesetzentwurf der Bundesregierung zum Vertrag von Lissabon vom 13. Dezember 2007, Vorabfassung der BT-Drucks. 16/8917; Bundestagsplenarprotokoll 16/157 v. 24.04.2008, S. 16482; vgl. m.w.N.: *Buschmann/Daiber* DÖV 2011, S. 504 (509); *Hölscheidt* integration 2008, S. 254 (264).

spricht zudem die Schwierigkeit der Mitgliedstaaten, einen einheitlichen, unwillkürlichen und justiziablen Maßstab für die Prüfung zu entwerfen.[527]

Buschmann und *Daiber* führen als systematisches Argument ins Feld, dass die Subsidiaritätsrüge in Art. 5 Abs. 3 UAbs. 2 Satz 2 EUV verankert sei und dieser sich auch auf Art. 5 Abs. 2 EUV beziehe.[528] Jedoch finden sich weder im System noch im Wortlaut des Art. 5 EUV Hinweise für die These. Zutreffender erscheint die Idee, aus dem Aufbau eine Rangstellung zu erkennen, sodass das Subsidiaritätsprinzip auf dem Grundsatz der begrenzten Einzelermächtigung aufbaut, was den Prüfungsumfang entsprechend erweitert.[529] Die in Art. 5 EUV genannten Prinzipien können meines Erachtens nicht getrennt voneinander betrachtet werden. Das Subsidiaritätsprinzip dient als Maßstab für Kompetenzverteilung und -ausübung und die Kompetenzverteilung folgt im Europarecht dem Grundsatz der begrenzten Einzelermächtigung.[530] Nach Ansicht von *Thiele* soll die Verhältnismäßigkeit jedoch nicht zum Prüfungsumfang gehören, weil es sich hier nicht mehr um eine Kompetenzfrage handele und die Ausführungen von *Schröder*[531] hierzu seiner Ansicht nach nicht zu überzeugen vermögen, weil die Differenzierung zwischen Subsidiarität und Verhältnismäßigkeit in den allgemeinen Klagegründen (Unzuständigkeit, Verletzung wesentlicher Formvorschriften, Ermessensmissbrauch und Verletzung der Verträge) der Nichtigkeitsklage gemäß Art. 263 AEUV Einzug gefunden hat.[532] Dennoch ist es logisch, Art. 5 Abs. 2 und Abs. 3 EUV in Kombination mit Abs. 4 zu sehen. Verhältnismäßigkeitsprüfung und Subsidiaritätsprüfung bestehen nebeneinander.[533] Die Zulässigkeit des Handels und die Ausgestaltung der Maßnahme vermischen sich sogar teilweise im Subsidiaritätsprinzip, sodass es folgerichtig wesentliche Elemente des Grundsatzes der Verhältnismäßigkeit enthält.[534] Daher erscheint es sinnvoll, die Subsidiarität i.w.S. zu prüfen.

---

527 *Lienbacher* in: Schwarze *et al.*, EU-Kommentar, Art. 5 EUV Rn. 26; *Bickenbach* EuR 2013, S. 523 (543 f.); *von Danwitz* in: Dolde *et al.*, FS Sellner 2010, S. 37 (42); *Mellein* Subsidiaritätskontrolle durch nationale Parlamente. Eine Untersuchung zur Rolle der mitgliedstaatlichen Parlamente in der Architektur Europas, S. 147 ff.; *Stein* in: Merten, Subsidiarität als Rechtsprinzip?, S. 23 (27).

528 *Buschmann/Daiber* DÖV 2011, S. 504 (506).

529 Vgl. ebenso: *Bickenbach* EuR 2013, S. 523 (528).

530 *Bickenbach* EuR 2013, S. 523 (542); *Isensee* Subsidiaritätsprinzip und Verfassungsrecht. Eine Studie über das Regulativ des Verhältnisses von Staat und Gesellschaft, S. 352.

531 *Schröder* DÖV 2009, S. 61 (65).

532 *Thiele* EuR 2010, S. 30 (Fn. 85).

533 Vgl. zu der Idee einer parallelen Stellung GA *Poiares Maduro* in: EuGH v. 08.06.2010 C-58/08 (Vodafone), Slg 2010, I-4999, Rn. 44; vgl. zu der Idee ergänzend: *Streinz* Europarecht, Rn. 173.

534 Vgl. mit Hinweis auf EuGH-Präsident Skouris: *Pechstein* in: Pechstein, Die neue Subsidiaritätsklage: Die Interessen nationaler Parlamente in der Hand des EuGH, S. 135 (141).

Wenn man sich im Rahmen der unionsrechtlichen Auslegung an den Zielen der Europäischen Union im Bereich des Steuerrechts orientiert, ergibt sich nicht das Bedürfnis für eine allgemeine Harmonisierung der unterschiedlichen Steuersysteme.[535] Wenn die Europäische Union jedoch zur Erreichung ihrer Ziele im Bereich des Steuerrechts ein harmonisiertes System schafft, ist die Maßnahme im Umkehrschluss an der Subsidiarität i.w.S. zu messen.

Zusammenfassend ist festzustellen, dass mangels eines eindeutigen Wortlautes teleologische und systematische Erwägungen überzeugen, den Prüfungsumfang bei Richtlinienvorschlägen nach Art. 115 AEUV auf die Subsidiarität i.w.S. auszudehnen.

2. Verletzung des Subsidiaritätsgrundsatzes i.w.S. durch die Richtlinienvorschläge

Wenn mindestens ein Drittel aller nationalen Parlamente begründete Stellungnahmen eingereicht haben, muss der Entwurf gemäß Art. 7 Abs. 2 SubProt überprüft werden. Diese sogenannte gelbe Karte ist kein Vetorecht gegen den Gesetzgebungsakt, sondern dient der Überprüfung sowie der Selbstkontrolle von Gesetzgebungsvorschlägen.[536] Dem hohen Aufwand steht daher eine geringe politische und juristische Wirkung gegenüber.[537] Die Überprüfung bedarf jedoch eines formellen Beschlusses durch die EU-Kommission.[538] Die abgegebenen begründeten Stellungnahmen, die eine Verletzung des Subsidiaritätsgrundsatzes und teilweise auch des Grundsatzes der Verhältnismäßigkeit rügen, reichen für ein notwendiges sogenanntes Quorum im Sinne des Art. 7 Abs. 2 SubProt nicht aus. Die Diskussionen im Europäischen Parlament zeigen, dass es Vorbehalte gegen die Richtlinienvorschläge gibt. Da es sich bei Art. 115 AEUV um ein besonderes Gesetzgebungsverfahren handelt, welches der Einstimmigkeit bedarf, können Mitgliedstaaten den Gesetzgebungsakt durch Ablehnung im Rat auch ohne eine Subsidiaritätsrüge und somit wohl wirkungsvoller verhindern.

a. Grundsatz der begrenzten Einzelermächtigung

Der Grundsatz der begrenzten Einzelermächtigung wäre erfüllt, wenn der Europäischen Union unionsrechtlich die Gesetzgebungszuständigkeit für die Richtlinienvorschläge übertragen worden wäre. Da die Richtlinienvorschläge die

535 Vgl. *Gröpl* in: Dauses/Ludwigs, Handbuch des EU-Wirtschaftsrechts, Rn. 262; *Jacobs et al.* Int. Unternehmensbesteuerung, S. 224; *Lampert* in: Kellersmann *et al.*, EU I, S. 97; *Voß* StuW 1993, S. 155 (160 f.).

536 Vgl. m.w.N.: *Calliess* in: Calliess/Ruffert, EUV/AEUV, Art. 12 EUV Rn. 16; *Bickenbach* EuR 2013, S. 523 (531 f.); *Weber* DÖV 2011, S. 497 (500).

537 *Brosius-Linke* DVBl 2014, S. 622 (624).

538 *Molsberger* Das Subsidiaritätsprinzip im Prozess europäischer Konstitutionalisierung, S. 213; *Nettesheim* EuR 2004, S. 511 (538).

Bemessungsgrundlage der Körperschaftsteuer als direkter Steuern[539] betreffen, scheidet Art. 113 AEUV als Ermächtigungsgrundlage aus. Der AEUV sieht keine ausdrückliche Ermächtigungsgrundlage für direkte Steuern – vergleichbar mit Art. 113 AEUV – vor. Folglich könnte dieser Bereich in die ausschließliche Zuständigkeit und Souveränität der Mitgliedstaaten fallen.[540] Hiergegen spricht jedoch die historische Entwicklung der Europäischen Union hinsichtlich der Harmonisierung der direkten Steuern.[541]

Umstritten ist, ob Art. 116 UAbs. 2 AEUV als Ermächtigungsgrundlage für steuerliche Harmonisierungsmaßnahmen in Betracht kommt.[542] Die Norm bietet dem Parlament und dem Rat die Möglichkeit, nach fehlgeschlagenen Beratungen der Kommission mit den Mitgliedstaaten eine Richtlinie im ordentlichen Gesetzgebungsverfahren zu erlassen.[543] Nach Ansicht von *Zajicek* scheidet eine Harmonisierung nach dieser Ermächtigungsgrundlage jedoch aus, weil die Divergenzen der Körperschaftsteuersysteme nicht zu Wettbewerbsverfälschungen von solch hoher Eingriffsintensität führen, die ein schnelles Eingreifen und folglich die Abweichung vom Einstimmigkeitsprinzip im Sinne des Art. 115 AEUV rechtfertigen. Zudem rechtfertigt Art. 116 AEUV lediglich punktuelle und nicht systematische Maßnahmen zur Rechtsangleichung.[544]

Art. 114 AEUV scheidet als Ermächtigungsgrundlage zur Harmonisierung direkter Steuern aus, da die Rechtsangleichung für Steuern gemäß Art. 114 Abs. 2 AEUV ausdrücklich nicht vorgesehen ist.[545]

Die Richtlinienvorschläge begründen die Ermächtigung der Europäischen Union zum Erlass mit Art. 115 AEUV.[546] Die Richtlinienvorschläge müssten sich dementsprechend auf die Errichtung und das Funktionieren eines Binnenmarktes

---

539 *Birk/Desens/Tappe* Steuerrecht, Rn. 43.

540 *Kofler* in: Schön/Heber, Grundfragen des Europäischen Steuerrechts, S. 1 (3).

541 Vgl. Einheitliche Europäischen Akte, ABl.-EG 1987 L 169/1; vgl. dazu: Teil 3: A.

542 Vgl. m.w.N.: *Korte* in: Calliess/Ruffert, EUV/AEUV, Art. 116 AEUV Rn. 20; *Zajicek* Körperschaftsteuersysteme in der Europäischen Union: Möglichkeiten und Grenzen einer Harmonisierung, S. 75 ff.; *Ban* Harmonisierung der Unternehmensbesteuerung in der EU. Notwendigkeit, Umfang und Grenzen einer positiven Integration, S. 33 f.; *Jaeger* Die Körperschaftsteuersysteme in Europa. Eine europarechtliche und betriebswirtschaftliche Analyse, S. 34 f.

543 Vgl. einführend zum ordentlichen Gesetzgebungssystem: *Leible/Streinz* in: Streinz, EUV/AEUV, Art. 116 AEUV Rn. 11 ff.; vgl. ebenso: *Korte* in: Calliess/Ruffert, EUV/AEUV, Art. 116 AEUV Rn. 22.

544 *Zajicek* Körperschaftsteuersysteme in der Europäischen Union: Möglichkeiten und Grenzen einer Harmonisierung, S. 84.

545 Vgl. im Ergebnis ebenso: *Zajicek* Körperschaftsteuersysteme in der Europäischen Union: Möglichkeiten und Grenzen einer Harmonisierung, S. 84 ff.; vgl. dazu: *Kirchhof* DFGT 2011/2012, S. 23 (29).

546 COM(2016) 686 final, S. 5; COM(2016) 685 final, S. 5.

als Unionsziel auswirken, bloße Nützlichkeit genügt nicht.[547] Da es nur wenig Erkenntnisse über den Tatbestand der Norm gibt,[548] geht die überwiegende Ansicht in der Literatur davon aus, dass die Rechtsprechung bzw. Erkenntnisse der Literatur für wort- oder sinngleiche Tatbestandsmerkmale aus Art. 114 AEUV übernommen werden können.[549] Es handelt sich demzufolge um eine subsidiäre Auffangnorm.[550] Art. 115 AEUV ist eine politische, gemeinschaftliche Ermessensentscheidung, die durch das Einstimmigkeitserfordernis im Rat die Harmonisierungsmöglichkeiten einschränkt.[551] Die vorliegenden Richtlinienvorschläge sind als abstrakt-generelle Rechtssätze unproblematisch Rechts- und Verwaltungsvorschriften der Mitgliedstaaten,[552] obgleich der Europäischen Union durch Art. 114 f. AEUV kein Steuerfindungsrecht zur Harmonisierung nicht existenter Steuern zusteht.[553]

Die Richtlinienvorschläge müssten auf die Errichtung oder das Funktionieren des Binnenmarkts gerichtet sein. Anknüpfungspunkt für die Tatbestandsverwirklichung ist Art. 26 AEUV.[554] Dem Binnenmarkt fehlt es gemäß Art. 26 Abs. 2 AEUV an Binnengrenzen, sodass der freie Verkehr von Waren, Personen, Dienstleistungen und Kapital gewährleistet wird. Der freie Verkehr[555] ist nicht gewährleistet,

---

547 Vgl. ebenso: *Seiler* in: Grabitz/Hilf/Nettesheim, EUV/AEUV, Art. 133 AEUV Rn. 52; *Birk/Desens/Tappe* Steuerrecht, Rn. 236.

548 EuGH v. 18.03.1980 – 92/79 (Kommission/Italien), Slg 1980, S. 3019, Rn. 17; EuGH v. 18.03.1980 – 92/79 (Kommission/Italien), Slg 1980, S. 1115, Rn. 8; EuGH v. 18.03.1980 – 91/79 (Kommission/Italien), Slg 1980, S. 1099, Rn. 8.

549 *Tietje* in: Grabitz/Hilf/Nettesheim, EUV/AEUV, Art. 115 AEUV Rn. 8; *Classen* in: von der Groeben/Schwarze/Hatje, Europäisches Unionsrecht, Art. 115 AEUV Rn. 8 f.

550 *Korte* in: Calliess/Ruffert, EUV/AEUV, Art. 115 AEUV Rn. 2 f.; *Zajicek* Körperschaftsteuersysteme in der Europäischen Union: Möglichkeiten und Grenzen einer Harmonisierung, S. 88; *Oppermann/Classen/Nettesheim* Europarecht, S. 308; vgl. a.A. *Leible/Schröder* in: Streinz, EUV/AEUV, Art. 115 AEUV Rn. 3.

551 *Tietje* in: Grabitz/Hilf/Nettesheim, EUV/AEUV, Art. 115 AEUV Rn. 18; *Jacobs et al.* Int. Unternehmensbesteuerung, S. 115; *Kube* in: Schön/Heber, Grundfragen des Europäischen Steuerrechts, S. 41 (55); *Englisch* in: Tipke/Lang, Steuerrecht, § 4 Rn. 69.

552 Vgl. zur Auslegung des Merkmals: *Tietje* in: Grabitz/Hilf/Nettesheim, EUV/AEUV, Art. 115 AEUV Rn. 9, 12 f.; *Leible/Schröder* in: Streinz, EUV/AEUV, Art. 114 AEUV Rn. 54 ff.; *Taschner* in: von der Groeben/Schwarze/Hatje, Europäisches Unionsrecht, Art. 94 EGV Rn. 30; *Classen* in: von der Groeben/Schwarze/Hatje, Europäisches Unionsrecht, Art. 115 AEUV Rn. 54 ff.

553 *Classen* in: von der Groeben/Schwarze/Hatje, Europäisches Unionsrecht, Art. 115 AEUV Rn. 18; vgl. m.w.N.: *Zajicek* Körperschaftsteuersysteme in der Europäischen Union: Möglichkeiten und Grenzen einer Harmonisierung, S. 93; *Birk* in: Birk, Handbuch des europäischen Steuer- und Abgabenrechts, § 11 Rn. 11.

554 *Leible/Schröder* in: Streinz, EUV/AEUV, Art. 115 AEUV Rn. 6; *Korte* in: Calliess/Ruffert, EUV/AEUV, Art. 115 AEUV Rn. 7.

555 Vgl. zusammenfassend zu Grundfreiheitshindernissen: *Korte* in: Calliess/Ruffert, EUV/AEUV, Art. 114 AEUV Rn. 39 ff.

wenn durch wettbewerbsverzerrende Unterschiede zwischen den Rechtsordnungen der Mitgliedstaaten ökonomische Hindernisse entstehen oder die Gefahr einer Wettbewerbsverzerrung droht.[556] Der Rechtsakt[557] muss dem Abbau der Wettbewerbsverzerrung dienen und dadurch den Binnenmarkt verbessern.[558] Die Binnenmarktverwirklichung stellt dabei den Schwerpunkt der Maßnahme und kein bloßes Nebenziel dar.[559] Ein Raum ohne Binnengrenzen ist gleichbedeutend mit einem Raum ohne Steuergrenzen[560], wobei meines Erachtens die Steuerhoheit der Mitgliedstaaten nicht außer Acht bleiben darf. Die Koexistenz von 28 Körperschaftsbesteuerungssystemen im Binnenmarkt führt zu den oben ausgeführten Wettbewerbsverzerrungen für grenzüberschreitend tätige Unternehmen gleich welcher Größe.[561] Die Richtlinienvorschläge sind darauf gerichtet, Geschäftstätigkeiten innerhalb der Europäischen Union durch ein einheitliches Regelwerk zu fördern, das für den Binnenmarkt gilt und robuster bzw. widerstandsfähiger gegenüber aggressiver Steuerplanung ist.[562] Die Umsetzung der oben dargestellten Ziele[563] soll Wettbewerbsverzerrungen beseitigen und wird sich daher maßgeblich und direkt auf den Binnenmarkt auswirken.[564] Errichtung meint den Aufbau und das Funktionieren einer anhaltenden Wirkung des Binnenmarkts, wobei es stetiger Funktionsoptimierung bedarf.[565] Folglich ist auch die Anpassung bereits existenter Rechtsakte an die sich ändernden rechtlichen oder tatsächlichen Bedingungen möglich.[566] Rechtsangleichung ist als dynamisches, integrationspolitisches und zeitlich unbegrenztes Konzept zu verstehen.[567] Die Richtlinienvorschläge stellen

556 EuGH v. 11.06.1991 – 300/89 (Kommission/Rat), Slg 1991, I-2867, Rn. 15; vgl. *Korte* in: Calliess/Ruffert, EUV/AEUV, Art. 115 AEUV Rn. 42; *Classen* in: von der Groeben/Schwarze/Hatje, Europäisches Unionsrecht, Art. 114 AEUV Rn. 40.

557 Vgl zu den formellen Voraussetzungen und gerichtlichen Überprüfbarkeit: *Leible/Schröder* in: Streinz, EUV/AEUV, Art. 114 AEUV Rn. 50 ff.

558 *Leible/Schröder* in: Streinz, EUV/AEUV, Art. 114 AEUV Rn. 50; *Korte* in: Calliess/Ruffert, EUV/AEUV, Art. 114 AEUV Rn. 45.

559 EuGH v. 30.01.2001 – C-36/98 (Spanien/Rat), Slg 2001, I-779, Rn. 59; EuGH v. 23.02.1999 – C-42/97 (Parlament/Rat), Slg 1999, I-869, Rn. 39 f.

560 Vgl. *Oppermann/Classen/Nettesheim* Europarecht, § 35 Rn. 42.

561 Vgl. ebenso: *Seiler* in: Grabitz/Hilf/Nettesheim, EUV/AEUV, Art. 113 AEUV Rn. 29; so wohl auch: *Classen* in: von der Groeben/Schwarze/Hatje, Europäisches Unionsrecht, Art. 115 AEUV Rn. 18; vgl. zur Wettbewerbsverzerrung durch Doppelbesteuerung: *Schön* in: Wassermeyer, FS Wassermeyer 2015, Abschnitt 2 Rn. 2; *Voß* StuW 1993, S. 155 (160).

562 Vgl. dazu: COM(2016) 685 final, S. 5.

563 Vgl. dazu: Teil 3: B; Teil 3: C.

564 Vgl. COM(2016) 685 final, S. 5.

565 *Leible* in: Streinz, EUV/AEUV, Art. 115 AEUV Rn. 7; *Classen* in: von der Groeben/Schwarze/Hatje, Europäisches Unionsrecht, Art. 114 AEUV Rn. 41.

566 *Leible* in: Streinz, EUV/AEUV, Art. 115 AEUV Rn. 7.

567 *Tietje* in: Grabitz/Hilf/Nettesheim, EUV/AEUV, Art. 115 AEUV Rn. 16; *Taschner* in: von der Groeben/Schwarze/Hatje, Europäisches Unionsrecht, Art. 94 EGV Rn. 41.

ein neues Regelungssystem im Rahmen der grenzüberschreitenden Körperschaftsbesteuerung innerhalb des Binnenmarktes dar. Obwohl sie an den grundsätzlichen Gedanken zur Körperschaftsbesteuerung anknüpfen, optimieren sie dieses Konzept vor dem Hintergrund eines unbegrenzten europäischen Binnenmarkts. Es handelt sich hierbei um eine Funktionsoptimierung.

Die Richtlinienvorschläge müssten sich unmittelbar auf den Binnenmarkt auswirken. Die Bedeutung dieses Tatbestandsmerkmals ist umstritten. Einigkeit besteht allein darüber, dass die Wettbewerbsverzerrung durch nationales Recht nicht geringfügig, mittelbar oder hypothetisch sein muss.[568] Ausgehend vom Wortlaut stellt das Tatbestandsmerkmal einen kausalen Zusammenhang zwischen der Wettbewerbsverzerrung aufgrund der divergierenden Regelung und dem Binnenmarkt her.[569] Allerdings betrifft Art. 115 AEUV so komplexe wirtschaftliche Sachverhalte, dass die oftmals verwendete conditio-sine-qua-non-Formel zur Beurteilung regelmäßig nicht genügt.[570] Ausgehend vom Sinn und Zweck der Vorschrift liegt Unmittelbarkeit nach einer Ansicht vor, wenn unterschiedliche Regelungen dem Binnenmarkt nicht förderlich sind oder sich ein hinreichend wahrscheinlicher, funktionsstörender Effekt infolge spürbarer, intensiver bzw. inhaltlicher Regelungsunterschiede ergibt.[571] Nach anderer Ansicht folgt aus der systematisch[572] subsidiären Stellung des Art. 115 AEUV, der in der Praxis nahezu nur in den Fällen des Art. 114 Abs. 2 AEUV als Ermächtigungsgrundlage dient, dass das Merkmal eher mit Art. 114 Abs. 1 Satz 2 AEUV identisch ist. Daher wird – ungeachtet des Wortlautunterschiedes – auf die Erkenntnisse zu dem Tatbestandsmerkmal „zum Gegenstand haben" zurückgegriffen.[573] Notwendig ist der sogenannte

568 EuGH v. 05.10.2000 – C.376/98 (Deutschland/Parlament und Rat), Slg 2000, I-8419, Rn. 113.

569 Vgl. ebenso: *Tietje* in: Grabitz/Hilf/Nettesheim, EUV/AEUV, Art. 115 AEUV Rn. 19; *Classen* in: von der Groeben/Schwarze/Hatje, Europäisches Unionsrecht, Art. 115 AEUV Rn. 11.

570 *Tietje* in: Grabitz/Hilf/Nettesheim, EUV/AEUV, Art. 115 AEUV Rn. 20; *Classen* in: von der Groeben/Schwarze/Hatje, Europäisches Unionsrecht, Art. 115 AEUV Rn. 19.

571 EuGH v. 29.03.2007 – C-347/04 (Rewe Zentralfinanz), Slg 2007, I-2647, Rn. 5; vgl. dazu: *Leible* in: Streinz, EUV/AEUV, Art. 115 AEUV Rn. 10; *Khan* in: Geiger, EUV, AEUV. Vertrag über die Europäische Union, Vertrag über die Arbeitsweise der Europäischen Union, Art. 115 AEUV Rn. 4; *Classen* in: von der Groeben/Schwarze/Hatje, Europäisches Unionsrecht, Art. 114 AEUV Rn. 13; *Herrnfeld* in: Schwarze *et al.*, EU-Kommentar, Art. 115 AEUV Rn. 4; vgl. dazu ähnlich: *Ludwigs* Rechtsangleichung nach Art. 94, 95 EG-Vertrag. Eine kompetenzrechtliche Untersuchung unter besonderer Berücksichtigung des Europäischen Privatrechts, S. 184.

572 *Korte* in: Calliess/Ruffert, EUV/AEUV, Art. 115 AEUV Rn. 9.

573 *Tietje* in: Grabitz/Hilf/Nettesheim, EUV/AEUV, Art. 115 AEUV Rn. 22; *Classen* in: von der Groeben/Schwarze/Hatje, Europäisches Unionsrecht, Art. 114 AEUV Rn. 14; wohl ebenso: *Herrnfeld* in: Schwarze *et al.*, EU-Kommentar, Art. 115 AEUV Rn. 6.

positive Binnenmarkteffekt, d.h. die Verbesserung des Binnenmarktes infolge der angleichenden Maßnahme[574] oder zumindest eine dahingehende, entsprechende Absicht[575]. Ohnehin ist aufgrund des Einstimmigkeitserfordernisses nicht zu erwarten, dass der Ermächtigungsrahmen der Europäischen Union zu Lasten der Mitgliedstaaten extensiv ausgedehnt wird.[576] Es bedarf keiner Entscheidung des Streites, da die Divergenz hinsichtlich der Körperschaftsteuer-Bemessungsgrundlagen aufgrund 28 existierender Besteuerungssysteme unzweifelhaft kausal für die Wettbewerbsverzerrung ist.[577] Insbesondere die Ausgestaltung der einzelnen mitgliedstaatlichen Körperschaftsteuer-Bemessungsgrundlagen und die daneben stehende Höhe der Körperschaftsteuer ist für die Nutzung des Binnenmarkts relevant, da sie die Standortwahl und Investitionsentscheidungen der Unternehmen beeinflussen.[578] Körperschaftsteuersysteme wirken sich auf die sozialstaatliche Verteilungsgerechtigkeit und die steuerliche Belastungsgleichheit aus.[579] Ob die Wettbewerbsverzerrung allein durch die Angleichung der Bemessungsgrundlagen behoben werden kann oder es zusätzlich weiterer Elemente (bspw. Mindeststeuersatz) bedarf, kann unter Berücksichtigung des Untersuchungsgegenstandes der Körperschaftsbesteuer-Bemessungsgrundlage nicht Gegenstand dieser Arbeit sein. Die Europäische Kommission hat es bei den vorliegenden Richtlinienvorschlägen explizit unterlassen, den Körperschaftssteuersatz zu harmonisieren.[580]

Aus dem Wortlaut des Art. 26 Abs. 1 AEUV ergibt sich, dass die Europäische Union zur Verwirklichung des Binnenmarkts „erforderliche" Maßnahmen erlässt. Die Erforderlichkeit wird als ungeschriebenes Merkmal geprüft.[581] Sie ist von der

---

574 EuGH v. 10.12.2002 – C-491/01 (British American Tabacco), Slg 2002, I-11453, Rn. 60, 75, 82; EuGH v. 05.10.2000 – C-376/98 (Tabakwerbung I), Slg 2000, I-8419, Rn. 83f., 95; vgl. detailliert m.w.N.: *Korte* in: Calliess/Ruffert, EUV/AEUV, Art. 114 AEUV Rn. 46.

575 EuGH v. 05.10.2000 – C-376/98 (Tabakwerbung I), Slg 2000, I-8419, Rn. 61 ff.; vgl. detailliert: *Classen* in: von der Groeben/Schwarze/Hatje, Europäisches Unionsrecht, Art. 114 AEUV Rn. 69.

576 *Rossi* in: Vedder/Heintschel von Heinegg, Europäisches Unionsrecht. EUV – AEUV – Grundrechte-Charta, Art. 115 AEUV Rn. 7.

577 *Zajicek* Körperschaftsteuersysteme in der Europäischen Union: Möglichkeiten und Grenzen einer Harmonisierung, S. 97; *Eggert* Die Gewinnermittlung nach dem Richtlinienvorschlag über eine Gemeinsame Konsolidierte Körperschaftsteuer-Bemessungsgrundlage: Vergleich mit der Gewinnermittlung nach dem HGB, EStG und den IFRS, S. 8.

578 Vgl. *Oppermann/Classen/Nettesheim* Europarecht, S. 590.

579 *Classen* in: von der Groeben/Schwarze/Hatje, Europäisches Unionsrecht, Art. 115 AEUV Rn. 17.

580 Vgl. m.w.N.: Teil 3: F.II.2.c.

581 *Tietje* in: Grabitz/Hilf/Nettesheim, EUV/AEUV, Art. 115 AEUV Rn. 25; *Kahl* in: Calliess/Ruffert, EUV/AEUV, Art. 94 EGV Rn. 13; *Taschner* in: von der Groeben/Schwarze/Hatje, Europäisches Unionsrecht, Art. 94 EGV Rn. 17, 39; *Herrnfeld* in: Schwarze *et al.*, EU-Kommentar, Art. 94 EGV; vgl. m.w.N.: *Ludwigs* Rechtsangleichung nach

Prüfung des Subsidiaritätsprinzips und des Grundsatzes der Verhältnismäßigkeit getrennt zu betrachten, die als Schranken-Schranken keine Auswirkung auf Art. 115 AEUV als Ermächtigungsgrundlage haben.[582] Erforderlich im Sinne der Vorschrift sind solche Maßnahmen, die durch Rechtsangleichung und Rechtsvereinheitlichung dem Ziel der Errichtung und Aufrechterhaltung des Binnenmarkts dienen.[583] Während die Grundfreiheiten den Zugang zum europäischen Binnenmarkt sowie die Gleichbehandlung gegenüber Inländern gewährleisten und unverhältnismäßige Beschränkungen des grenzüberschreitenden Wirtschaftsverkehrs unterbinden (sogenannte negative Integration)[584], schafft europäisches Sekundärrecht Rechtssicherheit für den Einzelnen und legitimiert die Mitgliedstaaten zu einer synchronen Umsetzung der zur Verwirklichung des Binnenmarktziels getroffenen Maßnahmen (sogenannte positive Integration). Sekundärrecht wirkt entgegen einer vom EuGH getroffenen einzelfallbezogenen Spruchpraxis allgemein und lässt Schutzmechanismen entstehen.[585] Es ist begrüßenswert, dass die Europäische Kommission mit den Richtlinienvorschlägen dem Grunde nach einen potentiellen Ausweg aus der Wettbewerbsverzerrung infolge divergierender Körperschaftsteuerbemessungsgrundlagen bietet. Wie die bisherigen Einzelfallentscheidungen des EuGH gezeigt haben, war dieser Weg wenig erfolgversprechend und führte eher zu Rechtsunsicherheit.[586]

Abschließend sei noch auf Art. 352 Abs. 1 Satz 1 AEUV als Ermächtigungsgrundlage hingewiesen, welche die in den Verträgen bestehenden Regelungslücken zur Rechtsfortentwicklung schließt.[587] Nach der Vorschrift erscheint ein Tätigwerden der Europäischen Union im Rahmen der in den europäischen

---

Art. 94, 95 EG-Vertrag. Eine kompetenzrechtliche Untersuchung unter besonderer Berücksichtigung des Europäischen Privatrechts, S. 190.

582 Vgl. dazu: *Tietje* in: Grabitz/Hilf/Nettesheim, EUV/AEUV, Art. 114 AEUV Rn. 54; *Classen* in: von der Groeben/Schwarze/Hatje, Europäisches Unionsrecht, Art. 114 AEUV Rn. 81; vgl. m.w.N.: *Ludwigs* Rechtsangleichung nach Art. 94, 95 EG-Vertrag. Eine kompetenzrechtliche Untersuchung unter besonderer Berücksichtigung des Europäischen Privatrechts, S. 190.

583 *van Vormizeele* in: von der Groeben/Schwarze/Hatje, Europäisches Unionsrecht, Art. 26 AEUV Rn. 10.

584 *Schröder* in: Streinz, EUV/AEUV, Art. 26 AEUV Rn. 23; *Callies* in: Calliess/Ruffert, EUV/AEUV, Art. 26 AEUV Rn. 31.

585 *Schröder* in: Streinz, EUV/AEUV, Art. 26 AEUV Rn. 28; *Callies* in: Calliess/Ruffert, EUV/AEUV, Art. 26 AEUV Rn. 33.

586 Vgl. bspw. die Rechtsprechung des EuGH zur Abzugsfähigkeit „finaler" Verluste: Teil 4: C.II.1.

587 Vgl. *Winkler* in: Grabitz/Hilf/Nettesheim, EUV/AEUV, Art. 352 AEUV Rn. 16; *Streinz* in: Streinz, EUV/AEUV, Art. 352 AEUV Rn. 6; *Rossi* in: Calliess/Ruffert, EUV/AEUV, Art. 352 AEUV Rn. 12; *Schröder* in: von der Groeben/Schwarze/Hatje, Europäisches Unionsrecht, Art. 352 AEUV Rn. 6.

Verträgen[588] festgelegten Politikbereiche erforderlich, um eines des in Art. 3 EUV[589] genannten Ziele zu verwirklichen. Hierunter fällt auch das Ziel der EU, einen Binnenmarkt mit freiem und unverfälschtem Wettbewerb zu gewährleisten.[590] Soweit die hierfür erforderlichen Befugnisse nicht vorgesehen sind, erlässt der Rat einstimmig auf Vorschlag der Kommission und nach Zustimmung des Europäischen Parlaments die geeigneten Vorschriften. Bei Art. 352 AEUV handelt es sich um eine subsidiäre Kompetenznorm, welche erst nach der weiten Auslegung durch die sogenannte „effet utile"-Rechtsprechung[591] und die sogenannten „implied powers"-Befugnisse[592] der Unionsverträge anzuwenden ist.[593] Im vorliegenden Fall stellt eine Ermächtigung durch Art. 115 AEUV die speziellere Unionsrechtsnorm dar, die der Anwendung des Art. 352 Abs. 1 Satz 1 AEUV in diesem Fall vorgeht. Auch spricht für die vorrangige Anwendung des Art. 115 AEUV, dass durch das zweistufige Umsetzungsverfahren eines Richtlinienvorschlags dem Bedürfnis an einer Berücksichtigung der nationalen steuerlichen Vielfalt Rechnung getragen wird.[594] Denn schließlich setzen die Mitgliedstaaten die beschlossenen Regelungen unter Berücksichtigung des bestehenden Körperschaftsteuerrechts um. Das Erlassverfahren des Art. 115 AEUV entspricht dem des Art. 352 Abs. 1 Satz 1 AEUV.[595]

b. Subsidiaritätsprinzip

Dem Subsidiaritätsprinzip unterliegen Maßnahmen, die nicht in die ausschließliche Zuständigkeit gemäß Art. 2 Abs. 1 AEUV der Union fallen. Die

588 Vertrag über die Arbeitsweise der Europäischen Union i.d.F. der Bekanntmachung vom 09.05.2008, ABl.-EG vom 09.05.2008, C 115/47, zuletzt geändert am 11.07.2012, ABl.-EU vom 11.07.2012, L 204/131; Vertrag über die Europäische Union i.d.F. der Bekanntmachung vom 01.12.2009, ABl.-EG vom 09.05.2008, C 115/13, zuletzt geändert am 24.04.2012, ABl.-EU vom 24.04.2012, L 112/21.

589 Vgl. detailliert: *Winkler* in: Grabitz/Hilf/Nettesheim, EUV/AEUV, Art. 352 AEUV Rn. 40 ff.; *Rossi* in: Calliess/Ruffert, EUV/AEUV, Art. 352 AEUV Rn. 30 ff.

590 Vgl. *Rossi* in: Calliess/Ruffert, EUV/AEUV, Art. 352 AEUV Rn. 32.

591 EuGH v. 07.07.1992 – C-295/90 (Erasmus), Slg 1992, I-4193, Rn. 15 ff.; vgl. *Rossi* in: Calliess/Ruffert, EUV/AEUV, Art. 352 AEUV Rn. 61.

592 Vgl. m.w.N.: *Winkler* in: Grabitz/Hilf/Nettesheim, EUV/AEUV, Art. 352 AEUV Rn. 80; *Streinz* in: Streinz, EUV/AEUV, Art. 352 AEUV Rn. 9; vgl. mit a.A. infolge der „kompetenzrechtlichen Verdichtung des Primärrechts": *Schröder* in: von der Groeben/Schwarze/Hatje, Europäisches Unionsrecht, Art. 352 Rn. 19; vgl. ebenso; *Rossi* in: Calliess/Ruffert, EUV/AEUV, Art. 352 AEUV Rn. 62.

593 *Streinz* in: Streinz, EUV/AEUV, Art. 352 AEUV Rn. 8 ff.

594 Vgl. detailliert: *Zajicek* Körperschaftsteuersysteme in der Europäischen Union: Möglichkeiten und Grenzen einer Harmonisierung, S. 105 ff.; *Oppermann/Classen/Nettesheim* Europarecht, S. 587.

595 Vgl. dazu: Teil 3: E.

Richtlinienvorschläge unterliegen keinesfalls der ausschließlichen Zuständigkeit gemäß Art. 3 AEUV.[596]

Fraglich ist, ob der Europäischen Union für die Gesetzgebung auf dem Gebiet der direkten Steuern eine geteilte Zuständigkeit im Sinne des Art. 4 AEUV zusteht oder ob sie ausschließlich den Mitgliedstaaten vorbehalten ist. Eine geteilte Zuständigkeit läge vor, wenn direkte Steuern dem Zuständigkeitsgebiet „Binnenmarkt" gemäß Art. 4 Abs. 1, 2 lit. a AEUV unterfallen würden. Dies betrifft jedoch nicht den Streit um die Frage, ob der Binnenmarkt der ausschließlichen (Art. 3 AEUV) oder geteilten (Art. 4 AEUV) Zuständigkeit der Europäischen Union unterliegt.[597] Aus dem Wortlaut „Hauptbereiche" folgt, dass es sich bei Art. 4 Abs. 2 AEUV um eine nicht abschließende Aufzählung handelt,[598] sodass der Anwendungsbereich der geteilten Zuständigkeit im Ergebnis weit ausgelegt werden kann. Die Korrektur einer extensiven Zuständigkeitszuweisung erfolgt durch die weiteren Merkmale der Subsidiarität. Die geteilte Zuständigkeit der Europäischen Union für den Bereich „Binnenmarkt" setzt aus teleologischer Sicht notwendigerweise die Gesetzgebungszuständigkeit des Mitgliedstaates voraus, da es sonst keiner Rechtsangleichung bedürfte.[599] Aus systematischer Sicht entspricht es meines Erachtens dem Gedanken der Uniformität des AEUV, dass der Begriff „Binnenmarkt" in Art. 4 Abs. 2 lit. a AEUV und in Art. 26 AEUV gleichsinnig auszulegen ist.

Da direkte Steuern sogenannte mittelbar preisbildende Faktoren darstellen, sind sie offenkundig für die mitgliedstaatliche Steuerhoheit von Bedeutung.[600] Nach der sogenannten Schumacker-Formel des EuGH gehören sie in den ausschließlichen Zuständigkeitsbereich des einzelnen Mitgliedstaates, ohne dass sich für die Europäische Union die Möglichkeit einer geteilten Zuständigkeit ergibt.[601] Aus politischer Sicht besteht keine Notwendigkeit, das Steuerrecht auf EU-Ebene anzugleichen.[602] Infolge der Steuersouveränität verbinden Mitgliedstaaten mit der

---

596 Vgl. ebenso: *Jacobs et al.* Int. Unternehmensbesteuerung, S. 119; *Homburg* Allgemeine Steuerlehre, S. 271; *Kirchhof* DFGT 2011/2012, S. 23 (23); vgl. detailliert zum Abgrenzungsstreit zu Art. 114 AEUV: *Calliess* EuZW 1995, S. 693 (696).

597 Vgl. detailliert zu diesem Streit: *Calliess* in: Calliess/Ruffert, EUV/AEUV, Art. 4 AEUV Rn. 4 ff.

598 Vgl. ebenso: *Calliess* in: Calliess/Ruffert, EUV/AEUV, Art. 4 AEUV Rn. 2; *Hönes* Verwaltungsrundschau 2012, S. 361 (369).

599 *Calliess* in: Calliess/Ruffert, EUV/AEUV, Art. 4 AEUV Rn. 9; *Stein* EWS 2001, S. 12 (16).

600 *Seiler* in: Grabitz/Hilf/Nettesheim, EUV/AEUV, Art. 113 AEUV Rn. 51.

601 EuGH v. 19.11.2015 – C-693/13 (Hirvonen), EWS 2015, S. 351, Rn. 30; EuGH v. 05.02.2014 – C-385/12 (Hervis Sport- és Divatkereskedelmi), EWS 2014, S. 98, Rn. 30; EuGH v. 08.12.2011 – C-157/10 (Banco Bilbao Vizcaya Argentaria), Slg 2011, I-13023, Rn. 28; vgl. *Zajicek* Körperschaftsteuersysteme in der Europäischen Union: Möglichkeiten und Grenzen einer Harmonisierung, S. 182.

602 *Zajicek* Körperschaftsteuersysteme in der Europäischen Union: Möglichkeiten und Grenzen einer Harmonisierung, S. 193 f.; *Jacobs et al.* Int. Unternehmensbesteuerung, S. 224.

Höhe und Struktur der direkten Steuern die Vorstellung von Steuergerechtigkeit, Wirtschaftslenkung[603] sowie gerechter Verteilung der Steuerbelastung zwischen Unternehmen und Bürgern.[604] Diese enorme Bedeutung ergibt sich daraus, dass der Wohlstand eines modernen Staates maßgeblich von den durch Besteuerung erhobenen öffentlichen Mitteln abhängt.[605] Um diese Idee zu vervollständigen, besteht nach Ansicht des EuGH keine unionsrechtliche Verpflichtung, das nationale Steuerrecht dahingehend anzupassen, dass Doppelbesteuerungen vermieden werden.[606]

Die Mitgliedstaaten befürchten, dass die Richtlinienvorschläge nur der erste Schritt sind, zwangsweise Zuständigkeiten über das Maß des Art. 1 Abs. 1 EUV hinaus an die Europäische Union abzugeben.[607] Die Risikobereitschaft der Staaten ist im Falle des Art. 115 AEUV womöglich davon geprägt, dass bei Verabschiedung der Richtlinienvorschläge eine Änderung auch nur durch eine einstimmige Entscheidung herbeizuführen ist und es infolge des Vetorechts eines einzelnen Mitgliedstaates zur Rechtsversteinerung kommt.[608]

Dennoch beeinflusst das Unionsrecht bereits das nationale Steuerrecht, indem die Höhe und die Ausgestaltung der Steuersysteme dem

---

603 Vgl. detailliert zu Formen steuerlicher Wirtschaftspolitik: *Hey* in: Sieker, DStJG 2016 (39), S. 11 (15 ff.).

604 *Dobratz* in: Sieker, DStJG 2016 (39), S. 145 (146); *Jacobs et al.* Int. Unternehmensbesteuerung, S. 195; *Oppermann/Classen/Nettesheim* Europarecht, § 35 Rn. 55; *Homburg* Allgemeine Steuerlehre, S. 5 f.; *Seiler* StuW 2005, S. 25 (25); *Fuest/Huber* Steuern als Standortfaktor im internationalen Wettbewerb, S. 15; vgl. a.A.: *Bauer* Steuerwettbewerb in der EU. Ein steuerlicher Belastungsvergleich zwischen Personengesellschaften, Kapitalgesellschaften und Genossenschaften, S. 105 f.; *Glasmeyer* Steuerwettbewerb in der Europäischen Union. Eine wirtschaftsethische Perspektive, S. 38.

605 Sveriges Riksdag v. 15.12.2017 – SkU16, S. 1; *Kofler* in: Schön/Heber, Grundfragen des Europäischen Steuerrechts, S. 2.

606 Vgl. bspw.: EuGH v. 08.12.2011 – C-157/10 (Banco Bilbao Vizcaya Argentaria), Slg 2011, I-13023, Rn. 39; EuGH v. 16.07.2009 – C-128/08 (Damseaux), Slg 2009, I-6823, Rn. 30; EuGH v. 28.02.2008 – C-293/06 (Deutsche Shell), Slg 2008, I-1129, Rn. 43; EuGH v. 06.12.2007 – C-298/05 (Columbus Container Services), Slg 2007, I-10451, Rn. 43 f., 51; EuGH v. 14.11.2006 – C-513/04 (Kerckhaert und Morres), Slg 2006, I-10967, Rn. 21.

607 Dáil Éireann and Seanad Éireann v. 21.12.2016 – 15770/16 FISC 239, Tz. 3.3 f.; Tweede Kamer der Staten-Generaal v. 12.01.2017 – 5215/17 FSIC 10, S. 13; Folketinget v. 12.01.2017 – 5213/17 FISC 8, S. 6 f.; vgl. zur Schaffung einer Einnahmequelle für die EU: *Zajicek* Körperschaftsteuersysteme in der Europäischen Union: Möglichkeiten und Grenzen einer Harmonisierung, S. 190 f.

608 *Glaser* DStR 2011, S. 2317 (2324); *Lang/Englisch* in: Amatucci, A European Legal Tax Order Based on Ability to Pay, S. 261 (264).

Gewährleistungsauftrag der Einhaltung der EU-Grundrechte[609] und Grundfreiheiten[610] unterliegen.[611] Der EuGH beeinflusst durch seine Rechtsprechung das nationale Steuerrecht unmittelbar.[612] Er ist aus praktischer Sicht eine wichtige Säule des unionsrechtlichen Integrationsprozesses.[613] Aus struktureller und rechtlicher Sicht ist die Aufgabe sogenannter positiver Integration[614] jedoch den Gesetzgebungsorganen der Europäischen Union vorbehalten. Die Vielzahl der Einzelfallentscheidungen kann allenfalls zu einer negativen, schleichenden Harmonisierung und somit zu einer Belastung der Mitgliedstaaten und der Steuerpflichtigen führen.[615] Jedoch stellt sich schon grundsätzlich die Frage, ob der EuGH hinreichend qualifiziert und auf das Steuerrecht spezialisiert ist, um die nationalen Vorstellungen der Steuererhebung für jeden Mitgliedstaat umfassend beurteilen zu können.[616]

Die erwähnten Argumente stehen im Widerspruch mit der mitgliedstaatlichen Solidarität hinsichtlich der Ziele der EU.[617] Denn diese Argumente basieren allein auf der Angst, dass es zu Einbußen für das Steueraufkommen

---

609 EuGH v. 22.10.2013 – C-276/12 (Sabou), RIW 2014, S. 86, Rn. 26 f.; EuGH v. 26.02.2013 – C-617/10 (Åkerberg Fransson), EWS 2013, S. 99, Rn. 25 ff.

610 EuGH v. 21.11.2002 – C-436/00 (X und Y), Slg 2002, I-10829, Rn. 32; EuGH v. 15.01.2002 – C-55/00 (Gottardo), Slg 2002, I-413, Rn. 32; EuGH v. 16.07.1998 – C-264/96 (ICI), Slg 1998, I-4695, Rn. 19.

611 *Classen* in: von der Groeben/Schwarze/Hatje, Europäisches Unionsrecht, Art. 115 AEUV Rn. 18; *Dobratz* in: Sieker, DStJG 2016 (39), S. 145 (151); *Englisch* in: Tipke/Lang, Steuerrecht, § 4 Rn. 9; vgl. m.w.N.: *Kokott/Dobratz* in: Schön/Heber, Grundfragen des Europäischen Steuerrechts, S. 25 (27 ff.); *Hindelang/Köhler* JuS 2014, S. 405 (408); *Seiler* StuW 2005, S. 25 (28); *Voß* StuW 1993, S. 155 (160).

612 *Dobratz* in: Sieker, DStJG 2016 (39), S. 145 (146); *Kirchhof* DFGT 2011/2012, S. 23 (26); *Rödder* in: Kessler/Förster/Watrin, FS Herzig 2010, S. 349 (352 ff.); vgl. zur Beachtung der Grundfreiheiten hinsichtlich der Doppelbesteuerung m.w.N.: *Schön* in: Wassermeyer, FS Wassermeyer 2015, S. 7 (8).

613 Kritisch: *Lang* in: Schön/Heber, Grundfragen des Europäischen Steuerrechts, S. 63 (84 f.); *Lausterer/Hulde* in: Prinz/Witt, Steuerliche Organschaft, Rn. 5.21 ff.; *Lampert* in: Kellersmann *et al.*, EU I, S. 97.

614 Vgl. zum Begriff: *Kingreen* in: Calliess/Ruffert, EUV/AEUV, Art. 36 AEUV Rn. 2; *Oppermann/Classen/Nettesheim* Europarecht, § 22 Rn. 15.

615 *Schlücke* Die Umsetzung von EuGH-Entscheidungen in das deutsche Steuerrecht: Das Beispiel der Betriebsstättenverluste, S. 276 ff.; *Mellinghoff/Schließl* in: Lüdicke, Praxis und Zukunft des deutschen Internationalen Steuerrechts, S. 45 (52 ff.); *Kirchhof* DFGT 2011/2012, S. 23 (23); *Ahmann* DStZ 2005, S. 75 (78); *Seiler* StuW 2005, S. 25 (26).

616 *Kobe* in: Schön/Heber, Grundfragen des Europäischen Steuerrechts, S. 41 (44, 52 f.); vgl. m.w.N.: *Kofler* in: Schön/Heber, Grundfragen des Europäischen Steuerrechts, S. 1 (17); vgl. zur Organisation des EuGH: *Kokott/Sobotta* EuGRZ 2013, S. 465 (467 ff.); *Seiler* StuW 2005, S. 25 (29).

617 *Calliess* in: Calliess/Ruffert, EUV/AEUV, Art. 5 EUV Rn. 23; *Kirchhof* DFGT 2011/2012, S. 23 (24 f.).

kommt.[618] Die Feststellung, ob und inwieweit Steueraufkommensverluste entstehen, ist jedoch nicht Sinn und Zweck der Zuständigkeitsprüfung, sondern im Rahmen der Prüfung der Verhältnismäßigkeit zu beurteilen. Unzweifelhaft findet die Beseitigung der Steuervermeidungspraktiken in der Europäischen Union große Zustimmung und breiten Konsens.[619] So lässt sich wohl vertreten, dass die Souveränitätspreisgabe in unionsweiten Interessensbereichen Konsequenz der Mitgliedschaft sei.[620] Die Europäische Union ist gezwungen, die Steuerrechtsordnungen insoweit anzugleichen, als sonst eine Wettbewerbsverzerrung bestünde.[621] Dennoch muss Raum für regionale Sonderregelungen bleiben, um die tatsächlichen und verfahrensrechtlichen Besonderheiten der Mitgliedstaaten berücksichtigen zu können.[622] Auch die historische Entwicklung[623] zeigt, dass direkte Steuern dem Bereich des Binnenmarkts und somit einer geteilten Zuständigkeit zuzuweisen sind.

Die Maßnahme[624] erfolgt als Richtlinie gemäß Art. 288 Abs. 3 AEUV. Fraglich ist jedoch, wie das Negativkriterium und das Positivkriterium auszulegen sind, wobei die Kriterien kumulativ[625] und kausal vorliegen müssen. Die Kriterien beziehen sich sowohl auf die Abwägung hinsichtlich der Einzelermächtigung als auch auf die einzelnen Regelungselemente.[626] Für das Negativkriterium ist entscheidend, dass die Maßnahme im Hinblick auf die Ziele transnationale Aspekte betrifft, die durch die Mitgliedstaaten infolge der Überforderung nicht oder nur unzureichend beseitigt werden können.[627] Durch einen Effizienztest ist zu ermitteln, ob mindestens zwei Mitgliedstaaten nicht über die tatsächlichen und finanziellen Mittel verfügen und es nach Beurteilung der Sach- und Rechtslage hypothetisch nicht möglich ist, die Ziele der Maßnahme zu erreichen, ohne die Ziele des EUV oder Interessen anderer Mitgliedstaaten zu beeinträchtigen.[628]

---

618 Vgl. ebenso: *Kirchhof* DFGT 2011/2012, S. 23 (28 f.).

619 Tweede Kamer der Staten-Generaal v. 12.01.2017 – 5215/17 FSIC 10, S. 14.

620 *Grabitz* in: Grabitz/Hilf/Nettesheim, EUV/AEUV, Art. 115 AEUV Rn. 37; vgl. m.w.N.: *Weiten* (Finale) Verluste aus ausländischen EU/EWR-Direktinvestitionen. Eine Untersuchung zur inländischen Berücksichtigung ausländischer Verluste aus deutscher Steuerperspektive, S. 85; *Schlücke* Die Umsetzung von EuGH-Entscheidungen in das deutsche Steuerrecht: Das Beispiel der Betriebsstättenverluste, S. 25.

621 *Voß* StuW 1993, S. 155 (161).

622 Dáil Éireann and Seanad Éireann v. 21.12.2016 – 15770/16 FISC 239, Tz. 3.13; *Voß* StuW 1993, S. 155 (161).

623 Vgl. dazu: Teil 2: B.

624 Vgl. zum Tatbestandsmerkmal: *Kadelbach* in: von der Groeben/Schwarze/Hatje, Europäisches Unionsrecht, Art. 5 EUV Rn. 32.

625 Vgl. *Bast* in: Grabitz/Hilf/Nettesheim, EUV/AEUV, Art. 5 EUV Rn. 54; *Kadelbach* in: von der Groeben/Schwarze/Hatje, Europäisches Unionsrecht, Art. 5 EUV Rn. 33.

626 *Bast* in: Grabitz/Hilf/Nettesheim, EUV/AEUV, Art. 5 EUV Rn. 55.

627 Vgl. COM (2003) 770, S. 19; vgl. ebenso: *Calliess* in: Calliess/Ruffert, EUV/AEUV, Art. 3 AEUV Rn. 37.

628 SEC (92) 1990 final, S. 10 (Fn. 48), S. 112; vgl. m.w.N.: *Calliess* in: Calliess/Ruffert, EUV/AEUV, Art. 3 AEUV Rn. 37.

Die Körperschaftsteuer-Bemessungsgrundlage steht in einer engen politischen und ökonomischen Verbindung zu jedem einzelnen Mitgliedstaat.[629] Die Mitgliedstaaten sind entsprechend ihrer nationalen Gesetzgebungskompetenz in der Lage, auch transnationale Wettbewerbsverzerrungen unilateral zu beseitigen.[630] Aus deutscher Sicht könnten die Tatbestandsmerkmale der zumindest funktional mit den Richtlinienvorschlägen vergleichbaren Organschaft gemäß § 14 KStG im Verhältnis zu EU-Mitgliedstaaten, entsprechend der Gruppendefinition gemäß Art. 6 $GKKB_{2016}$, großzügiger ausgestaltet werden, sodass der Gewinnabführungsvertrag obsolet und die grenzüberschreitende Verlustverrechnung unbeschränkt ermöglicht würden.[631] Die GKB könnte womöglich in das allgemeine Steuerbilanzrecht des EStG integriert werden.[632] Jedoch ist zweifelhaft, ob alle Mitgliedstaaten sich geschlossen einer solchen Initiative anschließen würden. Es ist eher davon auszugehen, dass 28 unkoordinierte unilaterale Maßnahmen zu einer weiteren Fragmentierung des Binnenmarktes führen würden.[633] Zudem wären die Steuerpflichtigen weiterhin mit 28 koexistierenden Steuersystemen konfrontiert.[634] Die angesprochenen Problembereiche (Wachstum, Beschäftigung, aggressive Steuerplanung) gehen über das hinaus, was ein einzelner Mitgliedstaat leisten kann.[635] Eine umfangreiche Reglung kann womöglich bilateral erfolgen.[636] Jedoch darf zur Beurteilung des Leistungspotentials[637] nicht auf völkerrechtliche Lösungen zurückgegriffen werden, da dies dem Integrationsprinzip gemäß Art. 1 EUV und dem Zweck des Subsidiaritätsprinzips entgegensteht.[638]

Soweit anstatt der einstimmigen nur eine qualifizierte Mehrheitsentscheidung im Rat erreicht werden kann, schlagen *Lampert et al.* vor, auf das Instrument der verstärkten Zusammenarbeit gemäß Art. 20 EUV, 326 ff. AEUV anstelle von unilateralen Maßnahmen zurückzugreifen.[639] Allerdings handelt es sich hierbei

629 Sveriges Riksdag v. 15.12.2017 – SkU16, S. 2.
630 Vgl. dazu: Teil 2: A.I.3.a.
631 *Esterer/Bartelt* BB Spezial Nr. 5 2010, S. 2 (7); *Haas et al.* IFSt Nr. 471/2011, S. 39 f.
632 *Müller-Gatermann/Möhlenbrock/Fehling* ISR 2012, S. 17 (23).
633 COM(2016) 685 final, S. 6; vgl. *Kirchhof* DFGT 2011/2012, S. 23 (29).
634 COM(2016) 685 final, S. 5.
635 Commission Decision regarding the follow-up to National Parliaments' Opinions – reply to the Folketing (v. 12.01.2017 – 5213/17 FISC 8) v. 03.03.2017 – C(2017) 1487, S. 1; Commission Decision regarding the follow-up to National Parliaments' Opinions – reply to the Chambre des Députés (v. 28.12.2016 – 5218/17 FISC 13) v. 03.03.2017 – C(2017) 1465, S. 1; COM(2016) 685 final, S. 5.
636 Commission Decision regarding the follow-up to National Parliaments' Opinions – reply to the Folketing (v. 12.01.2017 – 5213/17 FISC 8) v. 03.03.2017 – C(2017) 1487, S. 1; COM(2016) 685 final, S. 6.
637 Vgl. dazu: *Kadelbach* in: von der Groeben/Schwarze/Hatje, Europäisches Unionsrecht, Art. 5 EUV Rn. 36.
638 Vgl. m.w.N.: *Calliess* in: Calliess/Ruffert, EUV/AEUV, Art. 3 AEUV Rn. 38.
639 *Lampert* EuZW 2013, S. 493 (493); *Glahe* Einkünftekorrektur zwischen verbundenen Unternehmen. Vereinbarkeit der deutschen Verrechnungspreisvorschriften und der

ebenfalls um ein Element europäischer Vertragsarchitektur, das aus völkerrechtlichen und supranationalen Integrationsmechanismen besteht.[640] Zudem könnten Mitgliedstaaten, die sich der verstärkten Zusammenarbeit entziehen, die Wettbewerbsverzerrungen durch entsprechende Anreize weiter aufrecht erhalten.[641] Entsprechend dem Leitbild der Gründungsverträge können die Ziele nur erreicht werden, wenn die Integration einheitlich erfolgt.[642] Demgegenüber hat *Jean-Claude Juncker*, Präsident der Europäischen Kommission, es in seiner Rede zur Lage der Union 2017 befürwortet, „bei Beschlüssen über die gemeinsame konsolidierte Körperschaftsteuer-Bemessungsgrundlage [...] die Beschlussfassung mit qualifizierter Mehrheit einzuführen".[643] Er berief sich hierbei auf die sogenannten Brückenklauseln nach Art. 48 Abs. 7 UAbs. 2 EUV, die es ermöglichen sollen, in dem oben skizzierten Fall auf das ordentliche Gesetzgebungsverfahren gemäß Art. 289 Abs. 1 i.V.m. Art. 294 AEUV zurückzugreifen. Der Umstellungsbeschluss erfolgt auf Initiative des Europäischen Rates, welchem die mitgliedstaatlichen Parlamente im Wege eines Vetorecht widersprechen müssen.[644] Dieser Idee ist jedoch nicht zu folgen, da nicht davon auszugehen ist, dass ein Parlament seine Stimme im Wege des Art. 115 AEUV verweigert und dennoch im Wege des Art. 48 Abs. 7 EUV abgibt. Schließlich sind es die Regierungen und die Regierungspräsidenten, die Ängste vor den Auswirkungen der Richtlinienvorschläge haben. Mit einem entsprechenden Antrag[645] scheiterte die EU-Kommission im Januar 2019. Obgleich die Abwägung der Vor- und Nachteile der Beschlussfassung durch Einstimmigkeit gegenüber der durch qualifizierten Mehrheitsentscheid nicht Gegenstand dieser Untersuchung ist, vermag meines Erachtens nur die einstimmige Beschlussfassung die europäische Idee –hergeleitet aus Art. 3 Abs. 1 Satz 2 EUV – zu fördern. Denn andernfalls würde ein solch ambitioniertes Projekt, das für alle Mitgliedstaaten bedeutsam sein wird, nicht die vollständige Akzeptanz der Mitgliedstaaten erhalten. Diese ist jedoch zwingend notwendig, um ein einheitliches level-playing-field überhaupt erreichen zu können.

Das Positivkriterium ist gemäß Art. 5 Satz 4 SubProt anhand qualitativer und gegebenenfalls quantitativer Kriterien zu überprüfen. Die unionsweite Handlung

---

Zinsschranke mit Europa- und Verfassungsrecht, S. 547; *Krauß* Gruppenbesteuerung nach dem Richtlinienvorschlag zur CCCTB, S. 34; *Bünning/Möser* BB 2011, S. 2647 (2653); *Glaser* DStR 2011, S. 2317 (2324); *Kußmaul/Niehren/Pfeifer* StuW 2010, S. 177 (181); *Terra/Wattel* European tax law, S. 212.

640 *Blanke* in: Grabitz/Hilf/Nettesheim, EUV/AEUV, Art. 20 EUV Rn. 4.

641 BR Drucks. 155/11, Tz. 3; *Boss* Steuerharmonisierung oder Steuerwettbewerb?, S. 32; vgl. a.A. *Weidenfeld* in: Hilpold/Steinmair/Perathoner, Europa der Regionen, S. 44.

642 *Blanke* in: Grabitz/Hilf/Nettesheim, EUV/AEUV, Art. 20 EUV Rn. 5.

643 Rede v. 13.09.2017, SPEECH/17/3165, abrufbar unter: http://europa.eu/rapid/press-release_SPEECH-17-3165_de.htm (zuletzt abgerufen am 03.01.2018).

644 *Meng* in: von der Groeben/Schwarze/Hatje, Europäisches Unionsrecht, Art. 48 Rn. 22.

645 COM (2019) 8 final.

muss einen europäischen Mehrwert gegenüber mitgliedstaatlichen Maßnahmen bilden.[646] Der Integrationsgewinn wird mit dem mitgliedstaatlichen Souveränitätsverlust anhand des Umfangs (Art, Größe und Schwere des Problems) und der Wirkung (spürbare Betroffenheit mehrerer oder aller Mitgliedstaaten) verglichen.[647]

Die Mitgliedstaaten sind skeptisch, welche Vorteile eine Implementierung der Körperschaftsteuer-Bemessungsgrundlage auf EU-Ebene mit sich bringe und warum die Europäische Union diese Ziele besser erreichen könne.[648] Durch die Richtlinienvorschläge wird die Kapitalmobilität verbessert und grenzüberschreitend tätige Unternehmen werden effizienter besteuert. Ein unionsweiter Ansatz trägt zur Besteuerung am Ort der Wertschöpfung bei.[649] Die Bekämpfung der Steuervermeidungspraktiken ist im Sinne aller Mitgliedstaaten. Da diese Praktiken vornehmlich darauf abzielen, Gewinne „auf Unionsebene" durch die Interaktion mehrerer mitgliedstaatlicher Steuersysteme zu verlagern, bedarf es folgerichtig auch eines ganzheitlichen Ansatzes auf Unionsebene.[650] Außerdem wird man dem ökonomischen Druck internationaler Wirtschaftsmächte (bspw. USA und China), grenzüberschreitende Sachverhalte steuerneutral und im Einklang mit dem Unionsrecht auszugestalten, nur als europäische Einheit standhalten können.[651] Die USA haben mit der Steuerreform vom 22.12.2017 den Körperschaftsteuersatz von 35 % auf 21 % reduziert und bezüglich der Besteuerung von Dividenden von der Anrechnungs- auf die Freistellungsmethode gewechselt.[652] Eine geschlossene

646 COM (2003) 770, S. 19; *Bast* in: Grabitz/Hilf/Nettesheim, EUV/AEUV, Art. 5 EUV Rn. 57; *Calliess* in: Calliess/Ruffert, EUV/AEUV, Art. 3 AEUV Rn. 38; *Languth* in: Lenz/Borchardt, EU-Verträge, Art. 5 EUV Rn. 35.

647 *Calliess* in: Calliess/Ruffert, EUV/AEUV, Art. 3 AEUV Rn. 41; *Zajicek* Körperschaftsteuersysteme in der Europäischen Union: Möglichkeiten und Grenzen einer Harmonisierung, S. 180; *Albin* NVwZ 2006, S. 629 (631); vgl. m.w.N.: *Nettesheim* EuR 2004, S. 511 (515).

648 Tweede Kamer der Staten-Generaal v. 12.01.2017 – 5215/17 FSIC 10, S. 12; Folketinget v. 12.01.2017 – 5213/17 FISC 8, S. 5 f.; Sveriges Riksdag v. 15.12.2017 – SkU16, S. 2.

649 Europäische Kommission v. 25.10.2016 – SWD(2016) 341 final (Impact assessment accompanying the document proposals for CCTB and CCCTB), S. 8.

650 Commission Decision regarding the follow-up to National Parliaments' Opinions – reply to the Folketing (v. 12.01.2017 – 5213/17 FISC 8) v. 03.03.2017 – C(2017) 1487, S. 1; Commission Decision regarding the follow-up to National Parliaments' Opinions – reply to the Chambre des Députés (v. 28.12.2016 – 5218/17 FISC 13) v. 03.03.2017 – C(2017) 1465, S. 2.

651 BMF, Gutachten „Einheitliche Bemessungsgrundlage der Körperschaftsteuer in der Europäischen Union" v. 26.03.2007, S. 9; vgl. m.w.N.: *Recker* Direkte Unternehmenssteuern in der Europäischen Union. Im Spannungsfeld zwischen nationaler Souveränität und Vertiefung der wirtschaftlichen Integration, S. 126; *Seiler* StuW 2005, S. 25 (29); *Voß* StuW 1993, S. 155 (161).

652 Vgl. "Statement from President Donald J. Trump Regarding Final Passage of Tax Legislation" v. 20.12.2017 abrufbar unter https://www.whitehouse.gov/briefings-statements/statement-president-donald-j-trump-regarding-final-passage-tax-legislation/

Einheit aus 28 Mitgliedstaaten kann Angriffe auf den europäischen Binnenmarkt eher abwehren als multinationale Zusammenschlüsse Einzelner. Der europäische Binnenmarkt wird daher als Kollektiv in Steuerfragen zusammenstehen müssen, um weiterhin Gewinne erzielen und wettbewerbsfähig bleiben zu können.[653] Dem Vernehmen nach reagiert Großbritannien auf diese Entwicklung – und bedingt durch den Brexit – mit einer Reduzierung des Körperschaftsteuersatzes von ursprünglich 19 % auf 5 %.[654]

Um nochmals auf die Gefahr der Versteinerung des Unionsrechts einzugehen, ist auf Art. 69 Abs. 1 GKB hinzuweisen. Dieser sieht eine Überprüfung des Richtlinienvorschlags durch die EU-Kommission nach fünf Jahren vor. Dementsprechend dient das problematisierte Einstimmigkeitserfordernis wohl eher als Korrektiv vor endlosen Änderungen. Soweit es einer Anpassung der Richtlinien aufgrund geänderter Motive oder Ziele bedarf, wird die Rechtslage in der Europäischen Union insgesamt und einheitlich effizienter geändert, als dies durch multilaterale Abkommen möglich sein könnte. Die Unionsebene ermöglicht zudem, dass Informationen zwischen den einzelnen Mitgliedstaaten zum Zwecke der Besteuerung schnell ausgetauscht werden können. Ebenso können Außenprüfungen, die sich auf im Binnenmarkt tätige Unternehmen beschränken, zentral koordiniert und in Zusammenarbeit mit dem Außenprüfer der jeweiligen Finanzbehörde durchgeführt werden. Trotzdem darf nicht übersehen werden, dass der Rat und die Kommission in der Pflicht sind, Argumente für das Positivkriterium nachzuliefern.

c. *Grundsatz der Verhältnismäßigkeit*

Bei den Richtlinienvorschlägen handelt es sich um Maßnahmen[655] im Sinne des Art. 5 Abs. 4 UAbs. 1 EUV. Der Europäische Rat besitzt einen weiten Ermessensspielraum.[656] Dennoch trifft er seine Entscheidungen aufgrund objektiver Kriterien

---

(zuletzt abgerufen am 13.12.2018); vgl. zusammenfassend: https://www.welt.de/wirtschaft/article171658992/Donald-Trump-So-sieht-seine-Steuerreform-aus.html (zuletzt abgerufen am 13.12.2018); *Schmid/Rost* BB 2018, 988 (988 ff.); *Jarass/Tokman/Wright* BB 2018, S. 412 (412 ff.).

653 Bulgarian Presidency Issues Note, Informal meeting of economic and financial affairs ministers (ECOFIN) v. 27.-28.04.2018, Working Session III: A renewed approach for corporate taxation in the Single Market and tax challenges of the digitalization of the economy, S. 2, abrufbar unter: https://eu2018bg.bg/upload/2460/3.+Issues+note+-+A+renewed+approach+for+corporate+taxation.pdf (zuletzt abgerufen am 20.12.2018).

654 *Spengel* ifst-Schrift Nr. 520 (2017), S. 23 (26).

655 Vgl. zu den unterschiedlichen Maßnahmen: *Bast* in: Grabitz/Hilf/Nettesheim, EUV/AEUV, Art. 5 EUV Rn. 69; *Calliess* in: Calliess/Ruffert, EUV/AEUV, Art. 3 AEUV Rn. 49 f.

656 EuGH v. 21.07.2011 – C-150/10 (Beneo Orafti), Slg 2011, I-6843, Rn. 77; EuGH v. 20.05.2010 – C-365/08 (Agrana Zucker), Slg 2010, I-4341, Rn. 31; EuGH

und einer Folgenabschätzung.[657] Die Ausübung des Ermessens ist durch den EuGH überprüfbar.[658] Die Maßnahmen würden inhaltlich wie formal nicht über das erforderliche Maß hinausgehen, wenn sie im Gesetzgebungsverfahren regulär und ermessensfehlerfrei zustande gekommen wären.[659] Der EuGH geht von einem dreistufigen Prüfungsaufbau aus.[660] Im Ergebnis wird überprüft, ob die Maßnahme offensichtlich ungeeignet, offensichtlich nicht erforderlich oder offensichtlich unangemessen war.[661]

Die Maßnahme ist geeignet, wenn sie der Verwirklichung des beabsichtigten Ziels in kohärenter und systematischer Weise gerecht wird.[662] Anhand einer inhaltlichen Analyse und Bewertung der Ausgestaltung und Umsetzung der Maßnahme ist zu beurteilen, ob die Maßnahme das angestrebte Ziel erreichen kann.[663] Zutreffend führen die Richtlinienvorschläge zu einer Unterteilung in Körperschaften, die der Richtlinie unterliegen, und solchen, die ihr nicht unterliegen.[664] Körperschaften, welche die obligatorische Anwendung nicht trifft, können theoretisch eines der 28 Besteuerungssysteme entsprechend ihren steuerlichen Zielen wählen.[665] Auch wenn es ein eher theoretischer Gedanke ist, so kommt dieses Szenario auch für Steuerpflichtige in Betracht, die keine grenzüberschreitende Tätigkeit ausüben. Das ist deshalb sinnvoll, weil es kleinen und mittleren Unternehmen ermöglicht

---

v. 11.06.2009 – C-33/08, Slg 2009, I-5035, Rn. 33; EuGH v. 07.09.2006 – C-310/04 (Spanien/Rat), Slg 2006, I-7285, Rn. 99; *Trstenjak/Beysen* EuR 2012, S. 265 (273).

657 EuGH v. 08.06.2010 – C-58/08 (Vodafone), Slg 2010, I-4999, Rn. 53.

658 Vgl. m.w.N.: *Calliess* in: Calliess/Ruffert, EUV/AEUV, Art. 3 AEUV Rn. 51.

659 Vgl. *Bast* in: Grabitz/Hilf/Nettesheim, EUV/AEUV, Art. 5 EUV Rn. 72.

660 Vgl. EuGH v. 21.07.2011 – C-150/10 (Beneo Orafti), Slg 2011, I-6843, Rn. 75; EuGH v. 21.07.2011 – C-15/10 (Etimine), Slg 2011, I-6681, Rn. 124; EuGH v. 07.09.2006 – C-310/04 (Spanien/Rat), Slg 2006, I-7285, Rn. 97; EuGH v. 08.07.2010 – C-343/09 (Afton Chemical), Slg 2010, I-7023, Rn. 45; EuGH v. 20.05.2010 – C-365/08 (Agrana Zucker), Slg 2010, I-4341, Rn. 29 ff.; EuGH v. 24.05.2007 – C-45/05 (Maatschap Schonewille-Prins), Slg 2007, I-3997, Rn. 45; EuGH v. 12.07.2001 – C-189/01 (Jippes u. a.), Slg 2001, I-5689, Rn. 81; EuGH v. 05.05.1998 – C-157/96 (National Farmers' Union u. a.), Slg 1998, I-2211, Rn. 60; EuGH v. 13.11.1990 – C-331/88 (Fedesa ua.), Slg 1990, I-4023, Rn. 13.

661 EuGH v. 12.07.2001 – C-189/01 (Jippes u. a.), Slg 2001, I-5689, Rn. 83; EuGH v. 12.05.2011 – C-176/09 (Luxemburg/Parlament u. Rat), Slg 2011, I-3727, Rn. 62; EuGH v. 20.05.2010 – C-365/08 (Agrana Zucker), Slg 2010, I-4341, Rn. 45; vgl. m.w.N.: *Trstenjak/Beysen* EuR 2012, S. 265 (274).

662 EuGH v. 12.07.2001 – C-189/01 (Jippes u. a.), Slg 2001, I-5689, Rn. 83; EuGH v. 12.05.2011 – C-176/09 (Luxemburg/Parlament u. Rat), Slg 2011, I-3727, Rn. 62; *Kadelbach* in: von der Groeben/Schwarze/Hatje, Europäisches Unionsrecht, Art. 5 EUV Rn. 51; *Emmerich-Fritsche* Der Grundsatz der Verhältnismäßigkeit als Direktive und Schranke der EG-Rechtsprechung, S. 207 ff.; *Kischel* EuR 2000, S. 380 (383 f.).

663 *Trstenjak/Beysen* EuR 2012, S. 265 (271).

664 Maltesisches Parlament v. 12.01.2017 – 5217/17 FISC 12, S. 3.

665 Maltesisches Parlament v. 12.01.2017 – 5217/17 FISC 12, S. 2, 4.

wird, ihren Gewinn nach GKB zu ermitteln, und sie so zu einer grenzüberschreitenden Tätigkeit ermuntert werden. Der aktuell herrschende Steuerwettbewerb ist für die steuerpflichtigen Unternehmen im Hinblick auf die Standortwahl von Vorteil und sorgt für eine Deregulierung des Wettbewerbs.[666]

Dem Mitgliedstaat ermöglicht die Bemessungsgrundlage, auf Schwächen der nationalen Volkswirtschaft zu reagieren; kleineren Mitgliedstaaten bietet sie so Entwicklungschancen.[667] Daher kann man vermuten, dass die Mitgliedstaaten die Körperschaftsteuersätze anpassen werden, um dem Steuerpflichtigen Anreize für eine nationale oder unionsweite Besteuerung zu bieten.[668] Unternehmen aus den Sektoren Produktion, Forschung und Entwicklung werden ökonomische Entscheidungen verstärkt aus steuerlichen Gesichtspunkten der GKB treffen.[669] Dieses Problem wird dadurch verschärft, dass die Richtlinienvorschläge keinen minimalen Körperschaftsteuersatz vorsehen.[670] Dieser Argumentation ist jedoch entgegenzuhalten, dass steuerlicher Wettbewerb sich aktuell sowohl im Rahmen der Bemessungsgrundlage als auch im Rahmen der Höhe des Steuersatzes (sogenanntes race to the bottom)[671] abspielt. Aufgrund der aktuellen politischen Diskussion

666 *Schön* in: Schön/Heber, Grundfragen des Europäischen Steuerrechts, S. 109 (120).

667 *Oppermann/Classen/Nettesheim* Europarecht, § 35 Rn. 55; vgl. zu den Entwicklungsmöglichkeiten durch Steuerwettbewerb m.w.N.: *Zajicek* Körperschaftsteuersysteme in der Europäischen Union: Möglichkeiten und Grenzen einer Harmonisierung, S. 183 ff.; vgl. zum Verhältnis zwischen Steuersatzgestaltung zu EU-Grundfreiheiten: *Dobratz* in: Sieker, DStJG 2016 (39), S. 145 (147 ff.); *Stütz* Steuerwettbewerb in Europa, S. 67; *Recker* Direkte Unternehmenssteuern in der Europäischen Union. Im Spannungsfeld zwischen nationaler Souveränität und Vertiefung der wirtschaftlichen Integration, S. 126.

668 Commission Decision regarding the follow-up to National Parliaments' Opinions – reply to the Chambre des Députés (v. 28.12.2016 – 5218/17 FISC 13) v. 03.03.2017 – C(2017) 1465, S. 3; Maltesisches Parlament v. 12.01.2017 – 5217/17 FISC 12, S. 2, 4; Tweede Kamer der Staten-Generaal v. 12.01.2017 – 5215/17 FSIC 10, S. 12 f.; Folketinget v. 12.01.2017 – 5213/17 FISC 8, S. 7; vgl. *Haas* in: Blumenberg *et al.*, FS Haarmann 2015, S. 563 (570 f.).

669 Folketinget v. 12.01.2017 – 5213/17 FISC 8, S. 7.

670 Im Ergebnis einen Mindeststeuersatz in Höhe von 20 % bzw. 25 % befürwortend: Parlament v. 19.09.2017 – 2016/0337(CNS) (Stellungnahme des Rechtsausschusses für den Ausschuss für Wirtschaft und Währung zu dem Vorschlag für eine Richtlinie des Rates über eine Gemeinsame Körperschaftsteuer-Bemessungsgrundlage), S. 4, 19; Eerste Kamer der Staten-Generaal v. 12.01.2017 – 5216/17 FISC 11, S. 7; BR-Drucks 640/16, Tz. 4; *Spengel* in: Kessler/Förster/Watrin, FS Herzig 2010, S. 879 (894).

671 Vgl. *Dahlke* Harmonisierung der Konzernbesteuerung in der Europäischen Union. Ökonomische Analyse einer einheitlichen konsolidierten körperschaftsteuerlichen Bemessungsgrundlage, S. 108; *Hey* Harmonisierung der Unternehmensbesteuerung in Europa. Ein Vorschlag unter Auswertung des Ruding-Berichts und der US-amerikanischen „integration debate", S. 101 ff.; vgl. zu der Frage, wie Deutschland auf die Reduzierung des Körperschaftsteuersatzes durch US Tax Reform reagieren sollte: *Gray*, Why Germany must react to Trump's tax reform, abrufbar

wird man keinesfalls eine Lösung beider Problembereiche verwirklichen können. Den Steuerwettbewerb über die Bemessungsgrundlage anzugreifen erscheint vorzugswürdig, da er großflächiger angelegt ist, dem Steuerpflichtigen attraktive Gestaltungsoptionen aufzeigen kann und den Steuerwettbewerb im Gegensatz zur Harmonisierung der Steuersätze transparenter macht.[672] Eine unionsweite Harmonisierung des Steuersatzes hat je nach Besteuerungsstaat sowohl eine Anhebung als auch eine Senkung des Körperschaftsteuersatzes zur Folge.[673] Infolgedessen sei am Rande erwähnt, dass *Feld/Heckemeyer* davon ausgehen, dass aus einer Steuersatzerhöhung um einen Prozentpunkt ein Rückgang ausländischer Direktinvestitionen in Höhe von 2,49 % folgt.[674]

Durch das sogenannte BEPS-Projekt beschäftigen sich sowohl die OECD als auch die Europäische Union mit der Bekämpfung der Steuervermeidung und der Sicherstellung der Besteuerung am Ort der Wertschöpfung.[675] Angesichts der parallelen Arbeiten im Rahmen des BEPS-Projekts stellt sich die Frage, ob die Richtlinienvorschläge überhaupt geeignet sind, das beabsichtigte Ziel zu erreichen, soweit dieses bereits durch das BEPS-Projekt verfolgt wird. Anzumerken ist jedoch meines Erachtens, dass es sich bei der OECD um eine Organisation handelt, der überwiegend die G20-Staaten[676] angeschlossen sind, sodass nicht alle Mitgliedstaaten der Europäischen Union beteiligt sind.[677] *Herzig* plädiert dafür, dass die Europäische Kommission ihre Arbeiten aufgibt und sich der fachlichen Arbeit der OECD anschließt.[678] Das BEPS-Projekt blieb bei der Europäischen Union freilich

---

unter: https://www.handelsblatt.com/today/opinion/race-to-the-bottom-why-germany-must-react-to-trumps-tax-reform/23582142.html (zuletzt abgerufen am 15.12.2018).

672 Vgl. ebenso: Commission Decision regarding the follow-up to National Parliaments' Opinions – reply to Bundesrat (v. 16.12.2016, BR-Drucks. 640/16) v. 07.03.2017 – C(2017) 1553, S. 1; Commission Decision regarding the follow-up to National Parliaments' Opinions – reply to the Folketing (v. 12.01.2017 – 5213/17 FISC 8) v. 03.03.2017 – C(2017) 1487, S. 3 f.; Commission Decision regarding the follow-up to National Parliaments' Opinions – reply to the Chambre des Députés (v. 28.12.2016 – 5218/17 FISC 13) v. 03.03.2017 – C(2017) 1465, S. 3.

673 Vgl. mit übersichtsartiger Darstellung der Körperschaftsteuersätze in der EU: BMF, Die wichtigsten Steuern im internationalen Vergleich 2017, Ausgabe 2018 – Rechtsstand zum 31.12.2017. S. 10 ff.

674 *Feld/Heckemeyer* Journal of Economic Survey 2011, S. 233 (233 ff.); vgl. auch: *Spengel/Stutzenberger* IStR 2018, S. 37 (44).

675 *Herzig* in: Lüdicke/Mellinghoff/Rödder, FS Gosch 2016, S. 149 (152); *Stadler et al.* DB Beilage zu Heft 50 2016, S. 6 (6).

676 Teilnehmer der G20 sind die Europäische Union, Deutschland, Frankreich, Großbritannien und Italien. Spanien und Niederlande nehmen als sogenannte ständige Gäste an den Gipfeln teil.

677 Vgl. ebenso: *Herzig* in: Lüdicke/Mellinghoff/Rödder, FS Gosch 2016, S. 149 (153 f.).

678 *Herzig* in: Lüdicke/Mellinghoff/Rödder, FS Gosch 2016, S. 149 (159).

nicht unbeachtet. Diese hat mit der sogenannten Anti-BEPS-Richtlinie[679] reagiert. Dementsprechend gilt es vielmehr im Rahmen der Geeignetheit zu hinterfragen, ob die einzelnen Bestimmungen der Richtlinienvorschläge mit der Anti-BEPS-Richtlinie vereinbar sind.

Jedoch endet der Anwendungsbereich der unionsweiten Bemessungsgrundlage an der Unionsgrenze und Transaktionen mit Unternehmen außerhalb der Europäischen Union werden nicht erfasst, sodass Verrechnungspreissysteme weiterhin notwendig sind.[680] Primär betreffen die Richtlinienvorschläge den europäischen Binnenmarkt. Es ist meines Erachtens nicht die Aufgabe der Europäischen Union, ein Beispiel für ein weltweites Besteuerungssystem zu entwickeln, was ohne Frage reinste Utopie ist. Hier übernimmt vielmehr die OECD in Zusammenarbeit mit den G20 eine federführende Aufgabe. Die Harmonisierung innerhalb der Europäischen Union stellt bereits ein ambitioniertes Ziel dar, das bisher noch nicht über den Status eines Richtlinienvorschlages hinausgekommen ist. Es ist schwer zu beurteilen, ob das Regelungssystem geeignet ist. Die angeführten Gegenargumente sind allenfalls Vermutungen und empirisch nicht belegbar, solange die Umsetzung der Richtlinien nicht erfolgt ist. Jedoch kann man durchaus in Frage stellen, ob die Richtlinienvorschläge die beabsichtigten Ziele erreichen können.[681] Schließlich würde der bestehende Steuerwettbewerb somit lediglich an die Außengrenzen der Union verlagert werden.[682] Dennoch erhöht ein unionsweiter Ansatz die Transparenz für den Steuerpflichtigen innerhalb der EU, da er sich hinsichtlich der zu erwartenden Belastung primär auf den Körperschaftsteuersatz konzentrieren kann.[683] Die Richtlinienvorschläge bilden hingegen einen systematischen Ansatz, Wettbewerbsverzerrungen zu beseitigen. So hat die Höhe der Verrechnungspreise infolge der Eliminierung der Zwischengewinne im Rahmen der $GKKB_{2016}$ keinen Einfluss auf das konsolidierte Ergebnis und die bisherigen Komplikationen bei der Bestimmung konzerninterner Leistungsbeziehungen werden reduziert.[684]

Überdies wären die Richtlinienvorschläge erforderlich, wenn die Ziele nicht durch eine andere, weniger beeinträchtigende Maßnahme ebenso erreicht werden

---

679 Richtlinie 2016/1164 des Rates v. 12.07.2016 mit Vorschriften zur Bekämpfung von Steuervermeidungspraktiken mit unmittelbaren Auswirkungen auf das Funktionieren des Binnenmarkts, ABl.-EU L 193/1 v. 19.07.2016.

680 EWSA v. 20.09.2017 – ECO/419 (Stellungnahme zur GKB und GKKB), Tz. 5.2; Eerste Kamer der Staten-Generaal v. 12.01.2017 – 5216/17 FISC 11, S. 7; Commission Decision regarding the follow-up to National Parliaments' Opinions – reply to the Chambre des Députés (v. 28.12.2016 – 5218/17 FISC 13) v. 03.03.2017 – C(2017) 1465, S. 4; *Kußmaul/Niehren* StB 2011, S. 344 (348).

681 Vgl. ebenso: Eerste Kamer der Staten-Generaal v. 12.01.2017 – 5216/17 FISC 11, S. 7; Tweede Kamer der Staten-Generaal v. 12.01.2017 – 5215/17 FSIC 10, S. 12.

682 Vgl. bereits: BMF, Gutachten „Einheitliche Bemessungsgrundlage der Körperschaftsteuer in der Europäischen Union" v. 26.03.2007, S. 36.

683 *Herzig/Kuhr* DB 2011, S. 2053 (2053); *Czakert* BFuP 2008, S. 433 (435).

684 *Kraft/Hentschel/Apler* RiW 2017, S. 473 (478).

könnten.[685] Durch die Richtlinienvorschläge wird die sich aus der Souveränität ergebende Gesetzgebungskompetenz der Mitgliedstaaten in Steuersachen beeinträchtigt. Art. 5 Abs. 4 UAbs. 2 EUV i.V.m. Art. 2 Satz 1 SubProt schreibt für Gesetzgebungsakte, ebenso wie Art. 115 AEUV, Anhörungen vor. Art. 115 AEUV lässt lediglich die Richtlinie gemäß Art. 288 Abs. 3 AEUV als Handlungsform[686] zu. Daher ist im Rahmen der Erforderlichkeit nur der Umfang der Richtlinie und nicht die Auswahl des Mittels zu beurteilen.[687] Zutreffend kann eine unionsweit harmonisierte Körperschaftsteuer-Bemessungsgrundlage nur durch einen verbindlichen Gesetzgebungsakt und nicht durch unverbindliches Recht, das sogenannte soft law[688], zielführend etabliert werden.[689] Wie bereits dargestellt, gleichen die Richtlinienvorschläge lediglich die Körperschaftsteuerbemessungsgrundlage an, was im Gegensatz zur Vollkonsolidierung das mildere Mittel ist.[690]

Einige Mitgliedstaaten merken an, dass die Richtlinienvorschläge Elemente enthalten, die bereits durch die Anti-BEPS-Richtlinie[691] oder durch den Verhaltenskodex für die Unternehmensbesteuerung des Rates der Wirtschafts- und Finanzminister (ECOFIN)[692] erfüllt werden und daher obsolet sind.[693] Zutreffend beabsichtigen beide Maßnahmen die Besteuerung am Ort der Wertschöpfung und die Beseitigung schädlicher Steuervermeidungspraktiken.[694] Obwohl die Richtlinienvorschläge beabsichtigen, die Befolgungskosten zu senken, führt die ATAD teils zu erheblichen Kosten.[695] Wenn die Richtlinienvorschläge Elemente der ATAD zur Missbrauchsvermeidung enthalten, gehen ihre Ansätze dennoch über den

---

685 Vgl. EuGH v. 21.07.2011 – C-150/10 (Beneo Orafti), Slg 2011, I-6843, Rn. 75; EuGH v. 21.07.2011 – C-15/10 (Etimine), Slg 2011, I-6681, Rn. 124; EuGH v. 08.07.2010 – C-343/09 (Afton Chemical), Slg 2010, I-7023, Rn. 45; vgl. m.w.N.: *Calliess* in: Calliess/Ruffert, EUV/AEUV, Art. 3 AEUV Rn. 52; *Lienbacher* in: Schwarze *et al.*, EU-Kommentar, Art. 5 EUV Rn. 38; *Emmerich-Fritsche* Der Grundsatz der Verhältnismäßigkeit als Direktive und Schranke der EG-Rechtsprechung, S. 211 ff.; *Kischel* EuR 2000, S. 380 (383 f.).

686 Vgl. jeweils zur Rechtshierarchie: *Vedder* in: Vedder/Heintschel von Heinegg, Europäisches Unionsrecht. EUV – AEUV – Grundrechte-Charta, Art. 5 EUV Rn. 37; *Calliess* in: Calliess/Ruffert, EUV/AEUV, Art. 5 EUV Rn. 54; vgl. a.A. *Bast* in: Grabitz/Hilf/Nettesheim, EUV/AEUV, Art. 5 EUV Rn. 72.

687 Vgl. zu den Harmonisierungsstufen: *Calliess* in: Calliess/Ruffert, EUV/AEUV, Art. 3 AEUV Rn. 47.

688 Vgl. zum Begriff: *Arnauld* Völkerrecht, Rn. 277 f.

689 COM(2016) 685 final, S. 6.

690 Vgl. ebenso: COM(2016) 685 final, S. 5.

691 Vgl. *Eilers/Oppel* IStR 2016, S. 312 (313).

692 Schlussfolgerungen des Rates „Wirtschafts- und Finanzfragen“ v. 01.12.1997 – 98/C 2/01, ABl.-EG C 2/1.

693 Maltesisches Parlament v. 12.01.2017 – 5217/17 FISC 12, S. 3; Tweede Kamer der Staten-Generaal v. 12.01.2017 – 5215/17 FSIC 10, S. 13; Dáil Éireann and Seanad Éireann v. 21.12.2016 – 15770/16 FISC 239, S. 10.

694 *Herzig* in: Lüdicke/Mellinghoff/Rödder, FS Gosch 2016, S. 149 (157 f.).

695 *Eilers/Oppel* IStR 2016, S. 312 (319).

Mindestschutz hinaus. Inwieweit Überschneidungen zwischen den Bestimmungen der Richtlinienvorschläge und der ATAD bestehen, wird die detaillierte Analyse zeigen. Dementsprechend ist die Verhältnismäßigkeitsprüfung anhand der speziellen Regelungen vorzunehmen.

Vordergründig mag die Harmonisierung der Körperschaftsteuersätze die Wettbewerbsverzerrungen in geeigneter Weise abbauen.[696] Diese Maßnahme würde ebenfalls in die Steuersouveränität der Mitgliedstaaten eingreifen.[697] Weiterhin verbliebe dem Mitgliedstaat die Möglichkeit, die Höhe der Effektivbelastung durch das Gewinnermittlungsverfahren anzupassen.[698] Werden die Steuersätze auf niedrigem Niveau harmonisiert, würde das Steuersystem insgesamt beeinträchtigt und es entspräche vermutlich nicht mehr der gerechten Verteilung der Steuerlast auf der Grundlage des wirtschaftlichen Leistungsfähigkeitsprinzips.[699]

Zuletzt werden im Rahmen der Prüfung der Verhältnismäßigkeit i.e.S. anhand der Angemessenheit gemäß Art. 5 Abs. 4 UAbs. 2 EUV i.V.m. Art. 5 Satz 5 SubProt die positiven Auswirkungen der Maßnahme einerseits und die negativen Einschränkung der Rechtsposition oder Rechtsgüter andererseits gegeneinander abgewogen.[700] Der aus der Maßnahme resultierende Verwaltungs- und Kostenaufwand muss gemäß Art. 5 Abs. 4 UAbs. 2 EUV i.V.m. Art. 5 Satz 5 SubProt finanziell minimal sein.[701] Die Richtlinienvorschläge haben keine Auswirkungen auf den Haushalt der Europäischen Union.[702] Hinsichtlich der Auswirkungen auf das Steueraufkommen der Mitgliedstaaten besteht Unsicherheit.[703] Die Mitgliedstaaten gehen teilweise davon aus, dass die nationale breite Bemessungsgrundlage durch die GKB derart eingeschränkt wird, dass sie mit Steueraufkommensverlusten und Unternehmensflucht rechnen müssen.[704] Infolgedessen ist zu befürchten, dass es zu

---

696 Vgl. *Jacobs et al.* Int. Unternehmensbesteuerung, S. 226.

697 Vgl. KOM (2005) 532, S. 6; *Jacobs et al.* Int. Unternehmensbesteuerung, S. 226.

698 BMF, Gutachten „Einheitliche Bemessungsgrundlage der Körperschaftsteuer in der Europäischen Union“ v. 26.03.2007, S. 24; *Jacobs et al.* Int. Unternehmensbesteuerung, S. 226; *Oestreicher* DStR 2009, S. 773 (775 f.); *TsouroufIis* Die Harmonisierung der Körperschaftsteuer in der Europäischen Union, S. 326.

699 BMF, Gutachten „Einheitliche Bemessungsgrundlage der Körperschaftsteuer in der Europäischen Union“ v. 26.03.2007, S. 72 ff.

700 Vgl. etwa EuGH v. 29.04.1982 – 147/81 (Merkur Fleisch-Import/Hauptzollamt Hamburg-Ericus), Slg 1982, I-1389, Rn. 12; EuGH v. 12.05.2011 – C-176/09 (Großherzogtum Luxemburg/Europäisches Parlament), Slg 2011, I-3727 Rn. 68 ff.; *Emmerich-Fritsche* Der Grundsatz der Verhältnismäßigkeit als Direktive und Schranke der EG-Rechtsprechung, S. 213 ff.; *Kischel* EuR 2000, S. 380 (384 ff.).

701 Vgl. m.w.N.: *Calliess* in: Calliess/Ruffert, EUV/AEUV, Art. 3 AEUV Rn. 47.

702 COM(2016) 685 final, Anhang, S. 10.

703 Eerste Kamer der Staten-Generaal v. 12.01.2017 – 5216/17 FISC 11, S. 7; Folketinget v. 12.01.2017 – 5213/17 FISC 8, S. 6.

704 Folketinget v. 12.01.2017 – 5213/17 FISC 8, S. 7; Tweede Kamer der Staten-Generaal v. 12.01.2017 – 5215/17 FSIC 10, S. 14; Dáil Éireann and Seanad Éireann v. 21.12.2016 – 15770/16 FISC 239, S. 10.

einer Umverteilung des Wohlstandes innerhalb der Europäischen Union kommen wird.[705] Umso wichtiger ist es, dass die Mitgliedstaaten geschlossen die Richtlinienvorschläge einheitlich und effizient anwenden.[706] Richtig ist die Vermutung, dass die parallele Anwendung von zwei Steuersystemen für grenzüberschreitende Unternehmen (nationales bzw. bilaterales Besteuerungssystem und System der Richtlinienvorschläge) sowie die Steuerfestsetzung und Koordinierung der Außenprüfung durch die Hauptsteuerbehörde zu einer Steigerung des Verwaltungs- und Kostenaufwands bei den Mitgliedstaaten führen werden.[707] Dies hängt vorwiegend mit der Umstellung des Besteuerungssystems zusammen. Die Höhe der Kosten kann aufgrund der unterschiedlichen finanzbehördlichen Organisationstrukturen nicht abschließend beurteilt werden.[708] Im Ergebnis fallen die Kosten für die Umstellung, bspw. einheitliche Software zur Umsetzung, identische Ausbildung der Mitarbeiter oder gleicher Kostenrahmen, einmalig an und sind somit überschaubar.[709] Von entscheidender Bedeutung für das Steueraufkommen wird, wie gezeigt, der durch den Mitgliedstaat anzupassende Steuersatz sein.[710] Insgesamt werden jedoch positive Auswirkungen[711] erwartet, sodass die Investitionen (3,4 %) und die Beschäftigung (0,6 %) zunehmen werden.[712] Die Kommission geht davon aus, dass die Befolgungskosten (10 % des Zeitaufwands und 2,5 % der Befolgungskosten) sinken werden.[713] Ebenso werden Ausgaben der Unternehmen für grenzüberschreitende steuerliche Beratungsleistungen durch einen ganzheitlichen Beratungsansatz genauso

---

705 Maltesisches Parlament v. 12.01.2017 – 5217/17 FISC 12, S. 3 f.; vgl. dazu auch: *Eggert* Die Gewinnermittlung nach dem Richtlinienvorschlag über eine Gemeinsame Konsolidierte Körperschaftsteuer-Bemessungsgrundlage: Vergleich mit der Gewinnermittlung nach dem HGB, EStG und den IFRS, S. 30

706 COM(2016) 685 final, Anhang, S. 7.

707 Vgl. ebenso: Maltesisches Parlament v. 12.01.2017 – 5217/17 FISC 12, S. 6; Tweede Kamer der Staten-Generaal v. 12.01.2017 – 5215/17 FSIC 10, S. 14; Eerste Kamer der Staten-Generaal v. 12.01.2017 – 5216/17 FISC 11, S. 7 f.; Commission Decision regarding the follow-up to National Parliaments' Opinions – reply to Bundesrat (v. 16.12.2016, BR-Drucks. 640/16) v. 07.03.2017 – C(2017) 1553, S. 3 f.

708 Commission Decision regarding the follow-up to National Parliaments' Opinions – reply to Bundesrat (v. 16.12.2016, BR-Drucks. 640/16) v. 07.03.2017 – C(2017) 1553, S. 4; Commission Decision regarding the follow-up to National Parliaments' Opinions – reply to the Folketing (v. 12.01.2017 – 5213/17 FISC 8) v. 03.03.2017 – C(2017) 1487, S. 3.

709 Vgl. ebenso: *Velte/Mock* FR 2018, S. 1081 (1087).

710 Europäische Kommission v. 25.10.2016 – SWD(2016) 341 final (Impact assessment accompanying the document proposals for CCTB and CCCTB), S. 145 ff.

711 53 % der Befragten der Deloitte Euopean Tax Survey 2015 (S. 4) gehen von einem positiven Ergebnis aus.

712 Europäische Kommission v. 25.10.2016 – SWD(2016) 341 final (Impact assessment accompanying the document proposals for CCTB and CCCTB), S. 136.

713 Europäische Kommission v. 25.10.2016 – SWD(2016) 341 final (Impact assessment accompanying the document proposals for CCTB and CCCTB), S. 136.

wie Kosten für die Steuererklärung und Verrechnungspreisdokumentation in den einzelnen Tätigkeitsstaaten innerhalb der Europäischen Union abnehmen.[714] Den Steueraufkommensverlusten sind aus wirtschaftlicher Sicht Wachstumseffekte entgegenzuhalten.[715] Trotz einer umfassenden Folgenanalyse[716] unter Bezugnahme auf weitere Studien[717] beklagen Mitgliedstaaten, dass die Kommission es versäumt habe, qualitative und soweit möglich quantitative Kriterien im Sinne des Art. 5 Satz 4 SubProt zur Verfügung zu stellen, sodass die Maßnahme grundsätzlich nicht verhältnismäßig sein könne.[718] Jedoch ist es eine Herausforderung, die Einflüsse auf das jeweilige nationale Steueraufkommen festzustellen, ohne dass entsprechende repräsentative und qualitative Daten vorliegen.[719]

Kleinere Mitgliedstaaten sollten gegenüber der Senkung des Körperschaftsteuersatzes Maßnahmen zur Verbesserung der Ausbildung, der Infrastruktur und eine verantwortungsvolle Regierungsführung in Betracht ziehen, um im Wettbewerb des europäischen Binnenmarktes konkurrenzfähig zu bleiben.[720] Im Vergleich mit Drittstaaten könnte die gemeinsame Regelung helfen, dass sich die Mitgliedstaaten als Teil des Wirtschaftsstandortes Europa verstehen.[721]

3. Zwischenfazit zur Subsidiaritätsrüge gemäß Art. 6 Abs. 1 SubProt

Zusammenfassend zeigen die eingereichten begründeten Stellungnahmen der Mitgliedstaaten die problematischen Bereiche der Richtlinienvorschläge umfassend auf, die es in der politischen Diskussion des Rates zu erläutern gilt. Sie sind nicht als juristischer Angriff auf das Subsidiaritätsprinzip i.w.S. zu verstehen, da sich nach hier vertretener Auffassung keine hinreichenden Anhaltspunkte für die Unvereinbarkeit mit Art. 5 AEUV finden lassen. Diese Einschätzung betrifft jedoch

---

714 Vgl. zu den Auswirkungen auf steuerberatende Berufe: *Müller-Gatermann/Möhlenbrock/Fehling* ISR 2012, S. 17 (20); *Frey/Speidel* StB 2011, S. 430 (434).

715 *Müller-Gatermann/Möhlenbrock/Fehling* ISR 2012, S. 17 (21).

716 Europäische Kommission v. 25.10.2016 – SWD(2016) 341 final (Impact assessment accompanying the document proposals for CCTB and CCCTB), S. 24 ff.

717 Vgl. zur CORTAX Studie: Europäische Kommission v. 25.10.2016 – SWD(2016) 341 final (Impact assessment accompanying the document proposals for CCTB and CCCTB), S. 36 ff., 63 f., 109 ff.; *Spengel et al.* The impact of tax planing on forward-looking effective tax rates, S. 8 ff.; *Spengel et al.* The effects of tax reforms to address the debt-equity bias on the cost of capital and on effective tax rates, Anhang A-1 ff.

718 Eerste Kamer der Staten-Generaal v. 12.01.2017 – 5216/17 FISC 11, S. 7; Dáil Éireann and Seanad Éireann v. 21.12.2016 – 15770/16 FISC 239, Tz. 3.1.

719 Commission Decision regarding the follow-up to National Parliaments' Opinions – reply to the Folketing (v. 12.01.2017 – 5213/17 FISC 8) v. 03.03.2017 – C(2017) 1487, S. 3.

720 Vgl. ebenso: Tweede Kamer der Staten-Generaal v. 12.01.2017 – 5215/17 FSIC 10, S. 15.

721 *Müller-Gatermann/Möhlenbrock/Fehling* ISR 2012, S. 17 (20).

nur die grundlegende Idee der Richtlinienvorschläge und es bedarf einer weiterführenden Analyse der einzelnen Regelungen, um diese These vollumfänglich zu stützen.

III. Subsidiaritätsklage gemäß Art. 8 SubProt

Bei Erlass der Richtlinienvorschläge bestünde für den Bundesrat und Bundestag[722] die Möglichkeit, vor dem EuGH ex-post Subsidiaritätsklage gemäß Art. 23 Abs. 1a Satz 1 GG i.V.m. Art. 8 SubProt i.V.m. § 12 IntVG einzureichen. Die Subsidiaritätsklage ist eine Form der Nichtigkeitsklage[723] gemäß Art. 263 AEUV.[724] Die Klage unterscheidet sich hinsichtlich des Klage- bzw. Rügegrundes nicht von der Subsidiaritätsrüge. Dennoch ist die begründete Stellungnahme keine notwendige Zulässigkeitsvoraussetzung.[725] Da der Prüfungsumfang identisch ist, kann auf die oben festgestellten Erkenntnisse verwiesen werden. Nach hier vertretener Ansicht hätte eine Subsidiaritätsklage, vorbehaltlich der detaillierten Analyse der einzelnen Regelungen der Richtlinienvorschläge, keine Aussicht auf Erfolg.

IV. Nichtigkeitsklage gemäß Art. 263 AEUV

Neben einer Verletzung des Subsidiaritätsprinzips führen eine Verletzung wesentlicher Formvorschriften, ein Ermessensmissbrauch, eine Verletzung der Verträge oder einer der Durchführungsnormen als Klagegründe zur Nichtigkeit des Gesetzgebungsakts.[726]

Zur sogenannten Nichtigkeitsklage privilegierter Kläger gemäß Art. 263 Abs. 2 AEUV sind die Mitgliedstaaten, das Europäische Parlament, der Rat und die Europäische Kommission befugt. Unter der Voraussetzung eines Gesetzgebungsaktes gemäß Art. 115, 288 Abs. 3 AEUV ist die Klage der Mitgliedstaaten[727]

722 Vgl. m.w.N.: *Höscheidt* in: Grabitz/Hilf/Nettesheim, EUV/AEUV, Art. 12 EUV Rn. 58; vgl. zur Klageerhebung: *Pechstein* in: Pechstein, Die neue Subsidiaritätsklage: Die Interessen nationaler Parlamente in der Hand des EuGH, S. 135 (137 f.).

723 Vgl. zur Vergleichbarkeit mit deutschen staatsorganisatorischen Klagearten: *Shirvani* JZ 2010, S. 753 (755).

724 *Hölscheidt* in: Grabitz/Hilf/Nettesheim, EUV/AEUV, Art. 12 EUV Rn. 58.

725 *Dörr* in: Grabitz/Hilf/Nettesheim, EUV/AEUV, Art. 263 AEUV Rn. 14; *Hölscheidt* in: Grabitz/Hilf/Nettesheim, EUV/AEUV, Art. 12 EUV Rn. 58; *Calliess* in: Calliess/Ruffert, EUV/AEUV, Art. 12 EUV Rn. 30; *Pechstein* in: Pechstein, Die neue Subsidiaritätsklage: Die Interessen nationaler Parlamente in der Hand des EuGH, S. 135 (138); *Weber* DÖV 2011, S. 497 (500); *Thiele* EuR 2010, S. 30 (46); *Molsberger* Das Subsidiaritätsprinzip im Prozess europäischer Konstitutionalisierung, S. 220; *Uerpmann-Wittzack* EuGRZ 2009, S. 461 (462); a.A.: Europäischer Konvent v. 23.09.2002 – CONV 286/02, S. 7; Europäischer Konvent v. 23.09.2002 – CONV 353/02, S. 11.

726 Vgl. *Thiele* EuR 2010, S. 30 (46).

727 Vgl. zur Klagebefugnis durch Mitgliedstaaten: *Thiele* Europäisches Prozessrecht: Verfahrensrecht vor dem Gerichtshof der Europäischen Union, § 6 Rn. 11.

unwahrscheinlich, da Vertreter der Ministerien der Regierungen bereits durch den Rat gemäß Art. 16 Abs. 2 EUV auf die Richtlinienvorschläge einwirken konnten. Das Europäische Parlament ist im Falle des Art. 115 AEUV anzuhören und hat seine Kritik und Anregungen bereits[728] zur Geltung gebracht. Der ebenfalls nach Art. 115 AEUV anzuhörende Europäische Wirtschafts- und Sozialausschuss[729] ist hinsichtlich der Klage nach Art. 263 Abs. 2 AEUV nicht legitimiert.[730] Da der Rat die Richtlinie gemäß Art. 115 AEUV einstimmig erlässt, wird dieser folgerichtig anschließend keine Klage erheben. Gleiches trifft wohl auch auf die Europäische Kommission zu, welche die Richtlinien gemäß Art. 17 Abs. 2 Satz 1 dem Rat vorschlägt. Die sogenannte Nichtigkeitsklage minder-privilegierter Kläger durch den Ausschuss der Regionen gemäß Art. 263 Abs. 3 AEUV scheidet ebenfalls aus, da keine Rechte des Ausschusses durch die Richtlinienvorschläge verletzt werden.[731]

Fraglich ist, ob eine sogenannte Nichtigkeitsklage nicht-privilegierter Kläger gemäß Art. 263 Abs. 4 AEUV durch eine Körperschaft als juristische Person bei Umsetzung der Richtlinienvorschläge potentiell in Betracht kommt. Entscheidend ist für die Zulässigkeit, dass der Kläger unmittelbar betroffen ist. Dies gilt sowohl für die Klage infolge individueller Betroffenheit als auch für die Klage gegen eine Handlung oder einen Rechtsakt mit Verordnungscharakter, um den Klägerkreis zu begrenzen.[732] Im Falle einer Richtlinie gemäß Art. 288 Abs. 3 AEUV ist die unmittelbare Betroffenheit schwierig zu beurteilen, da die Richtlinie der Umsetzung in innerstaatliches Recht bedarf und so nicht zwingend unmittelbare Wirkung für den Kläger entfaltet. Im Ergebnis ist entscheidend, ob die Richtlinie mit oder ohne Ermessensspielraum durch den Mitgliedstaat umgesetzt wird oder ausnahmsweise unmittelbare Wirkung[733] entfaltet.[734] Soweit eine Richtlinie ohne Ermessen des Mitgliedstaates in innerstaatliches Recht umgesetzt wird, ist bereits bei Erlass der Richtlinie für die juristische Person erkennbar, ob sie durch

---

728 Vgl. Parlament v. 19.09.2017 – 2016/0337(CNS) (Stellungnahme des Rechtsausschusses für den Ausschuss für Wirtschaft und Währung zu dem Vorschlag für eine Richtlinie des Rates über eine Gemeinsame Körperschaftsteuer-Bemessungsgrundlage); Parlament v. 19.09.2017 – 2016/03376(CNS) (Stellungnahme des Rechtsausschusses für den Ausschuss für Wirtschaft und Währung zu dem Vorschlag für eine Richtlinie des Rates über eine Gemeinsame konsolidierte Körperschaftsteuer-Bemessungsgrundlage).

729 Vgl. EWSA v. 20.09.2017 – ECO/419 (Stellungnahme zur GKB und GKKB).

730 *Cremer* in: Calliess/Ruffert, EUV/AEUV, Art. 263 AEUV Rn. 36; vgl. m.w.N.: *Thiele* Europäisches Prozessrecht: Verfahrensrecht vor dem Gerichtshof der Europäischen Union, § 6 Rn. 12.

731 Vgl. dazu: EuGH v. 02.03.1994 – C-316/91, EuR 1995, S. 71 (73).

732 Vgl. *Cremer* in: Calliess/Ruffert, EUV/AEUV, Art. 263 AEUV Rn. 36.

733 Vgl. zur unmittelbaren Wirkung von Richtlinien: *Oppermann/Classen/Nettesheim* Europarecht, § 9 Rn. 100 ff.; *Streinz* Europarecht, § 5 Rn. 490 ff.

734 Vgl. zusammenfassend zum Streitstand: *Ehricke* in: Streinz, EUV/AEUV, Art. 263 AEUV Rn. 50; *Cremer* in: Calliess/Ruffert, EUV/AEUV, Art. 263 AEUV Rn. 36 f.

die umgesetzten Regelungen unmittelbar betroffen sein wird.[735] Da die Mitgliedstaaten der Kommission gemäß Art. 70 Abs. 2 GKB, Art. 80 Abs. 2 $GKKB_{2016}$ den Wortlaut der wichtigsten nationalen Rechtsvorschriften zu diesen Richtlinienvorschlägen mitteilen müssen, kann man davon ausgehen, dass die Mitgliedstaaten die Regelungen nur sinngemäß umsetzen müssen.[736] Hinsichtlich des Wortlauts kommt ihnen ein Ermessensspielraum zu. Hierbei ist jedoch zwingend zu beachten, dass die Ziele[737] der Richtlinienvorschläge nur erreicht werden können, wenn der Ermessensspielraum möglichst klein ist, sodass es infolge der spezifischen nationalen Besonderheiten und Wünsche der Mitgliedstaaten nicht weiterhin zu Diskrepanzen zwischen den einzelnen mitgliedstaatlichen Regelungen kommt.[738]

Zudem sprechen verfahrensökonomische Gründe dafür, juristischen Personen den direkten Weg zur europäischen Gerichtsbarkeit im Regelfall zu verwehren. Vielmehr gilt es den nationalen Instanzenzug der Finanzgerichtsbarkeit zu wahren.[739] Soweit die Richtlinienvorschläge wie vorgeschlagen umgesetzt werden, wäre die Nichtigkeitsklage gemäß Art. 263 AEUV unzulässig.

V. Vorabentscheidungsverfahren gemäß Art. 267 AEUV

Wird die Richtlinie in nationales Recht umgesetzt, findet sie im Besteuerungsverfahren Anwendung. Eine in Deutschland steuerpflichtige juristische Person kann die Überprüfung der umgesetzten Norm durch ein Klageverfahren vor dem zuständigen FG anstreben. In der Regel wird es sich hierbei um eine Anfechtungsklage gegen den Körperschaftsteuerbescheid gemäß § 40 Abs. 1 Alt. 1 FGO handeln. Das FG[740] kann gemäß Art. 267 AEUV dem EuGH eine für die Urteilsfindung entscheidungserhebliche[741] Frage hinsichtlich der Auslegung der Verträge sowie der Gültigkeit und der Auslegung unionsrechtlicher Handlungen zur Vorabentscheidung vorlegen.[742] Die Prüfung umfasst sowohl die Vereinbarkeit mit den Verträgen (EUV

---

735 *Ehricke* in: Streinz, EUV/AEUV, Art. 263 AEUV Rn. 50; *Frederiksen* 2005, S. 99 (123).

736 Vgl. zu Integrationsintensität: *Zajicek* Körperschaftsteuersysteme in der Europäischen Union: Möglichkeiten und Grenzen einer Harmonisierung, S. 99 ff.

737 Vgl. dazu: Teil 3: C.

738 Vgl. ebenso: *Velte/Mock* FR 2018, S. 1081 (1087).

739 Vgl. ebenso: Dáil Éireann and Seanad Éireann v. 21.12.2016 – 15770/16 FISC 239, Tz. 3.13.

740 Vgl. zur Volagebrechtigung des Gerichts: *Wegener* in: Calliess/Ruffert, EUV/AEUV, Art. 267 AEUV Rn. 19; *Gaitanides* in: von der Groeben/Schwarze/Hatje, Europäisches Unionsrecht, Art. 267 AEUV Rn. 42.

741 Vgl. m.w.N.: *Wegener* in: Calliess/Ruffert, EUV/AEUV, Art. 267 AEUV Rn. 22 ff.; vgl. zur Entscheidungserheblichkeit: *Thiele* Europäisches Prozessrecht: Verfahrensrecht vor dem Gerichtshof der Europäischen Union, § 9 Rn. 40 ff.

742 In 2015 legten deutsche Gerichte dem EuGH 79 Fragen vor. Insgesamt 55 aller durch Mitgliedstaaten eingereichten Verfahren hatten Steuerrecht zum Gegenstand. Vgl. Jahresbericht 2015, Jahresüberblick des Gerichtshofs der Europäischen Union, S. 27 f.

und AEUV) als auch gemäß Art. 6 Abs. 1 EUV mit der EUGrCh und der EMRK.[743] Das Vorabentscheidungsverfahren dient dem Zweck, in den Mitgliedstaaten eine einheitliche unionsrechtliche Rechtsprechung zu bilden.[744] Jedoch besteht für das FG – im Gegensatz zum BFH[745] – grundsätzlich keine Vorlagepflicht gemäß Art. 267 Abs. 2 AEUV. Das FG kann die unionsrechtliche Frage im Rahmen der europarechtskonformen Auslegung auch selbst entscheiden, sodass für die Parteien des finanzgerichtlichen Verfahrens kein Anspruch auf Vorlage beim EuGH besteht.[746] Im Rahmen des Revisionsverfahrens, welches nach § 115 Abs. 2 Nr. 1 FGO zuzulassen ist, wäre der BFH als letztinstanzliches Gericht verpflichtet, die entscheidungsrelevanten Fragen dem EuGH vorzulegen. Ausnahmsweise besteht auch für das FG eine Vorlagepflicht, wenn es Zweifel an der Gültigkeit eines sekundärrechtlichen Rechtsakts hat.[747] Das FG wäre in seiner Entscheidung an das Urteil des EuGH im indirekten Klageverfahren[748] gebunden.[749] Der EuGH klärt hierbei keine allgemeinen, hypothetischen oder offensichtlich nicht entscheidungserheblichen Fragen.[750] Daher ist das nationale mitgliedstaatliche Recht nie Gegenstand des indirekten Klageverfahrens.[751] Der EuGH kann im Vorabentscheidungsverfahren sowohl über

743 Vgl. *Wegener* in: Calliess/Ruffert, EUV/AEUV, Art. 267 AEUV Rn. 9.

744 EuGH v. 19.02.2002 – C-35/99 (Arduino und Compagnia), Slg 2002, I-1529, Rn. 24; EuGH v. 22.01.2001 – C-393/98 (Gomes Valente), Slg 2011, I-1327, Rn. 17; EuGH v. 04.11.1997 – C-337/95 (Christian Dior), Slg 1997, I-6013, Rn. 25; *Gaitanides* in: von der Groeben/Schwarze/Hatje, Europäisches Unionsrecht, Art. 267 AEUV Rn. 38.

745 *Haratsch et al.* Europarecht, Rn. 571; *Thiele* Europäisches Prozessrecht: Verfahrensrecht vor dem Gerichtshof der Europäischen Union, § 9 Rn. 63.

746 EuGH v. 11.06.1987 – 14/86 (Pretore di Saló), Slg 1987, S. 2545, Rn. 11; EuGH v. 10.07.1984 – 72/83 (Campus Oil), Slg 1984, S. 2727, Rn. 10; *Haratsch et al.* Europarecht, Rn. 570; *Thiele* Europäisches Prozessrecht: Verfahrensrecht vor dem Gerichtshof der Europäischen Union, § 9 Rn. 45.

747 EuGH v. 22.10.1987 – 314/85 (Foto Frost), Slg 1987, S. 4199, Rn. 11 ff.; vgl. m.w.N.: *Wegener* in: Calliess/Ruffert, EUV/AEUV, Art. 267 AEUV Rn. 29 f.; *Thiele* Europäisches Prozessrecht: Verfahrensrecht vor dem Gerichtshof der Europäischen Union, § 9 Rn. 55 ff.; *Rösler* ZRP 2000, S. 52 (52 ff.).

748 Vgl. zu dem Begriff: *Bieber et al.* Die Europäische Union. Europarecht und Politik, § 9 Rn. 81; *Ehlers/Schoch* Rechtsschutz im Öffentlichen Recht, § 11 Rn. 14.

749 EuGH v. 22.12.2008 – C-48/07 (Les Vergers du Vieux Tauves), Slg 2008, I-10627, Rn. 27; *Gaitanides* in: von der Groeben/Schwarze/Hatje, Europäisches Unionsrecht, Art. 267 AEUV Rn. 89 ff.; *Bieber et al.* Die Europäische Union. Europarecht und Politik, § 9 Rn. 102; *Trstenjak/Beysen* EuR 2012, S. 265 (269).

750 Vgl. EuGH v. 04.07.2006 – C-212/04 (Adeneler), Slg 2006, I-6057, Rn. 40 ff.; EuGH v. 19.02.2002 – C-35/99 (Arduino und Compagnia), Slg 2002, I 1529, Rn. 24; EuGH v. 13.03.2001 – C-379/98 (Preussen Elektra), Slg 2001, I-2099, Rn. 8; EuGH v. 15.12.1995 – C-415/93 (Bosman), Slg 1995, I-4921, Rn. 61; EuGH v. 03.02.1983 – 149/82 (Robards), Slg 1983, S. 171, Rn. 19.

751 *Gaitanides* in: von der Groeben/Schwarze/Hatje, Europäisches Unionsrecht, Art. 267 AEUV Rn. 26 ff.

die Auslegung als auch über die Gültigkeit der Richtlinienvorschläge entscheiden, da sie Handlungen[752] im Sinne des Art. 267 Abs. 1 lit. b AEUV sind. Im Rahmen der Gültigkeitsfrage können die gleichen Gründe wie zur Nichtigkeitsklage[753] gemäß Art. 263 AEUV geltend gemacht werden, ohne dass es der unmittelbaren und individuellen Betroffenheit bedarf.[754] Für die Richtlinienvorschläge kommen insbesondere Auslegungs- bzw. Gültigkeitsentscheidungen zu dem oben detailliert erläuterten Art. 5 EUV, Art. 115 AEUV sowie der Verstoß gegen den unionsrechtlichen Gleichheitssatz[755] gemäß Art. 20 EUGrCh in Betracht.[756] Ein möglicher Verstoß gegen die Grundfreiheiten sei hier nur am Rande erwähnt. Schließlich ist von einer ordnungsgemäßen Umsetzung in das nationale Recht auszugehen, sodass es nicht zur Diskriminierung mangels unterschiedlicher Behandlung aufgrund der Zugehörigkeit zu einem Mitgliedstaat kommt.

1. Verstoß gegen Gebot der Normenklarheit

Unter Beachtung des deutschen Verfassungsrechts folgt aus dem Rechtsstaatsprinzip gemäß Art. 20 Abs. 3 GG i.V.m. dem Rechtsschutzgedanken gemäß Art. 19 Abs. 4 GG das sogenannte verfassungsrechtliche Gebot der Normenklarheit.[757] Obgleich das BVerfG im Bereich des abgeleiteten Unionsrechts unter Berücksichtigung des „Solange II"-Beschlusses[758] nicht tätig wird, stellt sich im Rahmen des Beurteilungsmaßstabs nach Art. 267 AEUV die Frage, ob sich dieses nationale Gebot auf das unionsrechtliche Rechtsstaatsprinzip als Teil der grundlegenden Werte nach Art. 2 Satz 1 EUV übertragen ließe.

752 *Gaitanides* in: von der Groeben/Schwarze/Hatje, Europäisches Unionsrecht, Art. 267 AEUV Rn. 18.

753 Vgl. zum Verhältnis beider Verfahren: *Gaitanides* in: von der Groeben/Schwarze/Hatje, Europäisches Unionsrecht, Art. 267 AEUV Rn. 37 ff.; *Thiele* Europäisches Prozessrecht: Verfahrensrecht vor dem Gerichtshof der Europäischen Union, § 9 Rn. 37 ff.

754 Vgl. m.w.N.: *Thiele* Europäisches Prozessrecht: Verfahrensrecht vor dem Gerichtshof der Europäischen Union, § 9 Rn. 35.

755 Vgl. EuGH v. 30.04.2014 – C-390/12, EuZW 2014, S. 597 (598 f.); *Dobratz* in: Sieker, DStJG 2016 (39), S. 145 (155).

756 Vgl. zum Qualifikationsstreit der Grundfreiheiten als Freiheits- oder Gleichheitsrecht im Steuerrecht: *Dobratz* in: Sieker, DStJG 2016 (39), S. 145 (151 ff.); vgl. zur Abgrenzung von Grundfreiheiten und Grundrechten: *Ohlendorf* Grundrechte als Maßstab des Steuerrechts in der Europäischen Union, S. 92 ff.

757 BVerfG v. 10.11.1998 – 2 BvR 1057/91, BVerfGE 99, S. 216 (242 f.); BFH v. 6.09.2006 – XI R 26/04, BStBl. II 2007, S. 167 (169 ff.); vgl. detailliert im Steuerrecht: *Jehke* Bestimmtheit und Klarheit im Steuerrecht, S. 189 ff.

758 BVerfG v. 22.10.1986 – 2 BvR 197/83, BVerfGE 73, S. 339 (32); Vgl. dazu: Teil 3: G.

Es handelt sich dabei um einen europäischen Grundwert, welcher die formellen und materiellen Bedingungen staatlichen Handelns sichert.[759] Der EuGH hat richterrechtlich folgende Fallgruppen entwickelt: Vertrauensschutz[760], Rückwirkungsverbot[761], Bestimmtheitsgrundsatz[762] und Rechtsschutzgarantie[763]. So judizierte der EuGH in der Rechtsache Gondrand Freres[764], die einen gemeinsamen Zolltarif für Käsewaren zum Gegenstand hatte, dass es auf Grundlage des Art. 2 Satz 1 EUV Aufgabe des Unionsgesetzgebers sei, eine belastende Regelung klar und deutlich zu formulieren, damit die daraus entstehenden Rechte und Pflichten unzweideutig erkennbar sind und entsprechende Vorkehrungen getroffen werden können.

Die Prüfung am Maßstab des Bestimmheitsgrundsatzes umfasst sowohl Normen, die aufgrund der Verwendung unbestimmter Rechtsbegriffe zu Auslegungsdivergenzen führen, als auch Normen, die aufgrund missverständlichen Normeninhalts nicht hinreichend klar und deutlich formuliert sind.[765]

Wie die späteren Ausführungen zeigen werden, weisen die Regelungen der GKB eine Vielzahl von Auslegungsproblemen und Regelungslücken infolge sprachlicher Ungenauigkeiten auf, die es im Wege der Rechtsprechung zu lösen gilt, um Rechtssicherheit zu erlangen.

Vorweggenommen ist jedoch, dass es bei steigender Harmonisierung des Europäischen Steuerrechts einer entsprechenden Instanz auf europäischer Ebene bedarf. Hier drängt sich ein Ressourcenproblem beim EuGH zwangsläufig auf. Infolgedessen mag es abseits dieser Untersuchung zu bewerten sein, ob es gegebenenfalls eines Europäischen Steuergerichtshofs, eines zentralen Auslegungsforums nach dem Vorbild des EU-Verrechnungspreisforums bzw. MwSt-Ausschusses oder der Entwicklung einer abgestimmten Verwaltungsauffassung auf Ebene der obersten Finanzbehörden der Mitgliedstaaten bedarf.[766] Eine einheitliche Auslegung anhand

---

759 Vgl. m.w.N.: *Calliess* in: Calliess/Ruffert, EUV/AEUV, Art. 2 EUV Rn. 26; *Hilf/Schorkopf* in: Grabitz/Hilf/Nettesheim, EUV/AEUV, Art. 2, Rn. 34; *Pechstein* in: Streinz, EUV/AEUV, Art. 2 Rn. 6.

760 EuGH v. 17.04.1997 – C-90/95 (De Compte/Parlament), Slg 1997, I-1999, Rn. 35 ff.

761 EuGH v. 25.01.1979 – 98/78 (Racke), Slg 1979, S. 69, Rn. 20.

762 EuGH v. 09.07.1981 – 169/80 (Gondrand Freres), Slg 1981, S. 1931, Rn. 17.

763 EuG v. 20.09.2011 – T-461/08 (Evropaïki Dynamiki/EIB), Slg 2011, II-6367, Rn. 118; EuGH v. 15.10.1987 – 222/86 (Unectef/Heylens), Slg 1987, S. 4097, Rn. 15.

764 EuGH v. 09.07.1981 – 169/80 (Gondrand Freres), Slg 1981, S. 1931.

765 Vgl. zur Abgrenzung: *Jehke* Bestimmtheit und Klarheit im Steuerrecht, S. 182 ff.; vgl. zur Auslegung anhand der „Werteordnung“: *Ritter* NJW 2010, S. 1110 (1114 f.).

766 Vgl. *Wegener* in: Calliess/Ruffert, EUV/AEUV, Art. 254 AEUV Rn. 6; *Kube* in: Schön/Heber, Grundfragen des Europäischen Steuerrechts, S. 41 (44, 59); *Scheffler/Köstler* ifst-Schrift 518 (2017), S. 30; *Eggert* Die Gewinnermittlung nach dem Richtlinienvorschlag über eine Gemeinsame Konsolidierte Körperschaftsteuer-Bemessungsgrundlage: Vergleich mit der Gewinnermittlung nach dem HGB, EStG und den IFRS, S. 145; *Velte/Mock* FR 2018, S. 1081 (1088); *Mitschke* IStR 2013, S. 209 (211); *Musil* DB 2011, S. 2451 (2452); *von Danwitz* DFGT 2011/2012, S. 73 (75); vgl. zu weiteren Reformvorschlägen: *Strotkemper* Das Spannungsverhältnis zwischen

der bisherigen nationalen höchstrichterlichen finanzgerichtlichen Rechtsprechung erscheint mit Blick auf die mitgliedstaatliche Diskrepanz wenig erfolgversprechend.[767]

2. Grundsatz der loyalen Zusammenarbeit

In Art. 4 Abs. 3 EUV wurde der sogenannte Grundsatz der loyalen Zusammenarbeit bzw. Grundsatz der Unionstreue niedergelegt, welcher auch in weiteren Vorschriften Berücksichtigung fand.[768] Dieser stellt das Verhältnis zwischen der Europäischen Union und den Mitgliedstaaten dar, welcher durch die in Art. 1, 3 EUV niedergelegten Unionsziele geprägt ist.[769] Auch wenn die Zusammenarbeit in gewissem Maße freiwillig erfolgt, ist sie aus mitgliedstaatlicher Perspektive als verbindliche Zusammenarbeit zu verstehen.[770] Hieraus erwächst der Gedanke, dass das mehrstaatliche Kooperationsverhältnis nur dann funktionieren kann, wenn die Mitgliedstaaten die vereinbarten Mindeststandards einhalten, sodass sich aus Art. 4 Abs. 3 EUV eine unmittelbare Verpflichtung für die Europäische Union und die Mitgliedstaaten ergibt, welche auch untereinander beachtet werden muss.[771] Nicht hergeleitet werden kann hieraus jedoch die Pflicht der Mitgliedstaaten, einem einstimmigkeitsbedürftigen Richtlinienvorschlag trotz anderer Rechtsauffassung zuzustimmen. Vielmehr ergibt sich hieraus die Pflicht für die mitgliedstaatlichen Organe, die erlassenen Rechtsakte eigenverantwortlich, nach pflichtgemäßem Ermessen und am sogenannten effet-utile Grundsatz orientiert umzusetzen.[772]

Schiedsverfahren in Steuersachen und einem Internationalen Steuergerichtshof. Möglichkeiten zur Verbesserung der Streitbeilegung im Internationalen Steuerrecht, S. 529 ff.

767 Vgl. detailliert a.A.: *Velte/Mock* FR 2018, S. 1081 (1088).

768 Vgl. *Kahl* in: Calliess/Ruffert, EUV/AEUV, Art. 4 EUV Rn. 34 EUV; *Lenz* in: Lenz/Borchardt, EU-Verträge, Art. 4 Rn. 11 EUV; *Hatje* in: Schwarze *et al.*, EU-Kommentar, Art. 10 EGV Rn. 5; *Seyr* Der effet utile in der Rechtsprechung des Europäischen Gerichtshofs, S. 136.

769 Vgl. *Kahl* in: Calliess/Ruffert, EUV/AEUV, Art. 4 EUV Rn. 30.

770 Vgl. m.w.N.: *Schlücke* Die Umsetzung von EuGH-Entscheidungen in das deutsche Steuerrecht: Das Beispiel der Betriebsstättenverluste, S. 42.

771 Vgl. *Kahl* in: Calliess/Ruffert, EUV/AEUV, Art. 4 EUV Rn. 45; *Hatje* in: Schwarze *et al.*, EU-Kommentar, Art. 10 EGV Rn. 7; *Schlücke* Die Umsetzung von EuGH-Entscheidungen in das deutsche Steuerrecht: Das Beispiel der Betriebsstättenverluste, S. 43; *Jacobs et al.* Int. Unternehmensbesteuerung, S. 99; *Accetto/Zleptnig* European Public Law 2005, S. 375 (383); *Lück* Die Gemeinschaftstreue als allgemeines Rechtsprinzip im Recht der Europäischen Gemeinschaft. Ein Vergleich zur Bundestreue im Verfassungsrecht der Bundesrepublik Deutschland, S. 132.

772 Vgl. *Zuleeg* in: von der Groeben/Schwarze/Hatje, Europäisches Unionsrecht, Art. 10 EGV Rn. 6; *Schlücke* Die Umsetzung von EuGH-Entscheidungen in das deutsche Steuerrecht: Das Beispiel der Betriebsstättenverluste, S. 43 f.; *Gosch*

3. *Grundfreiheiten*

Eine unionsrechtliche Grundfreiheit ist verletzt, wenn in den Schutzbereich einer Grundfreiheit eingegriffen wird und dieser Eingriff nicht gerechtfertigt ist.[773] Ein Eingriff ist die Diskriminierung oder Beschränkung einer Grundfreiheit.[774] Es ist gleichgültig, ob eine sogenannte offene Diskriminierung oder eine sogenannte versteckte Diskriminierung vorliegt.[775] Eine offene oder versteckte Diskriminierung liegt vor, wenn ein Mitgliedstaat eine Körperschaft aufgrund der Eigenschaft als ausländische Körperschaft oder aufgrund anderer Differenzierungskriterien, die typischerweise nur ausländische Körperschaften betreffen, im Vergleich zu inländischen Körperschaften steuerlich nachteilig behandelt.[776] Zur Rechtfertigung eines Eingriffs in den Schutzbereich kommen, neben den im AEUV ausdrücklich genannten Rechtfertigungsgründen, die vom EuGH entwickelten zwingenden Gründe des Allgemeininteresses[777] mit den Fallgruppen Abwehr von Steuerumgehung[778], Aufteilung der

---

in: Kruthoffer-Röwekamp, Die Rechtsprechung des EuGH in ihrer Bedeutung für das nationale und internationale Recht der direkten Steuern. Kolloquium im Bundesministerium der Finanzen, Berlin, 17. und 18. November 2008, S. 61 (74); vgl. m.w.N.: *Seyr* Der effet utile in der Rechtsprechung des Europäischen Gerichtshofs, S. 136 f.; *Gosch* DStR 2007, S. 1553 (1561).

773 Vgl. zum Prüfungsschema: *Haratsch et al.* Europarecht, Rn. 853; *Oppermann/Classen/Nettesheim* Europarecht, § 22 Rn. 29 ff.; *Lampert* in: Kellersmann *et al.*, EU I, S. 100.

774 *Haratsch et al.* Europarecht, Rn. 835 ff.; *Streinz* Europarecht, § 11 Rn. 823 ff.; *Lampert* in: Kellersmann *et al.*, EU I, S. 99.

775 Vgl. *Cordewener* Europäische Grundfreiheiten und nationales Steuerrecht. „Konvergenz" des Gemeinschaftsrechts und „Kohärenz" der direkten Steuern in der Rechtsprechung des EuGH, S. 118 ff.

776 EuGH v. 14.02.1995 – C-279/93 (Schumacker), Slg 1995, I-225, Rn. 30; EuGH v. 08.05.1990 – C-175/88 (Biehl), Slg 1990, I-1779, Rn. 13; EuGH v. 12.02.1974 – 152/73 (Sotgiu), Slg 1974, S. 153, Rn. 11; *Haase* Internationales und Europäisches Steuerrecht, Rn. 818; *Birk/Desens/Tappe* Steuerrecht, Rn. 225; *Haratsch et al.* Europarecht, Rn. 832 ff.

777 EuGH v. 02.05.2006 – C-196/04 (Cadbury Schweppes), Slg 2006, I-7995, Rn. 47; EuGH v. 21.11.2002 – C-436/00 (X und Y), Slg 2002, I-10829, Rn. 49; EuGH v 01.02.2001 – C-108/96 (Mac Quen und andere), Slg 2001, I-837, Rn. 28; EuGH v. 21.09.1999 – C-307/97 (Saint-Gobain ZN), Slg 1999, I-6161, Rn. 51; EuGH v. 09.03.1999 – C-212/97 (Centros), Slg 1999, I-1459, Rn. 34; EuGH v. 30.11.1995 – C-55/94 (Gebhard), Slg 1995, I-4165, Rn. 37; EuGH v. 20.02.1979 – C-120/78 (Rewe), Slg 1979, S. 649, Rn. 14; vgl. m.w.N.: *Haase* Internationales und Europäisches Steuerrecht, Rn. 833 ff.

778 EuGH v. 13.12.2005 – C-446/03 (Marks&Spencer), Slg 2005, I-10837, Rn. 49; EuGH v. 11.03.2004 – C-9/02 (De Lasteyrie du Saillant), Slg 2004, I-2409, Rn. 49; EuGH v. 21.11.2002 – C-436/00 (X und Y), Slg 2002, I-10829, Rn. 42; EuGH v. 16.07.1998 – C-264/96 (ICI), Slg 1998, I-4695, Rn. 27; vgl. m.w.N.: *Haase* Internationales und Europäisches Steuerrecht, Rn. 836 f.

Besteuerungsbefugnisse[779] und Kohärenz des Steuersystems[780] in Betracht. Ungeachtet einer möglichen Rechtfertigung des Eingriffs ist ferner eine Verhältnismäßigkeitsprüfung durchzuführen.[781] Die Grundfreiheiten dienen der Verwirklichung des Binnenmarktes gemäß Art. 26 AEUV, indem sie im Rahmen der sogenannten negativen Integration Wettbewerbshindernisse beseitigen, die durch die Anwendung nationalen Rechts einschließlich des Steuerrechts entstehen.[782] Sie schützen die Staatsangehörigen der Mitgliedstaaten in ihrer wirtschaftlichen, grenzüberschreitenden Tätigkeit und der Schutzbereich erstreckt sich nur bei ausdrücklicher Anordnung auch auf Körperschaften.[783] Die Grundfreiheiten richten sich an die Mitgliedstaaten und europäische Organe.[784] Sekundäres Unionsrecht muss sich am Maßstab der Grundfreiheiten des AEUV messen lassen.[785]

a. Freier Warenverkehr gemäß Art. 28 AEUV

Die Freiheit des Warenverkehrs umfasst gemäß Art. 28 AEUV das Verbot, zwischen den Mitgliedstaaten Ein- und Ausfuhrzölle und Abgaben gleicher Wirkung zu erheben. Steuern sind als Abgaben gleicher Wirkung insoweit zulässig, als sie in- und ausländische Produkte im Rahmen der nationalen Abgabenregelung im

779 Vgl. bspw.: EuGH v. 29.11.2011 – C-371/10 (National Grid Indus), Slg 2011, I-12273, Rn. 62; EuGH v. 28.02.2008 – C-293/06 (Deutsche Shell), Slg 2008, I-1129, Rn. 41, 43; EuGH v. 06.12.2007 – C-298/05 (Columbus Container Services), Slg 2007, I-10451, Rn. 27; EuGH v. 18.07.2007 – C-231/05 (Oy AA), Slg 2007, I-6373, Rn. 52; EuGH v. 21.09.1999 – C-307/97 (Saint-Gobain ZN), Slg 1999, I-6161, Rn. 57.

780 EuGH v. 23.10.2008 – C-157/07 (Krankenheim Ruhesitz am Wannsee), Slg 2008, I-8061, Rn. 40 ff.; EuGH v. 28.01.1992 – C-204/90 (Bachmann), Slg 1992, I-249, Rn. 28; EuGH v. 28.01.1992 – C-300/90 (Kommission./. Königreich Belgien), Slg 1992, I-305, Rn. 21.

781 Vgl. EuGH v. 11.03.2004 – C-9/02 (De Lasteyrie du Saillant), Slg 2004, I-2409, Rn. 49; EuGH v. 14.03.2000 – C-54/99 (Eglise scientologique), Slg 2000, I-1335, Rn. 18; EuGH v. 12.01.2000 – C-254/98 (TK-Heimdienst), Slg 2000, I-151, Rn. 34; *Oppermann/Classen/Nettesheim* Europarecht, § 22 Rn. 11.

782 *Kingreen* in: Calliess/Ruffert, EUV/AEUV, Art. 36 AEUV Rn. 2; *Haratsch et al.* Europarecht, Rn. 823 f.; *Oppermann/Classen/Nettesheim* Europarecht, § 22 Rn. 22, 15; *Lehner* in: Blumenberg *et al.*, FS Haarmann 2015, S. 693 (703).

783 *Haase* Internationales und Europäisches Steuerrecht, Rn. 791 ff.; *Haratsch et al.* Europarecht, Rn. 829 f.; *Weber-Grellet* Europäisches Steuerrecht, § 8 Rn. 22; *Hahn* DStZ 2005, S. 433 (439).

784 EuGH v. 30.03.2004 – C-201/03 (Swedish Match), Slg 2004, I-11893, Rn. 59; EuGH v. 28.04.1998 – C-200/96 (Metronome Musik), Slg 1998, I-1953 Rn. 16; EuGH v. 29.02.1984 – 37/83 (Rewe Zentral), Slg 1984, S. 1229, Rn. 18; *Haratsch et al.* Europarecht, Rn. 832; *Oppermann/Classen/Nettesheim* Europarecht, § 22 Rn. 27.

785 EuGH v. 17.05.1984 – C-15/83 (Denkavit Niederlande B.V.), Slg 1984, I-2171; vgl. *Haase* Internationales und Europäisches Steuerrecht, Rn. 790; *Lüdicke/Hummel* IStR 2006, S. 694 (695 f.).

Sinne des Art. 110 AEUV gleichwertig behandeln.[786] Dieser Grundfreiheit unterliegt insbesondere die Erhebung der Umsatzsteuer.[787] Mangels einer unionsrechtlichen Definition ist eine Ware eine körperliche Sache, die aufgrund ihres Handelswertes Gegenstand von Handelsgeschäften ist.[788]

b. Niederlassungsfreiheit gemäß Art. 49 AEUV

Der Schutzbereich der Niederlassungsfreiheit erstreckt sich gemäß Art. 54 AEUV[789] auch auf die im Anhang I[790] genannten Körperschaften der Richtlinienvorschläge. Die Niederlassungsfreiheit begründet gemäß Art. 49 AEUV das Recht, eine selbstständige Erwerbstätigkeit aufzunehmen und auszuüben sowie Unternehmen und Zweigniederlassungen in einem anderen Mitgliedstaat zu gründen und zu leiten.[791] Eine Niederlassung bezeichnet die tatsächliche, zeitlich unbestimmte Ausübung einer wirtschaftlichen grenzüberschreitenden[792] Tätigkeit durch eine feste Einrichtung in einem anderen Mitgliedstaat.[793] Obwohl der EuGH über die Bindung der Organe der Europäischen Union an die Niederlassungsfreiheit noch nicht entschieden hat, kommt dennoch ein Eingriff durch unionsrechtliche Handlung in Betracht.[794] Die Auswirkungen der Niederlassungsfreiheit auf das Steuerrecht[795] werden sich insbesondere in den späteren Ausführungen zum grenzüberschreitenden Verlustabzug[796] zeigen.

---

786 EuGH v. 19.06.1973 – 77/72 (Capolongo), Slg 1973, S. 611, Rn. 12; *Haratsch et al.* Europarecht, Rn. 859; *Streinz* Europarecht, § 11 Rn. 893.

787 Vgl. dazu: EuGH v. 25.02.1988 – 299/86 (Drexl), Slg 1988, S. 1213, Rn. 10.

788 EuGH v. 09.07.1992 – C-2/90 (Abfalltransport), Slg 1992, I-4431, Rn. 26.

789 EuGH v. 25.07.1991 – C-221/89 (Factortame), Slg 1991, I-3905, Rn. 18; vgl. detailliert zu den Tatbestandvoraussetzungen: *Forsthoff* in: Calliess/Ruffert, EUV/AEUV, Art. 54 AEUV Rn. 8 ff.; *Haase* Internationales und Europäisches Steuerrecht, Rn. 802; *Haratsch et al.* Europarecht, Rn. 968 ff.; *Oppermann/Classen/Nettesheim* Europarecht, § 25 Rn. 14.

790 COM(2016) 685 final, Anhang

791 EuGH v. 02.05.2006 – C-196/04 (Cadbury Schweppes), Slg 2006, I-7995, Rn. 53; EuGH v. 21.06.1974 – 2/74 (Reyners), Slg 1974, S. 631, Rn. 21; vgl. *Haratsch et al.* Europarecht, Rn. 959; *Streinz* Europarecht, § 11 Rn. 963; *Lampert* in: Kellersmann *et al.*, EU I, S. 101.

792 vgl. dazu detailliert: *Haratsch et al.* Europarecht, Rn. 963.

793 EuGH v. 25.07.1991 – C-221/89 (Factortame), Slg 1991, I-3905, Rn. 20; vgl. detailliert zum Schutzbereich: *Haratsch et al.* Europarecht, Rn. 960 ff.; *Oppermann/Classen/Nettesheim* Europarecht, § 28 Rn. 16.

794 Vgl. detailliert: *Haratsch et al.* Europarecht, Rn. 982.

795 EuGH v. 29.03.2007 – C-347/04 (Rewe Zentralfinanz), Slg 2007, I-2647, Rn. 52; EuGH v. 25.01.2007 – C-329/05 (Meindl), Slg 2007, I-1107, Rn. 27; EuGH v. 24.05.2007 – C-157/05 (Holböck), Slg 2007, I-4051, Rn. 27.

796 Vgl. dazu: Teil 4: C.

c. *Freier Kapitalverkehr gemäß Art. 63 AEUV*

Da es an einer Definition durch den AEUV oder die Rechtsprechung fehlt, bezeichnet der Begriff Kapitalverkehr in Anlehnung an die Kapitalverkehrsrichtlinie[797] die einseitige, grenzüberschreitende Wertübertragung von Sach- oder Geldkapital.[798] Dieser Grundfreiheit unterliegen insbesondere Direktinvestitionen in Form von Unternehmensbeteiligungen.[799] Berührungspunkte ergeben sich mit der Niederlassungsfreiheit[800], bspw. in Fällen der Errichtung einer Niederlassung oder bei Kapitalbewegungen innerhalb grenzüberschreitender Konzernstrukturen.[801]

d. *Freier Dienstleistungsverkehr gemäß Art. 56 AEUV*

Die Freiheit des Dienstleistungsverkehrs erfasst gemäß Art. 56 AEUV den grenzüberschreitenden Austausch von Dienstleistungen.[802] Dienstleistungen sind gemäß Art. 57 Abs. 1 AEUV selbstständig erbrachte[803], in der Regel entgeltliche[804] Leistungen, insbesondere gemäß Art. 57 Abs. 2 AEUV gewerbliche, kaufmännische, handwerkliche oder freiberufliche Tätigkeiten. In Abgrenzung zur Warenverkehrsfreiheit sind Dienstleistungen nicht-körperlicher Art und beschränken sich nicht auf die Herstellung einer Ware.[805] Zum Schutzbereich gehören sowohl das Recht des Dienstleistenden, eine grenzüberschreitende Dienstleistung ohne eine dauerhafte Niederlassung zu erbringen, als auch das Recht des Dienstleistungsempfängers,

---

797 Richtlinie 88/361/EWG des Rates vom 24. Juni 1988 zur Durchführung von Artikel 67 des Vertrages, ABl.-EG v. 08.07.1988, L 178/5.

798 *Bieber et al.* Die Europäische Union. Europarecht und Politik, § 11 Rn. 144; *Haratsch et al.* Europarecht, Rn. 1055; *Streinz* Europarecht, § 11 Rn. 956; *Hobe/Fremuth* Europarecht, Rn. 248.

799 EuGH v. 23.10.2007 – C-112/05 (VW-Gesetz), Slg 2007, I-8995, Rn. 18; EuGH v. 04.06.2002 – C-503/99, Slg 2002, I-4809, Rn. 38; EuGH v. 14.03.2000 – C-54/99 (Eglise scientologique), Slg 2000, I-1335, Rn. 14.

800 Vgl. m.w.N. zum Konkurrenzverhältnis: *Haratsch et al.* Europarecht, Rn. 1059; *Oppermann/Classen/Nettesheim* Europarecht, § 30 Rn. 38; vgl. m.w.N.: *Streinz* Europarecht, § 11 Rn. 957 f.

801 *Haratsch et al.* Europarecht, Rn. 1059; *Oppermann/Classen/Nettesheim* Europarecht, § 30 Rn. 31.

802 *Haase* Internationales und Europäisches Steuerrecht, Rn. 807; vgl. dazu: *Haratsch et al.* Europarecht, Rn. 1002; *Cordewener* Europäische Grundfreiheiten und nationales Steuerrecht. „Konvergenz" des Gemeinschaftsrechts und „Kohärenz" der direkten Steuern in der Rechtsprechung des EuGH, S. 619 f.

803 Vgl. *Haratsch et al.* Europarecht, Rn. 1007; *Oppermann/Classen/Nettesheim* Europarecht, § 25 Rn. 25.

804 EuGH v. 27.09.1988 – 263/87, Slg 1988, S. 5365, Rn. 15 ff.; EuGH v. 26.04.1988 – 325/85 (Bond van Adverteerders), Slg 1988, S. 2085, Rn. 16; *Haratsch et al.* Europarecht, Rn. 1005; *Oppermann/Classen/Nettesheim* Europarecht, § 25 Rn. 25.

805 EuGH v. 11.07.1985 – 60/84 und 61/84 (Cinéthèque), Slg 1985, S. 2605, Rn. 10; EuGH v. 07.05.1985 – 18/84, Slg 1985, S. 1339, Rn. 12.

eine Dienstleistung in einem anderen Mitgliedstaat in Anspruch zu nehmen.[806] Die Dienstleistungsfreiheit findet Anwendung, soweit der Sachverhalt nicht oder nicht im Schwerpunkt[807] dem freien Kapital- und Zahlungsverkehr gemäß Art. 63 AEUV unterliegt.[808] Der persönliche Schutzbereich umfasst auch Körperschaften gemäß Art. 62, 51 AEUV.

4. Allgemeines Diskriminierungsverbot gemäß Art. 18 AEUV

Bei dem allgemeinen Diskriminierungsverbot handelt es sich um eine Ausprägung des allgemeinen Gleichheitssatzes, wobei lediglich aus der Staatsangehörigkeit herrührende Diskriminierungen erfasst werden.[809] Auch juristische Personen fallen in den Anwendungsbereich der Norm.[810] In Abgrenzung zu den oben genannten Grundfreiheiten ist Art. 18 AEUV subsidiär.[811] Das allgemeine Diskriminierungsverbot ist unmittelbar wirksam und gerichtlich überprüfbar.[812]

5. Unionsrechtlicher Gleichheitssatz gemäß Art. 20 EUGrCh

Der allgemeine, unionsrechtliche Gleichheitssatz gemäß Art. 20 EUGrCh gilt für alle Organe der Europäischen Union gemäß Art. 51 Abs. 1 Satz 1 EUGrCh, jedoch nur im konkreten Zuständigkeitsbereich.[813] Dies gilt auch auf dem Gebiet der direkten Steuern.[814] Da der Gleichheitssatz sowohl bei der Rechtsetzung als auch der Rechtsanwendung gilt, muss er vom Rat auch im Rahmen des Gesetzgebungsaktes sowie bei der Umsetzung und Anwendung durch den Mitgliedstaat beachtet

---

806 EuGH v. 31.01.1984 – 286/82 und 26/83 (Luisi und Carbone), NJW 1984, S. 1288 (1289 f.); *Haratsch et al.* Europarecht, Rn. 1003; *Oppermann/Classen/Nettesheim* Europarecht, § 25 Rn. 28 ff.; *Streinz* Europarecht, § 11 Rn. 944.

807 EuGH v. 03.10.2006 – C-452/04 (Fidium Finanz), Slg 2006, I-9521, Rn. 27 ff.

808 Vgl. *Haratsch et al.* Europarecht, Rn. 1009.

809 Vgl. detailliert: *Streinz* in: Streinz, EUV/AEUV, § 18 AEUV Rn. 13.

810 EuG v. 18.03.2014 – C-628/11 (International Jet Management), ZLW 2014, S. 308 (316 f.); vgl. m.w.N.: *Holoubek* in: Schwarze *et al.*, EU-Kommentar, Art. 18 AEUV Rn. 34.

811 EuGH v. 14.07.1977 – 8/77 (Sgaolu u.a.), Slg 1997, 1495 Rn. 11; *Streinz* in: Streinz, EUV/AEUV, Rn. 14.

812 EuGH v. 24.11.1998 – C-274/96 (Bickel und Franz), Slg 1998, I-7637, Rn. 16; EuGH v. 12.05.1998 – C-85/96 (Martinez Sala), Slg 1998, I-2691, Rn. 62; EuGH v. 13.07.1983 – 152/82 (Forcheri), Slg 1983, S. 2323 Rn. 18.

813 *Rossi* in: Calliess/Ruffert, EUV/AEUV, Art. 20 EUGrCh Rn. 11; vgl. dazu detailliert: *Streinz* Europarecht, § 10 Rn. 770; *Sachs* in: Stern/Sachs, EUGrCh, Art. 20 EUGrCh Rn. 9; vgl. m.w.N.: *Ohlendorf* Grundrechte als Maßstab des Steuerrechts in der Europäischen Union, S. 65.

814 *Stöber* in: Schön/Sternberg, Zukunftsfragen des deutschen Steuerrechts III, S. 151; *Lehner* IStR 2016, S. 265 (271 f.).

werden.[815] So gebietet der Gleichheitssatz,[816] dass vergleichbare Sachverhalte gleich und ungleiche Sachverhalte ungleich behandelt werden, soweit eine Differenzierung nicht objektiv gerechtfertigt[817] und verhältnismäßig[818] ist.[819] Es wird dabei vorausgesetzt, dass die relevante Handlung von der gleichen Stelle vorgenommen worden ist und die Gleich- bzw. Ungleichbehandlung zu einer Benachteiligung des Grundrechtsträgers geführt hat.[820] Der EuGH kann den Gesetzgebungsakt infolge des Verstoßes gegen den Gleichheitssatz für nichtig erklären[821], obgleich der EuGH dies zu vermeiden versucht, um die Gestaltungsfreiheit der Mitgliedstaaten zu respektieren.[822] Dennoch stehen wegen fehlender objektiver Vergleichbarkeit die

---

815 *Streinz* in: Streinz, EUV/AEUV, Art. 20 EUGrCh Rn. 7; vgl. detailliert m.w.N.: *Rossi* in: Calliess/Ruffert, EUV/AEUV, Art. 20 EUGrCh Rn. 7; *Lemke* in: von der Groeben/Schwarze/Hatje, Europäisches Unionsrecht, Art. 20 EUGrCh Rn. 9; *Hölscheidt* in: Meyer/Bernsdorff, Charta der Grundrechte der Europäischen Union, Art. 20 EUGrCh Rn. 17; *Graser* in: Schwarze *et al.*, EU-Kommentar, Art. 20 EUGrCh Rn. 9; *Streinz* Europarecht, § 10 Rn. 771; *Kokott/Dobratz* in: Schön/Heber, Grundfragen des Europäischen Steuerrechts, S. 25 (26 f.); *Odendahl* in: Heselhaus/Nowak, Handbuch der Europäischen Grundrechte, § 43 Rn. 17.

816 *Hölscheidt* in: Meyer/Bernsdorff, Charta der Grundrechte der Europäischen Union, Art. 20 EUGrCh Rn. 19 ff.; vgl. zu den einzelnen Prüfungsschritten: *Kokott/Dobratz* in: Schön/Heber, Grundfragen des Europäischen Steuerrechts, S. 25 (34 f.)

817 Vgl. m.w.N.: *Rossi* in: Calliess/Ruffert, EUV/AEUV, Art. 20 EUGrCh Rn. 25; *Jarass* in: Jarass, EUGrCh, Art. 20 EUGrCh Rn. 13.

818 *Rossi* in: Calliess/Ruffert, EUV/AEUV, Art. 20 EUGrCh Rn. 26 ff.; vgl. m.w.N.: *Jarass* in: Jarass, EUGrCh, Art. 20 EUGrCh Rn. 15 f.; a.A.: *Odendahl* in: Heselhaus/Nowak, Handbuch der Europäischen Grundrechte, § 43 Rn. 34.

819 EuGH v. 07.07.1993 – C-217/91, Slg 1993, I-3923, Rn. 37; EuGH v. 13.12.1994 – C-306/93 (Winzersekt), Slg1994, I-5555, Rn. 30; EuGH v. 14.05.2007 – C-127/07 (Arcelor Atlantique und Lorraine), Slg 2008, I-9895, Rn. 23; EuGH v. 20.07.2010 – C-149/10 (Chatzi), Slg 2010, I-8489, Rn. 63; vgl. mit Bezug zu Art. 20 EuGrCh bspw.: EuGH v. 19.12.2012 – C-364/11 (El Karem El Kott u.a.), NVwZ-RR 2013, S. 160, (163); *Tettinger* in: Stern/Sachs, EUGrCh, Art. 20 EUGrCh Rn. 21; *Hölscheidt* in: Meyer/Bernsdorff, Charta der Grundrechte der Europäischen Union, Art. 20 EUGrCh Rn. 16; *Graser* in: Schwarze *et al.*, EU-Kommentar, Art. 20 EUGrCh Rn. 3.

820 Vgl. EuGH v. 22.05.2003 – C-462/99 (Connect Austria), Slg 2003, I-5197 Rn. 115; EuGH 17.09.2002 – C-320/00 (Lawrence), Slg 2002, I-7325, Rn. 17 f.; EuGH v. 14.05.2007 – C-127/07 (Arcelor Atlantique und Lorraine), Slg 2008, I-9895, Rn. 39; *Hölscheidt* in: Meyer/Bernsdorff, Charta der Grundrechte der Europäischen Union, Art. 20 EUGrCh Rn. 19; *Frenz* Handbuch Europarecht: Europäische Grundrechte (Bd. 4), Rn. 3202; a.A. *Rossi* in: Calliess/Ruffert, EUV/AEUV, Art. 20 EUGrCh Rn. 22.

821 EuGH v. 29.06.2010 – C-550/09 (Devrimci), Slg 2010, I-6213, Rn. 57; EuGH v. 05.10.1994 – C-404/92 P, Slg 1994, I-4737, Rn. 23; EuGH v. 18.10.1989 – 374/97 (Orkem), Slg 1989, S. 3283, Rn. 41.

822 Vgl. bspw.: EuGH v. 11.07.1989 – C-265/87 (Schräder), Slg 1989, S. 2237, Rn. 26; EuGH v. 29.06.1988 – C-300/86 (van Landschoot), Slg 1988, S. 3443, Rn. 22; EuGH v. 19.10.1977 – 117/76 (Ruckdeschel u. Stöhr), Slg 1977, S. 1753, Rn. 13.

Grundfreiheiten als speziellere Gleichheitsrechte im Vordergrund.[823] Der EuGH wendet Art. 20 EUGrCh auch auf juristische Personen an.[824] Der Gleichheitssatz bezieht sich nicht nur auf reine Binnensachverhalte.[825]

a. *Leistungsfähigkeitsprinzip*

Das sogenannte Leistungsfähigkeitsprinzip[826] ist als Primärgrundsatz des Steuerrechts zumindest nach nationaler Auffassung Bestandteil des allgemeinen Gleichheitssatzes.[827] Der Einfluss des Leistungsfähigkeitsprinzips ist nicht nur in Deutschland[828], sondern auch unionsweit[829] anerkannt. Dennoch fand es bisher als Grundsatz des europäischen Steuerrechts keinen Einzug in die Rechtsprechung

---

823 *Rossi* in: Calliess/Ruffert, EUV/AEUV, Art. 20 EUGrCh Rn. 17; vgl. m.w.N.: *Eggert* Die Gewinnermittlung nach dem Richtlinienvorschlag über eine Gemeinsame Konsolidierte Körperschaftsteuer-Bemessungsgrundlage: Vergleich mit der Gewinnermittlung nach dem HGB, EStG und den IFRS, S. 19 f.; vgl. zum Verhältnis zwischen Grundrechten und Grundfreiheiten: *Ohlendorf* Grundrechte als Maßstab des Steuerrechts in der Europäischen Union, S. 92 ff.; vgl. m.w.N.: *Kokott/Dobratz* in: Schön/Heber, Grundfragen des Europäischen Steuerrechts, S. 25 (35).

824 *Rossi* in: Calliess/Ruffert, EUV/AEUV, Art. 20 EUGrCh Rn. 5; *Hölscheidt* in: Meyer/Bernsdorff, Charta der Grundrechte der Europäischen Union, Vorbemerkung zu Art. 20 EUGrCh Rn. 32; *Graser* in: Schwarze *et al.*, EU-Kommentar, Art. 20 EUGrCh Rn. 2; vgl. m.w.N.: *Streinz* Europarecht, § 10 Rn. 777; *Kingreen* in: Ehlers, Europäische Grundrechte und Grundfreiheiten, § 21 Rn. 14; vgl. m.w.N.: *Frenz* Handbuch Europarecht: Europäische Grundrechte (Bd. 4), Rn. 3189.

825 *Rossi* in: Calliess/Ruffert, EUV/AEUV, Art. 20 EUGrCh Rn. 15; *Ohlendorf* Grundrechte als Maßstab des Steuerrechts in der Europäischen Union, S. 95; *Rengeling/Szczekalla* Grundrechte in der Europäischen Union. Charta der Grundrechte und allgemeine Rechtsgrundsätze, § 23 Rn. 889; *Schütz/Bruha/König* Casebook Europarecht, S. 842.

826 Vgl. m.w.N.: *Schaumburg* in: Schaumburg, Internationales Steuerrecht, Rn. 4.10; vgl. detailliert: *Hey* in: Tipke/Lang, Steuerrecht, § 3 Rn. 40 ff.; *Jachmann* in: Pelka, DStJG 2000 (23), S. 9 (12 ff.); *Vogel* in: Kirchhof, FS Klein 1994, S. 361 (367 ff.).

827 *Jacobs et al.* Int. Unternehmensbesteuerung, S. 19 f.; *Hey* in: Tipke/Lang, Steuerrecht, § 3 Rn. 121; vgl. m.w.N.: *Schaumburg* in: Lang, FS Tipke 1995, S. 125 (126).

828 BVerfG v. 09.12.2008, 2 BvL 1/07, BVerfGE 122, S. 210 (231); BFH v. 14.04.1993 – I R 29/92, BFHE 170, S. 454, Rn. 16 f.

829 *Schaumburg* in: Schaumburg, Internationales Steuerrecht, Rn. 4.11; vgl. m.w.N.: *Eggert* Die Gewinnermittlung nach dem Richtlinienvorschlag über eine Gemeinsame Konsolidierte Körperschaftsteuer-Bemessungsgrundlage: Vergleich mit der Gewinnermittlung nach dem HGB, EStG und den IFRS, S. 21; vgl. m.w.N. detailliert: *Ohlendorf* Grundrechte als Maßstab des Steuerrechts in der Europäischen Union, S. 239 ff.; *Menck* in: Mössner, Steuerrecht international tätiger Unternehmen, A. 30; *Tipke* Steuerrechtsordnung Bd. 1, S. 488 f.; *Schaumburg* in: Lang, FS Tipke 1995, S. 125 (127 f.).

des EuGH zu Art. 20 EUGrCh.[830] Grundsätzlich gehört der unionsrechtliche Gleichheitssatz zum „gesicherten Bestand gemeinsamer Verfassungsüberlieferungen der Mitgliedstaaten“[831]. Daher vertritt *Ohlendorf* die These, dass steuerliche Prinzipien, die national im verfassungsrechtlichen allgemeinen Gleichheitssatz verankert sind, im unionsrechtlichen Gleichheitssatz identisch abgebildet werden, wenn der Europäischen Union die Zuständigkeit zum Erlass eines sekundärrechtlichen Gesetzgebungsaktes durch Mitgliedstaaten übertragen wurde.[832] Dieser – zumindest wünschenswerten – Annahme kann man jedoch aufgrund der unterschiedlichen Ausprägungen[833] des Gleichheitssatzes in den Rechtsordnungen der einzelnen Mitgliedstaaten nur schwerlich zustimmen.[834] Der EuGH muss notwendigerweise Reichweite und Inhalt des unionsrechtlichen Gleichheitssatzes anhand der mitgliedstaatlich entfalteten Praxis und entwickelten Dogmatik ermitteln und prüfen, inwiefern diese Ansätze auf das Unionsrecht übertragbar sind.[835] Die Beurteilung, ob die Richtlinienvorschläge gegen das Leistungsfähigkeitsprinzip im Sinne des Art. 20 EUGrCh verstoßen, hängt somit maßgeblich von der Entwicklung der EuGH-Rechtsprechung hierzu ab.[836]

b. Selbstbindung der Verwaltung bzw. Gebot der Folgerichtigkeit

Nach dem Prinzip der Selbstbindung der Verwaltung bzw. dem Gebot der Folgerichtigkeit kann die Verwaltungsbehörde von einem bestehenden Muster

---

830 Vgl. dazu: EuGH v. 15.09.2011 – C-240/10 (Schulz); Slg 2011, I-08531, Rn. 37; EuGH v. 12.06.2003 – C-234/01 (Gerritse), Slg 2003, I-5933, Rn. 43; EuGH v. 14.09.1999 – C-391/97 (Gschwind), Slg 1999, I-5451, Rn. 22; EuGH v. 14.02.1995 – C-279/93 (Schumacker), Slg 1995, I-225, Rn. 32; *Hey* in: Lüdicke/Mellinghoff/Rödder, FS Gosch 2016, S. 161 (167); vgl. m.w.N.: *Eggert* Die Gewinnermittlung nach dem Richtlinienvorschlag über eine Gemeinsame Konsolidierte Körperschaftsteuer-Bemessungsgrundlage: Vergleich mit der Gewinnermittlung nach dem HGB, EStG und den IFRS, S. 21; *Schaumburg/Englisch* Europäisches Steuerrecht, Rn. 12.15.

831 *Hölscheidt* in: Meyer/Bernsdorff, Charta der Grundrechte der Europäischen Union, Art. 20 EUGrCh Rn. 3; vgl. m.w.N.: *Ohlendorf* Grundrechte als Maßstab des Steuerrechts in der Europäischen Union, S. 239 f.; vgl. ebenso: *Frenz* Handbuch Europarecht: Europäische Grundrechte (Bd. 4), Rn. 3191.

832 *Ohlendorf* Grundrechte als Maßstab des Steuerrechts in der Europäischen Union, S. 252; a.A. *Lehner/Waldhoff* in: Kirchhof/Söhn/Mellinghoff, EStG, § 1 Rn. A 101.

833 *Hölscheidt* in: Meyer/Bernsdorff, Charta der Grundrechte der Europäischen Union, Art. 20 EUGrCh Rn. 3 f.

834 *Sachs* in: Stern/Sachs, EUGrCh, Art. 20 EUGrCh Rn. 5; vgl. ebenso vertreten von: *Hölscheidt* in: Meyer/Bernsdorff, Charta der Grundrechte der Europäischen Union, Art. 20 EUGrCh Rn. 3.

835 Vgl. detailliert m.w.N. zu den Prüfungsansätzen: *Sachs* in: Stern/Sachs, EUGrCh, Art. 20 EUGrCh Rn. 5 f.

836 Vgl. hierzu ebenso: *Stöber* in: Schön/Sternberg, Zukunftsfragen des deutschen Steuerrechts III, S. 152; *Englisch* DFGT 2011/2012, S. 87 (111).

rechtmäßiger Handlungen nur abweichen, soweit besondere sachliche Gründe dies rechtfertigen.[837] Obwohl das Gebot der Folgerichtigkeit als solches bisher keinen Einzug in die EuGH-Rechtsprechung fand[838], geht *Eggert* hinsichtlich der $GKKB_{2011}$ davon aus, die Kohärenzprüfung mitgliedstaatlicher Gesetze sei mit der Prüfung der Folgerichtigkeit verwandt.[839] *Englisch* ist zudem der Auffassung, dass Gesetzgebungsorgane der Europäischen Union grundsätzlich rationaler und sachgerechter handeln als nationale Gesetzgeber.[840] Dieses Argument erscheint aus deutscher Perspektive zutreffend, da der Erlass bzw. die Änderung eines Gesetzes im Körperschaftsteuerrecht als Bundesgesetz gemäß Art. 105 Abs. 2, 106 Abs. 3 Satz 1 GG – im Gegensatz zum Einstimmigkeitserfordernis einer unionsrechtlichen Richtlinie nach Art. 115, 288 Abs. 3, 289 Abs. 3 AEUV – „nur" der Mehrheit der abgegeben Stimmen im Bundestag gemäß § 86 Satz 1, 48 Abs. 2 GOBT i.V.m. Art. 77 Abs. 1 Satz 1, 42 Abs. 2 Satz 1 GG und der Zustimmung des Bundesrates gemäß Art. 105 Abs. 3, 106 Abs. 3 Satz 1 GG bedürfen.[841] Der EuGH hat sich hierzu bisher jedoch nicht geäußert.

c. *Typisierungen*

Typisierungen bezwecken die Vereinfachung des Steuerrechts, um die Rechtsanwendung aus technisch-ökonomischen Gründen zu erleichtern. Die Besonderheiten des steuerlichen Sachverhalts werden im Interesse der Verwaltungsökonomie ausgeblendet, sodass ein Spannungsverhältnis zur Einzelfallgerechtigkeit entsteht.[842] Sie bewirken eine Ungleichbehandlung, da unterschiedliche Sachverhalte gleich behandelt werden.[843] Der Regelungsgehalt einer Bestimmung wird auf den typischen Normalfall ausgelegt und individuelle Besonderheiten bleiben

---

837 *Jarass* in: Jarass, EUGrCh, Art. 20 EUGrCh Rn. 21; *Hölscheidt* in: Meyer/Bernsdorff, Charta der Grundrechte der Europäischen Union, Art. 20 EUGrCh Rn. 5 f.

838 EuGH v. 20.10.1994 – C-76/93 P (Scaramuzza), Slg 1994, I-5173, Rn. 23.

839 *Eggert* Die Gewinnermittlung nach dem Richtlinienvorschlag über eine Gemeinsame Konsolidierte Körperschaftsteuer-Bemessungsgrundlage: Vergleich mit der Gewinnermittlung nach dem HGB, EStG und den IFRS, S. 25 f.; vgl. ebenso aber im Ergebnis ablehnend: *Ohlendorf* Grundrechte als Maßstab des Steuerrechts in der Europäischen Union, S. 228 ff.

840 *Englisch* in: Schön/Beck, Gemeinschaftsgrundrechte im harmonisierten Steuerrecht, S. 39 (40).

841 Vgl. ebenso: *Eggert* Die Gewinnermittlung nach dem Richtlinienvorschlag über eine Gemeinsame Konsolidierte Körperschaftsteuer-Bemessungsgrundlage: Vergleich mit der Gewinnermittlung nach dem HGB, EStG und den IFRS, S. 27 f.

842 *Pahlke* Beihefter zur DStR 2011, S. 66 (66).

843 Vgl. m.w.N. zum deutschen Recht: *Eggert* Die Gewinnermittlung nach dem Richtlinienvorschlag über eine Gemeinsame Konsolidierte Körperschaftsteuer-Bemessungsgrundlage: Vergleich mit der Gewinnermittlung nach dem HGB, EStG und den IFRS, S. 33; *Hey* in: Tipke/Lang, Steuerrecht, § 3 Rn. 23; *Wernsmann* Beihefter zu DStR (Nr. 31) 2011, S. 72 (72).

unbeachtet.[844] Infolgedessen kann die Typisierung auch der Gleichmäßigkeit der Besteuerung[845] dienen, indem sowohl den gut beratenen als auch den nicht beratenen Steuerpflichtigen dieselbe Rechtsfolge trifft.[846] Demzufolge bedürfen Typisierungen der Rechtfertigung im Hinblick auf den Gleichheitssatz, obgleich der EuGH die gleichheitsrechtlichen Anforderungen noch nicht festgestellt hat.[847] Der EuGH hat jedoch bereits die Geeignetheit und Erforderlichkeit von Typisierungen überprüft.[848]

6. *Diskriminierungsverbot gemäß Art. 14 EMRK*

Der EGMR prüft mangels eines allgemeinen Gleichheitssatzes Art. 14 EMRK auch bei Gleichheitsverstößen im Steuerrecht.[849] Die Europäische Union ist der EMRK bisher nicht gemäß Art. 6 Abs. 2 Satz 1 EUV i.V.m. Art. 59 Abs. 2 EMRK beigetreten, sodass sie die Europäische Union nicht unmittelbar bindet.[850] Da aber die einzelnen Mitgliedstaaten des Europäischen Rates die Konvention ratifiziert haben, sind sie hinsichtlich ihrer Handlungen im Anwendungsbereich des Unionsrechts an die EMRK gebunden.[851] Juristische Personen können sich auf die Grundsätze der EMRK berufen, soweit die Rechte ihrem Wesen nach auf sie anwendbar sind.[852] Eine Diskriminierung liegt vor, wenn Personen in vergleichbarer oder rechtserheblich ähnlicher Lage unterschiedliche Rechtsfolgen erfahren, ohne dass es gerechtfertigt[853] ist.[854] Zudem findet das EMRK-Zusatzprotokoll Anwendung, da die Besteuerung in das Eigentumsrecht nach Art. 1 Abs. 1 des EMRK-Zusatzprotokolls eingreift.[855] Da

---

844 *Pahlke* Beihefter zur DStR 2011, S. 66 (66).

845 Vgl. aus verfassungsrechtlicher Perspektive: *Hey* in: Tipke/Lang, Steuerrecht, § 3 Rn. 96.

846 *Wernsmann* Beihefter zu DStR (Nr. 31) 2011, S. 72 (72).

847 *Hey* in: Tipke/Lang, Steuerrecht, § 3 Rn. 23; *Englisch* in: Schön/Beck, Gemeinschaftsgrundrechte im harmonisierten Steuerrecht, S. 39 (64).

848 EuGH v. 29.04.2004 – C-17/01 (Sudholz), Slg 2004, I-4243, Rn. 46; EuGH v. 29.05.1997 – C-63/96 (Skripalle), Slg 1997, I-2847, Rn. 24.

849 Vgl. zuletzt EGMR v. 21.07.2015 – 931/13, AfP 2016, S. 346; vgl. detailliert zum Anwendungsbereich: *Ohlendorf* Grundrechte als Maßstab des Steuerrechts in der Europäischen Union, S. 209 ff.

850 *Oppermann/Classen/Nettesheim* Europarecht, § 17 Rn. 38.

851 *Oppermann/Classen/Nettesheim* Europarecht, § 17 Rn. 32, 38 f.

852 Vgl. m.w.N.: *Streinz* Europarecht, § 10 Rn. 778 f.

853 Vgl. detailliert m.w.N.: *Ohlendorf* Grundrechte als Maßstab des Steuerrechts in der Europäischen Union, S. 211 ff.

854 *Lehner/Meyer-Ladewig* in: Meyer-Ladewig/Nettesheim/Raumer, EMRK, Art. 14 Rn. 9.

855 EGMR v. 29.04.2008 – 13378/05 (Burden), NJW-RR 2009, 1606 (1608); EGMR v. 23.10.1990, 17/1989/177/233 (Darby), Series A 187, S. 4, Rn. 30 ff.; *Eggert* Die Gewinnermittlung nach dem Richtlinienvorschlag über eine Gemeinsame Konsolidierte Körperschaftsteuer-Bemessungsgrundlage: Vergleich mit der Gewinnermittlung nach dem HGB, EStG und den IFRS, S. 35.

der EGMR der Europäischen Union und dem nationalen Gesetzgeber einen weiten Spielraum bei der Beurteilung der ökonomischen und sozialen Gegebenheiten einräumt, wird er nur evidente Fehler einer unionsweiten Regelung kontrollieren.[856]

G. Vereinbarkeit der Richtlinienvorschläge mit Verfassungsrecht

Als Anknüpfungspunkte der Vereinbarkeit mit deutschem Verfassungsrecht kommen die Richtlinienvorschläge selbst, das Abstimmungsverhalten der deutschen Ratsvertreter und der Umsetzungsakt ins deutsche Steuerrecht bzw. die daraus entstehende Steuerbelastung in Betracht. Die Überprüfung sekundären Unionsrechts anhand des Verfassungsrechts steht in engem Zusammenhang mit der Diskussion um das Rangverhältnis zwischen Unions- und Verfassungsrecht. Es besteht weitestgehend Einigkeit über den Vorrang des europäischen vor dem nationalen Recht.[857] Das BVerfG gewährt diesen Vorrang jedoch nicht schrankenlos. Unter Berücksichtigung von Art. 23 Abs. 1 Satz 1, Satz 3 i.V.m. Art. 79 Abs. 3 GG prüft das BVerfG ausnahmsweise und nur soweit sich ein Verstoß aufdrängt, ob die unionsrechtliche Regelung dem Grundsatz der Subsidiarität entspricht und ob der unantastbare Kerngehalt der Verfassungsidentität des Grundgesetzes gewahrt ist.[858]

Die Richtlinienvorschläge selbst sind Teil des Gesetzgebungsverfahrens zu einem sekundären Rechtsakt des Unionsrechts gemäß Art. 288 Abs. 2 AEUV. Innerhalb des Unionsrechts besteht das oben genannte autonome Rechtsschutzsystem. Daher können Akte des sekundären Unionsrechts keine Akte öffentlicher Gewalt im Sinne des § 90 Abs. 1 BVerfGG sein.[859]

Die Bundesregierung nimmt durch einen Vertreter auf Ministerebene des BMF gemäß Art. 16 Abs. 2 EUV an den Sitzungen der Ratsformation Wirtschaft und Finanzen (ECOFIN) teil.[860] Er ist einerseits Vertreter des Mitgliedstaates und

---

856 EGMR v. 29.04.2008 – 13378/05 (Burden), NJW-RR 2009, 1606 (1608); EGMR v. 21.02.1986, 8793/79, Series A 98, S. 11, Rn. 46 (James); *Eggert* Die Gewinnermittlung nach dem Richtlinienvorschlag über eine Gemeinsame Konsolidierte Körperschaftsteuer-Bemessungsgrundlage: Vergleich mit der Gewinnermittlung nach dem HGB, EStG und den IFRS, S. 35; *Ohlendorf* Grundrechte als Maßstab des Steuerrechts in der Europäischen Union, S. 208.

857 BVerfG v. 08.04.1987 – 2 BvR 687/85 (Kloppenburg), BVerfGE 75, S. 225, Rn. 57; BVerfG v. 22.10.1986 – 2 BvR 197/83 (Solange II), BVerfGE 73, S. 339 Rn. 76; vgl. zu den Begründungen: *Streinz* Europarecht, § 3 Rn. 205 ff.

858 BVerfG v. 30.06.2009 – 2 BvE 2/08, BVerfGE 123, S. 267 Leitsatz 4 Satz 1 f.

859 BVerfG v. 07.06.2000 – 2 BvL 1/97, BVerfGE 102, S. 147, Rn. 61; BVerfG v. 18.10.1967 – 1 BvR 248/63 und 1 BvR 216/67, BVerfGE 22, S. 293, Rn. 12 ff.

860 Vgl. *Ziegenhorn* in: Grabitz/Hilf/Nettesheim, EUV/AEUV, Art. 16 EUV Rn. 30 ff.; *Calliess* in: Calliess/Ruffert, EUV/AEUV, Art. 16 EUV Rn. 6 f.

andererseits Teil des Unionsorgans.[861] Aus dieser Doppelfunktion ergibt sich die umstrittene[862] Frage, ob der Ratsvertreter dem Recht des Mitgliedstaates und/oder dem Unionsrecht zur Wahrung der Interessen der Europäischen Union unterliegt. Es besteht weitestgehend Einigkeit darüber, dass Abstimmungen, die gegen das nationale Recht oder eine nationale Weisung verstoßen, nach dem Unionsrecht gültig sind.[863] *Nicolaysen* gestattet den Ratsvertretern lediglich eine unionsrechtliche Prüfung hinsichtlich ihres Abstimmungsverhaltens, da es sich bei der Ratsabstimmung nach Art. 16 Abs. 3 EUV i.V.m. Art. 238 AEUV um eine Mitwirkungshandlung rein unionsrechtlicher Natur handele.[864] Hingegen binden *Friauf/Scholz* und *Schilling* die Ratsvertreter, gestützt auf den Wortlaut des Art. 20 Abs. 3, Art. 1 Abs. 3 GG, uneingeschränkt an deutsche Grundrechte, da die Vertretung keine inhaltliche Einschränkung erlaube.[865] Auf dieser Ansicht aufbauend geht *Herdegen* davon aus, dass die deutschen Ratsvertreter auch solchen Rechtsakten zustimmen können, die gegen das Grundgesetz, aber nicht gegen den Kernbereich nach Art. 79 Abs. 3 GG verstoßen, da sonst der Integrationsprozess gefährdet und Deutschland der politische Verhandlungsspielraum genommen würde.[866] Einer prinzipiellen Grundrechtsbindung zur Verabschiedung von Sekundärrecht schloss sich das BVerfG an.[867] Gleichwohl lehnte das BVerfG die entsprechenden Verfassungsbeschwerden gegen den zugrundeliegenden Beschluss nebst Antrag auf einstweiligen Rechtschutz gegen den Abstimmungsakt im Rat mangels sogenannter unmittelbarer Grundrechtsbetroffenheit gemäß § 90 Abs. 1 BVerfGG stets ab und wies auf den Rechtsschutz im Umsetzungsverfahren der sekundären Rechtsakte hin.[868] Im Ergebnis ist meines Erachtens der Ansicht von *Herdegen* zu folgen. Der Ratsvertreter muss einerseits aufgrund seiner mitgliedstaatlichen Vorgaben der nationalen Marschroute folgen, andererseits aber stets die gemeinsamen Grundsätze der Europäischen Union im Auge behalten. Sollte es hier zu Differenzen

---

861 *Calliess* in: Calliess/Ruffert, EUV/AEUV, Art. 16 EUV Rn. 7; vgl. m.w.N.: *Cremer* EuR 2014, S. 195 (205 f.).

862 Detaillierte Darstellung des Streits und der Positionen: *Cremer* EuR 2014, S. 195 (206 ff.).

863 *Obexer* in: Streinz, EUV/AEUV, Art. 16 EUV Rn. 35; *Jacqué* in: von der Groeben/Schwarze/Hatje, Europäisches Unionsrecht, Art. 16 EUV Rn. 6; *Hix* in: Schwarze *et al.*, EU-Kommentar, Art. 16 EUV Rn. 16.

864 *Nicolaysen* EuR 1989, S. 215 (218).

865 *Schilling* DVBl 1997, S. 458 (459 ff.); *Friauf/Scholz* Europarecht und Grundgesetz, S. 29 ff.

866 *Herdegen* Europarecht, § 7 Rn. 39.

867 BVerfG v. 22.03.1995 – 2 BvG 1/89, BVerfGE 92, S. 203 (227); BVerfG v. 23.06.1981 – 2 BvR 1107/77, NJW 1982, S. 507 (512).

868 BVerfG v. 16.10.2003 – 2 BvR 1096/92, NVwZ 2004, S. 209; BVerfG v. 09.07.1992 – 2 BvR 1096/92, NVwZ 1993, S. 883; BVerfG 12.05.1989 – 2 BvQ 3/89, EuGRZ 1989, S. 339 (339); vgl. kritisch dazu: *Herdegen* Europarecht, § 7 Rn. 44; *Cremer* EuR 2014, S. 195 (210 ff.).

kommen, ist er angehalten, die übergeordneten Ziele der Europäischen Union zu berücksichtigen. Bisher ist noch keine Abstimmung im Rat zustande gekommen. Bundesrat und Bundestag begrüßten in ihren Stellungnahmen die Arbeit an den Richtlinienvorschlägen und die Vorteile, die eine unionsweite Regelung brächte, äußerten sich aber auch kritisch zu bestimmten Teilbereichen.[869] Im Koalitionsvertrag der 19. Legislaturperiode haben sich die Regierungsparteien erneut für die Harmonisierung der Körperschaftsteuer-Bemessungsgrundlage ausgesprochen.[870] In diesem Zusammenhang haben sich die Finanzminister *Olaf Scholz* und *Bruno Le Maire* am 19.06.2018 in einem gemeinsamen deutsch-französischen Positionspapier[871] zur GKB für die Beschleunigung der Diskussionen ausgesprochen.

So bleibt zuletzt die Verfassungsbeschwerde gegen den Umsetzungsakt bzw. das daraus entstehende Besteuerungsverfahren, um die Richtlinienvorschläge einer verfassungsrechtlichen Prüfung zu unterziehen. Nach dem „Solange II“-Beschluss[872] wird das BVerfG im Bereich des abgeleiteten Unionsrechts jedoch nicht tätig, solange der EuGH einen dem Grundgesetz vergleichbaren Schutz auf der Grundlage der Unionsgrundfreiheiten und -grundrechte gewährleistet.[873] Dem Bananenmarkt-Beschluss[874] folgend bedarf es einer detaillierten Begründung des Beschwerdeführers, dass der unabdingbar gebotene Rechtsschutz generell nicht gewährleistet wird.[875] Das BVerfG prüft dann im Rahmen der sogenannten ultra-vires-Kontrolle, ob der Rechtsakt außerhalb der Zuständigkeit der Europäischen Union lag oder der Kerngehalt der Verfassungsidentität[876] gemäß Art. 23 Abs. 1 Satz 1, Satz 3 i.V.m. Art. 79 Abs. 3, Art. 1, Art. 20 GG betroffen ist.[877] Einer Prüfung bedarf es, insoweit der Verstoß hinreichend qualifiziert ist.[878] Wie bereits oben dargestellt, handelt die Europäische Union im Rahmen des Grundsatzes der begrenzten Einzelermächtigung und der Subsidiarität, sodass kein hinreichend

---

869 BR-Drucks. 641/16; BR-Drucks. 640/16; Koalitionsvertrag der 18. Legislaturperiode – (Deutschlands Zukunft gestalten), S. 65.

870 Koalitionsvertrag v. 19 Legislaturperiode – (Ein neuer Aufbruch für Europa. Eine neue Dynamik für Deutschland. Ein neuer Zusammenhalt für unser Land), S. 55; vgl. ebenso: *Lutzenberger/Petersen* DStR 2018, S. 949 (950).

871 BMF/Ministère de l'Économie et des Finances v. 19.01.2018, Gemeinsames Positionspapier Deutschlands und Frankreichs zum GKB-Vorschlag, S. 1, abrufbar unter: https://www.bundesfinanzministerium.de/Content/DE/Standardartikel/Themen/Europa/2018-06-20-Meseberg-Anl2.pdf?__blob=publicationFile&v=1 (zuletzt abgerufen am 06.12.2018).

872 BVerfG v. 22.10.1986 – 2 BvR 197/83, BVerfGE 73, S. 339 (32).

873 Vgl. *Streinz* Europarecht, § 3 Rn. 250.

874 BVerfG v. 07.06.2000 – 2 BvL 1/97, BVerfGE 102, S. 147.

875 Vgl. m.w.N.: *Oppermann/Classen/Nettesheim* Europarecht, § 10 Rn. 22.

876 Vgl. zur näheren Umschreibung des Begriffs: *Oppermann/Classen/Nettesheim* Europarecht, § 10 Rn. 26.

877 BVerfG v. 30.06.2009 – 2 BvE 2/08 u.a., BVerfGE 123, S. 267 (330).

878 BVerfG v. 06.07.2010 – 2 BvR 2661/06, BVerfGE 126, S. 28 (48).

qualifizierter Verstoß gegen das Kompetenzgefüge vorliegt.[879] Da meines Erachtens unter Berücksichtigung der oben genannten Begründung dem nationalen Gesetzgeber ein gewisser Umsetzungsspielraum zusteht, bleibt abzuwarten, wie der deutsche Steuergesetzgeber die Richtlinienvorschläge umsetzen wird, um abschließend beurteilen zu können, ob die gesetzlichen Regelungen zur Umsetzung der GKB bzw. der $GKKB_{2016}$ gegen den Kerngehalt der Verfassungsidentität verstoßen. Der Steuergesetzgeber muss die Richtlinienvorschläge möglichst grundrechtsschonend umsetzen.[880] Im Falle eines Rechtsstreits vor den nationalen Gerichten ist ohnehin davon auszugehen, dass die entscheidungserhebliche Frage bereits durch den BFH dem EuGH gemäß Art. 267 AEUV zur Vorabentscheidung vorgelegt wird.[881] *Eggert* führt hinsichtlich der $GKKB_{2011}$ – und meines Erachtens ohne Weiteres auch auf die aktuellen Richtlinienvorschläge übertragbar – zutreffend an, dass das dem Bundestag zustehende Budgetrecht aufgrund der fortbestehenden nationalen Hoheit über den KSt-Satz und den minimalen Anteil der KSt am deutschen Steueraufkommen nicht belastet sei.[882] Das Budgetrecht des Bundestages folgt dabei als zentrales Element demokratischer Willensbildung aus dem in Art. 38 Abs. 1 GG und Art. 20 Abs. 2 Satz 1 GG zum Ausdruck kommenden Demokratieprinzip.[883]

H. Zwischenfazit zur Harmonisierung der Körperschaftsteuer-Bemessungsgrundlage

Die Historie der Harmonisierung der direkten Besteuerung in der Europäischen Union lässt sich als eine Reihe von Einzelprojekten beschreiben, die lediglich bruchstückhaft auf eine flächendeckende Harmonisierung hinarbeiteten. Seit 2011 arbeitet die Europäische Union an einem umfassenden einheitlichen System zur Besteuerung grenzüberschreitend tätiger Unternehmen. Mit der Neuauflage der $GKKB_{2011}$ beabsichtigt die Europäische Union die Körperschaftbesteuerung an die Bedürfnisse des europäischen Binnenmarkts anzupassen, durch ein vereinfachtes System Steuerbefolgungskosten zu senken und den Missbrauch durch Steuervermeidungsstrategien zu verhindern. Zur Erreichung dieser Ziele hat die Europäische

879 Vgl. ebenso: *Eggert* Die Gewinnermittlung nach dem Richtlinienvorschlag über eine Gemeinsame Konsolidierte Körperschaftsteuer-Bemessungsgrundlage: Vergleich mit der Gewinnermittlung nach dem HGB, EStG und den IFRS, S. 39.

880 BVerfG v. 18.07.2005 – 2 BVR 2236/04, BVerfGE 113, S. 273 (300).

881 *Hobe/Fremuth* Europarecht, § 10 Rn. 462.

882 Vgl. ebenso: *Eggert* Die Gewinnermittlung nach dem Richtlinienvorschlag über eine Gemeinsame Konsolidierte Körperschaftsteuer-Bemessungsgrundlage: Vergleich mit der Gewinnermittlung nach dem HGB, EStG und den IFRS, S. 39.

883 Vgl. bspw.: BVerfG v. 14.01.2014 – 2 BvE 13/13, BVerfGE 134, S. 366 (418); BVerfG v. 07.09.2011 – 2 BvR 987/10, BVerfGE 129, S. 124 (177); BVerfG v. 30.06.2009 – 2 BvE 2/08, BVerfGE 123, S. 267 (361).

Kommission die in nationales Recht umzusetzende Richtlinie als Gesetzgebungsakt gewählt.

Ein solch ambitioniertes Projekt ruft Kritiker auf den Plan, die sowohl in der Literatur als auch im Rahmen der Ihnen zustehenden Subsidiaritätsrüge zu den Richtlinienvorschlägen Stellung genommen haben. Hierbei können die Mitgliedstaaten nach hier vertretener Auffassung alle Elemente des Art. 5 EUV im Rahmen der begründeten Stellungnahme rügen. Allerdings haben die Parlamente der Mitgliedstaaten nicht genügend begründete Stellungnahmen eingereicht, als dass ein Quorum zustande kommen könnte. Nichtsdestotrotz liegt nach hier vertretener Ansicht im Allgemeinen kein Verstoß gegen den Grundsatz der begrenzten Einzelermächtigung im Sinne des Art. 5 Abs. 1, 2 EUV, das Subsidiaritätsprinzip im Sinne des Art. 5 Abs. 3 EUV und den Grundsatz der Verhältnismäßigkeit im Sinne des Art. 5 Abs. 4 EUV vor.

Vielmehr sind die einzelnen Bestimmungen der Richtlinienvorschläge hinsichtlich der Vereinbarkeit mit dem unionsrechtlichen Primär- und Sekundärrecht zu überprüfen. Die Vereinbarkeit mit den Grundfreiheiten tritt dabei in den Hintergrund, da die Bestimmungen der Richtlinienvorschläge alle Mitgliedstaaten gleich behandelt.

Teil 4: Gemeinsame Körperschaftsteuer-Bemessungsgrundlage

Im vierten Kapitel werden die einzelnen Bestimmungen der GKB analysiert. Hierbei steht insbesondere die Vereinbarkeit mit höherrangigem Unionsrecht (EUV, AEUV, EuGRCh und EMRK) im Fokus. Zusätzlich werden die Bestimmungen mit der $GKKB_{2011}$, anderen EU-Richtlinien bzw. Richtlinienvorschlägen im Bereich der direkten Steuern und vorranging mit dem deutschen Körperschaftsteuer- bzw. Abgabenordnungssystem verglichen.

A. Anwendungsbereich des Richtlinienvorschlags

I. Anwendungsbereich

Die GKB ist obligatorisch für Unternehmen, die nach dem Recht eines Mitgliedstaats gegründet wurden sowie für ihre Betriebsstätten in anderen Mitgliedstaaten gemäß Art. 2 GKB anzuwenden. Aus deutscher Sicht fallen die SE, SCE, AG, KGaA, GmbH, der Versicherungsverein auf Gegenseitigkeit, die Erwerbs- und Wirtschaftsgenossenschaft, Betriebe gewerblicher Art von juristischen Personen des öffentlichen Rechts und andere nach deutschem Recht gegründete Gesellschaften in den Anwendungsbereich.[884] Insgesamt haben ca. 1,16 Mio. Körperschaftsteuerpflichtige in Deutschland eine dieser Rechtsformen.[885] Das Unternehmen muss der Körperschaftsteuer unterliegen.[886] Zudem muss das Unternehmen Teil einer zu Rechnungslegungszwecken konsolidierten Gruppe mit einem Gesamtumsatz in Höhe von mehr als 750 Mio. € sein. Die zu Rechnungslegungszwecken konsolidierte Gruppe umfasst gemäß Art. 4 Abs. 10 GKB alle Unternehmen, die vollständig in konsolidierte Abschlüsse nach IAS/IFRS oder ein sogenanntes nationales Finanzberichtssystem einbezogen sind.

Der Begriff Unternehmen ist im Richtlinienvorschlag nicht legal definiert. Zu den unterschiedlichen Betrachtungsweisen sei auf die oben genannten Ausführungen[887] verwiesen. Der Begriff wird innerhalb des Richtlinienvorschlags an unterschiedlichen Stellen gebraucht, sodass es nahe liegt, ihn im Kontext der entsprechenden Vorschrift auszulegen. Demzufolge bezeichnet der Begriff hier eine Rechtsform des Anhangs I mit eigener Rechtspersönlichkeit, sodass

884 COM(2016) 685 final, Anhang I.
885 Vgl. Statistisches Bundesamt, Jährliche Körperschaftsteuerstatistik 2012, Wiesbaden 2016, S. 15 Tabelle 12.13.
886 COM(2016) 685 final, Anhang II.
887 Vgl. dazu: Teil 1: A.

unselbstständige Betriebsstätten als Unternehmen ausscheiden. Eben Gleiches folgt aus der Fiktion des Art. 2 Abs. 1 lit. d i.V.m. Art. 3 GKB, sodass es sich bei Unternehmen lediglich um Mutter- oder qualifizierte Tochtergesellschaften handeln kann. Die Wertung des Wortlautes „und für ihre Betriebsstätten" entspricht dieser Auslegung ebenso wie der Sinn und Zweck der Vorschrift, welcher die Anwendung der Bestimmungen des Richtlinienvorschlags an die unselbstständigen Bestandteile einer Konzerngruppe knüpft. Am Rande erwähnt sei, dass die deutsche Sprachversion der $GKKB_{2011}$ im Wortlaut von „Gesellschaften" sprach, während im aktuellen Richtlinienvorschlag nur noch von „Unternehmen" die Rede ist. Die englische Version bleibt hingegen unverändert beim Begriff „company". Diese sprachliche Veränderung entspricht der Wertung des Tatbestandsmerkmals, da nicht alle genannten Rechtsformen Gesellschaften, wohl aber Unternehmen[888] sind.

Auslegungsschwierigkeiten ergeben sich hinsichtlich der Definition der Gruppe nach Art. 4 Abs. 10 GKB. Zur Gruppe gehören alle Unternehmen, die vollständig in konsolidierte Abschlüsse gemäß IFRS oder dem nationalen Finanzberichtssystem eines Mitgliedstaats einbezogen sind. Hieraus ergibt sich die Frage, ob die Umsätze sämtlicher weltweit tätiger Unternehmen oder nur der in der Europäischen Union tätigen Unternehmen zur Ermittlung des Gesamtumsatzes der Gruppe einzubeziehen sind. Werden die Umsätze der weltweiten Tätigkeit einbezogen, kann die obligatorische Anwendung von Tochtergesellschaften bzw. deren Betriebsstätten im EU-Ausland abhängen, ohne dass der Schwerpunkt der wirtschaftlichen Tätigkeit im europäischen Inland liegt. Ferner sind entgegen der oben genannten Auslegung sowohl selbstständige als auch unselbstständige Teile der Gruppe einzubeziehen, da es an der Verknüpfung zum Recht des Gründungsstaates und den Rechtsformen des Anhangs I fehlt. Dennoch ist die Anwendung der Bestimmungen auf die Unternehmen und deren Betriebsstätten des Art. 2 Abs. 1 GKB begrenzt. Für die Einbeziehung sämtlicher weltweiter Gruppenteile, die einen Beitrag zum Gesamtumsatz leisten, spricht augenscheinlich der Wortlaut „alle", sodass es auf die Einbeziehung im Abschluss nach IFRS bzw. nach dem nationalen Finanzberichtsystem ankommt. Dieselbe Wertung ergibt sich aus der englischen Sprachfassung.[889] Sinn und Zweck der Vorschrift ist es, den Missbrauch durch aggressive Steuerplanung solcher Unternehmen, die über die größten Kapazitäten verfügen, zu vermeiden und Steuern gerecht zu erheben.[890] Folgerichtig sind auch die nicht europäischen Teile der Unternehmensgruppe einzubeziehen, da die betroffenen Unternehmen womöglich nicht nur Steueroptimierungsmodelle in der Europäischen Union sondern auch weltweit nutzen. Die Vorschrift ist auch im systematischen Kontext mit Art. 2 Abs. 1 lit. c, Art. 3 Abs. 12 $GKKB_{2016}$ zu

888 Vgl. dazu: Teil 4: A.I.

889 „'consolidated group for financial accounting purposes' means all entities that [...]"

890 Europäische Kommission v. 25.10.2016 – SWD(2016) 341 final (Impact assessment accompanying the document proposals for CCTB and CCCTB), S. 26.

sehen, welcher jedoch lediglich auf die Bestimmung der GKB verweist. Definiert wird in Art. 3 Abs. 22, Art. 6 $GKKB_{2016}$ lediglich, dass die Mitglieder einer Gruppe in einem Mitgliedstaat belegen sein müssen. Daher sind im Umkehrschluss für die Ermittlung des Gesamtumsatzes der Gruppe auch Teile zu berücksichtigen, die nicht in einem Mitgliedstaat belegen sind. Einzig eine unionsrechtliche Auslegung, basierend auf Art. 26 Abs. 1, 2 AEUV, widerspricht dieser Auslegung. Schließlich sind die Maßnahmen der Union auf den Binnenmarkt begrenzt. Eben die Verwirklichung bzw. das Funktionieren des Binnenmarktes stehen im Fokus des Richtlinienvorschlags, sodass nur solche Teile etwas zum Gesamtumsatz der Gruppe beitragen können, die in der Europäischen Union belegen sind. Zusammenfassend sprechen jedoch die besseren Gründe für ein weites Verständnis der zu Rechnungslegungszwecken konsolidierten Gruppe.

Das sogenannte nationale Finanzberichtssystem weist dem Sinn und Zweck nach den Gesamtumsatz der Gruppe aus, welcher im Geschäftsjahr vor dem entsprechenden Geschäftsjahr erwirtschaftet werden muss. Das KStG knüpft lediglich an das zu versteuernde Einkommen und somit den steuerlichen Gewinn gemäß § 7 Abs. 1, 2, § 8 Abs. 1 Satz 1 KStG an. Gemäß § 5 Abs. 1 Satz 1 EStG i.V.m. § 238 Abs. 1 Satz 1, § 6 Abs. 1 HGB ergibt sich dieser Gewinn für buchführungspflichtige Gewerbetreibende aus dem Gewinn der Handelsbilanz. Das Umsatzergebnis ergibt sich jedoch nicht aus dem Gewinn der Handelsbilanz, sondern aus dem Jahresabschluss, der gemäß § 264 Abs. 1 Satz 1 HGB aus der Handelsbilanz, der Gewinn- und Verlustrechnung und dem Lagebericht besteht. Die Gewinn- und Verlustrechnung weist gemäß § 275 Abs. 2 Nr. 1 HGB die Umsatzerlöse aus, welche dann für Art. 2 Abs. 1 lit. c GKB maßgeblich sind. Eine Anknüpfung an das nationale Bilanzsteuerrecht kommt folgerichtig nicht in Betracht.[891] Zuletzt muss das Unternehmen gemäß Art. 2 Abs. 1 lit. d GKB als Muttergesellschaft oder qualifizierte Tochtergesellschaft im Sinne des Art. 3 GKB gelten und/oder über eine oder mehrere Betriebsstätten in anderen Mitgliedstaaten im Sinne des Art. 5 GKB verfügen. Qualifizierte Tochtergesellschaften sind nach Art. 3 Abs. 1 GKB alle Tochter- und Enkelgesellschaften, an denen die Muttergesellschaft das Recht, mehr als 50 % der Stimmrechte auszuüben, und ein Eigentumsrecht an mehr als 75 % des Kapitals der Tochtergesellschaft oder mehr als 75 % der Ansprüche auf Gewinnbeteiligung hält.[892] Hinsichtlich der Definition der Betriebsstätten in anderen

---

891 Vgl. einführend zur Abweichung im Hinblick auf deutsches Bilanzsteuerrecht: *Köstler/Dietrich* WPg 2015, S. 81 (83).

892 Bei Enkelgesellschaften werden die prozentualen Schwellenwerte im Sinne des Art. 3 Abs. 1 GKB in der Art berechnet, dass bei Erreichen des Schwellenwerts für die Stimmrechte bei einer Tochtergesellschaft die Beteiligung der Muttergesellschaft als Beteiligung zu 100 % gilt. Der Anspruch auf Gewinnbeteiligung und die Kapitalbeteiligung werden durch Multiplikation der direkt oder indirekt an Tochtergesellschaften gehaltenen Beteiligungen auf jeder Stufe berechnet. Bei der Berechnung werden auch Beteiligungen von bis zu 75 %, die direkt oder indirekt

Mitgliedstaaten im Sinne des Art. 5 GKB wird auf die späteren Ausführungen verwiesen.[893]

Ist das Unternehmen nach dem Recht eines Drittlandes gegründet, findet die GKB in Bezug auf die Betriebsstätten in einem oder mehreren Mitgliedstaaten gemäß Art. 2 Abs. 2 GKB auch dann obligatorische Anwendung, wenn das Unternehmen der in Anhang II[894] genannten Körperschaftsteuer unterliegt und es Teil einer zu Rechnungslegungszwecken konsolidierten Gruppe mit einem Gesamtumsatz von mehr als 750 Mio. € ist. Hinsichtlich der Rechtsform des Unternehmens legt die Europäische Kommission gemäß Art. 2 Abs. 2 Satz 2, 3 GKB jährlich ein Verzeichnis fest, welches Rechtsformen aus Drittländern aufführt, die mit den im Anhang I[895] genannten Rechtsformen vergleichbar sind. Jedoch ist es nach Art. 2 Abs. 2 Satz 5 GKB für die Anwendung nicht notwendig, dass die Rechtsform des Drittlandes im konkreten Fall im Verzeichnis genannt ist.

Ein Unternehmen, dass, lediglich einer in Anhang I[896] genannten Rechtsformen entspricht und körperschaftsteuerpflichtig[897] ist, ohne Teil einer zu Rechnungslegungszwecken konsolidierten Gruppe mit einem Gesamtumsatz von mehr als 750 Mio. € zu sein, kann gemäß Art. 2 Abs. 3 GKB für eine Dauer von fünf Jahren für die Anwendung der GKB auch für seine Betriebsstätten in anderen Mitgliedstaaten optieren. Ohne Kündigung gemäß Art. 65 Abs. 3 GKB verlängert sich die Option für weitere fünf Steuerjahre.

Gemäß Art. 2 Abs. 4 GKB ist die Richtlinie nicht auf Reedereien anwendbar, für die Steuersonderregelungen gelten. Die Europäische Kommission ist gemäß Art. 2 Abs. 5, Art. 66 GKB befugt die Anhänge I und II im Rahmen delegierter Rechtsakte zu ändern.

1. Vereinbarkeit mit Unionsrecht

Im folgenden Abschnitt wird Art. 2 GKB mit dem weiteren Unionsrecht verglichen; die Analyse soll klären, ob die Tatbestandsvoraussetzungen mit dem Unionsrecht vereinbar sind. Prüfungsmaßstab ist das gesamte restliche Unionsrecht. Vornehmlich ist die Vereinbarkeit mit dem Subsidiaritätsprinzip i.w.S. gemäß Art. 5 EUV, der Niederlassungsfreiheit gemäß Art. 49 AEUV, der Kapitalverkehrsfreiheit gemäß Art. 63 AEUV und dem unionsrechtlichen Gleichheitssatz gemäß Art. 20 EUGrCh zu prüfen.

---

von der Muttergesellschaft gehalten werden, einschließlich Rechte an Gesellschaften mit Sitz in Drittländern, berücksichtigt.

893 Vgl. dazu: Teil 4: A.II.

894 COM(2016) 685 final, Anhang II.

895 COM(2016) 685 final, Anhang I.

896 COM(2016) 685 final, Anhang I.

897 COM(2016) 685 final, Anhang II.

a. Subsidiaritätsprinzip i.w.S.

Wie bereits dargestellt, gliedert sich das Subsidiaritätsprinzip i.w.S. in den Grundsatz der begrenzten Einzelermächtigung, das Subsidiaritätsprinzip i.e.S. und den Grundsatz der Verhältnismäßigkeit. Die Analyse des Anwendungsbereiches gemäß Art. 2 GKB betrifft jedoch vornehmlich den Grundsatz der Verhältnismäßigkeit nach Art. 5 Abs. 4 EUV. Am Grundsatz der begrenzten Einzelermächtigung und am Subsidiaritätsprinzip i.e.S. bestehen mit Blick auf die vorstehenden Ausführungen[898] keine Bedenken.

aa. Obligatorische Anwendung der GKB

Sinn und Zweck der Einführung der obligatorischen Anwendung, verknüpft mit einem Gesamtumsatz, ist die Bekämpfung der Steuervermeidungspraktiken. *Oppel* nimmt zutreffend an, dass die optionale Anwendung lediglich ein weiteres Steuergestaltungsinstrument darstellen würde, sodass Unternehmen lediglich für die Anwendung optieren würden, soweit die GKB vorteilhaft ist.[899] Ebenso ist nach *Eiling* zu begrüßen, dass Konzernen so die Möglichkeit genommen würde, das gemeinsame System durch bewusst gewählte Optierungszeitpunkte zu missbrauchen.[900] Dementsprechend ist die obligatorische Anwendung geeignet, den beabsichtigten Zweck zu erfüllen.

Obwohl sich meines Erachtens keine Zweifel an der Erforderlichkeit stellen, bleibt fraglich, ob die Umsatzerlösschwelle in Höhe von 750 Mio. € angemessen ist. In Deutschland müssten demzufolge bspw. die Daimler AG[901], Deutsche Telekom AG[902], Deutsche Lufthansa AG[903], Siemens AG[904] und Volkswagen

---

898 Teil 3: F.II.2.b.

899 Vgl. ebenso: Europäischer Ausschuss der Regionen v. 10.02.2016 – ABl.-EU C 51/34 (Stellungnahme – Eine faire und effiziente Unternehmensbesteuerung in der Europäischen Union), Tz. 25; *Oppel* IStR 2015, S. 813 (816).

900 *Eiling* NWB 2017, S. 49 (52); *Schaumburg/Englisch* Europäisches Steuerrecht, Rn. 18.59.

901 Umsatzerlöse in Höhe von 153,25 Mrd. €: Jahres- und Konzernabschluss der Daimler AG (Stuttgart) zum Geschäftsjahr vom 01.01.2016 bis zum 31.12.2016, einsehbar auf www.bundesanzeiger.de (zuletzt abgerufen am 03.11.2017).

902 Umsatzerlöse in Höhe von 3,92 Mrd. €: Jahres- und Konzernabschluss der Deutschen Telekom AG (Bonn) zum Geschäftsjahr vom 01.01.2016 bis zum 31.12.2016, einsehbar auf www.bundesanzeiger.de (zuletzt abgerufen am 03.11.2017).

903 Umsatzerlöse in Höhe von 31,66 Mrd. €: Jahres- und Konzernabschluss der Deutsche Lufthansa AG (Köln) zum Geschäftsjahr vom 01.01.2016 bis zum 31.12.2016, einsehbar auf www.bundesanzeiger.de (zuletzt abgerufen am 03.11.2017).

904 Umsatzerlöse in Höhe von 25,76 Mrd. €: Jahres- und Konzernabschluss der Siemens AG (München und Berlin) zum Geschäftsjahr vom 01.10.2015 bis zum 30.09.2016, einsehbar auf www.bundesanzeiger.de (zuletzt abgerufen am 03.11.2017).

AG[905] die Bestimmungen des umgesetzten Richtlinienvorschlags obligatorisch anwenden. Insgesamt wären ca. 1.200 Unternehmen von der obligatorischen Anwendung der GKB betroffen.[906] Hierhinter steht die Erwägung, dass Unternehmen mit niedrigeren Umsatzerlösen die Gewinnverlagerung, welche durch die Richtlinienvorschläge unterbunden werden soll, scheuen.[907] Jedoch wird man dieser Erwägung entgegenhalten müssen, dass durch die Idee, das bestehende internationale Steuerrecht in eine digitalisierte Wirtschaftswelt zu überführen[908], infolgedessen durch den Markteintritt digitaler Unternehmen auch bei Unternehmen mit geringeren Umsatzerlösen ein Gewinnverlagerungsrisiko ohne Weiteres besteht.[909]

Ebenso wäre die Anwendung denkbar, wenn die Umsatzerlöse die nationale größte Größenklasse übersteigen, bspw. 40 Mio. € gemäß § 267 Abs. 3 Satz 1 HGB oder 50 Mio. € nach Art. 2 Abs. 1 Anhang zur Empfehlung der Kommission betreffend die Definition der Kleinstunternehmen sowie der kleinen und mittleren Unternehmen[910]. Die offensichtlichste Änderung ist die Einführung der obligatorischen Anwendung des Richtlinienvorschlags. Der EWSA hatte sich bereits 2012 für die Einführung einer größenabhängigen Anknüpfung ausgesprochen, um die Mitgliedstaaten nicht dauerhaft einem erheblichen administrativen Aufwand durch die Option auszusetzen.[911] Infolgedessen musste Art. 2 Abs. 3 GKB in den Richtlinienvorschlag aufgenommen werden. Der Rechtsausschuss des Europäischen Parlaments begrüßte den Schritt der Kommission zur obligatorischen Anwendung, obwohl er dafür plädierte, dass die GKB bereits bei Umsatzerlösen in Höhe von 40 Mio. € obligatorisch anzuwenden sei.[912] Diese Ansicht stützt das Parlament auf

905 Umsatzerlöse in Höhe von 217 Mrd. €: Konzernabschluss der Volkswagen AG (Wolfsburg) zum Geschäftsjahr vom 01.01.2016 bis zum 31.12.2016, einsehbar auf www.bundesanzeiger.de (zuletzt abgerufen am 12.04.2017).

906 *Richter/Bachmann* DB 2018, S. 649 (652); IW-Kurzbericht Nr. 14 v. 08.04.2016, abrufbar unter: https://www.iwkoeln.de/studien/iw-kurzberichte/beitrag/country-by-country-reporting-the-pros-and-cons-of-more-tax-transparency-277141.html (zuletzt angerufen am: 05.01.2019).

907 Vgl. COM(2016) 685 final, S. 8;

908 COM(2016) 685 final, S. 2.

909 Vgl. ebenso: *Valta* IStR 2018, S. 765 (771).

910 Empfehlung der Kommission vom 6. Mai 2003 betreffend die Definition der Kleinstunternehmen sowie der kleinen und mittleren Unternehmen, ABl.-EU v. 20.05.2003, L 125/36.

911 Stellungnahme des Europäischen Wirtschafts- und Sozialausschusses zu dem „Vorschlag für eine Richtlinie des Rates über eine Gemeinsame konsolidierte Körperschaftsteuer-Bemessungsgrundlage (GKKB)", ABl.-EU v. 28.01.2012, C 24/63, Tz. 4.3.

912 Parlament v. 19.09.2017 – 2016/0337(CNS) (Stellungnahme des Rechtsausschusses für den Ausschuss für Wirtschaft und Währung zu dem Vorschlag für eine Richtlinie des Rates über eine Gemeinsame Körperschaftsteuer-Bemessungsgrundlage), S. 14.

die sogenannte Vierte Gesellschaftsrichtlinie[913], welche die Schwellenwerte für Kleinstunternehmen, kleine, mittlere und große Unternehmen festlegt.[914] 1,6 % der in der Europäischen Union tätigen Unternehmensgruppen erwirtschaften einen Umsatz von mehr als 750 Mio. €, wobei ebendiese Unternehmen – ohne dass der Umsatz der einzelnen Gruppenangehörigen untereinander konsolidiert wurde – einen Anteil in Höhe von 64 % am Gesamtumsatz im europäischen Binnenmarkt besitzen.[915] Für eine hohe Umsatzerlösschwelle spricht die Idee, zunächst nur einen kleinen Teil der Unternehmen zur Anwendung der GKB zu bringen und kleineren Unternehmen die optionale Anwendung nahezulegen, um nicht zu regulatorisch in den Steuerwettbewerb der Mitgliedstaaten einzugreifen. Über diese Frage wird zukünftig zu diskutieren sein. Ob und welche Schwelle im Sinne des Art. 5 Abs. 4 AEUV angemessen ist, kann jedoch ohne eine ausführliche wirtschaftswissenschaftliche Analyse, die nicht Gegenstand dieser Untersuchung ist[916], nicht festgestellt werden. Eine Schwelle unterhalb von 40 Mio. € scheidet nach den obigen Ausführungen jedoch aus.

Das Europäische Parlament selbst sprach sich in seiner Entschließung vom 15.03.2018 dafür aus, den Schwellenwert innerhalb von sieben Jahren auf null zu senken.[917] Dies käme folglich der vollständigen obligatorischen Anwendung gleich.

---

913 Die vierte Gesellschaftsrichtlinie (Richtlinie 78/660/EWG des Rates vom 25.07.1978 aufgrund von Art. 54 Abs. 3 lit. g des Vertrages über den Jahresabschluss von Gesellschaften bestimmter Rechtsformen, ABl. L 222 v. 14.8.1978) wurde in zwischen durch die Bilanzrichtlinie (Richtlinie 2013/34/EU des Europäischen Parlaments und des Rates v. 26.06.2013 über den Jahresabschluss, den konsolidierten Abschluss und damit verbundene Berichte von Unternehmen bestimmter Rechtsformen, ABl.-EU L 182/19 v. 29.06.2013, und zur Änderung der Richtlinie 2006/43/EG des Europäischen Parlaments und des Rates und zur Aufhebung der Richtlinien 78/660/EWG und 83/349/EWG des Rates) außer Kraft gesetzt, welche durch das Bilanzrichtlinie-Umsetzungsgesetz (Gesetz zur Umsetzung der Richtlinie 2013/34/EU des Europäischen Parlaments und des Rates vom 26.06.2013 über den Jahresabschluss, den konsolidierten Abschluss und damit verbundene Berichte von Unternehmen bestimmter Rechtsformen und zur Änderung der Richtlinie 2006/43/EG des Europäischen Parlaments und des Rates und zur Aufhebung der Richtlinien 78/660/EWG und 83/349/EWG des Rates, BGBl. I v. 22.07.2015, S. 1245 ff.) umgesetzt wurde.

914 Parlament v. 19.09.2017 – 2016/0337(CNS) (Stellungnahme des Rechtsausschusses für den Ausschuss für Wirtschaft und Währung zu dem Vorschlag für eine Richtlinie des Rates über eine Gemeinsame Körperschaftsteuer-Bemessungsgrundlage), S. 7 f.

915 Europäische Kommission v. 25.10.2016 – SWD(2016) 341 final (Impact assessment accompanying the document proposals for CCTB and CCCTB), S. 108 – Table 32.

916 Vgl. detailliert: *Scheffler et al.* StuW 2014, S. 326 (332 ff.).

917 Europäisches Parlament v. 15.03.2018 – P8_TA-PROV(2018)0088 (Legislative Entschließung des Europäischen Parlaments vom 15.03.2018 zu dem Vorschlag für eine Richtlinie des Rates über eine Gemeinsame Körperschaftsteuer-Bemessungsgrundlage), S. 54.

Im Hinblick auf die optionale Anwendung werden zumeist Kostenargumente angeführt, die sich bei einer nachträglichen Abschaffung der optionalen Anwendung doppelt auswirken würden.[918] Schließlich würde eine eingeführte Struktur wieder abgeschafft werden. Es würde meines Erachtens verwundern, wenn der Vorschlag Anklang bei den Mitgliedstaaten findet.

Im Gegensatz zum Richtlinienvorschlag erfasst die ATAD nach ihrem Art. 1 alle Körperschaftsteuersubjekte der Europäischen Union sowie die im Drittland ansässigen Betriebsstätten. Hierhinter steht die Motivation, in Umsetzung des BEPS-Projekts der OECD unerwünschte Steuervermeidungsstrategien in der Europäischen Union zu bekämpfen.[919] Der Anwendungsbereich nach Art. 1, 2 lit. a Mutter-Tochter-Richtlinie[920] erfasst dieselben Rechtsformen und dieselben Steuern. Jedoch ist tatbestandlich erforderlich, dass die Gesellschaft in der Europäischen Union ansässig ist. Ansässigkeit ist ein Terminus, der vorwiegend im internationalen Steuerrecht, insbesondere bei DBA verwendet wird. Meines Erachtens erscheint der Terminus „Unternehmen" gegenüber „Gesellschaft" in dem Richtlinienvorschlag vorzugswürdig. Zudem ist der Tatbestand des Art. 2 GKB weiter gefasst und berücksichtigt auch andere als die genannten Rechtsformen.

Selbst in Zusammenschau mit Anhang II wird aus dem Wortlaut des Art. 2 Abs. 1 GKB nicht ersichtlich, ob es der unbeschränkten und/oder beschränkten Körperschaftsteuerpflicht bedarf. Ist ein Unternehmen im Inland beschränkt steuerpflichtig und in einem anderen Mitgliedstaat unbeschränkt steuerpflichtig, bedarf es keiner Lösung dieses Problems, da die GKB dann im anderen Mitgliedstaaten gelten würde. Gleiches gilt, wenn es sich nicht um eine Rechtsform des Anhangs I handelt, da dann Art. 2 Abs. 2 GKB einschlägig ist. Verlagert das nach dem Recht eines Mitgliedstaates gegründete Unternehmen seinen Verwaltungssitz in das EU-Ausland und unterhält im EU-Inland weiterhin eine Betriebsstätte, die einer beschränkten Steuerpflicht unterliegt, stellt sich die Frage, ob die GKB für dieses Unternehmen anwendbar ist.[921] Soweit Unterschiede zwischen der Gewinnermittlung nach dem nationalen Recht des Drittstaates und der GKB bestehen, ergeben sich Gestaltungs- und folglich auch Missbrauchsmöglichkeiten. Diesen

918 Vgl. dazu: Teil 4: A.I.1.a.bb.

919 Vgl. dazu: *Eilers/Oppel* IStR 2016, S. 312 (312 f.).

920 Richtlinie 2011/96/EU des Rates v. 30.11.2011 über das gemeinsame Steuersystem der Mutter- und Tochtergesellschaften verschiedener Mitgliedstaaten, ABl.-EU L 345/8 v. 29.12.2011, zuletzt geändert durch Richtlinie (EU) 2015/121 des Rates v. 27.01.2015 zur Änderung der Richtlinie 2011/96/EU über das gemeinsame Steuersystem der Mutter- und Tochtergesellschaften verschiedener Mitgliedstaaten, ABl.-EU L 21/1 v. 28.01.2015.

921 Vgl. zu den steuerlichen Folgen (§ 12 Abs. 3 Satz 1 KStG) aus deutscher Sicht: *Becker/Schwarz/Mühlhausen* IStR 2017, S. 45 (46 ff.); vgl. zu den gesellschafts- und kollisionsrechtlichen Folgen: *Marsch-Barner* in: Blumenberg *et al.*, FS Haarmann 2015, S. 119 (121 ff.).

Fall hat die Europäische Kommission jedoch bedacht und in Art. 29 Abs. 1 lit. c GKB geregelt.[922]

bb. Optionale Anwendung der GKB

Kleine und mittlere Unternehmen würden durch die obligatorische Anwendung einer unnötigen stärkeren administrativen Belastung ausgesetzt, sodass die Missbrauchsvermeidung weniger im Fokus der optionalen Anwendung steht. Die Union erhofft sich durch die optionale Anwendung Wachstumseffekte und Investitionsanreize. Steuerliche Befolgungskosten, die bei der erstmaligen Grenzüberschreitung anfallen, sollen verringert werden.[923] Die Europäische Union versteht die gemeinsame Bemessungsgrundlage für kleine und mittlere Unternehmen eher als Chance zur Erweiterung der Geschäftstätigkeit. Dies ergab sich bereits im Richtlinienvorschlag 2011 und birgt ferner die daran anschließenden Vorteile bzw. ungelösten Probleme. Gegen die Geeignetheit der optionalen Anwendung spricht, dass sie die kleinen und mittleren Unternehmen vor die hoch komplexe Frage stellt, ob sie ihren Gewinn nach dem nationalen oder unionsweiten System ermitteln sollen.[924] Die Unternehmen sind angehalten, weiterhin das nationale Steuerrecht im Auge zu behalten, um möglichst steueroptimal für die Anwendung zu optieren.[925] Das Beratungsfeld im Steuerrecht der Staaten der Europäischen Union besteht somit nicht mehr nur aus den nationalen Steuersystemen, sondern zusätzlich noch aus der GKB.

Ungeachtet des Anwendungszeitraums von mindestens fünf Jahren führt die geschickte Optierung zum sogenannten System-Shopping als Gestaltungs- und gegebenenfalls sogar Missbrauchsmittel für kleine und mittlere Unternehmen.[926] Das Europäische Parlament sprach sich in der Entschließung gegen einen Mindestanwendungszeitraum aus, was zu erheblichen Gestaltungsmöglichkeiten führen kann und dementsprechend nicht im Einklang mit den Zielen[927] der

---

922 Vgl. dazu: Teil 4: B.V.

923 Europäische Kommission v. 25.10.2016 – SWD(2016) 341 final (Impact assessment accompanying the document proposals for CCTB and CCCTB), S. 66.

924 *Eggert* Die Gewinnermittlung nach dem Richtlinienvorschlag über eine Gemeinsame Konsolidierte Körperschaftsteuer-Bemessungsgrundlage: Vergleich mit der Gewinnermittlung nach dem HGB, EStG und den IFRS, S. 31; *Herzig* Gemeinsame konsolidierte Körperschaftsteuerbemessungsgrundlage (GKKB), S. 14; *Müller-Gatermann/Möhlenbrock/Fehling* ISR 2012, S. 17 (22); *Schön/Schreiber/Spengel* A CCCTB for Europe, S. 125.

925 *Bünning/Möser* BB 2011, S. 2647 (2648).

926 BMF, Gutachten „Einheitliche Bemessungsgrundlage der Körperschaftsteuer in der Europäischen Union" v. 26.03.2007, S. 48; vgl. *Herzig* Gemeinsame konsolidierte Körperschaftsteuerbemessungsgrundlage (GKKB), S. 14; a.A. *Krauß* Gruppenbesteuerung nach dem Richtlinienvorschlag zur CCCTB, S. 40.

927 Vgl. dazu: Teil 3: C.

Richtlinienvoschläge stünde.[928] Die Gestaltungsmöglichkeiten bedürfen ohnehin intensiver steuerlicher Beratung, was nicht zur Erhöhung der Befolgungskosten, jedoch offensichtlich zur Erhöhung der Beratungskosten für Unternehmen führen wird.[929] Nach *Oestreicher et al.* ist der Umstellungsaufwand von der Größe des Unternehmens abhängig und kann sich in Abhängigkeit zu den einmaligen oder periodischen Kosten maximal auf einen mittleren sechsstelligen Betrag belaufen.[930] Dem ist jedoch entgegenzuhalten, dass die aktuelle Rechtslage eine weitaus intensivere steuerliche Beratung auf dem Gebiet des internationalen Steuerrechts erfordert. Zudem minimiert die Option das Risiko, dass es sich bei der GKB um ein nicht kompetitives System handelt, da es im Wettbewerb mit den mitgliedstaatlichen Gewinnermittlungssystemen steht. Es verhindert so, dass sich die nationale Bemessungsgrundlage elementar von der GKB unterscheidet.[931] Ferner begünstigt die Option die Europäisierung stiller Reserven durch Verlagerung des Besteuerungssubstrats im Rahmen der $GKKB_{2016}$.[932] Jedenfalls schafft die parallele Anwendung zweier Regelwerke für die Finanzverwaltung erhebliche Kosten, die in den Richtlinienvorschlägen jedoch noch nicht präzisiert wurden.[933]

Es erscheint fraglich, ob sich aus einer vollständig obligatorischen GKB für Körperschaften zwingende Vorteile für den nationalen Anwendungsfall ergeben.[934] Der Steuerpflichtige hat durch die Einräumung eines Optionsrechts die Möglichkeit, die Vor- und Nachteile des Richtlinienvorschlags an seinem konkreten Sachverhalt abzuwägen, er kann sich entsprechend seiner betriebswirtschaftlichen Ziele für oder gegen die Optierung entscheiden. Zudem ist die optionale Anwendung – im Hinblick auf die oben genannten Souveränitätsbedenken einiger Mitgliedstaaten – im Verhältnis zur vollständigen obligatorischen Anwendung das mildeste

---

928 Europäisches Parlament v. 15.03.2018 – P8_TA-PROV(2018)0088 (Legislative Entschließung des Europäischen Parlaments vom 15.03.2018 zu dem Vorschlag für eine Richtlinie des Rates über eine Gemeinsame Körperschaftsteuer-Bemessungsgrundlage), S. 21.

929 Vgl. *Scheffler et al.* StuW 2014, S. 326 (341 f.); *Müller-Gatermann/Möhlenbrock/Fehling* ISR 2012, S. 17 (20); *Frey/Speidel* StB 2011, S. 430 (434).

930 *Scheffler et al.* StuW 2014, S. 326 (342).

931 *Herzig* Gemeinsame konsolidierte Körperschaftsteuerbemessungsgrundlage (GKKB), S. 14; *Hey* in: Lang *et al.*, Optionality, S. 93 (102 ff.).

932 vgl. dazu: Teil 4: B.V; vgl. bereits: BR-Drucks. 155/11, Tz. 4.

933 Stellungnahme des Europäischen Wirtschafts- und Sozialausschusses zu dem „Vorschlag für eine Richtlinie des Rates über eine Gemeinsame konsolidierte Körperschaftsteuer-Bemessungsgrundlage (GKKB)", ABl.-EU v. 28.01.2012, C 24/63, Tz. 4.3; BR-Drucks. 641/16, Tz. 4; BR-Drucks. 640/16, Tz. 3; BR Drucks. 155/11, Tz. 4; vgl. *Herzig* Gemeinsame konsolidierte Körperschaftsteuerbemessungsgrundlage (GKKB), S. 14; *Herzig* FR 2012, S. 761 (762); *Krauß* Gruppenbesteuerung nach dem Richtlinienvorschlag zur CCCTB, S. 39; *Herzig* in: Spindler/Tipke/Rödder, FS Schaumburg 2009, S. 751 (761 f.).

934 *Kußmaul/Niehren* StB 2011, S. 344 (344).

Mittel und verspricht eher politischen Erfolg als die ausnahmslose Anwendung der GKB.[935] Demzufolge erscheint eine Optierungsregel trotz des finanziellen Aufwands für die Finanzverwaltung unumgänglich. Es bleibt weiterhin ungeklärt, in welchem Verhältnis die finanziellen Lasten der Finanzverwaltung zum Steueraufkommen des Mitgliedstaates ständen. Daher spricht sich der Rechtsausschuss des Europäischen Parlaments dafür aus, dass der Richtlinienvorschlag für alle Unternehmen mit Ausnahme der kleinen und mittleren Unternehmen verpflichtend sein soll.[936]

b. *Grundfreiheiten*

Die Niederlassungsfreiheit und die Kapitalverkehrsfreiheit sind nicht einschlägig, da Art. 2 GKB theoretisch auch auf rein national tätige Unternehmen anwendbar ist.

c. *Unionsrechtlicher Gleichheitssatz*

Nach dem unionsrechtlichen Gleichheitssatz gemäß Art. 20 EUGrCh sind gleichartige Sachverhalte gleich und ungleiche Sachverhalte ungleich zu behandeln, soweit die differenzierte Behandlung nicht objektiv gerechtfertigt und verhältnismäßig ist.[937]

In Anlehnung an die Verankerung des Grundsatzes der rechtsformneutralen Besteuerung durch die deutsche Rechtsprechung und Literatur[938] in Art. 3 Abs. 1 GG stellt sich die Frage, ob die Anwendung auf die in Anhang I genannten Rechtsformen bzw. die in Anhang II genannten Steuersubjekte mit dem unionsrechtlichen Gleichheitssatz vereinbar ist. Obgleich der Grundsatz der rechtsformneutralen Besteuerung für den EuGH bisher nicht entscheidungserheblich war[939], stellt sich die Frage, ob dieser sich bei Einführung der Richtlinienvorschläge zukünftig mit dem Grundsatz befassen muss. Schließlich können Personengesellschaften nicht für die Anwendung optieren.

---

935 Vgl. *Herzig* Gemeinsame konsolidierte Körperschaftsteuerbemessungsgrundlage (GKKB), S. 14; *Krauß* Gruppenbesteuerung nach dem Richtlinienvorschlag zur CCCTB, S. 40.

936 Parlament v. 19.09.2017 – 2016/0337(CNS) (Stellungnahme des Rechtsausschusses für den Ausschuss für Wirtschaft und Währung zu dem Vorschlag für eine Richtlinie des Rates über eine Gemeinsame Körperschaftsteuer-Bemessungsgrundlage), S. 7 f.

937 Vgl. zur Definition ausführlich: Teil 3: F.V.5.

938 BFH v. 06.12.2016 – I R 50/16, BFHE 256, S. 122, Rn. 19; BT-Drucks. 7/1470, S. 326; vgl. zur ökonomischen Begründung: *Homburg* Allgemeine Steuerlehre, S. 263; *Hey* in: Tipke/Lang, Steuerrecht, § 13 Rn. 172 ff.; *Jachmann* in: Pelka, DStJG 2000 (23), S. 9 (19 f.); *Lang* in: Kessler/Förster/Watrin, FS Herzig 2010, S. 324 (327); a.A.: BVerfG v. 21.06.2006 – 2 BvL 2/99, BVerfGE 116, S. 164 (198 ff.).

939 *Friese* Rechtsformwahlfreiheit im europäischen Steuerrecht, S. 50.

In Deutschland gibt es ca. 1,19 Mio. Personengesellschaften.[940] Nach Ansicht von *Bünning/Möser* wird diesen Gesellschaften durch den Ausschluss aus der GKB die Integration in den europäischen Binnenmarkt verwehrt.[941] Zum einen werden die Rechtsformen in reinen Inlandssachverhalten unterschiedlich behandelt, wenn beide Rechtsformen die Bestimmungen der GKB anwenden bzw. anwenden wollen.[942] Der Anwendungsbereich des Unionsrechts ist dann nicht eröffnet, da es sich um keinen grenzüberschreitenden Sachverhalt handelt bzw. keine Vollharmonisierung vorliegt.[943] National betrachtet begründet das BVerfG die rechtsformunterschiedliche Gewinnermittlung von Personengesellschaften anhand des EStG und von Körperschaften anhand des KStG damit, dass sich die Rechtsformen hinsichtlich der Abschirmung der Vermögenssphären essentiell voneinander unterscheiden.[944] Ein weiterer Unterschied zeigt sich in der Kapitalstruktur. Personengesellschaften weisen eher eine höhere Anlageintensität und Kapitalgesellschaften eine höhere Eigenkapitalquote auf.[945] Zum anderen können beide Rechtsformen grenzüberschreitend tätig sein und gleichermaßen ein Interesse an der Anwendung der GKB haben. Infolge der Tatbestandsvoraussetzungen des Art. 2 GKB werden die Rechtsformen jedoch unterschiedlich behandelt.[946]

Nach Ansicht von *Hey* können die Grundfreiheiten nur die Ungleichbehandlung von In- und Auslandssachverhalten, nicht jedoch von Sachverhalten unterschiedlicher Rechtsformen untersagen, soweit der Mitgliedstaat für einen Inlandssachverhalt ebenfalls zwischen den Rechtsformen differenziert.[947] Voraussetzung eines allgemeinen europarechtlichen Grundsatzes der rechtsformneutralen Besteuerung ist die Vergleichbarkeit zweier grenzüberschreitender Sachverhalte.[948] *Heys* Argument lässt sich ebenso auf den unionsrechtlichen Gleichheitssatz übertragen, da die Anknüpfungspunkte für die steuerliche Behandlung unter den Mitgliedstaaten

---

940 Vgl. Statistisches Bundesamt, Lohn- und Einkommensteuer: Statistik über die Personengesellschaften und Gemeinschaften 2012, 2017, S. 13 Tabelle 14.

941 *Bünning/Möser* BB 2011, S. 2647 (2648).

942 Vgl. ebenso: BR-Drucks. 641/16 Tz. 4; *Scheffler/Köstler* ifst-Schrift 518 (2017), S. 28.

943 Vgl. bspw. EuGH v. 05.06.1997 – C-64/96 u. C-65/96 (Uecker u. Jacquet), Slg 1997, I-3171, Rn. 16, 23; vgl. zur Integrationsintensität für direkte Steuern: *Zajicek* Körperschaftsteuersysteme in der Europäischen Union: Möglichkeiten und Grenzen einer Harmonisierung, S. 99 ff.

944 BVerfG v. 21.06.2206 – 2 BvL 2/99, BVerfGE 116, S. 164 (199); *Eggert* Die Gewinnermittlung nach dem Richtlinienvorschlag über eine Gemeinsame Konsolidierte Körperschaftsteuer-Bemessungsgrundlage: Vergleich mit der Gewinnermittlung nach dem HGB, EStG und den IFRS, S. 29, vgl. a.A.: *Hey* in: Tipke/Lang, Steuerrecht, § 13 Rn. 172.

945 *Scheffler et al.* StuW 2014, S. 326 (339 f.).

946 Vgl. *Staringer* in: Lang *et al.*, Requirements for Forming a Group, S. 115 (120 ff.).

947 *Hey* in: Tipke/Lang, Steuerrecht, § 13 Rn. 176.

948 *Friese* Rechtsformwahlfreiheit im europäischen Steuerrecht, S. 50.

variieren.[949] Die Beachtung des Transparenzprinzips birgt das Problem, dass der körperschaftsteuerliche Gewinn in der Einkommensteuer des Gesellschafters zu berücksichtigen wäre.[950] Die Vergleichbarkeit der Szenarien zu beurteilen würde die Finanzbehörden vor immense Schwierigkeiten stellen.[951] Ferner sorgt besonders die optionale Anwendung der GKB dafür, dass die Besteuerung nicht nur anhand der Rechtsform erfolgt, da eine allein obligatorische Anwendung für Rechtsformen des Anhangs I Anreize für einen Rechtsformwechsel böte.[952] So fordert *Spengel*, dass den Mitgliedstaaten ein Wahlrecht eingeräumt werden solle, transparente Unternehmen in den Tatbestand aufzunehmen.[953] Meines Erachtens zutreffend kann die Europäische Union hinsichtlich der Besteuerung von Einzelkaufleuten bzw. transparenter Personengesellschaften nicht tätig werden, da diese mangels oben genannter Wettbewerbsverzerrungen im Binnenmarkt (bspw. Befolgungskosten) nicht die Erfordernisse des Subsidiaritätsprinzips i.w.S. gemäß Art. 5 EUV erfüllen.[954] Zudem würde ein Eingriff in die Einkommensteuergesetzgebung der Mitgliedstaaten aufgrund der oben genannten Befürchtungen keinerlei Zustimmung im Rat finden. Es würde bereits am politischen Druck durch die Bürgerinnen und Bürger fehlen, die eine Anpassung der Unternehmenssteuergesetze und nicht des Einkommensteuergesetzes fordern. Jedoch merken *Velte/Mock* einerseits zutreffend an, dass es in der Freiheit der Mitgliedstaaten stehe, die Regelungen der umgesetzten GKB auch im Hinblick auf Gesellschaften, die nicht in den Pflichtanwendungsbereich der GKB fallen, fortzuentwickeln und anzupassen.[955] Andererseits muss man der Ansicht entgegen halten, dass unter Berücksichtigung der Unterschiede zwischen Personen- und Kapitalgesellschaften eine solche Fortentwicklung höchst unwahrscheinlich ist.

---

949 Vgl. zu den unterschiedlichen Anknüpfungspunkten: *Jacobs et al.* Int. Unternehmensbesteuerung, S. 122 f.

950 *Schön/Schreiber/Spengel* A CCCTB for Europe, S. 1 (34).

951 *Herzig* Gemeinsame konsolidierte Körperschaftsteuerbemessungsgrundlage (GKKB), S. 16; vgl. m.w.N.: *Krauß* Gruppenbesteuerung nach dem Richtlinienvorschlag zur CCCTB, S. 38; vgl. ebenso: *Bünning/Möser* BB 2011, S. 2647 (2648).

952 *Eggert* Die Gewinnermittlung nach dem Richtlinienvorschlag über eine Gemeinsame Konsolidierte Körperschaftsteuer-Bemessungsgrundlage: Vergleich mit der Gewinnermittlung nach dem HGB, EStG und den IFRS, S. 32; *Herzig* Gemeinsame konsolidierte Körperschaftsteuerbemessungsgrundlage (GKKB), S. 16; *Lang* in: Lang *et al.*, Optionality, S. 93 (100 f.).

953 *Schön/Schreiber/Spengel* A CCCTB for Europe, S. 1 (34).

954 Vgl. ebenso: *Eggert* Die Gewinnermittlung nach dem Richtlinienvorschlag über eine Gemeinsame Konsolidierte Körperschaftsteuer-Bemessungsgrundlage: Vergleich mit der Gewinnermittlung nach dem HGB, EStG und den IFRS, S. 29; a.A.: Bundesrat (Deutschland) v. 16.12.2016, BR-Drucks. 641/16 Tz. 4; v. 17.07.2011, BR-Drucks. 155/11 (b) (2) Tz. 2.

955 *Velte/Mock* FR 2018, S. 1081 (1090).

Eine Ungleichbehandlung kommt durch die Einführung einer obligatorischen Anwendung bei Überschreiten einer Umsatzerlösschwelle in Höhe von 750 Mio. € in Betracht.[956] Aus gleichheitsrechtlicher Perspektive erscheint die obligatorische Anwendung grundsätzlich unproblematisch, da sie nicht an die Nationalität oder Grenzüberschreitung des Unternehmens anknüpft.[957] Jedoch führt die Umsatzerlösschwelle zu einer größenabhängigen Ungleichbehandlung zwischen den Unternehmen, die die obligatorische Anwendung des Richtlinienvorschlags zur Folge hat. Dies schafft nach *Eggert* zahlreiche Gestaltungsspielräume.[958] Eine Ungleichbehandlung läge insbesondere dann vor, wenn die Anwendung der GKB zur unterschiedlichen steuerlichen Belastung führen würde. Diese kann bei der Gewinnermittlung, den Verfahrensvorschriften und der Steuerfestsetzung entstehen. Eine Ungleichbehandlung bei der Steuerfestsetzung scheidet aus, da die GKB lediglich ein Gewinnermittlungssystem darstellt, das keine Auswirkung auf die Steuerfestsetzung hat, insbesondere den Körperschaftsteuersatz. Hinsichtlich der einzelnen Bestimmungen der Gewinnermittlung und der Verfahrensvorschriften bedarf es im Folgenden weiterer Prüfungen. Soweit hier eine Divergenz bestünde, käme es zu einem steuerlichen Belastungsunterschied. Die Europäische Kommission wählte diese Umsatzerlösschwelle in Anlehnung an andere EU-Initiativen zur Bekämpfung der Steuervermeidung.[959] *Valta* vermag zudem auch dann ein geringeres Gewinnverlagerungsrisiko, dessen Bekämpfung es bedürfte, bei Unternehmen zu sehen, die unterhalb der Schwelle Umsätze erzielen.[960]

Ebenso denkbar ist, dass eine Ungleichbehandlung zwischen grenzüberschreitend tätigen Unternehmen und national tätigen Unternehmen, welche die GKB obligatorisch anwenden, entsteht, da ungeklärt ist, ob die Anwendung für einen reinen Inlandsfall gleiche Vorteile verspricht. Diese Ungleichbehandlung ist jedoch lediglich theoretisch denkbar. In der Praxis wird der Absatzmarkt für solche Umsatzerlöse auch außerhalb des Mitgliedstaats liegen.

Zuletzt gibt es Bedenken gegen die optionale Anwendung des Richtlinienvorschlags nach Art. 2 Abs. 3 GKB.[961] Nach *Englisch* und *Herzig* widerspricht sie dem Gebot der gleichmäßigen Besteuerung.[962] Im Fokus steht offensichtlich der Vergleich von Unternehmen, die die GKB optional anwenden, mit national Körperschaftsteuerpflichtigen, die aber zur Optierung ebenfalls berechtigt wären.

956 Vgl. mit ähnlicher Vermutung andeutend: *Valta* IStR 2018, S. 765 (771).

957 Vgl. *Scheffler/Krebs* Beihefter zur DStR (Nr. 22) 2011, S. 13 (14).

958 *Eggert* Die Gewinnermittlung nach dem Richtlinienvorschlag über eine Gemeinsame Konsolidierte Körperschaftsteuer-Bemessungsgrundlage: Vergleich mit der Gewinnermittlung nach dem HGB, EStG und den IFRS, S. 32.

959 COM(2016) 683 final, S. 9 f.

960 *Valta* IStR 2018, S. 765 (771).

961 Vgl. m.w.N.: *Eggert* Die Gewinnermittlung nach dem Richtlinienvorschlag über eine Gemeinsame Konsolidierte Körperschaftsteuer-Bemessungsgrundlage: Vergleich mit der Gewinnermittlung nach dem HGB, EStG und den IFRS, S. 31 f.

962 *Herzig* FR 2012, S. 761 (762); *Englisch* DFGT 2011/2012, S. 87 (109).

Vielmehr wird die Ungleichbehandlung durch die Wahlmöglichkeit des national Körperschaftsteuerpflichtigen, nicht zu optieren, gemildert. Denn soweit er den Tatbestand des Art. 2 Abs. 3 GKB erfüllt, trifft er selbst die Entscheidung für die Ungleichbehandlung. Nichtsdestotrotz ist zutreffend, dass die Umstellung von nationalem Recht auf GKB für den Körperschaftsteuerpflichtigen mit Kosten verbunden ist, ohne dass er die Vorteile erhält, die ein grenzüberschreitend tätiges Unternehmen hat.[963]

Richtigerweise ließe sich die Unternehmensstruktur weniger steueroptimal gestalten, wenn auf die Optierungsmöglichkeit insgesamt verzichtet würde.[964] *Eggert* befürwortet dies mit dem Argument, dass die Gestaltungsmöglichkeit dann lediglich auf einen Rechtsformwechsel beschränkt wäre, der erheblich aufwändiger und schwieriger sei.[965] Hierbei lässt er wohl den Tatbestand außer Acht. Denn die Optierung kann ohnehin nur erfolgen, wenn es sich um eine tatbestandsmäßige Rechtsform handelt. Ferner kann ein Unternehmen, das schwankende Umsätze im Bereich der Schwelle von 750 Mio. € erzielt, den Aufwand durch den häufigen Ein- und Austritt minimieren und die Vergleichbarkeit mit Unternehmen, welche die GKB ununterbrochen obligatorisch anwenden, sichern.[966]

2. Verfahrensrechtliche Randnotiz aus Sicht des deutschen Bilanzsteuerrechts

Unternehmen übermitteln den Inhalt der Bilanz sowie der Gewinn- und Verlustrechnung gemäß § 5b Abs. 1 Satz 1 EStG elektronisch (sogenannte E-Bilanz)[967]. Die Umsatzerlöse werden somit nicht nur gegenüber der zuständigen Behörde, sondern auch gegenüber Konkurrenten offengelegt[968], was aus betriebswirtschaftlicher Sicht zu verhindern ist. Zutreffend geht *Eiling* davon aus, dass die optionale Anwendung der GKB dies ermöglicht.[969] Wie bereits dargestellt, unterliegt ein

---

963 *Eggert* Die Gewinnermittlung nach dem Richtlinienvorschlag über eine Gemeinsame Konsolidierte Körperschaftsteuer-Bemessungsgrundlage: Vergleich mit der Gewinnermittlung nach dem HGB, EStG und den IFRS, S. 31; *Scheffler et al.* StuW 2014, S. 326 (341 f.).

964 *Eggert* Die Gewinnermittlung nach dem Richtlinienvorschlag über eine Gemeinsame Konsolidierte Körperschaftsteuer-Bemessungsgrundlage: Vergleich mit der Gewinnermittlung nach dem HGB, EStG und den IFRS, 32; *Müller-Gatermann/Möhlenbrock/Fehling* ISR 2012, S. 17 (22); *Schön/Schreiber/Spengel* A CCCTB for Europe, S. 49 (67).

965 *Eggert* Die Gewinnermittlung nach dem Richtlinienvorschlag über eine Gemeinsame Konsolidierte Körperschaftsteuer-Bemessungsgrundlage: Vergleich mit der Gewinnermittlung nach dem HGB, EStG und den IFRS, S. 32; vgl. ebenso: *Herzig* Gemeinsame konsolidierte Körperschaftsteuerbemessungsgrundlage (GKKB), S. 16.

966 *Eiling* NWB 2017, S. 49 (52).

967 Vgl. dazu einführend: *Herzig* DStR 2010, S. 1900 (1900 ff.).

968 Jahres-/Konzernabschlüsse sind über www.bundesanzeiger.de für jeden öffentlich einsehbar.

969 *Eiling* NWB 2017, S. 49 (52).

Unternehmen, welches die Bestimmungen der GKB anwendet, in Bezug auf alle in dem Richtlinienvorschlag geregelten Fragen gemäß Art. 1 Abs. 2 GKB nicht länger dem nationalen Körperschaftsteuerrecht, sofern nichts anderes bestimmt ist. Da die Verfahrensvorschriften nach Art. 64 f. GKB lediglich die Bekanntmachung gegenüber der zuständigen Behörde regeln, erscheint es fraglich, ob § 5b EStG nicht mangels ausdrücklicher Regelung im Richtlinienvorschlag dennoch anzuwenden ist. Schließlich ist es Sinn und Zweck der Vorschrift, bürokratische Lasten des Besteuerungsverfahrens für die Finanzbehörden abzubauen.[970] Um einen verfahrensökonomischen und standardisierten Ablauf des Gewinnermittlungsverfahrens zu gewährleisten, sollte auf dieses System zurückgegriffen werden. Gegen die Anwendung spricht jedoch der eindeutige Wortlaut des § 5b Abs. 1 Satz 1 EStG, der tatbestandlich die Gewinnermittlung nach § 5 EStG voraussetzt. Da der Gewinn nach den Bestimmungen der GKB ermittelt wird, ist der Tatbestand offensichtlich nicht erfüllt. Nichtsdestotrotz darf man nicht vergessen, dass es sich um einen Richtlinienvorschlag handelt und der deutsche Gesetzgeber bei der Formulierung keineswegs an so ein ambitioniertes Projekt denken konnte. So zeigt die Idee *Eggerts* im Ergebnis, dass hinsichtlich der Verfahrensvorschriften Handlungsbedarf besteht. Entweder würde der Gesetzgeber bei Einführung der Richtlinie § 5b EStG anpassen oder die Mitgliedstaaten würden sich auf eine unionsweit einheitliche Verfahrensweise einigen. Im Hinblick auf das Ziel der GKB, steuerliche Befolgungskosten zu senken, erscheint die zweite Option augenscheinlich vorteilhafter, da nationale Verfahrensvorschriften zu erheblichen Zusatzkosten[971] führen. Eine solche Übermittlungspflicht erscheint im Hinblick auf moderne Datenverarbeitungssysteme angezeigt, obwohl die GKB anders als Art. 113 $GKKB_{2011}$ eine solche Regelung bisher nicht vorsieht. Infolgedessen wäre § 5b EStG anzupassen, sodass es nicht zu Diskrepanzen in den Mitgliedstaaten käme.[972]

3. *Zwischenfazit zum Anwendungsbereich*

Der Anwendungsbereich des Richtlinienvorschlags ist breit angelegt. Eine unionsweite Bemessungsgrundlage, die auch für Personengesellschaften gilt, scheidet nach hier vertretener Auffassung aufgrund des unverhältnismäßigen Aufwands für die Finanzbehörden und aufgrund der Systemunterschiede aus. Im Rahmen der obligatorischen Anwendung wird zukünftig zu klären sein, welche Umsatzerlösschwelle angemessen ist. Für die optionale Anwendung ergibt sich eine Abweichung zum deutschen Recht bezüglich der Offenlegung im Rahmen der E-Bilanz, welche durch den nationalen Gesetzgeber ohne Wettbewerbsverzerrungen anzupassen ist. Diese sowie andere Ungleichbehandlungen im Verhältnis zu

---

970 BT-Drucks. 16/10188, S. 14 (24); *Hofmeister* in: Blümich, EStG/KStG/GewStG, § 5b EStG Rn. 5 ff.

971 Vgl. dazu m.w.N.: *Hofmeister* in: Blümich, EStG/KStG/GewStG, § 5b EStG Rn. 7.

972 Vgl. ebenso: *Scheffler/Köstler* ifst-Schrift 518 (2017), S. 34.

Unternehmen, die das nationale Gewinnermittlungssystem anwenden, werden jedoch dadurch abgemildert, dass die Unternehmen sich freiwillig für die Anwendung der GKB entscheiden können.

II. Betriebsstätten in anderen Mitgliedstaaten

Art. 5 GKB fingiert, unter welchen Voraussetzungen eine Betriebsstätte vorliegt. Dieser Fiktion bedarf es, um ein einheitliches Verständnis der betroffenen Steuerpflichtigen herzustellen und Inkongruenzen zwischen nationalen mitgliedstaatlichen Betriebsstättenbegriffen auszuschließen. Eine gemeinsame Fiktion von EU-Betriebsstätten und Drittlands-Betriebsstätten sollte nach Ansicht der Europäischen Union in bilateralen Steuerabkommen und im nationalen Recht geregelt werden.[973]

So gilt nach Art. 5 Abs. 1 GKB eine feste Geschäftseinrichtung in dem Mitgliedstaat als Betriebsstätte, in dem diese ihre Geschäftstätigkeit ganz oder teilweise ausübt. Der Begriff der festen Geschäftseinrichtung ist nicht definiert. Der Wortlaut ergibt keine näheren Erkenntnisse. Dem Sinn und Zweck nach soll dieses Fiktionsmerkmal verhindern, dass lediglich vorübergehende Geschäftseinrichtungen ebenso wenig wie das bloße Halten von Anteilen an einer Kapitalgesellschaft der Fiktion unterliegen. Daher bedarf es der Einrichtung mit einer gewissen Dauer und Intensität. Nach Vorstellung des Rechtsausschusses des Europäischen Parlaments ist die Fiktion auch um sogenannte virtuelle Geschäftseinrichtungen zu ergänzen, wobei offen bleibt, was hierunter zu verstehen ist.[974] Jedoch verweist der Richtlinienvorschlag des Rates zur Festlegung von Vorschriften für die Unternehmensbesteuerung bei einer signifikanten digitalen Präsenz[975] auf die GKB und $GKKB_{2016}$.[976] Da die vorgeschlagene Richtlinie ebenfalls für Körperschaftsteuersubjekte gelten soll, die einen Gesamtumsatz in Höhe von mehr als 750 Mio. € haben,[977] ist davon auszugehen, dass zur Ergänzung auf die in der GKB und $GKKB_{2016}$ entwickelten Rechtssätze zurückgegriffen werden muss. Nach Art. 4 Abs. 1 der vorgeschlagenen Richtlinie ist eine Betriebsstätte anzunehmen, wenn im Quellenstaat eine sogenannte signifikante digitale Präsenz vorhanden ist, über die die Gesamtheit oder ein Teil der Geschäftstätigkeit ausgeübt wird. Eine signifikante digitale Präsenz liegt nach Art. 4 Abs. 3 der Richtlinie vor, wenn die durch sie ausgeübte Geschäftstätigkeit ganz oder teilweise aus der Bereitstellung digitaler Dienstleistungen über

973 COM(2016) 685 final, Tz. 6.

974 Parlament v. 19.09.2017 – 2016/0337(CNS) (Stellungnahme des Rechtsausschusses für den Ausschuss für Wirtschaft und Währung zu dem Vorschlag für eine Richtlinie des Rates über eine Gemeinsame Körperschaftsteuer-Bemessungsgrundlage), S. 17.

975 COM(2018) 147 final.

976 Vgl. COM(2018) 147 final, S. 4.

977 Daneben muss das körperschaftsteuerpflichtige Unternehmen Erträge aus steuerbaren Dienstleistungen in der EU von mindestens 50 Mio. € erzielen.

eine digitale Schnittstelle besteht und ein oder mehrere Schwellenwerte[978] überschritten werden.[979]

Notwendigerweise übt die Betriebsstätte ihre Geschäftstätigkeit nicht in dem Staat aus, in dem der Steuerpflichtige ansässig ist. Steuerpflichtiger ist gemäß Art. 4 Abs. 1 GKB derjenige, der in den Anwendungsbereich des Art. 2 GKB fällt. Mangels einer Legaldefinition bleibt unklar, was unter Ansässigkeit zu verstehen ist. Soweit Art. 3 Abs. 1 GKB im Zusammenhang mit Art. 2 GKB zu sehen ist, muss an das Recht des Mitgliedstaates angeknüpft werden, in dem das Unternehmen gegründet worden ist. Folglich wäre nach der systematischen Auslegung der Gründungssitz entscheidend. Die Wertung des Wortlautes spricht demgegenüber dafür, dass der tatsächliche Sitz des Steuerpflichtigen entscheidend ist. Dies führt zu dem Folgeproblem, dass 28 unterschiedliche Definitionen des steuerlichen Sitzes möglich sein könnten. So wird der Sitz gemäß § 11 AO durch Gesetz, Gesellschaftsvertrag, Satzung, Stiftungsgeschäft oder dergleichen bestimmt. Demzufolge ist nach dem deutschen steuerrechtlichen Verständnis der Satzungssitz entscheidend. Betrachtet man den Begriff teleologisch, so sollen solche Unternehmen erfasst werden, die die Vorteile des europäischen Binnenmarktes nutzen. Faktisch dient die Vorschrift der Fiktion der Betriebsstätte und damit der Abgrenzung zum Stammhaus. Demnach ist der Steuerpflichtige in dem Mitgliedstaat tätig, in dem das Zentrum seiner geschäftlichen Tätigkeit liegt. In Art. 5 Abs. 1 $GKKB_{2011}$ wurde anstelle von „ansässig" die Formulierung „sich der Ort seiner zentralen Geschäftsleitung und Kontrolle befindet" gewählt. Infolgedessen kommt die historische Auslegung zum selben Ergebnis wie die teleologische Auslegung. Daher ist es vorzugswürdig, unter Ansässigkeit den Ort der tatsächlichen Tätigkeit zu verstehen. Unter die Fiktion einer Betriebsstätte fallen die in Art. 5 Abs. 1 lit. a ff. GKB aufgezählten Geschäftseinrichtungen.[980]

Aufgrund der Wertung des Wortlautes „insbesondere" liegt der Schluss nahe, dass es sich um eine nicht abschließende Aufzählung handelt.[981] Aus systematischen Gesichtspunkten dient die Aufzählung der Einzelfälle der Auslegung der Fiktionsmerkmale.[982]

---

978 Anteil der Gesamterträge des Steuerzeitraums aus der Bereitstellung dieser digitalen Dienstleistungen an Nutzer in dem betreffenden Mitgliedstaat und Zeitraum übersteigt 7.000.000 €; die Zahl der Nutzer einer oder mehrerer dieser digitalen Dienstleistungen in dem betreffenden Mitgliedstaat und Zeitraum übersteigt 100.000 €; die Zahl der Geschäftsverträge über die Bereitstellung solcher digitalen Dienstleistungen, die in dem betreffenden Mitgliedstaat und Zeitraum abgeschlossen wurden, übersteigt 3.000.

979 Vgl. detailliert zum Richtlinienvorschlag: *Benz/Böhmer* DB 2018, S. 1233 (1234 ff.).

980 Ergänzt wird die Aufzählung um die sogenannte digitale Niederlassung durch: EWSA v. 20.09.2017 – ECO/419 (Stellungnahme zur GKB und GKKB), S. 17.

981 Die Idee entstammt: BFH v. 02.04.2014 – I R 68/12, BFHE 245, S. 98.

982 Vgl. *Koenig* in: Koenig, AO, § 12 Rn. 5.

Gemäß Art. 5 Abs. 2 GKB gelten Bauausführung und Montage erst bei Überschreitung einer Dauer von 12 Monaten als Betriebsstätte. Die Tätigkeiten des Art. 5 Abs. 2 GKB fallen nicht unter die Definition einer Betriebsstätte.

In Art. 5 Abs. 4 GKB wird die sogenannte Vertreter-Betriebsstätte definiert. Vertreter sind solche Personen, die in einem anderen Mitgliedstaat im Namen des Steuerpflichtigen bzw. regelmäßig in wesentlicher Funktion Verträge für den Steuerpflichtigen abschließen. Art. 5 Abs. 4 UAbs. 2 GKB erweitert den Anwendungsbereich des Vertreters auf Verträge zur Übertragung von Eigentums- oder Nutzungsrechten an Gütern des Steuerpflichtigen oder über die Erbringung von Dienstleistungen durch den Steuerpflichtigen. Dieser Absatz gilt jedoch nicht, wenn der Vertreter in Ausübung einer ordentlichen Geschäftstätigkeit für den Steuerpflichtigen oder als unabhängiger Vertreter handelt. Unabhängiger Vertreter ist gemäß Art. 5 Abs. 5 lit. a GKB nicht, wer ausschließlich oder fast ausschließlich im Namen eines oder mehrerer Steuerpflichtigen handelt, mit denen der Vertreter „eng verbunden" ist. „Eng verbunden" ist gemäß Art. 5 Abs. 5 lit. b GKB, wer direkt oder indirekt das Recht besitzt, mehr als 50 % der Stimmrechte auszuüben oder ein Eigentumsrecht über mehr als 50 % des Gesellschaftskapitals oder mehr als 50 % der Ansprüche auf Gewinnbeteiligung besitzt.

Die Beherrschung eines anderen Steuerpflichtigen bzw. durch einen anderen Steuerpflichtigen hat gemäß Art. 5 Abs. 6 GKB nicht zur Folge, dass eine Betriebsstätte entsteht.

1. Subsidiaritätsgrundsatz i.e.S. und nationale Betriebsstättenbegriffe

§ 12 AO definiert die Betriebsstätte, sodass infolgedessen ihre Gewinne bzw. Verluste dem Stammhaus zugerechnet werden.[983] Keinen Einzug in den Richtlinienvorschlag hat die sogenannte Anlage im Sinne des § 12 Satz 1 AO (Fabriken, Werkstätten, Bergwerke, Maschinen, Automaten und Transportleitungen) gefunden.[984] Dieser Begriff findet sich auch nicht in Art. 5 OECD-MA wieder.

Während die Betriebsstätte im Sinne des § 12 Satz 1 AO der Tätigkeit eines Unternehmens dient, wird die Geschäftstätigkeit des Unternehmens durch seine Betriebsstätte im Sinne des Art. 5 Abs. 1 GKB ausgeübt. Dienen im Sinne des § 12 Satz 1 AO bezeichnet die Nutzung für eine gewisse Dauer[985] für die unternehmerischen Zwecke des Stammhauses, ohne dass es notwendig ist, dass Personen in die Anlage eingebunden sind.[986] Gleichgültig ist dabei, ob die Betriebsstätte eigenverantwortlich handelt, nach außen oder nur unternehmensintern tätig ist.[987] Wie sich

983 Vgl. *Koenig* in: Koenig, AO, § 12 Rn. 1; *Heinemann* in: Kellersmann *et al.*, EU I, S. 120.
984 Vgl. m.w.N.: *Koenig* in: Koenig, AO, § 12 Rn. 6.
985 Vgl. zur organisatorischen Verfestigung der Dauer: BFH v. 04.07.2012 – II R 38/10, BStBl. II 2012, S. 782; BFH v. 04.06.1987 – V R 9/79, BStBl. II 1987, S. 653; BFH v. 07.06.1966 – I B 124/64, BStBl. III 1966, S. 548.
986 BFH v. 30.10.1996 – II R 12/92, BStBl. II 1997, S. 12; *Gersch* in: Klein, AO, § 12 Rn. 6.
987 BFH 10.05.1989 – I R 50/85, BStBl. II 1989, S. 755; *Gersch* in: Klein, AO, § 12 Rn. 6.

in diesem Zusammenhang der sprachliche Unterschied zum Richtlinienvorschlag auswirkt, ist fraglich. So erscheint es möglich, dass der Richtlinienvorschlag eine Betriebsstätte nach einem recht weiten Verständnis fingiert. Der Wortlaut unterscheidet sich offensichtlich, ohne die Fiktion der Betriebsstätte durch seine Wertung zu begrenzen. Für ein weites Verständnis der Betriebsstättenfiktion spricht insbesondere der Sinn und Zweck, Unternehmen innerhalb des europäischen Binnenmarkts gänzlich zu erfassen.[988] Zu demselben Ergebnis dürfte die Auslegung unter Beachtung des systematischen Zusammenhangs mit Art. 2 Abs. 1 GKB kommen, der ein weites Verständnis erfordert, um den Richtlinienvorschlag ebenso weit anwenden zu können.

Bauausführungen und Montagen sind gemäß § 12 Satz 2 Nr. 8 lit. c AO ab einer Ausführungsdauer, ohne mehrere Unterbrechungen, von bereits mehr als sechs Monaten als Betriebstätte anzusehen. Demgegenüber gelten diese Tätigkeiten nach Art. 5 Abs. 2 GKB erst ab einer Dauer von zwölf Monaten als Betriebsstätte. Ob und in welchem Umfang es zu Unterbrechungen innerhalb dieses Zeitraums kommt, ist für den Richtlinienvorschlag irrelevant.

Da § 29 BAO mit § 12 AO weitestgehend übereinstimmt, ergeben sich dieselben Erkenntnisse im Hinblick auf österreichisches Recht.

Ohne dass es notwendig wäre, alle Betriebsstättenbegriffe der Mitgliedstaaten miteinander zu vergleichen, muss trotzdem die Frage beantwortet werden, ob Art. 5 GKB mit dem Subsidiaritätsprinzip gemäß Art. 5 Abs. 3 EUV vereinbar ist. Hiergegen spricht vor allem, dass die Mitgliedstaaten bereits eigene Begriffe im nationalen Steuerrecht etabliert haben. In grenzüberschreitenden Fällen bedienen sich die Besteuerungshoheiten des Betriebsstättenbegriffs der DBA. Jedoch kann dieses Argument keinen Verstoß gegen das Subsidiaritätsprinzip i.e.S. begründen, da es außerhalb des Prüfungsmaßstabs liegt.[989] Daran anknüpfend spricht für die Vereinbarkeit, dass die Mitgliedstaaten sich bereits vor den Richtlinienvorschlägen auf die Überarbeitung des Betriebsstättenbegriffs geeinigt haben, damit Unternehmen ihre steuerliche Präsenz in den Mitgliedstaaten nicht durch künstliche Gestaltungen verschleiern können.[990] Die GKB versucht diese Idee aufzunehmen.

2. *Verhältnismäßigkeit*

Hinsichtlich der Erforderlichkeit im Rahmen der Verhältnismäßigkeit gemäß Art. 5 Abs. 4 EUV stellt sich die Frage, in welchem Verhältnis der Richtlinienvorschlag zum sogenannten Authorized OECD Approach[991] und der in Deutschland daraus hervorgegangenen Betriebsstättengewinnaufteilungsverordnung[992] steht.

---

988 COM(2016) 685 final, Tz. 6.

989 Vgl. dazu: Teil 3: F.II.2.b.

990 COM(2015) 302 final, S. 10.

991 Vgl. zum Hintergrund: *Wellmann/Junkers* IStR 2017, S. 847 (847 f.).

992 Verordnung zur Anwendung des Fremdvergleichsgrundsatzes auf Betriebsstätten nach § 1 Abs. 5 AStG, (BGBl. I v. 13.10.2014, S. 1603), zuletzt geändert durch Art. 5

Zukünftig würde die Gewinnabgrenzung infolge der Umsetzung des Richtlinienvorschlags auf Grundlage der Definition des Art. 5 GKB erfolgen. Die Ausgestaltung der Abgrenzung im Detail würde weiterhin bei den Mitgliedstaaten verbleiben. Einzig mit der Umsetzung der $GKKB_{2016}$ wäre die nationale Abgrenzung obsolet, da die Einkünfte auf Basis der formelmäßigen Aufteilungsformel nach Art. 28 Abs. 1 $GKKB_{2016}$ auf die Mitgliedstaaten verteilt werden.[993]

a. Betriebsstätte im Sinne des OECD-MA

Hinsichtlich der Erforderlichkeit stellt sich die Frage, ob ein DBA ein milderes Mittel im Vergleich zu einer Richtlinie darstellt. Diese Frage ist eng mit der Auslegung der unbestimmten Rechtsbegriffe in der Bestimmung verknüpft. Es bestehen überwiegend nur sprachliche Unterschiede zu Art. 5 OECD-MA; deren Sinn und Zweck stimmt jedoch überein. Zum Entwurf eines neuen OECD-MA vom 11. Juli 2017[994] bestehen ebenfalls nur sprachliche Unterschiede. Auch die $GKKB_{2011}$ knüpfte bereits an die Regelung des Musterabkommens an. Demzufolge steht in Frage, ob im Rahmen der Auslegung des Richtlinienvorschlags auf die Erkenntnisse zu Art. 5 OECD-MA und den OECD-MK zurückgegriffen werden darf. Die OECD entwickelte den Musterkommentar zur Erläuterung des OECD-MA, um auf einheitliche Begriffsbestimmungen, Systematik, Grundsätze, Auslegung bei Abschluss und Anwendung von DBA zurückgreifen zu können.[995] Wenn der Richtlinienvorschlag umgesetzt würde, fänden drei Betriebsstättenbegriffe Einzug in die nationale Betriebsstättenpraxis. Infolge des Art. 1 Abs. 2 GKB wäre die nationale Regelung subsidiär zu Art. 5 GKB. Soweit ein DBA besteht, wird der abkommensrechtliche Betriebsstättenbegriff nicht außer Acht bleiben können. Infolgedessen wird die Betriebsstättenpraxis immer komplexer werden. Allein die Zahl der gerichtlichen Einzelentscheidungen in Deutschland[996] schafft eine solch immense Komplexität, dass es zielführend wäre, auf den OECD-MK zurückzugreifen, um eine einheitliche Auslegung innerhalb der Europäischen Union zu gewährleisten.

Des Weiteren genießt der abkommensrechtliche Betriebsstättenbegriff – vorbehaltlich eines Treaty Override[997] – weiterhin Vorrang vor nationalem Recht gemäß

der Verordnung v. 12.07.2017 (BGBl. I v. 19.07.2017, S. 2360); vgl. dazu: *Ditz/Luckhaupt* ISR 2015, S. 1 (1 ff.); *Rasch/Wenzel* ISR 2015, S. 128 (128 ff.); *Wassermeyer* IStR 2015, S. 37 (37 ff.).

993 British House of Representatives v. 09.01.2017 – 5220/17 FISC 14, S. 3; *Kraft/Hentschel/Apler* RiW 2017, S. 473 (478).

994 Vgl. dazu: Draft contents of the 2017 update of the OECD model tax convention, abrufbar unter: http://www.oecd.org/ctp/treaties/draft-contents-2017-update-oecd-model-tax-convention.pdf (zuletzt abgerufen am 17.12.2017).

995 *Brähler* Internationales Steuerrecht, S. 97.

996 Vgl. m.w.N.: *Koenig* in: Koenig, AO, § 12 Rn. 41.

997 Zur Zulässigkeit von Treaty Overrides s. BVerfG v. 15.12.2015 – 2 BvL 1/12, BVerfGE 141, S. 1; vgl. *Stöber* DStR 2016, S. 1889 (1889 ff.).

§ 2 Abs. 1 AO und damit auch vor dem ins nationale Recht umgesetzten Art. 5 GKB. Demzufolge findet die Kommentierung des OECD-MK ohnehin nachrangig auf den Sachverhalt Anwendung. So erscheint es meines Erachtens sinnvoll, Kommentierungen zu übernehmen, soweit es sich um kongruente Merkmale handelt.

Die Diskussion zur $GKKB_{2011}$ hat insbesondere die Auslegungsprobleme hinsichtlich unbestimmter Rechtsbegriffe sowie Regelungslücken aufgezeigt.[998] Zusammenfassend ist ein unionsweites System nicht erfolgversprechend, wenn die Finanzbehörden eines jeden Mitgliedstaates bei der Rechtsausübung zu unterschiedlichen Auslegungen eines unbestimmten Rechtsbegriffes kommen.[999] Man könnte auf die bestehenden Kommentierungen und die Erkenntnisse zum OECD-MA zurückgreifen und dies würde sowohl die Rechtssicherheit fördern als auch das Risiko von Steuergestaltung durch missbräuchliche Rechtsauslegung verringern. Neben dem OECD-MK könnte man zusätzlich auf die nationalen Verhandlungsgrundlagen der Mitgliedstaaten für bilaterale Verträge und die bereits geschlossenen DBA zurückgreifen, soweit dies der Rechtsfindung förderlich ist.

Jedoch darf bei der Rechtsfindung nicht außer Acht bleiben, dass die OECD der Ursprung dieser Quellen ist. Die Vertragsverhandlungen[1000] erfolgen auf Basis eines Musterabkommens[1001]. Diese entfalten selbst nur Empfehlungscharakter, dienen jedoch der Harmonisierung der bilateralen Abkommen.[1002] Es bedarf daher einer genaueren Prüfung, ob die mit dem Betriebsstättenbegriff verbundenen Ziele der OECD mit den Zielen der Europäischen Union für die Richtlinienvorschläge übereinstimmen, da nur dann die Erläuterungen des Kommentars übertragbar wären. Dies erscheint jedoch fraglich, da die OECD ihre steuerlichen Ziele im weltweiten Kontext und nicht nur für den europäischen Binnenmarkt festlegt. Zudem steht der Betriebsstättenbegriff auch bei der OECD auf der Probe. Im Fokus der BEPS-Diskussion steht insbesondere die Verhinderung der künstlichen Umgehung der Betriebsstättenfiktion durch eine Einschränkung der Ausnahmeregelungen.[1003] Ein

998 *Herzig* FR 2012, S. 761 (762); *Spengel/Zöllkau* Common Corporate Tax Base (CC(C)TB) and Determination of Taxable Income, S. 93 ff.; *Herzig/Kuhr* DB 2011, S. 2053 (2057); *Kahle/Schulz* StuB 2011, S. 296 (296 ff.); *Scheffler/Krebs* Beihefter zur DStR (Nr. 22) 2011, S. 13 (17).

999 *Herzig* IStR 2011, S. 662 (662); *Herzig/Kuhr* DB 2011, S. 2053 (2057); *Lenz/Rautenstrauch* DB 2011, S. 726 (730).

1000 Vgl. beispielhaft zu den Vertragsverhandlungen und Motiven: *Brähler* Internationales Steuerrecht, S. 100; *Kluge* Das Internationale Steuerrecht: Gemeinschaftsrecht, Außensteuerrecht, Abkommensrecht, Rn. R 2.

1001 Vgl. Vertragsgrundlage deutscher DBA: BMF v. 22.08.2013 – IV B 2 – S 1301/13/10009; *Brähler* Internationales Steuerrecht, S. 96 ff.

1002 Vgl. *Vogel* in: Vogel/Lehner, DBA, Einleitung Rn. 35 f.; *Wassermeyer* in: Wassermeyer, DBA, Vor Art. 1 MA Rn. 34

1003 Vgl. OECD BEPS Action 7: Preventing the artificial avoidance of PE Status; *Jacobs et al.* Int. Unternehmensbesteuerung, S. 1086; vgl. m.w.N.: *Todesco/Harz* BB 2016, S. 2397 (2397 ff.); *Pleijsier* Intertax 2015, S. 147 (147 ff.).

neues OECD-Musterabkommen ist bereits in Planung und ein überarbeiteter Vorschlag wurde bereits am 11. Juli 2017 veröffentlicht.[1004] Zudem hat das OECD-MA ohnehin nur empfehlenden Charakter und den Zweck, die Transaktionskosten der Verhandlungen zu senken.[1005] Demzufolge könnte der daran anschließende Musterkommentar ebenfalls nur empfehlenden Charakter haben. Dennoch werden die Vorlagen an die speziellen wirtschaftspolitischen und rechtlichen Bedürfnisse der Abkommensparteien angepasst, sodass dem OECD-MA und OECD-MK kein allgemeines steuerstrategisches Ziel zu entnehmen ist. Die steuerstrategischen Ziele einzelner bilateraler Verträge sind ebenso wenig übertragbar, da diese nur für die Vertragspartner festgelegt werden. So können den unterschiedlichen bilateralen Verträgen theoretisch auch unterschiedliche steuerstrategische Ziele zu Grunde liegen.

Während das in DBA umgesetzte OECD-MA lediglich bilateral wirkt, verpflichtet der Richtlinienvorschlag alle Mitgliedstaaten der EU. Demzufolge bedarf es eines Auslegungsspielraums, der sich an den Grenzen der Europäischen Union orientiert. Innerhalb dieses Auslegungsspielraums können die mitgliedstaatlichen Finanzbehörden zu unterschiedlichen Auslegungsergebnissen gelangen. Offensichtlich ist diese Auslegungsvielfalt nachteilig für die Rechtssicherheit. Andererseits führt jedes neue, unterschiedliche Auslegungsergebnis auch zur Rechtsfortbildung. Verzichtet man auf eine Auslegung anhand des OECD-MK, können die Finanzbehörden so zur Rechtsfortbildung innerhalb der Union beitragen. Die Grenze für diesen Auslegungsspielraum und damit für die Rechtsfortbildung zieht der EuGH. Denn dieser berücksichtigt die Grundsätze des EU-Rechts, die Zielsetzung des Richtlinienvorschlags und die Vielfalt der Auslegungsergebnisse der Mitgliedstaaten vollumfänglich.

Betrachtet man das System des Richtlinienvorschlags, so fällt auf, dass versucht wurde, möglichst selten an nationale Begriffe anzuknüpfen. Dies dient dem Ziel, eine einheitliche unionsweite Regelung zu schaffen und nicht die oben angesprochene Divergenz[1006] durch den Querverweis auf nationale Begriffe weiter zu fördern. Dementsprechend sind die meisten Begriffe in Art. 4 GKB bzw. den entsprechenden Bestimmungen legaldefiniert. Dann aber scheint es logisch, dass man für die Betriebsstätte eine eigene Regelung im Sinne des Richtlinienvorschlags schafft. Ferner scheint der Entschluss logisch, dass man überwiegend auf eine bereits bestehende Regelung, die von den Mitgliedstaaten schon im Abkommensrecht genutzt wird, zurückgreift, um die Diskussion über den Richtlinienvorschlag weiterzuführen.

1004 Vgl. einführend: *Rosenberg et al.* DB Beilage zu Heft 51/52 2017, S. 5 (7 f.).

1005 *Wassermeyer* in: Wassermeyer, DBA, Vor Art. 1 MA Rn. 34; *Vogel* in: Vogel/Lehner, DBA, Einleitung Rn. 35 f.; *Brähler* Internationales Steuerrecht, S. 96.

1006 Vgl. dazu: Teil 3: B.

b. Anwendungsvorrang des erweiterten GKB-Betriebsstättenbegriff

§ 12 AO gilt für alle Steuerarten.[1007] Es ist offensichtlich, dass ein die GKB anwendendes Unternehmen in diesem Zusammenhang Art. 5 GKB hinsichtlich der Körperschaftsteuer anwendet. Hieraus entsteht die Frage, ob Art. 5 GKB für andere Unternehmenssteuern, insbesondere Gewerbesteuer – bspw. §§ 28 ff. GewStG – ebenfalls anzuwenden ist oder für andere Steuerarten auf den nationalen Betriebsstättenbegriff zurückzugreifen wäre. Für die Anwendung des Richtlinienvorschlags spricht zum einen die Einheit der Rechtsordnung, da dieser Gedanke bereits in § 12 AO durch vollumfängliche Anwendung auf alle Steuerarten transportiert wird. Auch der Sinn und Zweck der Vorschrift, einen unionsweiten einheitlichen Begriff zu etablieren, stützt diese Ansicht. Dessen ungeachtet ist Art. 5 GKB aus systematischer Sicht enger als die nationalen Regelungen.[1008] Anzumerken ist, dass der Rechtsausschuss des Europäischen Parlaments in seiner Stellungnahme zur $GKKB_{2016}$ vorschlägt, dass bei einem Konflikt zwischen der Richtlinie und dem nationalen Körperschaftsteuerrecht letzteres vorgehe.[1009] Mit Blick auf die Zielsetzung[1010] der Richtlinie, Divergenzen zu vermeiden, ist dieser Ansatz jedoch wenig vielversprechend. Es ergeben sich bereits Abweichungen zwischen den nationalen Betriebsstättenbegriffen und denen, die in DBA verwendet werden. Tritt ein weiterer Begriff hinzu, verstärkt dies die Komplexität des Begriffs. Dementsprechend wird ein Betriebsstättensachverhalt in der Praxis regelmäßig beide – und sofern ein DBA besteht, auch diese – Vorschriften erfüllen.

Ein den Richtlinienvorschlag anwendendes Unternehmen unterliegt nach dem Wortlaut des Art. 1 Abs. 2 GKB „in Bezug auf alle in dieser Richtlinie geregelten Fragen nicht länger dem nationalen Körperschaftsteuerrecht". Andere Steuerarten liegen außerhalb des Betrachtungshorizonts des Richtlinienvorschlags. Infolgedessen bestehen zwei Betriebsstättenbegriffe für unterschiedliche Steuerarten, ohne dass diese sich in der Praxis regelmäßig unterscheiden werden. Folgerichtig geht der erweiterte Betriebsstättenbegriff aus Art. 5 GKB nationalen Bestimmungen vor. Auch führt die Integration des erweiterten Begriffs nach Art. 5 GKB nach Ansicht von *Scheffler/Köstler* dazu, dass körperschaftsteuerpflichtige Unternehmen, die außerhalb des europäischen Binnenmarkts ansässig sind, die GKB nach Art. 2 Abs. 2 GKB[1011] anwenden können, wenn sie in einem Mitgliedstaat über eine Betriebsstätte verfügen.[1012]

1007 *Gersch* in: Klein, AO, § 12 Rn. 1.

1008 Gleiches gilt für Art. 5 OECD-MA: *Görl* in: Vogel/Lehner, DBA, Art. 5 Rn. 3.

1009 Parlament v. 19.09.2017 – 2016/0337(CNS) (Stellungnahme des Rechtsausschusses für den Ausschuss für Wirtschaft und Währung zu dem Vorschlag für eine Richtlinie des Rates über eine Gemeinsame Körperschaftsteuer-Bemessungsgrundlage), S. 12.

1010 Vgl. dazu: Teil 3: C.

1011 Vgl. dazu: Teil 4: A.I.

1012 *Scheffler/Köstler* ifst-Schrift 518 (2017), S. 105 f.

3. *Unionsrechtlicher Gleichheitssatz*

Infolge der aufgezeigten Unterschiede zur nationalen Betriebsstättendefinition könnte sich eine Ungleichbehandlung für vergleichbare Sachverhalte im Sinne des Art. 20 EuGRCh ergeben. Zu vergleichen sind GKB-Unternehmen und Unternehmen, die den Bestimmungen des nationalen Rechts unterliegen. Obwohl § 12 AO nicht auf ein bestimmtes Hoheitsgebiet abstellt[1013], sind die Sachverhalte nur vergleichbar, soweit sich die möglichen Betriebsstätten innerhalb der Europäischen Union befinden. Dies folgt aus dem Anwendungsbereich des Richtlinienvorschlags.

Offensichtlich sind die Unterschiede bezüglich der Dauer von Bauausführungen und Montage. Diese Unterscheidung fingiert eine Betriebsstätte bei einer Dauer von sechs bzw. zwölf Monaten. Je nach der Rechtsanwendung wird eine Tätigkeit in Abhängigkeit von ihrer Dauer als Betriebsstätte nach nationalem Recht definiert oder nach dem Richtlinienvorschlag fingiert. Infolge der souveränen Rechtsanwendung durch den Mitgliedstaat kommt es zu einer Ungleichbehandlung gleicher Sachverhalte. Diese lässt sich auf das Territorialitätsprinzip, ein Grundprinzip des internationalen Steuerrechts, zurückführen.[1014] Nach dem EuGH sind Eingriffe in die steuerliche Gleichbehandlung zulässig, wenn zwingende Gründe des Allgemeinwohls dies rechtfertigen.[1015] Es bedarf jedoch keiner detaillierten Ausführungen zu den durch den EuGH entwickelten Rechtfertigungsgründen (Abwehr von Steuerumgehung, Aufteilung der Besteuerungsbefugnisse und Kohärenz des Steuersystems), um zu verdeutlichen, dass keine dieser Fallgruppen in diesem Zusammenhang einschlägig ist. Jedoch darf nicht unerwähnt bleiben, dass die Unternehmen sich, soweit ihnen die optionale Anwendungsmöglichkeit eröffnet ist, autonom für oder gegen die Betriebsstättenfiktion entscheiden und damit die engere Regelung wählen können. Dies mildert die Ungleichbehandlung. Die Ungleichbehandlung, die für die obligatorischen GKB-Unternehmen entsteht, ist durch das Interesse der Mitgliedstaaten an der Beseitigung der Steuervermeidungspraktiken gerechtfertigt. Demzufolge bilden die sich aus der Ungleichbehandlung ergebenden Vorteile des Richtlinienvorschlags Anreize zur Optierung (bspw. längere Ausführungsdauer bis zur Betriebsstättenfiktion).

4. *Zwischenfazit zu Betriebsstätten in anderen Mitgliedstaaten*

Art. 5 GKB gleicht in seiner Struktur Art. 5 OECD-MA, abgesehen von der durch den Rechtsausschuss vorgeschlagenen Regelung über virtuelle Geschäftseinrichtungen. Dennoch ist die Kommentierung des OECD-MK nicht übertragbar. Unternehmen, die dem deutschen Körperschaftsteuerrecht unterliegen und die GKB

1013 *Gersch* in: Klein, AO, § 12 Rn. 17.

1014 *Egner* Internationale Steuerlehre, S. 132 f.; *Brähler* Internationales Steuerrecht, S. 3.

1015 Vgl. EuGH v. 21.02.2013 – C-123/11 (A), GmbHR 2013, S. 321 (324); EuGH v. 25.02.2010 – C-337/08 (X Holding), Slg 2010, I-1215, Rn. 25 ff.; EuGH v. 13.12.2005 – C-446/03 (Marks&Spencer), Slg 2005, I-10837, Rn. 35.

anwenden, müssen Art. 5 GKB beachten. Für alle anderen Steuerarten unterliegen sie § 12 AO. Die bilaterale Zuweisung des Besteuerungsrechts im Verhältnis zu Nicht-EU-Staaten erfolgt bei Bestehen eines dem OECD-MA entsprechenden DBA anhand der mit Art. 5 OECD-MA übereinstimmenden DBA-Regelung. Die marginalen Unterschiede zwischen den einzelnen Regelungen führen nicht zu einer Verletzung des unionsrechtlichen Gleichheitssatzes, obgleich der deutsche Gesetzgeber angehalten sein wird, den Betriebsstättenbegriff einheitlich zu regeln, um fortbestehende Divergenzen im Hinblick auf die Ziele[1016] der Richtlinienvorschläge zu unterbinden.

III. Rechtsfolge

Die Anwendung der GKB hat zur Folge, dass das Unternehmen, soweit Regelungsunterschiede zwischen dem Richtlinienvorschlag und dem nationalen Körperschaftsteuerrecht bestehen, gemäß Art. 1 Abs. 2 GKB nicht länger den nationalen Regelungen unterliegt. Gemäß Art. 2 Abs. 1 GKB gelten die Bestimmungen sowohl für das Unternehmen als auch für dessen Betriebsstätten.[1017] In diesem Zusammenhang schlägt der Rechtsausschuss des Europäischen Parlaments vor, dass die Richtlinie bei Vorliegen der Voraussetzungen des Art. 2 Abs. 1 lit. b-d GKB auch für die sogenannten digitalen Niederlassungen gelte, die eigens auf Verbraucher oder Unternehmen in einem Mitgliedstaat abzielen oder die ihre Erträge in erster Linie mit der Aktivität in einem Mitgliedstaat durch eine auf den europäischen Binnenmarkt ausgerichtete Vertriebsplattform im Internet erwirtschaften, obwohl sie nach dem Recht eines Drittlandes gegründet worden sind.[1018] Zurück geht dieser Vorschlag auf die Erkenntnisse zu Aktionspunkt 1 des BEPS-Projekts.[1019] Der Rechtsausschuss des Europäischen Parlaments versucht so, dem digitalen Wandel in der Wirtschaftswelt gerecht zu werden, da Unternehmen auch ohne physische Präsenz Erträge innerhalb des europäischen Binnenmarkts erwirtschaften können.[1020]

1016 Teil 3: C.

1017 Vgl. bereits: *Lenz/Rautenstrauch* DB 2011, S. 726 (727).

1018 Parlament v. 19.09.2017 – 2016/0337(CNS) (Stellungnahme des Rechtsausschusses für den Ausschuss für Wirtschaft und Währung zu dem Vorschlag für eine Richtlinie des Rates über eine Gemeinsame Körperschaftsteuer-Bemessungsgrundlage), S. 15 f.

1019 Parlament v. 19.09.2017 – 2016/0337(CNS) (Stellungnahme des Rechtsausschusses für den Ausschuss für Wirtschaft und Währung zu dem Vorschlag für eine Richtlinie des Rates über eine Gemeinsame Körperschaftsteuer-Bemessungsgrundlage), S. 16.

1020 Parlament v. 19.09.2017 – 2016/0337(CNS) (Stellungnahme des Rechtsausschusses für den Ausschuss für Wirtschaft und Währung zu dem Vorschlag für eine Richtlinie des Rates über eine Gemeinsame Körperschaftsteuer-Bemessungsgrundlage), S. 9.

B. Berechnung der Steuerbemessungsgrundlage

Kernbestandteil der Richtlinienvorschläge sind die unionsweit einheitlichen Regelungen über die Ausgestaltung der Körperschaftsteuer-Bemessungsgrundlage. Im Folgenden werden punktuell einzelne Aspekte beleuchtet, die im besonderen Fokus der GKB stehen.

I. Ermittlung der Steuerbemessungsgrundlage

Die Steuerbemessungsgrundlage errechnet sich gemäß Art. 7 GKB aus den Erträgen im Sinne des Art. 4 Abs. 5 GKB abzüglich steuerfreier Erträge im Sinne des Art. 8 GKB, abzugsfähiger Aufwendungen im Sinne des Art. 4 Abs. 6, Art. 9, Art. 12 GKB und sonstiger abzugsfähiger Posten im Sinne des Art. 10 i.V.m. Art. 30 ff. GKB.[1021]

Erträge sind nach Art. 4 Abs. 5 GKB als monetäre oder nichtmonetäre Erlöse aus Verkäufen und anderen Transaktionen, ohne Mehrwertsteuer und andere Steuern und Abgaben, die im Namen von staatlichen Stellen erhoben werden, definiert. Sie umfassen auch Erlöse aus der Veräußerung von Wirtschaftsgütern und Rechten sowie Zinsen, Dividenden und anderen Arten der Gewinnausschüttung, Liquidationserlöse, Lizenzgebühren, Subventionen und Zuschüsse, Zuwendungen, Schadenersatzzahlungen und freiwilligen Leistungen. Erträge schließen auch Sachzuwendungen eines Steuerpflichtigen ein. Vom Steuerpflichtigen aufgebrachtes Eigenkapital oder Erlöse aus beglichenen Forderungen werden nicht zu den Erträgen gerechnet.

Aufwendungen im Sinne des Art. 4 Abs. 6 GKB bezeichnen den Rückgang des Nettoeigenkapitals eines Unternehmens durch Abflüsse oder eine Wertminderung von Vermögenswerten oder durch die Anerkennung oder Zunahme des Werts von Verbindlichkeiten, mit Ausnahme monetärer oder nichtmonetärer Ausschüttungen an Anteils- oder Kapitaleigner als solche. Infolgedessen sind sogenannte Gewinnausschüttungen und Rückzahlungen von Eigen- oder Fremdkapital nach Art. 12 lit. a GKB nicht abzugsfähig. Zu den abzugsfähigen Aufwendungen zählen auch Ausgaben für Forschung und Entwicklung nach Art. 9 Abs. 2, 3 GKB[1022] und Zuwendungen und Spenden an gemeinnützige Einrichtungen nach Art. 9 Abs. 4 GKB, soweit die Mitgliedstaaten von ihrem Ermessen, entsprechende Regelungen zu erlassen, Gebrauch machen. Es ist jedoch nach Art. 9 Abs. 1 GKB stets erforderlich, dass die Aufwendungen unmittelbar im geschäftlichen Interesse des Steuerpflichtigen angefallen sind.

1021 *Krauß* IStR 2017, S. 479 (483 f.); vgl. ausführlich zu den Abschreibungen: *Velte/Mock* StuW 2017, S. 126 (132 ff.); vgl. bereits: *Köstler/Dietrich* WPg 2015, S. 81 (84).

1022 Vgl. dazu: Teil 4: B.II.

Tabelle 1

	Erträge gemäß Art. 4 Abs. 5 GKB
-	steuerfreie Erträge gemäß Art. 8 GKB
-	abzugsfähige Aufwendungen gemäß Art. 4 Abs. 6, Art. 9, Art. 12 GKB
-	sonstige abzugsfähige Posten gemäß Art. 10 i.V.m. Art. 30 ff. GKB
-	Freibetrag für Wachstum und Investitionen gemäß Art. 11 GKB
-	überschüssige Fremdkapitalkosten gemäß Art. 13 GKB
=	Ergebnis der Steuerbemessungsgrundlage gemäß Art. 7 GKB

Tabelle 2

	Betriebsreinvermögen am Schluss des Wirtschaftsjahres
-	Betriebsreinvermögen zu Beginn des Wirtschaftsjahres
+	offene Gewinnausschüttungen, verdeckte Gewinnausschüttungen, Kapitalrückzahlungen
+	Kapitalerhöhungen, sonstige Gesellschaftereinlagen,verdeckte Einlagen
-	steuerfreie Betriebseinnahmen
+	nicht abziehbare Betriebsausgaben
=	steuerpflichtiger Gewinn

1. Steuerpflichtiger Gewinn nach § 5 Abs. 1 Satz 1 i.V.m. § 4 Abs. 1 Satz 1 EStG

Erträge und abziehbare Aufwendungen spiegeln die Veränderung im Rahmen des sogenannten Betriebsvermögensvergleichs wider, wie er auch in den steuerlichen Gewinnermittlungssystemen vieler Mitgliedstaaten zu finden ist.[1023] In Deutschland ermitteln Körperschaften ihren steuerpflichtigen Gewinn nach § 7 Abs. 1, Abs. 2, § 8 Abs. 1 Satz 1 KStG i.Vm. § 5 Abs. 1 Satz 1, § 4 Abs. 1 Satz 1 EStG i.V.m. § 238 Abs. 1 Satz 1, § 6 Abs. 1 HGB im Wege des bilanziellen Betriebsvermögensvergleichs, soweit sie verpflichtet sind, Handelsbücher zu führen.

1023 *Krauß* IStR 2017, S. 479 (480); *Velte/Mock* StuW 2017, S. 126 (128); *Benz/Böhmer* DB 2016, S. 2800 (2802); vgl. bereits: *Herzig* Gemeinsame konsolidierte Körperschaftsteuerbemessungsgrundlage (GKKB), S. 10; *Herzig* IStR 2011, S. 662 (663); *Scheffler/Krebs* Beihefter zur DStR (Nr. 22) 2011, S. 13(15).

Da es sich bei der Ermittlung der Steuerbemessungsgrundlage nach der GKB nicht um eine Zahlungsrechnung handelt, ist das Ermittlungssystem konzeptionell auch eher weniger mit § 4 Abs. 3 EStG vergleichbar.[1024] Auch wenn die GKB aufgrund ihrer GuV-orientierten Gewinnermittlung keine Bestimmung von Buchwerten vorsieht, bedarf es entsprechender Neben- oder Schattenrechnungen, um den sogenannten steuerlichen Wert[1025] im Sinne des Art. 4 Abs. 17 GKB festzustellen. Daneben besteht eine Verpflichtung nach Art. 30 GKB, ein Register des Anlagevermögens zu führen, in dem jedes Wirtschaftsgut getrennt von den anderen mit dem Anschaffungs- bzw. Herstellungsaufwand sowie dem Zeitpunkt des Erwerbs zu erfassen ist.

2. Prinzipien der Gewinnermittlung in der GKB

Die Steuerbemessungsgrundlage der GKB entspricht einer Gewinn- und Verlustverrechnung, wobei – wie bereits in der $GKKB_{2011}$ – nicht an die Handelsbilanz in Form der Maßgeblichkeit angeknüpft wurde.[1026] Das einheitliche Gewinnermittlungssystem ist kein System, das vom Ursprung her auf Prinzipien basiert, sondern eine sogenannte Best-Practice-Lösung[1027], bei der auf unterschiedliche Prinzipien Bezug genommen wird. Daher haben sich das deutsche und das französische Finanzministerium für die Einführung einer allgemeinen Vorschrift anhand der Grundsätze der Rechnungslegung[1028] ausgesprochen, die den Gewinn anhand des Betriebsvermögensvergleichs ermitteln, (und) um so den bürokratischen Aufwand gering zu halten.[1029] Besteuerungsprinzipien dienen jurisdiktionsübergreifend und universell der Steuergerechtigkeit, Rechtssicherheit, Verhältnismäßigkeit und

1024 Vgl. dazu: *Scheffler/Köstler* ifst-Schrift 518 (2017), S. 32.

1025 Der „steuerliche Wert" eines Wirtschaftsguts des Anlagevermögens oder eines Sammelpostens bezeichnet die Abschreibungsbasis abzüglich des gesamten abgezogenen Abschreibungsbetrags.

1026 Vgl. dazu m.w.N. zur historischen Entwicklung in Deutschland und IFRS-Maßgeblichkeit: *Velte/Mock* StuW 2017, S. 126 (128); eine Aufgabe des Maßgeblichkeitsprinzips sei jedoch nicht zwangsläufig nach: *enz/Böhmer* DB 2016, S. 2800 (2801); *Scheffler et al.* StuW 2014, S. 326 (328 ff.); *Herzig/Kuhr* DB 2011, S. 2053 (2057); *Herzig/Kuhr* StuW 2011, S. 305 (312 ff.); *Hüttemann* DStZ 2011, S. 507 (511).

1027 Vgl. bereits: *Herzig* FR 2012, S. 761 (761); *Richter* FR 2012, S. 765 (767); *Hüttemann* DStZ 2011, S. 507 (511); *Kahle/Schulz* StuB 2011, S. 296 (298); *Marx* DStZ 2011, S. 547 (549); *Scheffler/Krebs* Beihefter zur DStR (Nr. 22) 2011, S. 13 (16, 26).

1028 Vgl. zu Prinzipien im Steuerrecht: *Tipke* Steuerrechtsordnung Bd. 1, S. 70; vgl. zu Prinzipien in Rechtsordnungen grundlegend: *Alexy* Theorie der Grundrechte, S. 75 f.; *Larenz/Canaris* Methodenlehre der Rechtswissenschaft, S. 263.

1029 BMF/Ministère de l'Économie et des Finances v. 19.01.2018, Gemeinsames Positionspapier Deutschlands und Frankreichs zum GKB-Vorschlag, S. 1, abrufbar unter: https://www.bundesfinanzministerium.de/Content/DE/Standardartikel/Themen/Europa/2018-06-20-Meseberg-Anl2.pdf?__blob=publicationFile&v=1 (zuletzt abgerufen am 06.12.2018).

Gleichmäßigkeit der Besteuerung.[1030] Diese bereits in Art. 9 $GKKB_{2011}$ gewählte Lösung wird im aktuellen Richtlinienvorschlag unverändert beibehalten. Dem Richtlinienvorschlag liegen mit Ausnahme des Art. 6 GKB keine allgemeinen Grundsätze ausdrücklich zu Grunde, anhand derer insbesondere Regelungslücken geschlossen werden könnten.

Gewinne und Verluste werden gemäß Art. 6 Abs. 1 GKB nach dem sogenannten Realisationsprinzip[1031] erfasst. Dieses Prinzip wird durch Art. 15 GKB dahingehend präzisiert, dass Erträge, Aufwendungen und sonstige abzugsfähige Posten in dem Steuerjahr zu erfassen sind, in dem sie anfallen. Nach Art. 16 Abs. 1 GKB werden Erträge erzielt, wenn der Anspruch auf ihre Vereinnahmung eingetreten ist und der Betrag zuverlässig bestimmt werden kann, unabhängig davon, ob die Beträge tatsächlich gezahlt wurden. Eine abzugsfähige Aufwendung entsteht nach Art. 17 lit. a GKB zu dem Zeitpunkt, zu dem die Zahlungsverpflichtung entstanden ist. Sofern eine Aufwendung aus Zahlungen des Steuerpflichtigen zu verschiedenen Zeitpunkten besteht, entsteht die Zahlungsverpflichtung, wenn die einzelnen Teilzahlungen fällig sind. Daneben besteht in anderen Vorschriften[1032] eine Anknüpfung an das sogenannte Vorsichtsprinzip.[1033] Auch wenn das sogenannte Imparitätsprinzip[1034] in der GKB nicht ausdrücklich geregelt ist, findet es sich an verschiedenen Stellen wieder und gewährleistet, dass noch nicht realisierte Verluste bereits berücksichtigt werden können.[1035]

Wie bereits angedeutet[1036], entstehen hieraus Auslegungsprobleme, die der Rechtssicherheit schaden.[1037] Für die Rechtsprechung des EuGH ist daher zu klären, anhand welcher Grundsätze Auslegungsprobleme zu lösen sind. Es erscheint auch möglich, dass Finanzgerichte Auslegungsprobleme zukünftig anhand der richtlinienkonformen Auslegungsmethode[1038] lösen werden. Anders wäre es meines Erachtens nicht möglich, der langen Verfahrensdauer zu begegnen, die beim

---

1030 *Hamannt/Halverscheid* in: Blumenberg *et al.*, FS Haarmann 2015, S. 589 (600 ff.); *Hey* in: Tipke/Lang, Steuerrecht, § 3 Rn. 13; *Scheffler et al.* StuW 2015, S. 359 (359 ff.); *Herzig/Kuhr* StuW 2011, S. 305 (309).

1031 Vgl. zur Ausgestaltung des Realisationsprinzips im deutschen Handelsrecht: Crezelius in: Kirchhof, § 5 EStG, Rn. 47.

1032 Art. 23, 39, 27 Nr. 2 GKB.

1033 Vgl. ausführlich dazu: *Velte/Mock* StuW 2017, S. 126 (129 ff.); *Hamannt/Halverscheid* in: Blumenberg *et al.*, FS Haarmann 2015, S. 589 (616).

1034 Vgl. zur allgemeinen Definition des Prinzips im Steuerrecht bzw. Bilanzrecht: *Hamannt/Halverscheid* in: Blumenberg *et al.*, FS Haarmann 2015, S. 589 (616); vgl. ebenso: Crezelius in: Kirchhof, § 5 EStG, Rn. 48.

1035 Vgl. detailliert: *Scheffler/Köstler* IFSt-Schrift 518 (2017), S. 40, Art. 4 Nr. 18, Art. 4 Nr. 20, Art. 21 i.V.m. Art. 20 Abs. 1 lit. d, Art. 23 Abs. 1 Satz 4, Satz 5, Art. 27 Abs. 2, Art. 39 Abs. 1 GKB.

1036 Vgl. dazu: Teil 4: A.II.1.

1037 Vgl. ebenso: *Velte/Mock* StuW 2017, S. 126 (139); *Marx* DStZ 2011, S. 547 (550).

1038 Vgl. dazu: Teil 3: F.I.

EuGH mangels eines speziellen Senats für Steuerfragen[1039] entstehen.[1040] Eine einheitliche Rechtsprechung des EuGH wird ohnehin einen erheblichen Zeitraum in Anspruch nehmen.[1041]

Durch diesen Best-Practice-Ansatz ist auch die Systematik eines einheitlichen Regelungssystems grundlegend hinterfragt worden.[1042] Eine solche Lösung ist aus deutscher Sicht eher unproblematisch, da es in Deutschland in den Einzelsteuergesetzen ebenfalls an systemtragenden Grundprinzipien fehlt und diese eher in Art. 3, 14, 20 GG verankert sind.[1043] Ebenso erfüllt die Lösung die Anforderungen an einen pragmatischen Richtlinienvorschlag, da für die Ausarbeitung europäischer Prinzipien erhebliche Ressourcen der Europäischen Kommission, Wissenschaft und Praxis notwendig wären, ohne dass die Forderung nach Vollständigkeit und Einfachheit eines Steuergesetzes erfüllt werden könnte.[1044] Eine teleologische Auslegung unter Zuhilfenahme der IAS/IFRS sei jedoch abzulehnen, da es bereits bei der $GKKB_{2011}$ an der Maßgeblichkeit[1045] fehlt, und so fordern Stimmen in der Literatur eine einheitliche, autonome Auslegung anhand europäischer Gewinnermittlungsgrundsätze, welche vermutlich durch den EuGH zu entwickeln sind.[1046] *Hamannt/Halverscheid* entwickelten 2015 solche Grundsätze basierend auf dem Sinn und Zweck einer harmonisierten Körperschaftsteuer-Bemessungsgrundlage.[1047] Im

1039 Vgl. ebenso einen Europäischen Steuergerichtshof befürwortend: *Strotkemper* Das Spannungsverhältnis zwischen Schiedsverfahren in Steuersachen und einem Internationalen Steuergerichtshof. Möglichkeiten zur Verbesserung der Streitbeilegung im Internationalen Steuerrecht, S. 529 ff.

1040 Vgl. mit ähnlicher Ansicht, obgleich die Auslegung allein durch den EuGH erfolgen soll: *Velte/Mock* FR 2018, S. 1125 (1129).

1041 Vgl. *Hüttemann* DStZ 2011, S. 507 (511); *Velte/Mock* FR 2018, S. 1125 (1129).

1042 *Spengel/Zöllkau* Common Corporate Tax Base (CC(C)TB) and Determination of Taxable Income, S. 93 ff.

1043 Vgl. detailliert: *Herzig/Kuhr* StuW 2011, S. 305 (309); vgl. m.w.N.: *Herzig/Kuhr* DB 2011, S. 2053 (2057).

1044 *Eggert* Die Gewinnermittlung nach dem Richtlinienvorschlag über eine Gemeinsame Konsolidierte Körperschaftsteuer-Bemessungsgrundlage: Vergleich mit der Gewinnermittlung nach dem HGB, EStG und den IFRS, S. 113 ff.

1045 *Dahlke* Harmonisierung der Konzernbesteuerung in der Europäischen Union. Ökonomische Analyse einer einheitlichen konsolidierten körperschaftsteuerlichen Bemessungsgrundlage, S. 21 ff.; *Lenz* Grundsätze steuerlicher Gewinnermittlung unter dem Einfluss der IAS/IFRS, S. 14; *Herzig/Bär* DB 2003, S. 1 (7).

1046 Vgl. m.w.N.: *Herzig/Kuhr* DB 2011, S. 2053 (2057); *Herzig/Kuhr* StuW 2011, S. 305 (312 ff.); vgl. ebenso: *Hüttemann* DStZ 2011, S. 507 (511); a.A. BMF, Gutachten „Einheitliche Bemessungsgrundlage der Körperschaftsteuer in der Europäischen Union" v. 26.03.2007, S. 70.

1047 *Hamannt/Halverscheid* in: Blumenberg *et al.*, FS Haarmann 2015, S. 593 (611 ff.).

Vordergrund der Entwicklung steht die Zahlungsbemessungsfunktion[1048] eines gemeinsamen Regelungssystems.[1049]

Eine Verknüpfung der harmonisierten Körperschaftsteuer-Bemessungsgrundlage mit der sogenannten Bilanzrichtlinie[1050] erscheint vordergründig möglich. Jedoch zeigt sich bei genauer Betrachtung, dass die Gesetzgebung zur Rechnungslegung im Gegensatz zur GKB dem ordentlichen Gesetzgebungsverfahren und folglich einer qualifizierten Mehrheitsentscheidung unterliegt. Es ist zu vermuten, dass eine solche Auswirkung durch Mitgliedstaaten nicht gewollt ist.[1051] Zudem hat die Umsetzung[1052] der Bilanzrichtlinie gezeigt, dass ein Gewinnermittlungssystem auch mit geringer Regelungsdichte ausreicht.[1053] Zusammenfassend bleibt die Diskussion um die Best-Practice-Lösung eines unionsweiten Gewinnermittlungssystems aktuell und kann zur Weiterentwicklung nationaler Steuersysteme beitragen.[1054]

3. *Exkurs: Auswirkungen auf die Gewerbesteuer*

Die Festsetzung der Besteuerung bemisst sich nach den nationalen Vorschriften des Steuerrechts. Hierbei ergibt sich aus Sicht des deutschen Unternehmenssteuerrechts das Randproblem, ob die nach den Regelungen der GKB errechnete Steuerbemessungsgrundlage auch für die Gewerbesteuer nach § 7 GewStG zugrunde zu legen ist. Ausweislich des Wortlauts des § 7 Abs. 1 Satz 1 GewStG handelt es sich bei dem Gewerbeertrag um den nach den Vorschriften des Körperschaftsteuergesetzes zu ermittelnden Gewinn aus dem Gewerbebetrieb. Unternehmen, die den Richtlinienvorschlag anwenden, unterliegen nicht länger dem nationalen

1048 *Hamannt/Halverscheid* in: Blumenberg *et al.*, FS Haarmann 2015, S. 593 (604); vgl. zur Zahlungsbemessungsfunktion der GKB: *Coenenberg et al.* Einführung in das Rechnungswesen. Grundlagen der Buchführung und Bilanzierung, S. 35; *Herzig/Gellrich/Jensen-Nissen* BFuP 2004, S. 550 (558).

1049 *Hamannt/Halverscheid* in: Blumenberg *et al.*, FS Haarmann 2015, S. 593 (604).

1050 Richtlinie 2013/34/EU des Europäischen Parlaments und des Rates v. 26.06.2013 über den Jahresabschluss, den konsolidierten Abschluss und damit verbundene Berichte von Unternehmen bestimmter Rechtsformen, ABl.-EU L 182/19 v. 29.06.2013, und zur Änderung der Richtlinie 2006/43/EG des Europäischen Parlaments und des Rates und zur Aufhebung der Richtlinien 78/660/EWG und 83/349/EWG des Rates.

1051 Vgl. *Velte/Mock* FR 2018, S. 1081 (1089).

1052 Gesetz zur Umsetzung der Richtlinie 2013/34/EU des Europäischen Parlaments und des Rates vom 26.06.2013 über den Jahresabschluss, den konsolidierten Abschluss und damit verbundene Berichte von Unternehmen bestimmter Rechtsformen und zur Änderung der Richtlinie 2006/43/EG des Europäischen Parlaments und des Rates und zur Aufhebung der Richtlinien 78/660/EWG und 83/349/EWG des Rates, BGBl. I v. 22.07.2015, S. 1245 ff.

1053 Vgl. *Velte/Mock* FR 2018, S. 1081 (1090).

1054 *Hamannt/Halverscheid* in: Blumenberg *et al.*, FS Haarmann 2015, S. 593 (618); *Herzig/Bohn/Fritz* Beihefter zu DStR (Nr. 29) 2009, S. 61 (63 f.).

Körperschaftsteuerrecht ausweislich des Wortlauts des Art. 1 Abs. 1 GKB, jedoch nur in Bezug auf alle in der GKB geregelten Fragen. Zudem besteht eine Gewerbesteuerpflicht nicht in allen Mitgliedstaaten.[1055] Hieraus ergibt sich sowohl eine steuerliche Wettbewerbsbenachteiligung im europäischen Vergleich als auch ein Hemmnis im europäischen Binnenmarkt hinsichtlich einer möglichen Vereinfachung des Steuersystems.[1056] § 7 Abs. 1 Satz 1 GewStG wird bei Umsetzung der GKB hinsichtlich des zu ermittelnden Gewinns lediglich die errechnete Steuerbemessungsgrundlage im Sinne des Art. 7 GKB an die Stelle des – aktuell nach den Vorschriften des Körperschaftsteuergesetzes zu ermittelnden – Gewinns aus dem Gewerbebetrieb setzen müssen.[1057] Fraglich ist jedoch, ob dies den unionsrechtlichen Gleichheitssatz nach Art. 20 EUGrCh verletzt. Schließlich liegen der Bemessungsgrundlage der Gewerbesteuer bei Umsetzung des Richtlinienvorschlags zwei verschiedene Berechnungssysteme – Art. 7 GKB für den Richtlinienvorschlag anwendende Unternehmen bzw. § 7 Abs. 1, Abs. 2, § 8 Abs. 1 Satz 1 KStG i.Vm. § 5 Abs. 1 Satz 1, § 4 Abs. 1 Satz 1 EStG i.V.m. § 238 Abs. 1 Satz 1, § 6 Abs. 1 HGB – zu Grunde. Obgleich man für die Vereinbarkeit mit dem unionsrechtlichen Gleichheitssatz die bisherigen Erkenntnisse[1058] zu Grunde legen kann, steht doch in Frage, ob diese Erkenntnisse auch steuerübergreifend auf Steuern, welche lediglich an die Körperschaftssteuer-Bemessungsgrundlage anknüpfen, zu übertragen ist. So gehen Stimmen in der Literatur einen Schritt weiter, um dieses Harmonisierungshemmnis zu beseitigen, und sind davon überzeugt, dass der deutsche Gesetzgeber diese „Zweigleisigkeit" bei Umsetzung des Richtlinienvoschlags nicht mehr beibehalten kann und die Gewerbesteuer einer umfassenden Reform unterzogen werden muss. Allerdings ist mit dieser Reform mit Blick auf andere Herausforderungen im Steuerrecht in der aktuellen 19. Legislaturperiode nicht zu rechnen.[1059]

Daneben birgt die direkte Anknüpfung an die errechnete Steuerbemessungsgrundlage im Sinne des Art. 7 GKB ein weiteres Problem mit Blick auf die Einführung eines grenzüberschreitenden Verlustausgleichs.[1060] Der Steuergegenstand der Gewerbesteuer gemäß § 2 Abs. 1 Satz 1, Satz 3 GewStG umfasst lediglich den im Inland betriebenen Gewerbetrieb. So wird die gesamte positive Steuerbemessungsgrundlage der Gruppe – zumindest mittelbar – zum Gegenstand der Gewerbesteuer gemacht werden, obgleich die nach der GKB errechnete Steuerbemessungsgrundlage nicht steuerbare Gewinne und Verluste enthält. Unter Berücksichtigung der

1055 Sie ist neben Deutschland auch in Luxemburg Teil der Unternehemensbesteuerung.
1056 *Hey* DStZ 2017, S. 632 (639); *Haas/Wünnemann* DStR 2018, S. 377 (381); *Velte/Mock* FR 2018, S. 1081 (1082); *Rieck* IStR 2017, S. 399 (401); *Kahlenberg/Prusko* IStR 2017, S. 304 (309).
1057 Vgl. wohl ebenso: *Benz/Böhmer* DB 2016, S. 2800 (2801); vgl. am Rande: *Scheffler/Köstler* ifst-Schrift 518 (2017), S. 87; vgl. ohne Ergebnis: *Krauß* IStR 2017, S. 479 (486).
1058 Vgl. dazu: Teil 4: A.I.1.c.
1059 Vgl. m.w.N.: *Hey* DStZ 2017, S. 632 (639); *Haas/Wünnemann* DStR 2018, S. 377 (381).
1060 Vgl. dazu: Teil 4: C.

Rechtsfigur der sogenannten finalen Verluste[1061] begründete der BFH die Einbeziehung ausländischer Verluste unter Beachtung der entsprechenden EuGH-Rechtsprechung bisher mit der Niederlassungsfreiheit nach Art. 49 AEUV[1062], die als supranationales Recht dem innerstaatlichen Recht und damit dem Inlandscharakter aufweisenden Recht der Gewerbesteuer vorgeht.[1063] Jedoch ist unter Beachtung der Zielsetzung, Hemmnisse für innerhalb des Europäischen Binnenmarkts grenzüberschreitend tätige Unternehme zu beseitigen,[1064] richtigerweise davon auszugehen, dass die Einführung eines grenzüberschreitenden Verlustausgleichs der Grundidee des Art. 49 AEUV folgt.[1065] Infolgedessen gehen *Scheffler/Köstler* zutreffend davon aus, dass der Inlandscharakter der Gewerbesteuer bei grenzüberschreitenden Sachverhalten innerhalb des europäischen Binnenmarkts verdrängt werden würde.[1066]

Zusammenfassend besteht diesbezüglich aus Sicht der deutschen Finanzverwaltung wohl Klärungsbedarf. Auch wenn eine Reform der Gewerbesteuer zur Vereinfachung des Unternehmenssteuerrechts und damit auch zur Steigerung der Attraktivität des deutschen Wirtschaftsraumes vorzugswürdig erscheint, wird eine solche Reform gleichwohl große Hürden überwinden müssen. Schließlich ist die Gewerbesteuer die Haupteinnahmequelle der Gemeinden, die jede Veränderung vermutlich wenig wohlwollend hinnehmen werden.

II. Unionsrechtliche Förderung von Forschungs- und Entwicklungsaktivitäten

Mit dem Richtlinienvorschlag ist die Europäische Union bestrebt, Unternehmen zu fördern, die sich der Forschung und Entwicklung verschrieben haben. Diese Förderung kommt insbesondere in Art. 9 GKB zur Geltung, welcher die Abzugsfähigkeit von Aufwendungen regelt. So sind Aufwendungen gemäß Art. 9 Abs. 1 GKB grundsätzlich abzugsfähig, wenn sie unmittelbar im geschäftlichen Interesse des Steuerpflichtigen stehen.

Aufwendungen sind gemäß Art. 4 Abs. 6 GKB als der Rückgang des Nettoeigenkapitals des Unternehmens im Rechnungslegungszeitraum durch Abflüsse oder Wertminderungen von Vermögenswerten oder die Anerkennung oder Zunahme des Wertes von Verbindlichkeiten – mit Ausnahme monetärer oder nichtmonetärer Ausschüttungen an Anteils- oder Kapitaleigner als solche – definiert.

Zu diesen Aufwendungen zählen gemäß Art. 9 Abs. 2 GKB auch Kosten für Forschung und Entwicklung. Forschung und Entwicklung sind gemäß Art. 4 Abs. 11

1061 Vgl. dazu und mit Übersicht zur EuGH-Rechtsprechung: Teil 4. C.II.1.
1062 Vgl. dazu: Teil 3: F.V.3.b.
1063 Vgl. BFH v. 09.06.2010 – I R 107/09, GmbHR 2010, S. 997.
1064 COM(2016) 685 final, S. 5; vgl. dazu: Teil 3: C.
1065 Vgl. dazu: Teil 4: C.VI.
1066 *Scheffler/Köstler* ifst-Schrift 518 (2017), S. 108 ff.

GKB experimentelle oder theoretische Arbeiten, welche für die Zwecke des Richtlinienvorschlags in folgende Bereiche untergliedert sind: Die sogenannte Grundlagenforschung dient dem Erwerb neuen Grundlagenwissens, ohne dass erkennbare besondere Anwendungsmöglichkeiten bestehen. In der angewandten Forschung sind originäre Untersuchungen zur Erlangung neuer Kenntnisse auf ein bestimmtes praktisches Ziel ausgerichtet. Die experimentelle Forschung baut systematische Arbeiten auf Kenntnissen auf, die durch Forschung und praktische Erfahrungen erworben wurden. Es entstehen zusätzliche Kenntnisse, die auf neue Produkte, Verfahren oder die Verbesserung vorhandener Produkte ausgerichtet sind.

Nach Art. 9 Abs. 3 UAbs. 1 Satz 1 GKB kann der Steuerpflichtige zusätzlich zu den abzugsfähigen Aufwendungen für Forschungs- und Entwicklungskosten des Art. 9 Abs. 2 GKB im jeweiligen Steuerjahr weitere 50 % der Kosten für Forschung und Entwicklung abziehen, soweit es sich nicht um Kosten handelt, die im Zusammenhang mit beweglichen körperlichen Wirtschaftsgütern entstanden sind. Soweit diese Kosten einen Betrag in Höhe von 20 Mio. € übersteigen, kann der Steuerpflichtige die darüber hinausgehenden Kosten gemäß Art. 9 Abs. 3 UAbs. 1 Satz 2 GKB zu 25 % abziehen. Nach Art. 9 Abs. 3 UAbs. 2 GKB ist der vollständige Abzug bis zur Höhe von 20 Mio. € abweichend zu Art. 9 Abs. 3 UAbs. 1 Satz 1 GKB möglich, sofern folgende Voraussetzungen kumulativ („alle") vorliegen: Der Steuerpflichtige ist ein nicht börsennotiertes kleines Unternehmen. Ein kleines Unternehmen beschäftigt gemäß Art. 9 Abs. 3 UAbs. 2 lit. a GKB maximal 50 Mitarbeiter und weist einen Jahresumsatz und/oder eine Jahresbilanzsumme in Höhe von maximal 10 Mio. EUR aus. Demzufolge kommen für die Anwendung von Art. 9 Abs. 3 UAbs. 2 GKB nur Steuerpflichtige in Betracht, die den Richtlinienvorschlag optional nach Art. 2 Abs. 3 GKB anwenden. Des Weiteren dürfen gemäß Art. 9 Abs. 3 UAbs. 2 lit. b GKB seit der Eintragung ins Handelsregister nicht mehr als fünf Jahre verstrichen sein. Besteht keine Eintragungspflicht, beginnt die Frist mit Aufnahme der Wirtschaftstätigkeit oder dem Zeitpunkt, in dem das Unternehmen für seine Tätigkeit steuerpflichtig wird. Steuerpflichtige aus Deutschland erlangen vornehmlich mit der Eintragung ins Handelsregister ihre Rechtsfähigkeit. Da Genossenschaften nach deutschem Verständnis Formkaufleute sind, ist der Begriff Handelsregister nach deutschem Verständnis auch auf das Genossenschaftsregister zu erweitern.[1067] Dementsprechend ist der alternative Fristbeginn mit

1067 § 21 Gesetz zur Einführung der Europäischen Gesellschaft v. 22.12.2004 (BGBl. I v. 28.12.2004, S. 3675), zuletzt geändert durch Art. 7 des Gesetzes v. 10.05.2016 (BGBl. I v. 17.05.2016, S. 1142); § 3 Gesetz zur Einführung der Europäischen Genossenschaft und zur Änderung des Genossenschaftsrechts v. 14.08.2006 (BGBl. I v. 17.08.2006, S. 1911), zuletzt geändert durch Art. 11 des Gesetzes v. 10.05.2016 (BGBl. I v. 17.05.2016, S. 1142); § 36 Abs. 1 AktG; § 278 Abs. 3 AktG i.V.m. § 36 Abs. 1 AktG; § 7 Abs. 1 GmbHG; § 185 Abs. 1 Satz 1 Gesetz zur Modernisierung der Finanzaufsicht über Versicherung v. 01.04.2015 (BGBl. I v. 10.04.2015, S. 434), zuletzt geändert durch Art. 9 des Gesetzes v. 13.04.2017 (BGBl. I v. 21.04.2017, S. 866); § 11 Abs. 1 Neufassung des Genossenschaftsgesetzes v. 16.10.2006 (BGBl. I v. 20.10.2006,

Aufnahme der Tätigkeit bzw. Steuerpflicht aus deutscher Perspektive irrelevant. Ferner darf das Unternehmen des Steuerpflichtigen nicht durch einen Zusammenschluss entstanden sein und keine verbundenen Unternehmen im Sinne des Art. 56 GKB gemäß Art. 9 Abs. 3 UAbs. 2 lit. c, d GKB haben. Soweit der Steuerpflichtige an der Leitung, der Kontrolle oder an dem Kapital beteiligt ist, gelten beide als verbundene Unternehmen gemäß Art. 56 Abs. 1 GKB. Hierbei ist irrelevant, ob das sich beteiligende Unternehmen ein Steuerpflichtiger, der nicht derselben Gruppe angehört, oder ein Nichtsteuerpflichtiger im Sinne des Art. 4 Abs. 2 GKB ist. Die Bestimmung erweitert insofern den Betrachtungsradius der Richtlinie, sodass auch Beteiligungen an Personengesellschaften und Unternehmen berücksichtigt werden müssen, welche die GKB nicht anwenden können. Dazu werden alle Unternehmen, an denen Personen beteiligt sind, gemäß Art. 56 Abs. 2 GKB als verbundene Unternehmen angesehen. Ein Steuerpflichtiger mit seiner Betriebsstätte in einem Drittland und ein gebietsfremder Steuerpflichtiger mit seiner gebietsansässigen Betriebsstätte gelten dabei als verbundenes Unternehmen. Obwohl Art. 56 GKB außerhalb des Art. 4 GKB steht, welcher der Begriffsbestimmung dient, handelt es sich trotz der Stellung in Kapitel Acht „Transaktionen zwischen verbundenen Unternehmen" nur um eine Definition. Ziel der Bestimmung ist es, Gewinnverlagerungen durch Tochtergesellschaften und Betriebsstätten in Niedrigsteuerländer dadurch zu unterbinden, dass Einkünfte der steuerpflichtigen Gesellschaft zugeordnet werden.[1068]

Art. 9 Abs. 3 UAbs. 2 lit. c GKB definiert nicht, was ein Zusammenschluss im Sinne der Bestimmung ist. Nach deutschem Verständnis würde dies nur die Verschmelzung gemäß § 2 UmwG und die Vermögensübertragung gemäß § 174 UmwG betreffen[1069], da sich nur bei diesen Umwandlungsformen zwei Unternehmen (bzw. Rechtsträger) zu einem Unternehmen (bzw. Rechtsträger) zusammenschließen. Die Wertung des systematischen Zusammenhangs zu Art. 9 Abs. 3 UAbs. 2 lit. a, b GKB lässt den Schluss zu, dass nur solche Unternehmen förderungsfähig sind, die sich neu gründen und nicht aus einem bestehenden Unternehmen ausgegliedert werden. Zum gleichen Schluss kommt die teleologische Auslegung der Bestimmung.[1070] Demzufolge müsste aus deutscher Sicht der Zusammenschluss im Sinne des Art. 9 Abs. 3 UAbs. 2 lit. c GKB ebenso die Spaltung gemäß § 123 UmwG[1071] umfassen.

Fraglich erscheint zuletzt, ob auch der Formwechsel gemäß § 190 UmwG[1072] ein Zusammenschluss im Sinne der Bestimmung ist. Da Steuerpflichtiger nach Art. 4

S. 2230), geändert durch Art. 10 des Gesetzes v. 11.04.2017 (BGBl. I v. 18.04.2017, S. 802).

1068 COM(2016) 685 final, Tz. 16.

1069 *Stengel* in: Semler/Stengel, Umwandlungsgesetz, § 2 UmwG Rn. 24 ff.; *Fonk* in: Semler/Stengel, Umwandlungsgesetz, § 174 umwG Rn. 2 ff.

1070 COM(2016) 685 final, Tz. 8.

1071 *Stengel* in: Semler/Stengel, Umwandlungsgesetz, § 123 UmwG Rn. 7 ff.

1072 *Stengel* in: Semler/Stengel, Umwandlungsgesetz, § 190 UmwG Rn. 2 ff.

Abs. 1 GKB nur ein Unternehmen im Sinne des Art. 2 GKB sein kann, kommt hier insbesondere der Formwechsel einer Personengesellschaft in eine AG, KGaA oder GmbH gemäß § 214 Abs. 1 UmwG[1073] in Betracht. Hierfür spricht jedoch das System des Richtlinienvorschlags, welches sich nur an Körperschaftsteuersubjekte richtet. Den Personenhandelsgesellschaften würde so die Möglichkeit eingeräumt, Aufwendungen abzuziehen, obwohl sie vor Inkrafttreten des Richtlinienvorschlags nicht Steuerpflichtige im Sinne des Richtlinienvorschlags waren. Übergeordnetes Ziel des Richtlinienvorschlags ist es, das Funktionieren des Binnenmarktes im Hinblick auf die grenzüberschreitende Tätigkeit zu verbessern und steuerlichen Missbrauch zu verhindern. Jedoch würde der Formwechsel den Missbrauch unterstützen, sodass ein Zusammenschluss im Sinne des Art. 9 Abs. 3 UAbs. 2 lit. c GKB jede Umwandlungsart nach dem UmwG sein kann.

1. *Subsidiaritätsprinzip i.w.S.*

Zunächst ist fraglich, wer für die Förderung von Forschung und Entwicklung zuständig ist. Eine ausschließliche Zuständigkeit nach Art. 3 Abs. 1 AEUV ist nicht ersichtlich. Für eine geteilte Zuständigkeit kommt insbesondere der Binnenmarkt gemäß Art. 4 Abs. 2 lit. a GKB oder Forschung und technologische Entwicklung gemäß Art. 4 Abs. 3 GKB in Frage.

In Art. 179 AEUV fällt auf, dass die Europäische Union bestrebt ist, einen europäischen Raum der Forschung zu schaffen. Jedoch darf nicht übersehen werden, dass die Europäische Union steuerliche Hindernisse im Sinne des Art. 179 Abs. 2 AEUV lediglich zur Förderung der Zusammenarbeitsbestrebungen beseitigen darf. Demgegenüber dient Art. 9 Abs. 2, 3 GKB der Förderung der Innovation in der Wirtschaft und der Modernisierung des Binnenmarktes, indem für bestimmte Unternehmen erhöhte Steuerabzüge zulässig sind. In dem Jahr, in dem diese Abzüge anfallen, können diese mit Ausnahme unbeweglicher Wirtschaftsgüter gemäß Art. 33 Abs. 1 lit. a, Abs. 2 lit. a, b GKB abgeschrieben werden. Stärkere Förderungsmöglichkeiten eröffnet Art. 9 Abs. 3 UAbs. 2 GKB für neu gegründete Unternehmen (insbesondere Start-Ups), da diese Unternehmen besonders innovativ sind.[1074] Des Weiteren bedarf es zur Harmonisierung einer Maßnahme nach Art. 114 Abs. 1 AEUV[1075], der aber gemäß Art. 114 Abs. 2 AEUV für Bestimmungen über Steuern gerade nicht gilt. Demzufolge bleibt nur eine geteilte Zuständigkeit für den Binnenmarkt gemäß Art. 4 Abs. 2 lit. a GKB.

Infolgedessen kann eine unionsweite Regelung gemäß Art. 5 Abs. 3 AEUV nur erlassen werden, sofern und soweit die Ziele der in Betracht gezogenen Maßnahmen von den Mitgliedstaaten weder auf zentraler noch auf regionaler oder lokaler

---

1073 Vgl. zu den möglichen Rechtsträgern neuer Rechtsform: *Stengel* in: Semler/Stengel, Umwandlungsgesetz, § 214 UmwG Rn. 17, 19.

1074 COM(2016) 685 final, Tz. 8.

1075 *Ruffert* in: Calliess/Ruffert, EUV/AEUV, Art. 179 AEUV Rn. 20.

Ebene ausreichend verwirklicht werden können, sondern vielmehr wegen ihres Umfangs oder ihrer Wirkungen auf Unionsebene besser zu verwirklichen sind. Dementsprechend muss die Frage beantwortet werden, ob und wie die Mitgliedstaaten Forschung und Entwicklung steuerlich fördern. Im Folgenden werden daher übersichtsartig einige Bestimmungen der Mitgliedstaaten exemplarisch dargestellt.

a. *Keine steuerliche Förderung in Deutschland – direkte Projektförderung*

Zur Förderung von Forschung und Entwicklung setzt Deutschland vollständig auf die sogenannte direkte Projektförderung[1076] und investierte im Jahr 2013 ca. 2,8 % des Bruttoinlandproduktes.[1077] Vorteilhaft für den Besteuerungsstaat ist bei dieser Methode die einfache und effiziente Budgetkontrolle, da Zeitraum und Höhe der Subvention begrenzt werden können.[1078] Nachteilig sind insbesondere der komplexe Antragsprozess, mangelnde Breitenwirkung und die Diskriminierung von kleinen und mittleren Unternehmen gegenüber grenzüberschreitend tätigen Unternehmen.[1079]

Eine steuerliche Förderung ist stattdessen nicht vorgesehen.[1080] Die Aufwendungen im Zusammenhang mit Forschungs- und Entwicklungstätigkeiten sind als Betriebsausgaben gemäß § 8 Abs. 1 KStG i.V.m. § 4 Abs. 4 EStG abziehbar, soweit sie steuerlich zurechenbar sind.[1081] Erfolgt die Forschungs- und Entwicklungstätigkeit innerhalb des Konzerns,[1082] ist hinsichtlich der steuerlichen Anerkennung auf die Einhaltung des Fremdvergleichsgrundsatzes zu achten, damit es zu keiner verdeckten Gewinnausschüttung bzw. Einlage gemäß § 8 Abs. 3 Satz 2 f. KStG kommt.[1083]

In diesem Zusammenhang muss man jedoch am Rande auf § 4j EStG hinweisen. Die sogenannte Lizenzschranke ist auch für Forschungsunternehmen

---

1076 Vgl. zur Abgrenzung der Förderungsmethoden: *Schlie/Spengel/Malke* IStR 2015, S. 570 (571 f.); *Spengel* Steuerliche Förderung von FuE, S. 25 f.; *Schlie/Stezelberger* IStR 2008, S. 269 (S. 270 f.).

1077 Vgl. dazu: Bundesministerium für Bildung und Forschung, Daten und Fakten zum deutschen Forschungs- und Innovationssystem: Bundesbericht Forschung und Innovation 2016 – Ergänzungsband I, S. 7; vgl. auch: BT-Drucks 18/11594.

1078 *Schlie/Stezelberger* IStR 2008, S. 269 (270).

1079 *Schlie/Spengel/Malke* IStR 2015, S. 570 (572); *Spengel* Steuerliche Förderung von FuE, S. 31 ff.; *Schlie/Stezelberger* IStR 2008, S. 269 (270).

1080 Vgl. mit Vorschlagen zur steuerlichen Förderung in Deutschland: *Pinkernell* in: Sieker, DStJG 2016 (39), S. 369 (372); *Schlie/Spengel/Malke* IStR 2015, S. 570 (572 ff.); *Hornig* BB 2010, S. 215 (215 ff.); *Kessler et al.* DB 2008, S. 1237 (1239 f.).

1081 Vgl. detailliert: *Pinkernell* in: Sieker, DStJG 2016 (39), S. 369 (376 ff., 386 ff.).

1082 *Broemel/Endert* IStR 2014, S. 87 (90 f.).

1083 *Pinkernell* in: Sieker, DStJG 2016 (39), S. 369 (381).

problematisch, da die Aufwendungen für die Überlassung der Nutzung oder des Rechts auf Nutzung von Rechten lediglich quotal bzw. vollständig nicht abzugsfähig sind. Einen Gegenbeweis für nicht künstlich erschaffene Forschungs- und Entwicklungsunternehmen sieht das Gesetz bislang nicht vor, sodass in der Literatur Zweifel an der Verfassungsmäßigkeit bestehen.[1084] Mit Art. 9 Abs. 2, Abs. 3 GKB stünde ein Paradigmenwechsel in Deutschland bevor. Diese Änderung wäre – zumindest aus Sicht der Wirtschaftsvertreter – lang ersehnt, da das Zuschusssystem eine Einzelfallprüfung voraussetzt und einen entsprechenden Administrationsaufwand verursacht.[1085] Die weitere Entwicklung in Deutschland erscheint meines Erachtens mit Blick auf den am 21.03.2017 gestellten Antrag der Fraktionen CDU/CSU und SPD offen, in dem sowohl direkte Investitionsförderungen als auch steuerliche Förderungen ins Auge gefasst werden.[1086]

b. Steuergutschrift und ermäßigte Besteuerung in Frankreich

Frankreich sieht bereits seit 1983 eine Steuergutschrift und die ermäßigte Besteuerung von Erträgen von Forschungs- und Entwicklungsunternehmen vor.[1087] So erhalten die Unternehmen eine Steuergutschrift („crédit d'impôt recherche") gemäß Art. 244 b Abs. 1 Satz 2 CGI in Höhe von 30 % für geringe Forschungsausgaben bis maximal 100 Mio. € („dépenses de recherche inférieure") und für darüberhinausgehende, höhere Forschungsausgaben in Höhe von 5 % („dépenses de recherche supérieure").[1088] Forschungsausgaben sind gemäß Art. 244 b Abs. 2 CGI abschließend aufgezählt.[1089] 50 % der Personalkosten direkt beteiligter Mitarbeiter („dépenses de personnel afférentes aux chercheurs et techniciens de recherche") und 75 % Abschreibungen auf Wirtschaftsgüter des Anlagevermögens („dotations aux amortissements des immobilisations") können gemäß Art. 244 b Abs. 2 lit. c CGI pauschal als Betriebsausgaben geltend gemacht werden. Art. 9 GKB würde damit zu einfachen Anpassungen des Art. 244b CGI führen.

c. Forschungsförderung in Österreich

Österreichische Körperschaftsteuerpflichtige können für Forschung und Entwicklung sogenannte prämienbegünstigte Forschungsaufwendungen in Höhe von 12 %

1084 Vgl. einführend: *Benz/Böhmer* DB 2017, S. 206 (211); *Heil/Pupeter* BB 2017, S. 1947 (1949); *Jochimsen/Zinowsky/Schaud* IStR 2017, S. 593 (599 ff.).

1085 *Jakob/Fehling* ISR 2017, S. 290 (293).

1086 BT-Drucks. 18/11594, S. 5 f.

1087 *Brinkmann/Maier/Brandstätter* IStR 2009, S. 563 (564).

1088 Ausgaben ab dem 01.01.2015 aus Betrieben der Übersee-Departments können in Höhe von 50 % gutgeschrieben werden.

1089 Bspw. Aufwendungen an privaten Forschungseinrichtungen („dépenses exposées pour la réalisation d'opérations"), Gebühren für Patente („frais de prise de brevets") und Abschreibungen auf Patente und Zertifikate („dotations aux amortissements des brevets et des certificats").

gemäß § 108c Abs. 1 öEStG geltend machen. Die rechtlichen Grundlagen gehen dabei auf das von der OECD erstellte Frascati-Manual[1090] zurück. Dem allgemeinen Vernehmen nach soll der pauschale Abzug in 2018 weiter erhöht werden.[1091] Der Forschungsbegriff im Anhang I zur Forschungsprämienverordnung[1092] wird relativ weit ausgelegt. Prämienbegünstigte Forschungsaufwendungen, die gemäß § 108c Abs. 6 öEStG angefallen sind, sind gemäß § 108c Abs. 2 öEStG eigenbetriebliche, experimentelle Forschung und Auftragsforschung. Dies setzt voraus, dass die Forschung in einem Betrieb oder einer Betriebsstätte im Inland erfolgt, wobei die Auftragsforschung gemäß § 108c Abs. 2 Nr. 2 Satz 3 öEStG auch durch eine Einrichtung oder ein Unternehmen mit Sitz in der Europäischen Union oder im EWR durchgeführt werden kann. Hinsichtlich der Auftragsforschung ist ferner zu beachten, dass der Auftragnehmer nicht unter dem beherrschenden Einfluss des Auftraggebers steht. Damit wird verhindert, dass Aufträge innerhalb der Unternehmensgruppe im Sinne des § 9 öEStG vergeben werden, um die Forschungsprämie geltend zu machen. Die Prämien können gemäß § 108c Abs. 3 öEStG im anschließenden Wirtschaftsjahr geltend gemacht werden und sind auf dem Abgabenkonto gemäß § 108c Abs. 4 Satz 1 öEStG gutzuschreiben. Forschungsfreibeträge werden seit dem Veranlagungszeitraum 2011[1093] nicht mehr gewährt.[1094]

Darüber hinaus verringert sich nach § 38 Abs. 1 öEStG für den Zeitraum, in dem der Steuerpflichtige Einkünfte aus der Verwertung von patentrechtlich geschützten Erfindungen erhält, die Steuerbelastung um die Hälfte des auf das Einkommen entfallenden Durchschnittsteuersatzes. Gemäß § 38 Abs. 2, 3 öEStG gilt der ermäßigte Steuersatz nur für den Veranlagungszeitraum, in dem der Patentschutz besteht.

Infolge der grundlegenden Unterschiede zwischen der österreichischen Bestimmung und Art. 9 GKB hinsichtlich des Förderungsmodells bedarf es bei der Umsetzung einer neuen Regelung durch den österreichischen Gesetzgeber.

1090 Frascati Manual: Propose Standard Practice for Surveys on Research and Experimental Development, 6. Auflage, Paris 2002, S. 30 ff.

1091 Vgl. m.w.N.: *Atzmüller/Mayr* IStR 2017, S. 143 (143).

1092 Verordnung der Bundesministerin für Finanzen über die Kriterien zur Festlegung förderbarer Forschungs- und Entwicklungsaufwendungen (-ausgaben), zur Forschungsbestätigung sowie über die Erstellung von Gutachten durch die Österreichische Forschungsförderungsgesellschaft mbH v. 28.12.2012 (Österreichisches Bundesgesetzblatt Teil II v. 28.12.2012, Nr. 515/2012, S. 5), abrufbar unter: https://www.ris.bka.gv.at/Dokumente/BgblAuth/BGBLA_2012_II_515/BGBLA_2012_II_515.html (zuletzt abgerufen am 12.01.2019).

1093 Budgetbegleitgesetz 2011 v. 23.12.2010 (Österreichisches Bundesgesetzblatt Teil I v. 30.12.2010, Nr. 111/2010), abrufbar unter: https://www.ris.bka.gv.at/Dokumente/BgblAuth/BGBLA_2010_I_111/BGBLA_2010_I_111.html (zuletzt abgerufen am 12.01.2019).

1094 Vgl. *Atzmüller/Mayr* IStR 2017, S. 143 (144 ff.); *Horning* BB 2010, S. 215 (216).

d. Bewertung der Vereinbarkeit mit dem Subsidiaritätsprinzip i.w.S.

Insbesondere die indirekten Förderungssysteme (Steuergutschrift und Steuerfreibetrag) sind in der Europäischen Union verbreitet. Daneben stehen die direkten Förderungssysteme. Zusammenfassend lässt sich sagen, dass die Mitgliedstaaten bereits nationale Systeme zur Förderung von Forschung und Entwicklung eingerichtet haben.

Mit der Neueinführung dieser wirtschaftsfreundlichen Regelung vermag sich die Europäische Kommission eine höhere Zustimmungsbereitschaft der Mitgliedstaaten erhoffen.[1095] Dennoch sprechen gegen die Vereinbarkeit mit dem Subsidiaritätsprinzip i.e.S. gerade die bereits erlassenen nationalen Förderungssysteme. *Schön* fordert, dass steuerliche Anreize nicht nur auf kleine und mittlere Unternehmen beschränkt werden, damit die Abwanderung vor dem Hintergrund des internationalen Steuerwettbewerbs von Großunternehmen verhindert werden kann.[1096] Die Höhe der steuerlichen Mindereinnahmen infolge der Förderung sollten durch nationale Bestimmungen gesteuert werden.[1097] Dies gilt insbesondere dann, wenn die Mitgliedstaaten indirekte und direkte Förderung kombinieren. Zudem ist die wirtschaftliche Stärke des europäischen Binnenmarktes auf die Unternehmensvielfalt der Mitgliedstaaten zurückzuführen. Um diese Vielfalt aufrecht zu erhalten, bedarf es einer Förderung anhand der regionalen Ziele der Mitgliedstaaten. Der gewinnmindernde Abzug der Ausgaben für Forschung und Entwicklung schmälert die Bemessungsgrundlage weiter, sodass mit höheren Steuersätzen zu rechnen sein wird. Zudem mag fraglich sein, ob eine Steuergutschrift (sogenannter tax credit) erfolgversprechender sein könnte.[1098]

Für eine unionsweite Regelung spricht zunächst, dass ein Flickenteppich an nationalen Regelungen entstanden ist. Es wird kein level-playing-field geschaffen und der europäische Binnenmarkt zerfällt in einzelne Nationalstaaten. So sind Deutschland und Frankreich der Ansicht, dass es den Mitgliedstaaten obliege, dem Zweck entsprechend steuerliche Maßnahme zu ergreifen.[1099] Dies widerspricht jedoch der europäischen Idee. Die Förderung von Forschung und Entwicklung zur Erfüllung eines europäischen Binnenmarktes ist oberstes Ziel der EU. Kernziel der

---

1095 Vgl. ebenso: *Jakob/Fehling* ISR 2017, S. 290 (292).

1096 *Schön* FR 2014, S. 93 (94 f.).

1097 Vgl. mit ähnlicher Ansicht: BR Drucks. 641/16, Tz. 6; British House of Representatives v. 09.01.2017 – 5220/17 FISC 14, S. 2.

1098 Vgl. zu dieser Idee: *Spengel* ifst-Schrift Nr. 520 (2017), S. 23 (26).

1099 BMF/Ministère de l'Économie et des Finances v. 19.01.2018, Gemeinsames Positionspapier Deutschlands und Frankreichs zum GKB-Vorschlag, S. 2, abrufbar unter: https://www.bundesfinanzministerium.de/Content/DE/Standardartikel/Themen/Europa/2018-06-20-Meseberg-Anl2.pdf?__blob=publicationFile&v=1 (zuletzt abgerufen am 06.12.2018).

Strategie 2020[1100] ist, dass 3 % des Bruttoinlandproduktes für Forschung und Entwicklung investiert werden. Ferner fördert die Europäische Union mit Art. 179 ff. AEUV Forschung und Entwicklung auf europäischer Ebene.[1101] Nur eine unionsweite Bestimmung kann dem Ziel der Förderung der Innovation in der Wirtschaft und Modernisierung des Binnenmarktes entsprechen.[1102] So kann die Europäische Union sicherstellen, dass nicht nur bestimmte Branchen gefördert werden, sondern die Förderung ganzheitlich erfolgt. Die Unternehmen sind von der Weiterentwicklung zukunftsweisender Technologien abhängig; diese ist damit ausschlaggebend für die Zukunft des Binnenmarkts.[1103] Anknüpfungspunkt für die Kompensation des Marktversagens ist der europäische Binnenmarkt, um die Wirtschaftskraft der Europäischen Union weiter zu steigern und als Wirtschaftsstandort zu bestehen. Obgleich eine Förderung nach dem sogenannten „Gießkannenprinzip" unvermeidlich Mitnahmeeffekte auslöst und die momentane tatsächliche deutsche Wirtschaftskraft den Erfolg der bisherigen Innovationsförderung in Deutschland zeigt, verringert eine allgemeine steuerliche Förderung den Administrationsaufwand. Zudem ist aus deutscher Sicht hervorzuheben, dass die Europäische Kommission sich nicht für die Privilegierung bestimmter Einkünfte im Rahmen einer sogenannten Patentbox entschieden hat.[1104] Die Bundesregierung steht dem System der Patentbox kritisch gegenüber und spricht sich im Rahmen des BEPS-Projektes für die Abschaffung bzw. Einschränkung des diesbezüglichen Aktionspunkts 5 aus.[1105]

Zusammenfassend sprechen meines Erachtens die besseren Gründe dafür, die Einhaltung des Subsidiaritätsprinzips i.e.S. zu bejahen.

2. *Beihilfeverbot*

Es wirkt perplex, eine Bestimmung eines Richtlinienvorschlages der Europäischen Kommission am Beihilfeverbot gemäß Art. 107 AEUV zu messen, dessen Verfahren[1106] von der Kommission oder dem Rat der Europäischen Union durchgeführt wird. Dennoch rückt das Beihilfeverbot dann in den Fokus der Prüfung, wenn die Maßnahme in nationales Recht umgesetzt wird.[1107] Durch Beihilfen werden

---

1100 Mitteilung der Kommission v. 03.03.2010 – KOM(2010) 2020 endgültig (Europa 2020 – Eine Strategie für intelligentes, nachhaltiges und integratives Wachstum), ABl.-EU v. 30.11.2011, C 349/4.

1101 Vgl. Mitteilung der Kommission v. 27.06.2014 – 2014/C 198/01 (Unionsrahmen für staatliche Beihilfen zur Förderung von Forschung, Entwicklung und Innovation), ABl.-EU 2014, C 198/1.

1102 Vgl. COM(2016) 685 final, Tz. 8; vgl. *Schön* StuW 2012, S. 213 (213 ff.).

1103 *Schlie/Spengel/Malke* IStR 2015, S. 570 (570); vgl. wohl mit gleichem Ergebnis: *Broemel/Endert* IStR 2014, S. 87 (92 f.).

1104 Vgl. ebenso: *Jakob/Fehling* ISR 2017, S. 290 (293).

1105 *Becker* IStR 2014, S. 704 (705 f.); *Jakob/Fehling* ISR 2017, S. 290 (293).

1106 *Cremer* in: Calliess/Ruffert, EUV/AEUV, Art. 107 AEUV Rn. 1.

1107 Vgl. mit ähnlicher Idee zur Harmonisierung der direkten Besteuerung durch Art. 107 AEUV: *Zajicek* Körperschaftsteuersysteme in der Europäischen

Belastungen verringert, die ein Unternehmen normalerweise tragen muss.[1108] Dabei kommt die Maßnahme nur bestimmten Unternehmenszweigen selektiv zu Gute.[1109] Die Befreiung von Steuern kann eine Beihilfe im Sinne des Art. 107 AEUV sein.[1110] Art. 9 GKB kommt lediglich den Unternehmen zugute, die für die Anwendung des Richtlinienvorschlags optieren. Zudem kommt die Steuerbefreiung nur den Unternehmen des Forschungs- und Entwicklungssektors zugute. Fraglich ist, ob dies bereits eine verbotene Beihilfe im Sinne des Art. 107 AEUV darstellt. Zunächst wird festgestellt, wie das nationale Steuerrecht die Steuerbefreiung im Allgemeinen – ein sogenanntes Referenzsystem – regelt.[1111] Art. 9 Abs. 3 GKB müsste dazu mit den einzelnen Bestimmungen aller Mitgliedstaaten verglichen werden. Dies kann aufgrund des Umfangs jedoch nicht Gegenstand dieser Untersuchung sein. Eine Maßnahme hat einen selektiven Charakter, wenn sie trotz vergleichbarer tatsächlicher und rechtlicher Situation zwischen Wirtschaftsteilnehmern unterscheidet.[1112] Wie bereits dargestellt wurde,[1113] befinden Personen- und Kapitalgesellschaften sich in Deutschland nicht in einer vergleichbaren tatsächlichen (Kapitalstruktur) oder rechtlichen Situation (Abschirmung der Kapitalsphäre). Selbst wenn eine selektive Maßnahme dadurch vorliegt, dass die Steuerbefreiungen nur auf Unternehmen des Forschungs- und Entwicklungssektors anzuwenden sind, ist die Maßnahme gemäß Art. 107 Abs. 3 lit. c AEUV i.V.m. dem „Unionsrahmen für staatliche Beihilfen zur Förderung von Forschung, Entwicklung und Innovation"[1114] und „Europa 2020"[1115]

Union: Möglichkeiten und Grenzen einer Harmonisierung, S. 173; *Thiede* IStR 2016, S. 283 (284 ff.).

1108 EuGH v. 07.03.2002 – C-310/99, Slg 2002, I-2289, Rn. 51; EuGH v. 27.06.2000 – C-404/97, Slg 2000, I-4897, Rn. 44; EuGH v. 17.06.1999 – C-75/97, Slg 1999, I-3671, Rn. 23; EuGH v. 11.07.1996 – C-39/94, Slg 1999, I-3671, Rn. 23; EuGH v. 15.03.1994 – C-387/92, Slg 1994, I-877, Rn. 12; vgl. *Bieber et al.* Die Europäische Union. Europarecht und Politik, S. 367; *Knopf* DVBl 1980, S. 106 (107).

1109 Vgl. m.w.N.: *Cremer* in: Calliess/Ruffert, EUV/AEUV, Art. 107 AEUV Rn. 27 f.

1110 Vgl. m.w.N.: *Cremer* in: Calliess/Ruffert, EUV/AEUV, Art. 107 AEUV Rn. 40; *Weber-Grellet* Europäisches Steuerrecht, S. 37 f.; vgl. m.w.N.: *Frotscher* Internationales Steuerrecht, S. 52; vgl. m.w.N.: *Schaumburg/Englisch* Europäisches Steuerrecht, Rn. 9.4; vgl. *Hackemann/Sydow* IStR 2013, S. 786 (788).

1111 Vgl. m.w.N.: *Karch* IStR 2014, S. 130 (131); *Hackemann/Sydow* IStR 2013, S. 786 (788 ff.).

1112 Vgl. *Drüen* DStR 2011, S. 289 (290).

1113 Vgl. dazu: Teil 4: A.I.1.c.

1114 Mitteilung der Kommission v. 27.06.2014 – 2014/C 198/01 (Unionsrahmen für staatliche Beihilfen zur Förderung von Forschung, Entwicklung und Innovation), ABl.-EU 2014, C 198/1.

1115 Mitteilung der Kommission v. 03.03.2010 – KOM(2010) 2020 endgültig (Europa 2020 – Eine Strategie für intelligentes, nachhaltiges und integratives Wachstum), ABl.-EU v. 30.11.2011, C 349/4.

mit dem Binnenmarkt vereinbar.[1116] Infolgedessen verstößt Art. 9 Abs. 2, 3 GKB nicht gegen das Beihilfeverbot.

3. Unionsrechtliche Forschungsfreiheit

Die Förderung von Forschung und Entwicklung müsste mit dem unionsrechtlichen Forschungsbegriff gemäß Art. 13 Satz 1 EUGrCh vereinbar sein. Forschung im Sinne der Vorschrift beabsichtigt, neue Erkenntnisse in methodischer, systematischer und nachprüfbarer Weise zu gewinnen.[1117] Es bestehen keine Zweifel daran, dass die Definitionen der Forschungsbegriffe des Art. 4 Abs. 11 GKB mit Art. 13 Satz 1 EUGrCh vereinbar sind.

4. Unionsrechtlicher Gleichheitssatz

Hinsichtlich einer möglichen Diskriminierung im Sinne des Art. 20 EUGrCh, indem die Steuervergünstigung lediglich Steuerpflichtigen im Sinne des Art. 4 Abs. 1 GKB zugute kommt, kann auf die bisherigen Erkenntnisse zum Grundsatz der rechtsformneutralen Besteuerung verwiesen werden.[1118]

Den vollständigen Abzug der Aufwendungen knüpft Art. 9 Abs. 3 UAbs. 2 GKB an besondere Bedingungen, sodass fraglich ist, ob hierin eine Diskriminierung im Sinne des Art. 20 EUGrCh liegt. Gegenüberzustellen sind ein Unternehmen, welches die besonderen Tatbestandsvoraussetzungen erfüllt, und ein Unternehmen, das diese nicht erfüllt. Hier kommen folgende Unternehmen in Betracht:

- Das Unternehmen beschäftigt mehr als 50 Mitarbeiter und weist einen Jahresumsatz und/oder eine Jahresbilanzsumme von mehr 10 Mio. € aus.
- Seit Eintragung in das Handelsregister sind mindestens fünf Jahre verstrichen.
- Das Unternehmen entstand infolge eines Zusammenschlusses.
- Das Unternehmen hat verbundene Unternehmen.

Die Aufzählung verdeutlicht, dass es sich hierbei nicht um wesentlich vergleichbare Sachverhalte handelt. Sobald ein Unternehmen eine der oben genannten Tatbestandsvoraussetzungen erfüllt, nimmt die Europäische Union typisierend an, dass das Unternehmen auf bestehende Kapital- und/oder Konzernstrukturen zur Finanzierung bzw. Durchführung des Forschungsauftrags zurückgreifen kann. Infolgedessen bedarf es nach dem Sinn und Zweck des Art. 9 Abs. 2, 3 GKB keiner vollständigen steuerlichen Förderung eben dieser Strukturen. Unterstellt man jedoch, dass die Sachverhalte vergleichbar sind, so wird eine mögliche

---

1116 Vgl. *Cremer* in: Calliess/Ruffert, EUV/AEUV, Art. 107 AEUV Rn. 69 f.

1117 *Ruffert* in: Calliess/Ruffert, EUV/AEUV, Art. 13 EUGrCh Rn. 5; vgl. zur Historie: *Bernsdorff* in: Meyer/Bernsdorff, Charta der Grundrechte der Europäischen Union, Art. 13 EUGrCh Rn. 15; *Pünder* in: Ehlers, Europäische Grundrechte und Grundfreiheiten, § 18 Rn. 8.

1118 Vgl. dazu: Teil 4: A.I.1.c.

Diskriminierung dadurch gemildert, dass dem Steuerpflichtigen eine Förderung von 50 % bzw. 25 % zugute kommt. Im Ergebnis verstößt die Bestimmung nicht gegen den unionsrechtlichen Gleichheitssatz.

5. Zwischenfazit zur Unionsrechtliche Förderung von Forschungs- und Entwicklungsaktivitäten

Die Ergebnisse der Analyse haben gezeigt, dass die Förderung von Forschungs- und Entwicklungsaktivitäten durch die Europäische Union sinnvoll ist. Die Europäische Union verfolgt damit weiter ihre Ziele der Strategie „Europa 2020“. Eine unionsrechtliche Regelung ist mit dem Subsidiaritätsprinzip i.e.S. vereinbar. Zudem ergeben sich keine beihilferechtlichen oder unionsgrundrechtlichen Zweifel. Nichtsdestotrotz hat der Rechtsausschuss des Europäischen Parlaments Art. 9 Abs. 3 GKB in seiner Stellungnahme gestrichen.[1119] Die staatliche Förderung solle vielmehr durch öffentliche direkte Subventionen erfolgen, um zu gewährleisten, dass die umgesetzten Maßnahmen tatsächlich positive Auswirkungen auf die Beschäftigung und das Wachstum haben.[1120]

III. Freibetrag für Wachstum und Investitionen

Ein Unternehmen kann seine Tätigkeit unter anderem dadurch finanzieren, dass es im Rahmen der Gesellschafterversammlung zur Ergebnisverwendung[1121] beschließt, dass die erwirtschafteten Gewinne vorgetragen werden und im Folgejahr zur Finanzierung des Unternehmens genutzt werden. Hierbei kommt es bisher national zur Besteuerung der Erträge.[1122] Dies entspricht der GKB, da das Jahresergebnis als Ertrag im Sinne des Art. 4 Abs. 5 GKB Teil der Steuerbemessungsgrundlage[1123] nach Art. 7 GKB wird.

Daneben besteht die Möglichkeit, das Unternehmen durch fremdes Kapital zu finanzieren. Auch unter Anwendung der GKB bietet die Fremdkapitalfinanzierung den steuerlichen Vorteil, dass die sogenannten Fremdkapitalkosten im Sinne des Art. 4 Abs. 12 GKB bis zur Höhe der vom Steuerpflichtigen vereinnahmten Zinsen

---

1119 Parlament v. 19.09.2017 – 2016/0337(CNS) (Stellungnahme des Rechtsausschusses für den Ausschuss für Wirtschaft und Währung zu dem Vorschlag für eine Richtlinie des Rates über eine Gemeinsame Körperschaftsteuer-Bemessungsgrundlage), S. 18.

1120 Parlament v. 19.09.2017 – 2016/0337(CNS) (Stellungnahme des Rechtsausschusses für den Ausschuss für Wirtschaft und Währung zu dem Vorschlag für eine Richtlinie des Rates über eine Gemeinsame Körperschaftsteuer-Bemessungsgrundlage), S. 10.

1121 Bspw. nach: § 58 Abs. 3 AktG; § 29 Abs. 1 GmbHG.

1122 Vgl. dazu: Teil 2: A.II.

1123 Vgl. dazu: Teil 4: B.I.

oder anderen steuerbaren Erträgen aus Finanzanlagevermögen als Aufwendungen im Sinne des Art. 4 Abs. 6 GKB abzugsfähig sind.[1124]

Zuletzt können die erwirtschafteten Gewinne auch zunächst in Eigenkapital umgewandelt werden, um diese später zur Finanzierung aus eigenen Mitteln zu nutzen. Die GKB versucht mit der Einführung eines sogenannten Freibetrags für Wachstum und Investitionen, das steuerliche Gleichgewicht zwischen den Vor- und Nachteilen der Fremdkapitalfinanzierung gegenüber der Eigenkapitalfinanzierung herzustellen, das durch die Fremdkapitalfinanzierung entstehende Verschuldungsrisiko zu minimieren und dadurch die Eigenkapitalbasis der Unternehmen sowie die Anreize für Investitionen zu fördern.[1125] Derzeit existieren nur in wenigen Mitgliedstaaten[1126] Regelungen zum fiktiven Zinsabzug für Eigenkapitalerhöhungen, die zu einem entsprechenden steuerlich Vorteil führen. Die Europäische Kommission hat sich in Art. 11 GKB für einen Abzug im Rahmen der Ermittlung der Steuerbemessungsgrundlage entschieden – einer sogenannten „Allowance for Corporate Equity".[1127] Die im Rahmen des GKB verwendete Variante dieses Systems – sogenannte „Allowance for growth and investment" – orientiert sich an der Eigenkapitalbasis des steuerpflichtigen Unternehmens.[1128]

Die Eigenkapitalbasis bezeichnet gemäß Art. 11 Abs. 1 das Eigenkapital eines Steuerpflichtigen in einem Steuerjahr abzüglich des Steuerwerts seiner Beteiligungen am Kapital verbundener Unternehmen[1129] gemäß Art. 56 GKB. Durch die Exklusion der Beteiligungen soll ein Kaskadeneffekt durch mehrfache Berücksichtigung von Eigenkapitalbestandteilen vermieden werden.[1130] Schließlich können die verbundenen Unternehmen selbst in den Anwendungsbereich der GKB fallen.[1131] Zur Definition des Begriffs des Eigenkapitals wird sowohl auf die in anderen Richtlinien[1132] bestehenden

---

1124 Vgl. dazu: Teil 4: B.IV.1.

1125 EWSA v. 20.09.2017 – ECO/419 (Stellungnahme zur GKB und GKKB), Tz. 5.4; COM(2016) 685 final, Tz. 10; vgl. m.w.N.: *Richter/Bachmann* DB 2018, S. 649 (650).

1126 Bspw. Belgien und Italien sowie dem Vernehmen nach in Liechtenstein, Lettland, Kroatien und Zypern; vgl. *Spengel et al.* The effects of tax reforms to address the debt-equity bias on the cost of capital and on effective tax rates, Section B.

1127 Vgl. zum fundamentalen Konzept: *Devereux/Freeman* Fiscal Studies 1991, Volume 12, S. 1.

1128 Vgl. zu den alternativen Optionen: Europäische Kommission v. 25.10.2016 – SWD(2016) 341 final (Impact assessment accompanying the document proposals for CCTB and CCCTB), S. 27 f.

1129 Vgl. zum Begriff verbundener Unternehmen nach Art. 56 GKB: Teil 4: B.II.

1130 Vgl. mit dieser Vermutung: *Richter/Bachmann* DB 2018, S. 649 (650).

1131 Vgl. dazu: Teil 4: A.I.

1132 Die Richtlinie (2013/34/EU des Europäischen Parlaments und des Rates v. 26.06.2013 über den Jahresabschluss, den konsolidierten Abschluss und damit verbundene Berichte von Unternehmen bestimmter Rechtsformen, ABl.-EU L 182/19 v. 29.06.2013, und zur Änderung der Richtlinie 2006/43/EG des Europäischen Parlaments und des Rates und zur Aufhebung der Richtlinien 78/660/EWG

Begriffe[1133] als auch durch EG-Verordnung[1134] auf die IAS/IFRS-Definition[1135] zurückgegriffen.

Erhöht sich diese Eigenkapitalbasis, wird ein sogenannter definierter Ertrag nach Art. 11 Abs. 3 Satz 1 GKB als Aufwendung von der Steuerbemessungsgrundlage abzugsfähig. Der definierte Ertrag ist ein rein fiktiver Abzugsbetrag. Dieser entspricht nach Art. 11 Abs. 5 Satz 1 GKB einer von der EZB bekanntgegebenen Benchmark-Rendite für Staatsanleihen im Euro-Währungsgebiet mit einer Laufzeit von zehn Jahren.[1136] Nimmt die Eigenkapitalbasis ab, wird eben dieser Betrag des Rückgangs gemäß Art. 11 Abs. 3 Satz 2 GKB steuerpflichtig. Bei einer negativen Benchmark-Rendite wird nach Art. 11 Abs. 5 Satz 2 GKB eine Untergrenze in Höhe von 2 % des Eigenkapitals als fiktiver Abzugsbetrag festgesetzt. Aufgrund der unterschiedlichen Sprachfassungen erscheint unklar, ob zudem ein Risikoaufschlag in Höhe von 2 % auch bei einer positiven Benchmark-Rendite gewährt wird, wie es in der englischen Ausfertigung der GKB heißt.[1137] *Richter/Bachmann* gehen meines Erachtens zutreffend davon aus, dass es sich lediglich um eine Übersetzungsungenauigkeit handelt, da andernfalls negative Benchmark-Renditen zu einem nicht nachvollziehbar höheren Abzug führen würden als positive Benchmark-Renditen bis 2,0 %.[1138]

---

und 83/349/EWG des Rates) wurde durch das Bilanzrichtlinie-Umsetzungsgesetz (Gesetz zur Umsetzung der Richtlinie 2013/34/EU des Europäischen Parlaments und des Rates vom 26.06.2013 über den Jahresabschluss, den konsolidierten Abschluss und damit verbundene Berichte von Unternehmen bestimmter Rechtsformen und zur Änderung der Richtlinie 2006/43/EG des Europäischen Parlaments und des Rates und zur Aufhebung der Richtlinien 78/660/EWG und 83/349/EWG des Rates, BGBl. I v. 22.07.2015, S. 1245 ff.) in deutsches Recht umgesetzt. Infolgedessen kann ohnehin auf § 266 Abs. 3 HGB zurückgegriffen werden kann.

1133 Das Eigenkapital untergliedert sich in gezeichnetes Kapital, Agio, Neubewertungsrücklage, Rücklagen (gesetzliche Rücklagen, Rücklagen für eigene Aktien oder Anteile, satzungsmäßige Rücklagen, sonstige Rücklagen), Ergebnisvortrag und Ergebnis des Geschäfstjahres.

1134 Verordnung (EG) Nr. 1606/2002 des Europäischen Parlaments und des Rates v. 19.07.2002 betreffend die Anwendung internationaler Rechnungslegungsstandards, ABl.-EU v. 11.09.2002, L 243/1.

1135 Vgl. zum Begriff: *Zülch/Hendler* International Financial Reporting Standards (IFRS) 2017, S. 22.

1136 Im November 2017 lag die durchschnittliche Rendite bei ca. 1,13 %, abrufbar unter: http://ec.europa.eu/eurostat/de/web/interest-rates/overview (zuletzt abgerufen am 26.11.2017).

1137 „The defined yield referred to in paragraph 3 shall be equal to the yield of the euro area 10-year government benchmark bond in December of the year preceding the relevant tax year, as published by the European Central Bank, increased by a risk premium of two percentage points. A floor of two per cent shall apply where the curve of the annual yield is negative."

1138 Vgl. *Richter/Bachmann* DB 2018, S. 649 (655 f.).

Für die ersten zehn Jahre, in denen der Steuerpflichtige den Bestimmungen des Richtlinienvorschlags unterliegt, sind Kapitalerhöhungen bzw. Kapitalherabsetzungen gemäß Art. 11 Abs. 4 Satz 1 GKB aus der Differenz der Eigenkapitalbasis zu Beginn und zum Ende des Steuerjahres zu errechnen. Im Anschluss wird der Ausgangsbetrag der Eigenkapitalbasis am Ende des relevanten Steuerjahres jährlich gemäß Art. 11 Abs. 4 Satz 2 GKB um ein Steuerjahr fortgeschrieben.

Zur Bekämpfung der Steuervermeidung ist die Europäische Kommission gemäß Art. 11 Abs. 6 GKB ermächtigt, delegierte Rechtsakte nach Art. 66 GKB in den Bereichen[1139] zu erlassen, die für den Freibetrag für Wachstum und Investitionen relevant sind.

1. *Subsidiaritätsprinzip i.e.S.*

a. *Belgien*[1140]

In Belgien können Körperschaftsteuerpflichtige gemäß Art. 205bis ff. WIB sogenannte Aufwendungen für Risikokapital bzw. fiktive Zinsen („notionele interestaftrek") als Betriebsausgaben geltend machen, wobei sich die Ausgabe lediglich steuerlich und nicht handelsbilanziell auswirkt. Infolgedessen hat der fiktive Zinsabzug keine negativen Auswirkungen auf den ausschüttungsfähigen Betrag.

Die Höhe der Betriebsausgaben richtet sich nach dem durchschnittlichen Zinssatz für belgische Staatsanleihen mit einer Laufzeit von zehn Jahren im dritten Quartal des vorangegangenen Kalenderjahrs. Bei kleinen und mittleren Unternehmen wird der Zinssatz um 0,5 Prozentpunkte erhöht. Der Zinssatz bezieht sich auf das sogenannte angepasste Eigenkapital im Sinne des Art. 205ter Abs. 1 UAbs. 1 WIB, welches sich aus dem handelsbilanziellen Eigenkapital abzüglich verschiedener Posten ergibt. Insgesamt ist der Zinssatz gemäß Art. 205quater § 5 WIB auf 3 % begrenzt.

Mit der Regelung verfolgt der belgische Steuergesetzgeber – ebenso wie die Europäische Kommission mit Art. 11 GKB – das Ziel, die steuerliche Belastung durch die vollumfängliche Besteuerung der Eigenkapitalfinanzierung abzuschwächen und die Liquiditätsquote zu erhöhen und damit die gesamtwirtschaftliche Entwicklung zu verbessern.[1141]

1139 Vgl. dazu die nicht abschließende Aufzählung: gruppeninterne Darlehen und Darlehen zwischen verbundenen Unternehmen; Geld- und Sachleistungen; Übertragung von Beteiligungen; Neueinstufung von altem Kapital als neues Kapital durch Liquidationen und die Gründung von Start-up-Unternehmen; Gründung von Tochtergesellschaften; Erwerb von Unternehmen, die von verbundenen Unternehmen gehalten werden; Double-Dipping-Strukturen, bei denen die Abzugsfähigkeit von Zinsen und Abzüge im Rahmen des FWI kombiniert werden; Erhöhungen des Betrags der Darlehensforderungen gegenüber verbundenen Unternehmen im Vergleich zum Betrag dieser Forderungen zum Bezugszeitpunkt.

1140 Vgl. einführend zu delegierten Rechtsakten: *Demleitner* ISR 2017, S. 145 (146 f.).

1141 Vgl. EuGH v. 04.07-2013 – C-350/11 (Argenta Spaarbank), RIW 2013, S. 645 (645).

b. Italien

Italien nimmt einen fiktiven Zinsausgabenabzug („aiuto alla crescita economice") vor, soweit das Unternehmen der Körperschaftsteuer unterliegt und in Italien ansässig ist. Der Zinssatz errechnet sich anhand des durchschnittlichen Zinssatzes für italienische Staatsanleihen zuzüglich eines Risikoaufschlags, welcher durch das Finanzministerium veröffentlicht wird. Der Abzug mindert lediglich die Steuerbemessungsgrundlage, jedoch nur, wenn diese positiv ist. Ein nicht nutzbarer Abzug ist vorzutragen und über einen Zeitraum von fünf Jahren aufzuteilen.

c. Vereinbarkeit mit dem Subsidiaritätsprinzip i.e.S.

Dadurch dass nur in wenigen Mitgliedstaaten Regelungen zum fiktiven Zinsabzug für Eigenkapitalerhöhungen bestehen, entstehen Belastungsunterschiede im europäischen Binnenmarkt infolge des unterschiedlichen Investitionsverhaltens.[1142] Die Bestimmung ist ein Versuch, diese Diskrepanz zu beseitigen. So spricht für eine einheitliche unionsweite Regelung insbesondere, dass diese es ermöglicht, an die durchschnittlichen Zinssätze in Europa anzuknüpfen.

Nach der Ansicht von Deutschland und Frankreich im gemeinsamen Positionspapier[1143] sollte es jedoch den Mitgliedstaaten überlassen sein, die Bestimmung über Steueranreize selbst festlegen zu können. Dem ist jedoch entgegen zu halten, dass dann weiterhin Divergenzen zwischen den mitgliedstaatlichen Regelungen bestehen würden. Dies widerspräche offensichtlich den Zielen[1144] der Richtlinienvorschläge, solche allein auf den Mitgliedstaat begrenzten Steuergestaltungsmittel durch eine harmonisierte Bemessungsgrundlage zu unterbinden. Mit Blick auf die Unterbindung eines weiteren Steuergestaltungsmittels lässt sich zudem anführen, dass die für den Binnenmarkt flächendeckende Anwendung einer Regelung zum Eigenkapitalzins wohl eher Standortverschiebungen innerhalb der Europäischen Union verhindern kann als der status-quo.

Am Rande sei erwähnt, dass die durch den Wissenschaftlichen Beirat des BMF vorgebrachten Bedenken zu einem möglichen Eingriff in die Einkommenbesteuerung[1145] schon deswegen nicht haltbar sind, da die Steuerpflichtigen im Sinne der

---

1142 Vgl. dazu: *Weisbach* National Tax Journal 2015, S. 635 (635 ff.).

1143 BMF/Ministère de l'Économie et des Finances v. 19.01.2018, Gemeinsames Positionspapier Deutschlands und Frankreichs zum GKB-Vorschlag, S. 1 f., abrufbar unter: https://www.bundesfinanzministerium.de/Content/DE/Standardartikel/Themen/Europa/2018-06-20-Meseberg-Anl2.pdf?__blob=publicationFile&v=1 (zuletzt abgerufen am 06.12.2018).

1144 Vgl. dazu: Teil 3: C.

1145 Vgl. zum Eingriff: Wissenschaftlicher Beirat des BMF „Finanzierungsneutrale Unternehmensbesteuerung in der Europäischen Union? Stellungnahme zum Richtlinienvorschlag der EU-Kommission vom Oktober 2016", Monatsbericht des BMF – Februar 2018, S. 8 (12); British House of Representatives v. 09.01.2017 – 5220/17 FISC 14, S. 2.

Art. 11 Abs. 1, Art. 4 Abs. 1, Art. 2 GKB schließlich nicht einkommensteuerpflichtig sind.

Insgesamt begegnen die Regelungen nur auf den ersten Blick Bedenken hinsichtlich des Subsidiaritätsprinzips i.e.S., da sie bei genauerer Betrachtung trotz eines Eingriffes in die Steuerbemessungsgrundlage der Mitgliedstaaten der unionsweit einheitlichen Besteuerung dient. Zudem fällt auf, dass die Regelung von den Mitgliedstaaten hinsichtlich des Subsidiaritätsprinzips i.e.S. nicht negativ beurteilt wurde.

2. *Verhältnismäßigkeit*

Im Rahmen der Verhältnismäßigkeit gemäß Art. 5 Abs. 4 EUV stellt sich insbesondere die Frage, ob eine unionsrechtliche Regelung verhältnismäßig ist, die darauf abzielt, die Vorteile der Fremdfinanzierung und das wirtschaftliche Risiko, das aus der Verschuldung resultiert, zu beseitigen.[1146] Den befürwortenden Argumenten für den fiktiven Eigenkapitalzinsabzug nach Stärkung der Eigenkapitalbasis und der Investitionsanreize stehen allgemein ein Rückgang des Steueraufkommens bei konstanten Steuersätzen, eventuelle negative Verteilungswirkungen und Gerechtigkeitsaspekte sowie administrative Probleme gegenüber.[1147] Der EWSA hält die Bestimmung dem Grunde nach für geeignet, da so auch sogenannte Volatilitätsaspekte bei der Planung vermieden würden.[1148] Das BMF hat zu dem Ansatz der Europäischen Kommission ausführlich Stellung genommen.[1149] Dabei geht der beauftragte Wissenschaftliche Beirat auf die aus den Optionen entstehenden steuerlichen Belastungen ein, welche in Deutschland vornehmlich bei der Beteiligungsfinanzierung am höchsten sind. Auch wenn Art. 11 GKB nach Ansicht des BMF dem Grunde nach geeignet ist, führt die Einführung zum Rückgang des Besteuerungsaufkommens, sodass die Besteuerungshoheiten dieser Entwicklung wohl mit einer Erhöhung der Körperschaftsteuertarife begegnen würden, infolgedessen die Standortattraktivität des europäischen Binnenmarkts sinken würde.[1150] So gingen bereits *De Mooij/Devereux* davon aus, dass gerade noch positive Wohlfahrtseffekte für die steuerpflichtigen Unternehmen und ein stabiles Körperschaftsteuer-Aufkommen

---

1146 Vgl. zu den Motiven: COM(2016) 685 final, Tz. 10.

1147 Vgl. *Rumpf* Zeitschrift für Wirtschaftspolitik 2009, S. 93 (99); *Richter/Bachmann* DB 2018, S. 649 (650).

1148 EWSA v. 20.09.2017 – ECO/419 (Stellungnahme zur GKB und GKKB), Tz. 4.4.1.

1149 Wissenschaftlicher Beirat des BMF „Finanzierungsneutrale Unternehmensbesteuerung in der Europäischen Union? Stellungnahme zum Richtlinienvorschlag der EU-Kommission vom Oktober 2016", Monatsbericht des BMF – Februar 2018, S. 8 (11 ff.).

1150 Wissenschaftlicher Beirat des BMF „Finanzierungsneutrale Unternehmensbesteuerung in der Europäischen Union? Stellungnahme zum Richtlinienvorschlag der EU-Kommission vom Oktober 2016", Monatsbericht des BMF – Februar 2018, S. 8 (13); *Spengel* ifst-Schrift Nr. 520 2017, S. 23 (25 f.)

erreicht werden könnten, wenn die Körperschaftsteuersätze durchschnittlich um 17 % steigen würden.[1151]

Allerdings geht die Europäische Union von einem positiven Investitionsanstieg bei Einführung in der GKB in Höhe von 3,058%, respektive in Höhe von 3,363% bei Einführung zusammen mit der $GKKB_{2016}$, für die steuerpflichtigen Unternehmen aus.[1152] Aus deutscher Sicht soll sich ergeben, dass die Steuerbelastung bei aufkommensneutraler Umsetzung für ca. 34 % der Unternehmen steigen werde.[1153]

Andererseits ergeben sich durch die Einführung eines Zinsabzugs auch neue steuergestalterische Mittel. So ergebe sich die Möglichkeit, das grenzüberschreitende konzernweite Finanzierungsgeschäft in einem Mitgliedstaat der Europäischen Union anzusiedeln, um die Vorteile des Art. 11 GKB in Anspruch zu nehmen.[1154] Um den Missbrauch hierdurch zu begrenzen, müsste der Richtlinienvorschlag eine Quellenbesteuerung der abfließenden Zinszahlungen vorsehen.[1155] Allerdings wird man entgegnen müssen, dass eine solche Gestaltung ohnehin schon Art. 58 Abs. 1 GKB[1156] verletzen werde. Zudem bezweifeln *Richter/Bachmann* meines Erachtens zutreffend, dass die Vorteile durch den Eigenkapitalabzug die mit dem Systemwechsel verbundenen Kosten überwiegen werden.[1157] Ebenfalls wird vorgeschlagen, der faktisch steuerfrei gestellten Grundverzinsung des Eigenkapitals deutscher Unternehmen auf der Seite des Fremdkapitals durch eine Erweiterung der Hinzurechnung von Schuldzinsen im Gewerbesteuerrecht zu begegnen.[1158]

1151 Vgl. zur Analyse, welcher jedoch eine System mit dem gesamten steuerlichen Eigenkapital als Bemessungsgrundlage zugrunde liegt: *Devereux* International Tax and Public Finance 2011, S. 93 (113 ff.); vgl. zu weiteren Berechnungen: *Richter/Bachmann* DB 2018, S. 649 (650).

1152 *Álvarez-Martinez et al.*, Modelling corporate tax reform in the EU: New simulations with the CORTAX model – JRC Working Papers on Taxation and Structural Reforms No 8/2016, S. 30, abrufbar unter: https://ec.europa.eu/jrc/sites/jrcsh/files/jrc104678.pdf (zuletzt abgerufen am 14.01.2019).

1153 Vgl. m.w.N.: *Richter/Bachmann* DB 2018, S. 649 (651).

1154 Vgl. zu dieser Idee: Wissenschaftlicher Beirat des BMF „Finanzierungsneutrale Unternehmensbesteuerung in der Europäischen Union? Stellungnahme zum Richtlinienvorschlag der EU-Kommission vom Oktober 2016", Monatsbericht des BMF – Februar 2018, S. 8 (13).

1155 Vgl. m.w.N.: Wissenschaftlicher Beirat des BMF „Finanzierungsneutrale Unternehmensbesteuerung in der Europäischen Union? Stellungnahme zum Richtlinienvorschlag der EU-Kommission vom Oktober 2016", Monatsbericht des BMF – Februar 2018, S. 8 (13).

1156 Vgl. dazu: Teil 4: E.I.

1157 *Richter/Bachmann* DB 2018, S. 649 (653).

1158 *Schön* FR 2014, S. 93 (95); vgl. zur gewerbesteuerlichen Berücksichtigung auch: *Richter/Bachmann* DB 2018, S. 649 (659 f.).

Zudem ergibt sich jedoch aus Art. 11 GKB auch die Pflicht für den Steuerpflichtigen, eine sogenannte Schattenbilanz über die Entwicklung des Eigenkapitals zu führen.[1159] Dementsprechend steigen – entgegen dem übergeordneten Ziel des Richtlinienvorschlags – die Befolgungskosten. Aus Sicht des deutschen Bilanzrechts könnte man auf die Handelsbilanz des Steuerpflichtigen verweisen, obgleich diese nach der Idee des Richtlinienvorschlags nicht maßgeblich ist.

Mit dem Positionspapier[1160] Deutschlands und Frankreichs ist hinsichtlich der delegierten Rechtsakte gemäß Art. 11 Abs. 6 GKB anzumerken, dass der Rat der Europäischen Union sämtliche wesentlichen Rechtsakte in der Richtlinie festhalten sollte. *Velte/Mock* attestieren den delegierten Rechtsakten jedoch die Chance, Auslegungsproblemen[1161] im Nachhinein begegnen zu können.[1162]

Meines Erachtens wird in der *Literatur* zu Recht die Nachversteuerung gemäß Art. 11Abs. 3 Satz 2 GKB kritisiert. Diese ist insbesondere für Unternehmen in der Krise problematisch, da die Verluste das Eigenkapital senken würden und diese zusätzlich Steuern auf den Rückgang zahlen müssten.[1163] Die mit Art. 11 Abs. 3 GKB verbundene Besteuerung trifft den Steuerpflichtigen in der Zeit der Restrukturierung, in der er doch eher auf die Verringerung der steuerlichen Aufwendungen angewiesen ist.[1164] Hätte der Steuerpflichtige die Fremdfinanzierung gewählt, würde ihm dieser abschreckende Nachteil erspart bleiben. Der EWSA geht demnach davon aus, dass sich eine solche Entwicklung auf die Beschäftigung und das Wachstum auswirken werde.[1165]

Problematisch erscheint auch, dass in den Art. 43–52 GKB keine Übergangsregelungen für die Anwendung des Systems bestehen. Infolgedessen ist fraglich, ob die Eigenkapitalminderung durch die Ausschüttung von thesaurierten Gewinnen, die vor der erstmaligen Anwendung der GKB entstanden sind, eine negative Eigenkapitalbasis zur Folge hat, was zu einer dreifachen Besteuerung führen würde. Ebengleiches gilt für Unternehmen, die erst nach der Umsetzung der GKB gegründet werden.[1166]

1159 Vgl. zu dieser Idee: *Richter/Bachmann* DB 2018, S. 649 (653 f.); *Velte/Mock* StuW 2017, S. 126 (137 f.); *Benz/Böhmer* DB 2016, S. 2800 (2801); Vgl. bereits: *Herzig/Kuhr* DB 2011, S. 2053 (2055); *Marx* DStZ 2011, S. 547 (550).

1160 BMF/Ministère de l'Économie et des Finances v. 19.01.2018, Gemeinsames Positionspapier Deutschlands und Frankreichs zum GKB-Vorschlag, S. 1 f., abrufbar unter: https://www.bundesfinanzministerium.de/Content/DE/Standardartikel/Themen/Europa/2018-06-20-Meseberg-Anl2.pdf?__blob=publicationFile&v=1 (zuletzt abgerufen am 06.12.2018).

1161 Vgl. dazu: Teil 3: F.V.1.

1162 Vgl. detailliert zu delegierten Rechtsakte im Allgemeinen in der GKB: *Velte/Mock* FR 2018, S. 1081 (1089).

1163 *Richter/Bachmann* DB 2018, S. 649 (656); *Demleitner* ISR 2017, S. 145 (147 f.); *Benz/Böhmer* DB 2016, S. 2800 (2801); *Jakob/Fehling* ISR 2017, S. 290 (295).

1164 Vgl. m.w.N.: *Jakob/Fehling* ISR 2017, S. 290 (295).

1165 EWSA v. 20.09.2017 – ECO/419 (Stellungnahme zur GKB und GKKB), Tz. 4.4.2.

1166 Vgl. zu dieser Idee: *Richter/Bachmann* DB 2018, S. 649 (656 f.).

Zudem steht in Frage, dass der Richtlinienvorschlag mit Art. 7 GKB einen Ansatz gewählt hat, der sich an der Gewinn- und Verlustrechnung orientiert,[1167] und zur Berechnung der „FWI-Eigenkapitalbasis" auf einen Eigenkapitalbegriff im Sinne der Bilanzierungsregelungen zurückgreift. Infolgedessen bestehen Zweifel an der Verhältnismäßigkeit i.e.S., da die dem Richtlinienvorschlag unterliegenden Unternehmen sich auf die Umsetzung der GKB eingestellt haben und so ein gewisses Spannungsverhältnis zwischen den Bilanzierungsregelungen und Art. 7 GKB besteht, wodurch wohl infolge der doppelten bzw. „Schattenbilanzierung" doppelte Kosten entstehen lässt.[1168]

3. *Zwischenfazit zum Freibetrag für Wachstum und Investitionen*

Mit dem Freibetrag für Wachstum und Investitionen geht die Europäische Kommission ein jahrelang bestehendes Problem der steuerlichen Vorteile der Fremdfinanzierung an. Die Ausführungen haben gezeigt, dass eine solche Vorschrift durchaus sinnvoll ist, um eine steuerliche Neutralität zwischen der Eigen- und der Fremdkapitalfinanzierung zu erreichen. Allerdings bestehen Bedenken hinsichtlich der detaillierten Ausgestaltung der Regelung, sodass die Europäische Kommission hier nochmals tätig werden müsste. Der Rechtsausschuss des Europäischen Parlaments hat in seiner Stellungnahme jedoch dazu geraten, die Bestimmung insgesamt zu streichen, um etwaige Steuerschlupflöcher zu beseitigen.[1169] Ob dieses Vorgehen bei den Mitgliedstaaten Anklang finden wird, bleibt wohl skeptisch abzuwarten.

IV. Zinsschranke

Mit Art. 13 GKB führt die Europäische Kommission die sogenannte Zinsschranke neu in das System der einheitlichen Körperschaftsbesteuerung ein.

Ausgehend von der Diskussion um die sogenannte Gesellschafter-Fremdfinanzierung bzw. Unterkapitalisierung[1170] haben sich im Wesentlichen drei Regelungskonzepte herausgebildet. Entweder erfolgt die Beschränkung durch einen Typisierungsmaßstab auf der Tatbestandsebene oder in der Weise des Zinsabzugs auf der Rechtsfolgenebene.[1171] Liegt ein Missbrauchsfall vor, wird – je nach Rechtsfolge der Regelung – das überschüssige Fremdkapital als Eigenkapital qualifiziert,

---

1167 Vgl. dazu: Teil 4: B.

1168 Vgl. ebenso: *Jakob/Fehling* ISR 2017, S. 290 (295).

1169 Parlament v. 19.09.2017 – 2016/0337(CNS) (Stellungnahme des Rechtsausschusses für den Ausschuss für Wirtschaft und Währung zu dem Vorschlag für eine Richtlinie des Rates über eine Gemeinsame Körperschaftsteuer-Bemessungsgrundlage), S. 11, 19.

1170 Vgl. m.w.N.: *Herzig/Bohn* IStR 2009, S. 253 (253).

1171 *Herzig/Bohn* IStR 2009, S. 253 (254).

es besteht ein Zinsabzugsverbot, oder die Zinsen werden als sogenannte verdeckte Gewinnausschüttung[1172] qualifiziert.[1173]

Zinsabzugsbeschränkungen dienen der präventiven Verhinderung von Steueroptimierungen, die der Steuergesetzgeber als missbräuchlich erachtet.[1174] Um die Konzernsteuerlast zu reduzieren, werden Gewinne durch hohe abzugsfähige Fremdkapitalkosten minimiert.[1175] Diese „Aushöhlung der Steuerbemessungsgrundlage"[1176] wirkt sich unmittelbar auf das Besteuerungsaufkommen aus. Dementsprechend verfolgen Steuergesetzgeber mit Zinsabzugsbeschränkungen auch fiskalpolitische Interessen, indem sie die Gewinnverlagerung in Niedrigsteuerländer unterbinden.[1177] Dem Wortlaut des § 3 Abs. 1 AO ist zu entnehmen, dass Steuern zur „Erzielung von Einnahmen" auferlegt werden.[1178] Von dieser reinen Bedarfsdeckung ist der Lenkungszweck des Gesetzgebers, den Wohlstand des Landes trotz internationalen Steuerwettbewerbs unter den Mitgliedstaaten zu erhalten, zu trennen. Wenn sich verbundene Unternehmen durch Finanzierungsbeziehungen nahe stehen, kommt es gegebenenfalls zur Unterkapitalisierung des finanzierten Unternehmens. Dies widerspricht jedoch der Wertung des gesellschaftsrechtlichen Grundsatzes der realen Kapitalaufbringung bzw. Kapitalerhaltung, nach denen juristische Personen zur Sicherung ihrer im Rechtsverkehr entstehenden Verbindlichkeiten eine gewisse Vermögensmasse effektiv aufweisen müssen.[1179] Dementsprechend ist der Steuergesetzgeber bestrebt, die Eigenkapitalbasis der Unternehmen zu stärken,[1180] zu Inlandsinvestitionen anzureizen und die faire Verteilung des Steueraufkommens zu fördern.[1181]

1172 Vgl. detailliert zur Definition nach deutschem Recht: *Hey* in: Tipke/Lang, Steuerrecht, § 11 Rn. 70 ff.

1173 *Herzig/Bohn* IStR 2009, S. 253 (259); *Herzig/Bohn/Fritz* Beihefter zu DStR (Nr. 29) 2009, S. 61 (61); *Kessler/Köhler/Knörzer* IStR 2007, S. 418 (418).

1174 Vgl. so bespielsweise: BT-Drucks. 16/4841, S. 29, 31.

1175 A.A. zur Bewertung solcher Steuergestaltungen: *Heuermann* DStR 2013, S. 1 (2).

1176 COM(2016) 685 final, Tz. 9.

1177 Vgl. ebenso: BT-Drucks. 16/4841, S. 33 ff.; vgl. m.w.N.: *Kahlenberg/Kopec* IStR 2015, S. 84 (84); vgl. zum Real Decreto-ley 12/2012, Präambel II: *Müller/Villacorta Hernández* IStR 2012, S. 877 (877).

1178 Vgl. zur Abgrenzung: *Kessler/Marie-Louise* DB 2010, S. 240 (240); *Lenz/Dörfler* DB 2010, S. 18 (18); *Schmehl* in: Schön/Beck, Nationales Steuerrecht im internationalen Steuerwettbewerb, S. 116; *Kessler/Köhler/Knörzer* IStR 2007, S. 418 (418); a.A. *München* Die Zinsschranke – eine verfassungs-, europa- und abkommensrechtliche Würdigung, S. 66.

1179 Vgl. *Raiser/Veil* Recht der Kapitalgesellschaften, § 38 Rn. 34; *Grunewald* Gesellschaftsrecht, § 10 Rn. 165 ff.

1180 Vgl. zum Real Decreto-ley 12/2012, Präambel II: *Müller/Villacorta Hernández* IStR 2012, S. 877 (877).

1181 Vgl. unter dem Stichwort „qualifizierter Lenkungszweck" ebenso: *Heuermann* DStR 2013, S. 1 (3).

Das erste Konzept[1182] definiert auf Tatbestandsebene ein Verhältnis zwischen Fremd- und Eigenkapital (sogenannter safe haven oder debt-to-equity ratio)[1183]. Das Konzept ist von externen Faktoren unabhängig.[1184] Fremdkapitalkosten können bis zu der Quote unschädlich als Aufwand geltend gemacht werden.[1185] Infolgedessen wird Missbrauch anhand einer Mindesteigenkapitalquote typisiert.[1186] Der Verschuldungsgrad kann dabei am Verhältnis zwischen dem gesamten Fremd- und Eigenkapital[1187] (sogenannter globaler Verschuldensgrad[1188] oder Gesellschaftsbezug)[1189], dem Fremd- und Eigenkapital eines individuellen Gesellschafters (sogenannter individueller Verschuldensgrad oder Gesellschafterbezug)[1190] oder an einer Kombination von Gesellschafts- und Gesellschafterbezug[1191] bestimmt werden.[1192] Das Konzept verfolgt primär den Lenkungszweck, Unterkapitalisierung zu verhindern, und bietet dem Steuerpflichtigen infolge des festen Verhältnisses Rechts- und Planungssicherheit.

1182 In der EU wenden folgende Mitgliedstaaten dieses Konzept an: Belgien, Bulgarien, Dänemark, Frankreich, Griechenland, Kroatien, Lettland, Litauen, Luxemburg, Österreich, Polen, Rumänien, Slowenien, Tschechien Ungarn. Deutschland und Finnland bedienen sich dieses Konzeptes über die. escape-Klausel. Vgl. dazu: *Kahlenberg/Kopec* IStR 2015, S. 84(91).

1183 Vgl. zu den Begriffen: *Kahlenberg/Kopec* IStR 2015, S. 84 (91); *Herzig/Bohn/Fritz* Beihefter zu DStR (Nr. 29) 2009, S. 61 (61); *Herzig/Bohn* IStR 2009, S. 253(255).

1184 *Herzig/Bohn/Fritz* Beihefter zu DStR (Nr. 29) 2009, S. 61(61).

1185 *Herzig/Bohn/Fritz* Beihefter zu DStR (Nr. 29) 2009, S. 61(61).

1186 Vgl. zur Berechnung der Quote: *Herzig/Bohn/Fritz* Beihefter zu DStR (Nr. 29) 2009, S. 61 (68 Fn. 64).

1187 Kapitalgesellschaften in Deutschland verfügten im Jahr 2014 über 40 % Eigenkapital und 60 % Fremdkapital, davon ca. 16 % gegenüber Kreditinstituten und ca. 43 % gegenüber verbundenen Unternehmen. Vgl. dazu: Deutsche Bundesbank, Hochgerechnete Angaben aus Jahresabschlüssen deutscher Unternehmen von 1997 bis 2015, Dezember 2016, Tabelle RF 1, abrufbar unter: http://www.bundesbank.de/Redaktion/DE/Downloads/Veroeffentlichungen/Statistische_Sonderveroeffentlichungen/Statso_5/statso5_1997_2015_EXCEL.xlsb?__blob=publicationFile (zuletzt abgerufen am 07.05.2017).

1188 In dieser Untersuchung entspricht „Verschuldungsgrad" dem „Verschuldensgrad", welcher in den o.a. Publikationen vornehmlich zu finden ist.

1189 BMF v. 16.03.1987 – IV B 7 – S 2742 – 3/87, BStBl. I 1987, S. 373; *Herzig/Bohn/Fritz* Beihefter zu DStR (Nr. 29) 2009, S. 61 (62 f.); *Hey* StuW 2008, S. 167 (176); *Spengel/Golücke* RIW 2003, S. 333 (346); *Herzig* StuW 1993, S. 237(246).

1190 *Herzig/Bohn/Fritz* Beihefter zu DStR (Nr. 29) 2009, S. 61 (62); *Herzig* StuW 1993, S. 237(243).

1191 *Herzig/Bohn/Fritz* Beihefter zu DStR (Nr. 29) 2009, S. 61 (62 f.); *Herzig/Bohn* IStR 2009, S. 253 (256 f.).

1192 Vgl. detailliert: *Herzig/Bohn* IStR 2009, S. 253 (256 f.).

Das zweite Konzept[1193] bestimmt anhand einer Ergebnisgröße (bspw. EBIT, EBITDA oder operativer Gewinn), in welchem Umfang Fremdkapitalkosten abzugsfähig sind. Dementsprechend erfolgt die Typisierung[1194] zum Missbrauch auf der Tatbestandsebene anhand des Verhältnisses zwischen Fremdkapitalaufwendungen und der steuerlichen Ergebnisgröße.[1195] Aufgrund der „mangelnden Zielgenauigkeit infolge der Ergebnisabhängigkeit"[1196] werden vom Grundtatbestand Ausnahmen zugelassen. Verbreitet sind Freigrenzen[1197], sogenannte stand-alone-Klauseln[1198] und sogenannte escape-Klauseln[1199]. Dieses Konzept dient der Erreichung des Präventiv- und des Fiskalzweckes, da Steuerpflichtigen zur Vermeidung der Zinsabzugsbeschränkung durch Erhöhung der Ergebnisgröße der Anreiz geboten wird, Gewinne ins Inland zu verlagern. Nachteilig ist jedoch, dass dieser Anreiz nicht zwingend garantiert wird, wenn das Unternehmen im Inland ohnehin ein entsprechend hohes Ergebnis erzielt.[1200] Insbesondere für stark fremdfinanzierte Unternehmen, Start-Ups und Unternehmen in der Krise ist dieses System problematisch.[1201]

Spiegelbildlich zur debt-to-equity-ratio knüpft das Konzept[1202] der Aktivagrenze oder der sogenannten debt-to-asset-ratio[1203] an die Aktiva der Bilanz des Unternehmens an. Es wird das Verhältnis zwischen dem Aktivvermögen (bspw. gemäß § 266 Abs. 2 HGB) und maximalem Fremdkapital berechnet.[1204] Es wird zwischen der sogenannten einfachen Aktivagrenze[1205] und der differenzierten Aktivagrenze[1206] unterschieden. Die Verwendung dieses Konzeptes schafft es, branchen- und

---

1193 In der EU wenden folgende Mitgliedstaaten dieses Konzept an: Bulgarien, Dänemark, Deutschland, Finnland, Frankreich, Griechenland, Italien, Polen, Portugal, Slowakei, Spanien. Vgl dazu: *Kahlenberg/Kopec* IStR 2015, S. 84 (91).

1194 Vgl. zur Geeignetheit der Typisierung m.w.N.: *Herzig/Bohn/Fritz* Beihefter zu DStR (Nr. 29) 2009, S. 61 (64).

1195 *Herzig/Bohn/Fritz* Beihefter zu DStR (Nr. 29) 2009, S. 61 (64 f.); *Herzig/Bohn* DB 2007, S. 1 (2).

1196 *Herzig/Bohn/Fritz* Beihefter zu DStR (Nr. 29) 2009, S. 61 (65).

1197 Vgl. bspw. 3 Mio. € gemäß § 4h Abs. 2 Satz 1 lit. a EStG; 1 Mio. € gemäß Art. 20 Abs. 1 Satz 4 TRILS; 150.000 € gemäß Art. 212 Abs. 2 Nr. 1 Satz 2 a.E. CGI.

1198 Vgl. bspw. § 4h Abs. 2 Satz 1 lit. b EStG; Art. 20 Abs. 4 Satz 3 TRILS.

1199 Vgl. bspw. § 4h Abs. 2 Satz 1 lit. c, Satz 2, 3 EStG.

1200 *Herzig/Bohn* IStR 2009, S. 253 (257).

1201 Vgl. m.w.N.: *Herzig/Bohn* IStR 2009, S. 253 (257).

1202 In der EU wenden folgende Mitgliedstaaten dieses Konzept an: Dänemark, Polen. Vgl dazu: *Kahlenberg/Kopec* IStR 2015, S. 84 (91).

1203 *Herzig/Bohn/Fritz* Beihefter zu DStR (Nr. 29) 2009, S. 61 (65 f.).

1204 Vgl. zur Berechnungsweise: *Herzig/Bohn/Fritz* Beihefter zu DStR (Nr. 29) 2009, S. 61 (65 f., 68 Fn. 33).

1205 Vgl. detailliert: *Herzig/Bohn/Fritz* Beihefter zu DStR (Nr. 29) 2009, S. 61 (65 f.); *Kessler/Köhler/Knörzer* IStR 2007, S. 418 (421 f.); *Thiel* FR 2007, S. 729 (731).

1206 *Herzig/Bohn/Fritz* Beihefter zu DStR (Nr. 29) 2009, S. 61 (66 f.); *Kessler/Köhler/Knörzer* IStR 2007, S. 418 (420).

unternehmensspezifische Besonderheiten zu berücksichtigen.[1207] Zudem kann auf die Anwendung internationaler Rechnungslegungsstandards verzichtet werden, sodass dieses Konzept die Kosten für Finanzierungsvergleiche für die Finanzverwaltung niedrig hält.[1208] Mit diesem Konzept sind ebenfalls die Lenkungszwecke verbunden.

1. Zinsschranke nach dem Richtlinienvorschlag

Fremdkapitalkosten sind gemäß Art. 13 Abs. 1 GKB bis zur Höhe der Zins- oder anderer steuerbarer Erträge aus Finanzanlagen des Steuerpflichtigen abzugsfähig. Fremdkapitalkosten sind gemäß Art. 4 Abs. 12 GKB im Wesentlichen[1209] als Zinsaufwendungen für alle Arten von Forderungen und sonstige Kosten, die nach nationalem Recht wirtschaftlich gleichwertig mit Zinsen und Aufwendungen im Zusammenhang mit der Beschaffung von (Finanz)Kapital sind, definiert. Der Richtlinienvorschlag verzichtet an dieser Stelle auf eine Definition des Zins- bzw. Fremdkapitalertragsbegriffes. Aus dem Umkehrschluss zum Fremdkapitalkostenbegriff ergibt sich, dass es sich bei Zinsen um die symmetrisch entstandenen Erträge beim Gläubiger handelt.[1210] Das Finanzanlagevermögen bildet gemäß Art. 4 Abs. 20 GKB Anteile und Darlehen an verbundene Unternehmen, Beteiligungen, Darlehen an beteiligte Unternehmen, als Anlagevermögen im Sinne des Art. 4

1207 *Herzig/Bohn/Fritz* Beihefter zu DStR (Nr. 29) 2009, S. 61 (67).

1208 *Kessler/Köhler/Knörzer* IStR 2007, S. 418 (421 f.).

1209 „Fremdkapitalkosten" bezeichnet gemäß Art. 4 Abs. 12 GKB Zinsaufwendungen für alle Arten von Forderungen, sonstige Kosten, die nach nationalem Recht wirtschaftlich gleichwertig mit Zinsen und Aufwendungen im Zusammenhang mit der Beschaffung von Kapital sind, einschließlich Zahlungen im Rahmen von Beteiligungsdarlehen, kalkulatorische Zinsen auf Instrumente wie Wandelanleihen und Nullkuponanleihen, Beträge im Rahmen von alternativen Finanzierungsmodalitäten, die Finanzierungskosten im Rahmen von Finanzierungsleasing, im Bilanzwert eines zugehörigen Vermögenswerts enthaltene kapitalisierte Zinsen, die Amortisation kapitalisierter Zinsen, durch Bezugnahme auf eine Finanzierungsrendite im Rahmen von Verrechnungspreisregelungen gemessene Beträge, Beträge fiktiver Zinsen im Rahmen von Derivaten oder Hedging-Vereinbarungen im Zusammenhang mit dem Fremdkapital eines Unternehmens, der fiktive Ertrag aus Nettoeigenkapitalerhöhungen gemäß Art. 11 GKB, bestimmte Wechselkursgewinne und -verluste auf Fremdkapital und Instrumente im Zusammenhang mit der Beschaffung von Kapital, Garantiegebühren für Finanzierungsvereinbarungen, Vermittlungsgebühren und ähnliche Kosten im Zusammenhang mit der Aufnahme von Fremdkapital.

1210 *Frotscher* in: Frotscher/Drüen, Körperschaftsteuergesetz, Gewerbesteuergesetz, Umwandlungssteuergesetz – Kommentar, § 8a KStG Rn. 199a; *Möhlenbrock/Pung* in: Dötsch/Pung/Möhlenbrock, KSt, § 8a KStG Rn. 225; *Stöber* in: Lademann, KStG, § 8a KStG Rn. 199a; a.A. *Schmidt-Fehrenbacher* Ubg 2008, S. 469 (471 f.).

Abs. 19 GKB gehaltene Investitionen, andere Darlehen und andere Beteiligungen, wenn diese zu bilanzieren sind.

Die überschüssigen Fremdkapitalkosten können gemäß Art. 13 Abs. 2 UAbs. 1 GKB im angefallenen Steuerjahr in Höhe von 30 % des EBITDA oder maximal 3 Mio. € abgezogen werden, je nachdem, welcher Betrag höher ist. Nach der Definition des Art. 4 Abs. 13 GKB handelt es sich bei den überschüssigen Fremdkapitalkosten um die Differenz zwischen abzugsfähigen Fremdkapitalkosten und steuerbaren Zinserträgen sowie sonstigen wirtschaftlich gleichwertigen steuerbaren Erträgen. Zur Ermittlung der Fremdkapitalkosten, des EBITDA und der Festsetzung der Höchstgrenzen für überschüssige Fremdkapitalkosten wird gemäß Art. 13 Abs. 2 UAbs. 2 GKB die gesamte Gruppe als Steuerpflichtiger behandelt, soweit ein Steuerpflichtiger gemäß den Vorschriften eines nationalen Gruppenbesteuerungssystems im Namen einer Gruppe handeln darf oder muss. Wie bereits oben dargestellt, wird der Begriff der Gruppe nicht definiert, wodurch Auslegungsschwierigkeiten entstehen. Nach der teleologischen Auslegungsmethode umfasst der Begriff alle Unternehmensteile (Unternehmen im Sinne des Art. 2 GKB, qualifizierte Tochtergesellschaften im Sinne des Art. 3 GKB und Betriebsstätten im Sinne des Art. 5 GKB), die Fremdkapitalkosten aufwenden. Nach systematischer Auslegung des Art. 13 Abs. 2 UAbs. 2 GKB umfasst eine Gruppe alle Unternehmensteile, die im EBITDA nach Art. 13 Abs. 3 GKB enthalten sind. Im Ergebnis besteht somit kein Unterschied. Ein nationales Gruppenbesteuerungssystem setzt eine vertikale Ergebniszurechnung zwischen Mutter- und Tochtergesellschaft voraus.[1211] Hinsichtlich der verfahrensrechtlichen Feststellung des EBITDA durch die zuständige Behörde macht die Vorschrift keine Angaben. Nach dem deutschen Verfahrensverständnis würde über das EBITDA im Wege der gesonderten und einheitlichen Feststellung von Besteuerungsgrundlagen gemäß § 180 AO entschieden werden. Meines Erachtens ist davon auszugehen, dass der deutsche Steuergesetzgeber Art. 13 GKB verfahrensrechtlich ebenso umsetzen würde. Die Legitimation des Mitgliedstaates folgt aus Art. 70 Abs. 1 GKB.

1211 Vgl. m.w.N. und Übersicht über die nationalen Gruppenbesteuerungssysteme in der EU: *Jacobs et al.* Int. Unternehmensbesteuerung, S. 1000 ff.

Tabelle 3

	Ergebnis der Steuerbemessungsgrundlage gemäß Art. 7 GKB
+	für steuerliche Zwecke bereinigte Beträge für überschüssige Fremdkapitalkosten im Sinne des Art. 4 Abs. 12 GKB
+	für steuerliche Zwecke bereinigte Beträge für Abschreibungen für einzeln abschreibungsfähige Wirtschaftsgüter gemäß Art. 33 GKB[1212]
+	für steuerliche Zwecke bereinigte Beträge für Abschreibungen für Verbesserungskosten gemäß Art. 36 GKB
+	für steuerliche Zwecke bereinigte Beträge für Abschreibungen für Sammelposten gemäß Art. 37 GKB
+	für steuerliche Zwecke bereinigte Beträge für Abschreibungen für außergewöhnliche Wertminderung gemäß Art. 39 GKB
=	EBITDA gemäß Art. 13 Abs. 2 UAbs. 1, Abs. 3 GKB

Nach dem Wortlaut ist unklar, ob es sich bei dem Maximalbetrag in Höhe von 3 Mio. € bzw. 30 % des EBITDA um eine Freigrenze oder einen Freibetrag handelt. Freibeträge nehmen einen Betrag von der Bemessungsgrundlage aus, während Freigrenzen eine Obergrenze bilden, bis zu welcher der Aufwand abgezogen werden kann.[1213] Ist die Freigrenze überschritten, ist der Aufwand insgesamt steuerpflichtig.[1214] Es entspräche dem mit der Vorschrift verbundenen Präventivzweck der Missbrauchsvermeidung[1215], wenn es sich um eine Freigrenze handeln würde. Der Rechtsvergleich, insbesondere mit § 4h Abs. 2 Satz 1 lit. a EStG, kommt zu demselben Ergebnis, dass es sich bei diesem Ausnahmetatbestand um eine Freigrenze handeln muss. Unterstellt man der Bestimmung dennoch den zusätzlichen Lenkungszweck, dass die Eigenkapitalausstattung kleiner und mittlerer Unternehmen gefördert werden muss, so kann eine Freigrenze weiterhelfen.[1216] Hingegen ist aus der Wertung der Formulierung „oder bis zu einem Höchstbetrag von 3 000 000 EUR abzugsfähig" zu erkennen, dass sich der Höchstbetrag lediglich auf die überschüssigen Fremdkapitalkosten des Art. 13 Abs. 2 GKB bezieht. Dementsprechend kommt dem absoluten Höchstbetrag konsequenterweise die gleiche Bedeutung zu wie dem relativen Höchstbetrag in Höhe von 30 % des EBITDA. Aus der systematischen Verknüpfung mit Art. 13 Abs. 6 GKB, welcher den zeitlich unbeschränkten

1212 Vgl. zu den Unterschieden bei der Bewertungsmethode im Vergleich zum deutschen Steuerrecht: *Scheffler/Köstler* ifst-Schrift 518 (2017), S. 47 ff.

1213 *Schenke* in: Kirchhof/Söhn/Mellinghoff, EStG, § 4h EStG Rn. C 10 f.; *Seer* in: Tipke/Lang, Steuerrecht, § 6 Rn. 49.

1214 Vgl. detailliert: *Luck* „Alles oder Nichts" – Die Freigrenze im Steuerrecht, S. 50 ff.

1215 Vgl. dazu: Teil 4: B.IV.3.b.aa.

1216 Vgl. kritisch in dieser Hinsicht zu einem Freibetrag: *Köhler* DStR 2007, S. 597 (598).

Vortrag überschüssiger Fremdkapitalkosten, die in einem Steuerjahr nicht mehr abgezogen werden können, vorsieht, folgt, dass Fremdkapitalkosten oberhalb des Betrages, „welcher [...] höher ist", nach Art. 13 Abs. 2 UAbs. 1 GKB nicht abzugsfähig sind. Fremdkapitalkosten unterhalb des Betrages, „welcher [...] höher ist", sind es hingegen. Infolgedessen handelt es sich bei dem Maximalbetrag um einen Freibetrag, der von der Bemessungsgrundlage auszunehmen ist.

Abweichend von dem Maximalbetrag kann ein Steuerpflichtiger, der als eigenständiges Unternehmen gilt, die überschüssigen Fremdkapitalkosten gemäß Art. 13 Abs. 4 GKB vollständig abziehen (sogenannte stand alone-Klausel). Ein eigenständiges Unternehmen ist gemäß Art. 13 Abs. 4 Satz 2 GKB kein Teil einer zu Rechnungslegungszwecken konsolidierten Gruppe und verfügt nicht über verbundene Unternehmen im Sinne des Art. 56 GKB oder Betriebsstätten im Sinne des Art. 5 GKB. Der Grund für die Ausnahme liegt im Sinn und Zweck der Zinsschranke selbst. Die Steuervermeidung durch Gewinnverlagerung und Gewinnverkürzung geht nach Ansicht der EU-Kommission vornehmlich von grenzüberschreitend tätigen Unternehmensgruppen aus.[1217] Dementsprechend folgt aus dem Umkehrschluss, dass eigenständige Unternehmen sich weniger solcher Steuervermeidungspraktiken bedienen und es keiner Bekämpfung bedarf.

Zudem sind überschüssige Fremdkapitalkosten gemäß Art. 13 Abs. 5 GKB voll abzugsfähig, soweit ein Darlehen vor der politischen Einigung über die Richtlinie abgeschlossen wurde oder die Kosten für ein Darlehen zur Finanzierung langfristiger öffentlicher Infrastrukturprojekte dienen, wenn sich der Projektbetreiber, die Fremdkapitalkosten, die Vermögenswerte und die Einkünfte in der Europäischen Union allokiert sind. Ein langfristiges öffentliches Infrastrukturprojekt ist gemäß Art. 13 Abs. 5 UAbs. 2 GKB ein Projekt zur Bereitstellung, zum Ausbau, zum Betrieb und/oder zur Erhaltung eines umfangreichen Vermögenswerts, der nach Ansicht eines Mitgliedstaates im allgemeinen öffentlichen Interesse steht. In diesem Fall finden die Einkünfte aus diesem Projekt gemäß Art. 13 Abs. 5 UAbs. 3 GKB keinen Einzug in das EBITDA.

Gemäß Art. 13 Abs. 3 GKB berücksichtigt das EBITDA keine steuerfreien Erträge. Das EBITDA resultiert aus der Addition der Steuerbemessungsgrundlage, überschüssiger Fremdkapitalkosten und Abschreibungen gemäß Art. 13 Abs. 3 Satz 1 GKB. Steuerfreie Erträge im Sinne des Art. 8 GKB finden keine Berücksichtigung in der Steuerbemessungsgrundlage. So sind Veräußerungserlöse durch Beteiligungen bzw. vereinnahmte Gewinnausschüttungen gemäß Art. 8 lit. c, d GKB steuerfrei, wenn der Steuerpflichtige zwölf Monate vor der Veräußerung einen Anteil in Höhe von mindestens 10 % des Kapitals oder der Stimmrechte des Unternehmens gehalten hat. Ausgenommen von dieser Regelung sind Veräußerungserlöse von zu Handelszwecken gehaltenen Anteilen im Sinne des Art. 21 Abs. 3, 4 GKB und durch Lebensversicherungsunternehmen gehaltene Anteile im Sinne des

1217 Vgl. COM(2016) 685 final, Tz. 9.

Art. 28 lit. b, c GKB. Diese detaillierte Erläuterung des steuerfreien Veräußerungserlöses durch eine Beteiligung bzw. vereinnahmte Gewinnausschüttungen ist in den Richtlinienvorschlag neu eingefügt worden.

Nicht abgezogene überschüssige Fremdkapitalkosten werden gemäß Art. 13 Abs. 6 GKB ohne zeitliche Begrenzung vorgetragen. Hierbei unterlässt es die Bestimmung zu regeln, in welcher Reihenfolge die Vorträge abgezogen werden können. Alle diese Bestimmungen finden gemäß Art. 13 Abs. 7 GKB jedoch keine Anwendung auf Finanzunternehmen im Sinne des Art. 4 Abs. 29 GKB.[1218]

Offensichtlich handelt es sich bei Art. 13 GKB um ein Zinsabzugsbeschränkungskonzept, das an die Ergebnisgröße anknüpft. Infolgedessen ist zu erwarten, dass der Bestimmung präventive Zwecke zur Missbrauchsvermeidung und fiskalpolitische Interessen zur Sicherung des Besteuerungssubstrats zu Grunde liegen.

2. Vergleich mit unterschiedlichen nationalen Zinsschranken

Der Großteil der Mitgliedstaaten[1219] wendet bereits nationale Bestimmungen an, um die Abzugsfähigkeit von Fremdkapitalaufwendungen zu beschränken. Die unionsrechtliche Bewertung[1220] erfolgt im Kontext mitgliedstaatlicher Bestimmungen. Daher zeigt das folgende Kapitel bestehende Divergenzen zu Art. 13 GKB auf. Exemplarisch werden die Bestimmungen von Deutschland[1221], Dänemark, Frankreich[1222], Italien, Schweden und Spanien[1223] analysiert.[1224]

1218 Ein Finanzinstitut kann nach Art. 4 Abs. 29 GKB sein: Kreditinstitut oder Wertpapierfirma, Verwalter alternativer Investmentfonds, Verwaltungsgesellschaft für Organismen für gemeinsame Anlagen in Wertpapieren, Versicherungsunternehmen, Rückversicherungsunternehmen, Einrichtung der betrieblichen Altersversorgung, Einrichtung der Altersversorgung, alternativer Investmentfonds, zentrale Gegenpartei und Zentralverwahrer.

1219 Lediglich in Estland, Malta und Zypern existieren keinerlei Vorschriften zur Begrenzung des Zinsabzugs. Vgl. dazu: *Kahlenberg/Kopec* IStR 2015, S. 84 (86, 88, 91).

1220 Vgl. dazu: Teil 4: B.IV.3.

1221 Unternehmensteuerreformgesetz 2008 v. 14.08.2007 (BGBl. I v. 17.08.2007, S. 1912); vgl. zur Historie m.w.N.: *Stöber* in: Schön/Sternberg, Zukunftsfragen des deutschen Steuerrechts III, S. 124 ff.

1222 Loi Nr. 2005-1719 v. 30.12.2005, Journal officiel de la République française v. 31.12.2005.

1223 Real Decreto-ley 12/2012, por el que se introducen diversas medidas tributarias y administrativas dirigidas a la reducción del déficit público, v. 30.03.2012, Boletín oficial del estado Nr. 78, Section 1, S. 26860 ff.

1224 Vgl. zur Darstellung aller Regelungen in der EU: *Kahlenberg/Kopec* IStR 2015, S. 84 (85 ff.).

a. Die deutsche Zinsschranke – ein problematischer Fall

Die deutsche Zinsschranke gemäß § 4h EStG steht seit ihrer Einführung in der Kritik.[1225] Der BFH hat dem BVerfG einen Beschluss gemäß Art. 100 Abs. 1 Satz 1 GG zur Überprüfung der Verfassungsmäßigkeit der Regelung vorgelegt, da er in der Norm einen Verstoß gegen das objektive Nettoprinzip als Teil des Grundsatzes der Besteuerung nach der Leistungsfähigkeit (Art. 3 Abs. 1 GG) erkennt.[1226] Die Abweichung vom objektiven Nettoprinzip kann in diesem Fall nach Ansicht des BFH nicht durch die Lenkungszwecke des Gesetzgebers gerechtfertigt werden.[1227] Eine Entscheidung des BVerfG steht noch aus. Durch die Einführung einer unionsweiten Zinsschranke könnte der deutsche Gesetzgeber den Streit um die Verfassungsmäßigkeit beenden, soweit keine Prüfung am Maßstab der Grundrechte[1228] mehr erfolgt.[1229]

Grundsätzlich entspricht Art. 13 GKB der deutschen Bestimmung des § 4h EStG. Abweichend kann das sogenannte verrechenbare EBITDA (Tabelle 4) nach § 4h Abs. 1 Satz 3 EStG für fünf Wirtschaftsjahre vorgetragen werden, wenn es die um die Zinserträge geminderten Zinsaufwendungen übersteigt.[1230] Nach § 4h Abs. 4 EStG werden der EBITDA-Vortrag und der Zinsvortrag durch das Finanzamt gesondert festgestellt gemäß §§ 179 ff. AO.

1225 *Stöber* in: Schön/Sternberg, Zukunftsfragen des deutschen Steuerrechts III, S. 135 ff.; *Kessler/Köhler/Knörzer* IStR 2007, S. 418 (418); vgl. zur wirtschaftlichen Kritik m.w.N.: *Lenz/Dörfler* DB 2010, S. 18 (19 f.); a.A. *Heuermann* DStR 2013, S. 1 (1).

1226 BFH v. 14.10.2015 – I R 20/15, DStR 2016, S. 301 (303); vgl. detailliert zur Verfassungsmäßigkeit: *Stöber* in: Schön/Sternberg, Zukunftsfragen des deutschen Steuerrechts III, S. 136 ff.

1227 BFH v. 14.10.2015 – I R 20/15, DStR 2016, S. 301 (305 ff.).

1228 Vgl. dazu: Teil 3: G.

1229 Vgl. *Stöber* in: Schön/Sternberg, Zukunftsfragen des deutschen Steuerrechts III, S. 147.

1230 Vgl. detailliert: *Herzig/Bohn/Fritz* Beihefter zu DStR (Nr. 29) 2009, S. 61 (64 f.); vgl. kritisch: *Bohn/Loose* DStR 2011, S. 241 (242 ff.).

Tabelle 4[1231]

	Maßgeblicher Gewinn gemäß § 4h Abs. 3 Satz 1 EStG i.V.m. § 8 Abs. 1 Satz 1 KStG
-	Zinserträge gemäß § 4h Abs. 3 Satz 3 EStG
+	Zinsaufwendungen gemäß § 4h Abs. 3 Satz 2 EStG
+	Sofortabschreibungen auf geringwertige Wirtschaftsgüter gemäß § 6 Abs. 2 Satz 1 EStG
+	Abschreibungen auf Sammelposten gemäß § 6 Abs. 2a Satz 2 EStG
+	Absetzungen für Abnutzungen gemäß § 7 EStG
=	steuerliches EBITDA
x	30 %
=	verrechenbares EBITDA gemäß § 4h Abs. 1 Satz 2 EStG

Weitere Unterschiede bestehen vornehmlich hinsichtlich der Ausnahmetatbestände. So können Zinsaufwendungen bzw. Zinsvorträge, die vor einem sogenannten schädlichen Beteiligungserwerb[1232] entstanden sind, gemäß § 8a Abs. 1 Satz 3 i.V.m. § 8c Abs. 1 Satz 1 KStG nicht mehr genutzt werden.[1233] Ein schädlicher Beteiligungserwerb liegt vor, wenn die Beteiligung an einer Körperschaft mittelbar oder unmittelbar in Höhe von mindestens 25 % innerhalb von fünf Jahren übertragen wird.[1234] In diesem Zusammenhang ist jedoch unbedingt darauf hinzuweisen, dass das BVerfG § 8c Satz 1 KStG (in der heutigen Fassung in Abs. 1 enthalten) teilweise mit Art. 3 Abs. 1 GG für unvereinbar erklärt hat.[1235] Zudem ist ein weiteres Verfahren des FG Hamburg zur Verfassungsmäßigkeit von § 8c (Abs. 1) Satz 2 KStG anhängig.[1236]

Beide Bestimmungen lassen den Zinsabzug in voller Höhe zu, soweit die stand alone-Klausel (Art. 13 Abs. 4 GKB bzw. § 4h Abs. 2 Satz 1 lit. b EStG) erfüllt ist. Der Abzug nach nationalem Recht ist jedoch nicht möglich, soweit die Rückausnahme

1231 BMF v. 04.07. 2008 – IV C 7 – S 2742 – a/07/10001, Tz. 40; vgl. zur schematischen Darstellung: *Frotscher* in: Frotscher/Drüen, Körperschaftsteuergesetz, Gewerbesteuergesetz, Umwandlungssteuergesetz – Kommentar, § 8a KStG Rn. 52a ff.; *Heuermann* in: Blümich, EStG/KStG/GewStG, § 4h EStG Rn. 38; *Bohn/Loose* DStR 2011, S. 241 (242).

1232 Vgl. detailliert: *Wernicke* in: Lademann, KStG, § 8c Rn. 46 ff.

1233 Vgl. detailliert: *Stöber* in: Lademann, KStG, § 8a KStG Rn. 99 ff.

1234 *Brandis* in: Blümich, EStG/KStG/GewStG, § 8c KStG Rn. 40 ff.; *Roser* in: Gosch, Körperschaftsteuergesetz, § 8c KStG Rn. 30 ff.

1235 BVerfG v. 29.03.2017 – 2 BvL 6/11, BStBl. II 2017, S. 1082, Rn. 155; vgl. dazu einführend: *Rosenberg et al.* DB Beilage zu Heft 51/52 2017, S. 5 (16).

1236 FG Hamburg v. 29.08.2017 – 2 K 245/17, BB 2017, S. 2654.

nach § 8a Abs. 2 KStG greift – sogenannte Gesellschafterfremdfinanzierung. Die Finanzierung erfolgt in diesem Fall durch einen zu mehr als 25 % unmittelbar oder mittelbar am Grund- oder Stammkapital beteiligten Anteilseigner, eine nahe stehende Person im Sinne des § 1 Abs. 2 AStG oder einen rückgriffsberechtigten Dritten. Die stand alone-Klausel ist nicht anwendbar, wenn dieser Anteilseigner bzw. diese Person Fremdkapitalvergütungen in Höhe von mehr als 10 % der überschüssigen Zinsaufwendungen erhält.[1237]

Ein weiterer Ausnahmetatbestand zur deutschen Zinsschranke ist die sogenannte escape-Klausel bzw. der Eigenkapitalvergleich gemäß § 4h Abs. 2 Satz 1 lit. c, Satz 2, 3 EStG. Demgemäß ist der Abzug nicht ausgeschlossen, wenn die Eigenkapitalquote[1238] des konzernangehörigen Betriebs zum Ende des vorangegangenen Wirtschaftsjahres gleich hoch oder höher als die Eigenkapitalquote des Konzerns ist.[1239] Nach der Rückausnahme des § 8a Abs. 3 KStG kommt die escape-Klausel jedoch in Fällen der Gesellschafterfremdfinanzierung nicht zur Anwendung.[1240] Die Komplexität und der Verweis auf IFRS/IAS zur Ermittlung der Eigenkapitalquote stellen nach überwiegender Ansicht der Literatur die Vereinbarkeit mit dem Gebot der Normenklarheit nach Art. 20 Abs. 3 i.V.m. Art. 19 Abs. 4 GG[1241] in Frage.[1242]

Die Zinsschranke ist gemäß § 15 Satz 1 Nr. 3 KStG nicht auf die Organgesellschaft anzuwenden.[1243] Trotz der gesellschafts- und bilanzrechtlichen Behandlung als Konzerneinheit ist § 4h EStG lediglich auf den Organträger anzuwenden.[1244] Demzufolge könnte die Abzugsfähigkeit durch die Anwendung der oben angeführten stand-alone Klausel unbeschränkt möglich sein. Art. 13 GKB knüpft

---

1237 Vgl. detailliert: *Stöber* in: Lademann, KStG, § 8a KStG Rn. 131 ff.

1238 *Heuermann* in: Blümich, EStG/KStG/GewStG, § 4h EStG Rn. 85; *Stöber* in: Schön/Sternberg, Zukunftsfragen des deutschen Steuerrechts III, S. 132; *Schulz* DB 2008, S. 2043 (2047); vgl. *Hennrichs* DB 2007, S. 2101 (2105)

1239 Vgl. *Kaligin* in: Lademann, KStG, § 4h EStG Rn. 111 ff.; kritisch zu dieser Regelung: *Köhler* DStR 2007, S. 597 (600 f.).

1240 Vgl. detailliert m.w.N.: *Stöber* in: Lademann, KStG, § 8a KStG Rn. 117; *Stöber* in: Schön/Sternberg, Zukunftsfragen des deutschen Steuerrechts III, S. 133.

1241 BFH v. 06.09.2006 – XI R 26/04, BStBl. II 2007, S. 167 (169 ff.); BVerfG v. 10.11.1998 – 2 BvR 1057/91, BVerfGE 99, S. 216 (242 f.).

1242 Vgl. so wohl auch: *Förster* in: Gosch, Körperschaftsteuergesetz, § 8a KStG Rn. 52; *Staats* Ubg 2014, S. 520 (527 f.); *Goebel/Eilinghoff* DStZ 2010, S. 550 (557 f.); a.A. *Schenke* in: Kirchhof/Söhn/Mellinghoff, EStG, § 4h EStG Rn. A 194 f.

1243 *Frotscher* in: Frotscher/Drüen, Körperschaftsteuergesetz, Gewerbesteuergesetz, Umwandlungssteuergesetz – Kommentar,§ 8a KStG Rn. 31; *Stöber* in: Lademann, KStG, § 8a KStG Rn. 86.

1244 Vgl. BMF v. 04.07.2008 – IV C 7 – S 2742a/07/10001, BStBl. I 2008, S. 718, Rn. 65; *Möhlenbrock/Pung* in: Dötsch/Pung/Möhlenbrock, KSt, § 8a KStG Rn. 124; *Stöber* in: Lademann, KStG, § 8a KStG Rn. 124; *Stöber* in: Schön/Sternberg, Zukunftsfragen des deutschen Steuerrechts III, S. 131 f.

demgegenüber nicht an den Betrieb, sondern an den Steuerpflichtigen an, sodass es fraglich erscheint, ob die Organschaft im Rahmen der Zinsschranke des Richtlinienvorschlags Berücksichtigung findet. Die ertragsteuerliche Organschaft ist eine Gruppe im Sinne des Art. 13 Abs. 2 UAbs. 2 Satz 1 GKB. Nach dem Wortlaut gilt die gesamte Gruppe als Steuerpflichtiger. Jedoch ist diese Betrachtungsweise lediglich auf Art. 13 Abs. 2 GKB anzuwenden. Der Wortlaut ähnelt zwar der nationalen Bestimmung, lässt jedoch keine klare Auslegung zu. Systematisch folgt aus dem Umkehrschluss zu Art. 13 Abs. 4 Satz 2 GKB, dass ein Unternehmen, das Teil einer zu Rechnungslegungszwecken konsolidierten Gruppe ist und über verbundene Unternehmen im Sinne des Art. 56 GKB oder über Betriebsstätten im Sinne des Art. 5 GKB verfügt, die stand-alone Klausel nicht anwenden kann. Soweit eine Gruppe vorliegt, handelt es sich zumindest um einen Fall des Art. 13 Abs. 4 Satz 2 Alt. 1 GKB, die stand-alone Klausel scheidet aus. Dem entspricht auch der Sinn und Zweck der Vorschrift, grenzüberschreitend tätige Unternehmensgruppen zur Bekämpfung des Steuermissbrauchs ins Visier zu nehmen.

Infolge dieser Betrachtungsweise müsste der deutsche Gesetzgeber § 15 Satz 1 Nr. 3 EStG ändern. Dennoch wäre die nationale Organschaft wohl ohnehin mit der Anwendung des grenzüberschreitenden Verlustausgleichs obsolet und es bedarf keiner weiteren Anpassung.[1245]

b. Dänische Zinsabzugsbeschränkung

Übereinstimmend mit dem Richtlinienvorschlag betreffen die nationalen Bestimmungen Dänemarks unter anderem die Aktiengesellschaft („aktieselskab“ – A/S) und die haftungsbeschränkte Gesellschaft („anpartsselskab“ – ApS).[1246] Die dänische Zinsabzugsbeschränkung ist gemäß § 11 ff. SSL jedoch nur auf die Gesellschafterfremdfinanzierung anzuwenden. Die Bestimmung kommt jedoch nur zur Anwendung, wenn folgende Voraussetzungen kumulativ erfüllt sind[1247]:

- Es handelt sich um eine Gesellschaft im Sinne des § 11 Abs. 1 Nr. 1 SSL.
- Die Gesellschafterfremdfinanzierung betrifft die Finanzierung einer sogenannten kontrollierten Gesellschaft im Sinne des § 2 Abs. 1 SSL („kontrolleret gæld“).
- Das Verhältnis von Fremd- zu Eigenkapital übersteigt das Verhältnis von vier zu eins gemäß § 11 Abs. 1 Nr. 3 SSL nicht.
- Die Freigrenze in Höhe von 10 Mio. Dänische Kronen (ca. 1,34 Mio. €) wird nicht überschritten.

Alternativ sind die Nettozinsaufwendungen („nettofinansieringsudgifter“) gemäß § 11 B Abs. 1 SSL nur abzugsfähig, wenn sie das Verhältnis zwischen

1245 Vgl. dazu: Teil 4: C.
1246 COM(2016) 685 final, Anhang I; vgl. zu den Gesellschaftsformen: Deloitte, Taxation and Investment in Denmark 2015, S. 5 f., abrufbar unter: https://dits.deloitte.com/#TaxGuides (zuletzt abgerufen am 07.05.2017).
1247 Vgl. m.w.N.: *Kahlenberg/Kopec* IStR 2015, S. 84 (85).

Aktivvermögen („skattemæssige værdi af selskabets aktiver") multipliziert mit dem Standardzinssatz („standardrenten") nicht übersteigen. Der Standardzinssatz wird gemäß § 11 B Abs. 2 SSL durch die Nationalbank Dänemarks festgelegt (1. Quartal 2017: ca. 1,29 %)[1248]. Nichtsdestotrotz besteht eine Freigrenze in Höhe von 21,3 Mio. Dänischen Kronen (ca. 2,86 Mio. €) gemäß § 11 B Abs. 1 SSL. Nicht abgezogene Nettozinsaufwendungen können nicht vorgetragen werden.[1249]

c. *Französische Zinsschranke*

Die französische Zinsschranke richtet sich an verbundene Unternehmen im Sinne des Art. 39 CGI. Die Zinsaufwendungen werden gemäß Art. 212 Abs. 1 CGI in einem zweistufigen Verfahren ermittelt.[1250] Die Zinsaufwendungen auf das Gesellschafterfremdkapital sind angemessen, wenn der tatsächliche Zinssatz den amtlichen Höchstzinssatz (1. Quartal 2017: 1,82 %)[1251] nicht übersteigt. Dieser jährliche durchschnittliche Höchstzinssatz berechnet sich aus den Zinssätzen für Unternehmenskredite über eine Dauer von zwei Jahren.[1252] Nicht angemessene Zinsaufwendungen werden als verdeckte Gewinnausschüttung qualifiziert und erhöhen folglich den steuerlichen Gewinn.

Im zweiten Schritt sind angemessene Zinsaufwendungen gemäß Art. 212 Abs. 2 Nr. 1 CGI nur bis zu dem höchsten der folgenden Grenzwerte (Freigrenze) abzugsfähig[1253]:

- das 1,5-fache des Eigenkapitals, welches mit dem amtlichen Höchstzinssatz multipliziert wird;
- 25 % des steuerlichen Gewinns vor Zinsen, Steuern und Abschreibungen;
- Summe der von verbundenen Unternehmen vereinnahmten Zinsen.

1248 Näherungswert errechnet auf Basis von: Danmarks Nationalbank, Nye indenlandske udlån ekskl. kassekreditter o.l. fra MFI-sektoren ekskl. Nationalbanken efter formål, datatype, indenlandsk sektor, valuta, løbetid (oprindelig løbetid), rentefiksering og lånstørrelse, abrufbar unter: http://nationalbanken.statistikbank.dk/nbf/176185 (zuletzt abgerufen am 07.05.2017).

1249 *Kahlenberg/Kopec* IStR 2015, S. 84 (85).

1250 *Lenz/Dörfler* DB 2010, S. 18 (20); *Maier* Die Regelungen zur Gesellschafter-Fremdfinanzierung im internationalen Vergleich, S. 90; *Schultze* IStR 2005, S. 730 (733).

1251 Direction Générale des Finances Publiques, Bulletin Officiel des Finances Publiques-Impôts v. 03.05.2017 – BOI-BIC-CHG-50-50-30-20170503, S. 2 Rn. 30, abrufbar unter: http://bofip.impots.gouv.fr/bofip/5505-PGP.html?identifiant=BOI-BIC-CHG-50-50-30-20170503 (zuletzt abgerufen am 05.05.2017).

1252 Vgl. dazu: Direction Générale des Finances Publiques, Bulletin Officiel des Finances Publiques-Impôts v. 03.05.2017 – BOI-BIC-CHG-50-50-30-20170503, S. 2 Rn. 30.

1253 *Lenz/Dörfler* DB 2010, S. 18 (20).

Diese Begrenzung erfolgt gemäß Art. 212 Abs. 2 Nr. 1 Satz 2 a.E. CGI jedoch nicht, wenn die Zinsaufwendungen, welche die Freigrenze übersteigen, höchstens 150.000 € betragen.

Übereinstimmend mit Art. 13 Abs. 6 GKB können die nicht abzugsfähigen Zinsaufwendungen vorgetragen werden, und es erfolgt gemäß Art. 212 Abs. 2 Nr. 1 Satz 3 CGI ein pauschaler Abschlag in Höhe von 5 % in den Folgejahren.[1254] Ferner erfolgt keine Anwendung auf Banken und Finanzinstitute gemäß Art. 212 Abs. 2 Nr. 2 CGI. Abweichend zum Richtlinienvorschlag unterliegen Zinsaufwendungen gemäß Art. 212 Abs. 2 Nr. 2 CGI, die im Rahmen der sogenannten konzerninternen Cash-Pools („convention de gestion centralisée de la trésorerie d'un groupe") entstehen, nicht der Regelung.[1255] Ebenfalls existiert eine dem § 4h EStG vergleichbare escape-Klausel.[1256]

d. *Italienisches Pendant zur deutschen Regelung*

Die italienische Zinsschranke trat am 01.01.2008 in Kraft und ist eng an § 4h EStG angelehnt.[1257] So können Zinsaufwendungen und sonstige Aufwendungen („Gli interessi passivi e gli oneri assimilati") bis zur Höhe der Zinserträge und überschüssige Zinsaufwendungen bis zu einer Grenze in Höhe von 30 % des Bruttobetriebsergebnisses der gewöhnlichen Geschäftstätigkeit („risultato operativo lordo della gestione caratteristica") gemäß Art. 96 Abs. 1 Satz 1 TUIR (Tabelle 5) abgezogen werden. Ein Höchstbetrag für überschüssige Zinsaufwendungen ist in der italienischen Regelung nicht vorgesehen. Ebenfalls fehlt es an einem Ausnahmetatbestand für eigenständige Unternehmen (stand-alone-Klausel). Infolge der Anwendung des italienischen Gruppenbesteuerungssystems nach Art. 117 ff. TUIR entsteht gemäß Art. 96 Abs. 5 Satz 2 TUIR die Möglichkeit, dass nicht abzugsfähige Zinsaufwendungen durch andere Gruppenteilnehmer mit entsprechendem Bruttobetriebsergebnis als eigene Aufwendungen geltend gemacht werden können.

1254 Vgl. kritisch: *Schienke* IStR 2006, S. 302 (303).
1255 Vgl. *Hellio/Leutner* IWB 2005, S. 1425 (1427).
1256 Vgl. *Weier/Seroin* IStR 2005, S. 725 (728).
1257 *Lenz/Dörfler* DB 2010, S. 18 (20).

Tabelle 5

	Umsatzerlöse gemäß Art. 2425 lit. a des italienischen Zivilgesetzbuches („codice civile“)	„valore della produzione“
-	Produktions- und Vertriebsaufwendungen gemäß Art. 2425 lit. b des italienischen Zivilgesetzbuches („codice civile“)	„costi della produzione“
+	Abzugsfähige Aufwendungen gemäß Art. 10 lit. a, b TUIR, bspw. Lizenzgebühren („i canoni“), Abschreibungen auf materielle und immaterielle Wirtschaftsgüter	„oneri deducibili“
+	Finanzierungsleasingzahlungen von Investitionsgütern	„dei canoni di locazione finanziaria di beni strumentali“
=	Bruttobetriebsergebnis der gewöhnlichen Geschäftstätigkeit gemäß Art. 96 Abs. 2 TUIR	„risultato operativo lordo della gestione caratteristica“

Soweit das Unternehmen die Rechnungslegungsstandards nach IAS/IFRS verwendet, ist das Bruttobetriebsergebnis dementsprechend nach diesen Standards anstelle des nationalen Rechnungslegungssystems zu ermitteln.

Die italienische Zinsschranke findet übereinstimmend mit dem Richtlinienvorschlag keine Anwendung auf Finanzunternehmen gemäß Art. 96 Abs. 5 Satz 1 TUIR und auf Personengesellschaften. Für Finanzunternehmen gilt ein pauschaler Abzugsbetrag in Höhe von 96 % gemäß Art. 96 Abs. 5 Satz 1 TUIR. Nicht abzugsfähige Zinsaufwendungen sind gemäß Art. 96 Abs. 4 TUIR unbegrenzt vortragsfähig.

e. *Schwedische Zinsschranke für verbundene Unternehmen*

Die schwedische Zinsschranke richtet sich nur an verbundene Unternehmen („intressegemenskap“). Nach Kap. 24 § 10a Abs. 1 IL handelt es sich um verbundene Unternehmen, wenn ein Unternehmen direkt oder indirekt am Eigenkapital eines anderen Unternehmens beteiligt ist bzw. auf andere Weise beherrschenden Einfluss hat oder die Unternehmen unter gemeinsamer Leitung stehen. Die Zinsschranke richtet sich an die schwedische Aktiengesellschaft („privat aktiebolag“) sowie die Partnerschaft. Demzufolge unterliegen eigenständige Personen nicht der Zinsschranke. Auch fremde Dritte – in der Regel Banken – können von der Regelung erfasst sein.

Abweichend vom Richtlinienvorschlag wird der Zinsabzug gemäß Kap. 24 § 10b IL versagt, wenn die Verbindlichkeit gewährt wird, um eine Beteiligung („delägarrätter“) an einem nahe stehenden Unternehmen zu erwerben.

Nach Kap. 24 § 10d IL sind die Zinsaufwendungen ausnahmsweise abziehbar, soweit der Darlehensnehmer nachweist, dass die entsprechenden Zinserträge in Höhe von 10 % effektiv besteuert werden. Ein weiterer Ausnahmetatbestand liegt gemäß Kap. 24 § 10e IL vor, wenn das Darlehen sowie der Beteiligungserwerb erwerbsmäßig gerechtfertigt („affärsmässigt motiverat") sind.

f. Spanische Zinsschranke

Spanien führte 2012 die Zinsschranke ein, um dem Haushaltsdefizit von 2008 zu begegnen.[1258] Da die Regelung in ihren Wesenszügen § 4h EStG und damit auch Art. 13 GKB entspricht, können Nettozinsaufwendungen („gastos financieros netos") in Höhe von 30 % des operativen Gewinns oder Betriebsergebnisses („beneficio operativo")[1259] im Geschäftsjahr gemäß Art. 20 Abs. 1 TRILS (Tabelle 6) abgezogen werden. Nettozinsaufwendungen sind gemäß Art. 20 Abs. 1 Satz 2 TRILS Zinsaufwendungen, die den Zinsertrag übersteigen.

Tabelle 6[1260]

	Ergebnis der Gewinn- und Verlustrechnung nach dem spanischen Handelsgesetzbuch („Código de Comercio") oder anderen Rechnungslegungsvorschriften	„cuenta de pérdidas y ganancias"
+	Planmäßige Abschreibungen gemäß Art. 11 TRILS	"amortización del inmovilizado"
+	Außerplanmäßige Abschreibungen gemäß Art. 12 TRILS	"deterioro del inmovilizado"
-	Subventionen des Sachanlagevermögens	"subvenciones de inmovilizado no financiero y otras"
+/-	Ergebnis der Veräußerung von Sachanlagevermögen	"resultado por enajenaciones de inmovilizado"
+	Erträge des Finanzanlagevermögens	"ingresos financieros de participaciones en instrumentos de patrimonio"
=	operativer Gewinn oder Betriebsergebnisses gemäß Art. 20 Abs. 1 Satz 3 TRILS	„beneficio operativo"

1258 *Müller/Villacorta Hernández* IStR 2012, S. 877 (877).

1259 *Müller/Villacorta Hernández* IStR 2012, S. 877 (879); vgl. zur Ermittlung: *Dicken* Spanisches Bilanzrecht. Einzel-, Konzern- und Steuerbilanzen, S. 134 ff.

1260 Vgl. mit ähnlicher schematischer Darstellung: *Müller/Villacorta Hernández* IStR 2012, S. 877 (879).

Nicht abzugsfähiger Zinsaufwand kann gemäß Art. 20 Abs. 1 Satz 5 TRILS höchstens 18 Jahre vorgetragen werden. Verbleibender operativer Gewinn kann höchstens fünf Jahre vorgetragen werden.

Der Ausnahmetatbestand der stand-alone-Klausel gemäß Art. 20 Abs. 4 Satz 3 TRILS stimmt mit dem Richtlinienvorschlag überein. Ebenfalls gilt die Zinsschranke nicht für Personen und Unternehmen, die nach spanischen Einkommensteuerrecht veranlagt werden,[1261] d.h. der Zinsschranke unterliegen insbesondere die „sociedad de responsabilidad limitada" und die „sociedad anónima".[1262] Auch auf Finanzunternehmen ist die Zinsschranke gemäß Art. 20 Abs. 6 lit. a TRILS nicht anwendbar. Abweichend vom Richtlinienvorschlag legt Art. 20 Abs. 1 Satz 4 TRILS eine Freigrenze in Höhe von 1 Mio. € fest.[1263] Zudem gilt die Freigrenze für jedes zinszahlende Unternehmen in einem Konzern gemäß Art. 20 Abs. 4 TRILS.[1264]

g. *Zwischenfazit zum Vergleich mit unterschiedlichen nationalen Zinsschranken*

Alle Bestimmungen betreffen zumindest auch die Rechtsformen, an welche die Europäische Union Art. 13 GKB knüpft. Ebenso lassen weitere zehn Mitgliedstaaten[1265] den Vortrag überschüssiger Fremdkapitalkosten zu. Genauso schließen die Mitgliedstaaten die Anwendung der nationalen Bestimmungen für Bank- und Finanzinstitute aus. Die Ausgestaltung der Bestimmungen divergiert anhand der Zwecke, welche die Mitgliedstaaten mit der Bestimmung verfolgen. Abweichend vom Konzept des Richtlinienvorschlages, an den EBITDA anzuknüpfen, wird überwiegend das debt-to-equity-Konzept vertreten. Demzufolge sind 17 Mitgliedstaaten gezwungen, die nationale Bestimmung im Rahmen der Richtlinienumsetzung anzupassen bzw. Art. 13 GKB umzusetzen.

Dennoch kann man aus den Überschneidungsbereichen der Bestimmungen Ansatzpunkte zur Diskussion der Ausgestaltung bzw. Weiterentwicklung der Zinsschranke des Richtlinienvorschlags gewinnen.[1266] Es zeigen sich insbesondere Divergenzen hinsichtlich der Ausnahmetatbestände. So bestehen in sieben Mitgliedstaaten[1267] Freibeträge bzw. Freigrenzen zwischen 150.000 € und 5 Mio. €, was

---

1261 OHG und KG werden im spanischen Körperschaftsteuerrecht veranlagt, d.h. dass lediglich die GbR-Gesellschaft (sociedad civil) von der Anwendung ausgeschlossen ist. Vgl. dazu: *Müller/Villacorta Hernández* IStR 2012, S. 877 (879, 881).

1262 Vgl. zu den Gesellschaftsformen: Deloitte, Taxation and Investment in Spain 2016, S. 5 f., abrufbar unter: https://dits.deloitte.com/#TaxGuides (zuletzt abgerufen am 07.05.2017).

1263 Vgl. *Müller/Villacorta Hernández* IStR 2012, S. 877 (879).

1264 Vgl. *Müller/Villacorta Hernández* IStR 2012, S. 877 (879).

1265 Bulgarien, Deutschland, Finnland, Frankreich, Griechenland, Italien, Polen, Portugal, Rumänien, Spanien. Vgl. dazu: *Kahlenberg/Kopec* IStR 2015, S. 84 (85 ff.).

1266 Vgl. mit übersichtlicher Darstellung: *Kahlenberg/Kopec* IStR 2015, S. 84 (91).

1267 Dänemark, Deutschland, Finnland, Frankreich, Griechenland, Portugal, Spanien. Vgl. dazu: *Kahlenberg/Kopec* IStR 2015, S. 84 (85 ff.).

die Frage aufwirft, ob und in welcher Höhe ein Maximalbetrag angemessen ist. Weiterhin wenden Deutschland, Finnland und Frankreich die escape-Klausel an, sodass zu überlegen ist, ob die Klausel in Art. 13 GKB Einzug finden sollte.

Hervorzuheben ist die Möglichkeit in Frankreich, dass überschüssige vorgetragene Aufwendungen einen jährlichen pauschalen Abzug erfahren. Vor dem Hintergrund der grenzüberschreitenden Verlustnutzung und der Konsolidierung im Rahmen der $GKKB_{2016}$ sollte man in der Diskussion der unternehmensübergreifenden Nutzung des überschüssigen Bruttobetriebsergebnisses innerhalb der Gruppe der italienischen Regelung besondere Aufmerksamkeit schenken. Auch aus deutscher Sicht ist diese Möglichkeit für die Organschaft interessant.

3. *Unionsrecht*

Die Erkenntnisse der mitgliedstaatlichen Regelungen beeinflussen die Bewertung der Bestimmung des Richtlinienvorschlags hinsichtlich der Vereinbarkeit mit höherrangigem Unionsrecht. Vordergründig ist die Zinsschranke am Subsidiaritätsprinzip i.e.S. und dem Grundsatz der Verhältnismäßigkeit gemäß Art. 5 EUV i.V.m. dem SubProt zu prüfen. Ferner ist die Vereinbarkeit mit den sekundärrechtlichen Bestimmungen der EU, insbesondere Zins- und Lizenzgebührenrichtlinie und ATAD, zu prüfen.

a. *Subsidiaritätsprinzip i.e.S.*

Da die Mitgliedstaaten bereits nationale Bestimmungen für die Abzugsbeschränkung für Fremdkapitalkosten erlassen haben, ist fraglich, ob Art. 13 GKB mit dem Subsidiaritätsprinzip i.e.S. gemäß Art. 5 Abs. 3 AEUV vereinbar ist.

Wie bereits festgestellt wurde, fällt der Erlass einer Zinsschranke nicht in die ausschließliche Zuständigkeit der Europäischen Union im Sinne des Art. 3 AEUV. Die Europäische Union kann eine unionsweite Regelung gemäß Art. 5 Abs. 3 AEUV nur erlassen, sofern und soweit die Ziele der in Betracht gezogenen Maßnahme von den Mitgliedstaaten weder auf zentraler noch auf regionaler oder lokaler Ebene ausreichend verwirklicht werden könnten, sondern vielmehr wegen ihres Umfangs oder ihrer Wirkungen auf Unionsebene besser zu verwirklichen wären.

Die Europäische Union verfolgt mit der Einführung der Zinsschranke auf EU-Ebene das Ziel, Steuervermeidungsstrategien bzw. Strategien zur Senkung der Gesamtsteuerlast durch grenzüberschreitend tätige Unternehmensgruppen infolge von BEPS (Gewinnverkürzung und Gewinnverlagerung) präventiv zu verhindern.[1268] Die Mitgliedstaaten verfolgen diese Zielrichtung, wobei sie eher die Vermeidung von Strategien hinsichtlich der nationalen Besteuerung beabsichtigen. Fiskalpolitische Interessen können für die Europäische Union ohnehin nur von nachrangiger Bedeutung sein, da sie selbst kein eigenes Besteuerungsaufkommen

1268 COM(2016) 685 final, Tz. 9.

aus direkten Steuern erwirtschaftet.[1269] Lenkungszwecke, welche die Sicherung des Wohlstandes der Europäischen Union und die Steigerung des Investitionspotenzials in den europäischen Binnenmarkt beabsichtigen, werden in der Erläuterung des Richtlinienvorschlags hinsichtlich Art. 13 GKB nicht aufgeführt. Gleichwohl war es ein primäres Ziel der $GKKB_{2011}$, die Europäische Union als Standort internationaler Investitionen attraktiver zu machen.[1270] Dieses Ziel scheint im Rahmen der GKB in den Hintergrund gerückt zu sein,[1271] obgleich es nach wie vor aktuell ist.

25 der 28 Mitgliedstaaten haben bereits Abzugsbeschränkungen für Fremdkapitalkosten auf nationaler Ebene erlassen.[1272] Die Bestimmungen sind jedoch weder hinsichtlich des Tatbestandes noch der Rechtsfolge[1273] einheitlich gestaltet. Insbesondere die Unterschiede bezüglich der Rechtsfolge (Abzugsbeschränkung oder verdeckte Gewinnausschüttung) zwingen Unternehmen zur Vorsicht hinsichtlich ihrer Steuerplanung. Übergeordnetes Ziel der GKB ist es, ein günstiges steuerliches Umfeld innerhalb des europäischen Binnenmarktes zu schaffen.[1274] Dem stehen 25 mitgliedstaatliche Bestimmungen gegenüber. Um dieses Ziel dennoch zu erreichen, bedarf es einer einheitlichen Regelung auf Unionsebene. Dies würde die Befolgungskosten für Unternehmen minimieren und Rechtssicherheit schaffen. Gewinnverlagerungen und Gewinnverkürzungen innerhalb der Europäischen Union wären weniger lohnenswert, sodass das Besteuerungsaufkommen in den Mitgliedstaaten gesichert würde.

b. Grundsatz der Verhältnismäßigkeit

Art. 13 GKB müsste mit dem unionsrechtlichen Grundsatz der Verhältnismäßigkeit gemäß Art. 5 Abs. 4 EUV vereinbar sein. Dies ist der Fall, wenn die Bestimmung geeignet, erforderlich und verhältnismäßig i.e.S. (d.h. angemessen) ist.

aa. Regelungskonzept

Zunächst stellt sich die Frage, ob das Regelungskonzept grundsätzlich geeignet ist, die mit der Bestimmung verbundenen Ziele (Förderung des einheitlichen Binnenmarkts und Bekämpfung von Steuervermeidungsstrategien) der Europäischen Union zu erfüllen. Hintergrund dieser Frage ist, dass der Großteil der

1269 Vgl. einführend m.w.N.: *Zajicek* Körperschaftsteuersysteme in der Europäischen Union: Möglichkeiten und Grenzen einer Harmonisierung, S. 110; vgl. zur Finanzierung der EU: European Union – Public Finance, 5. Auflage 2014, S. 190 ff., abrufbar unter: http://bookshop.europa.eu/de/european-union-public-finance-pbKV0213825/ (zuletzt abgerufen am 08.05.2017).

1270 KOM(2011) 121 endgültig, S. 13.

1271 Vgl. zu dieser These: COM(2016) 685 final, Tz. 3.

1272 Vgl. *Kahlenberg/Kopec* IStR 2015, S. 84 (91).

1273 Vgl. *Kahlenberg/Kopec* IStR 2015, S. 84 (91).

1274 Vgl. dazu: Teil 3: C.

Mitgliedstaaten das debt-to-equity-Konzept verfolgt und die Europäische Union das Ergebnisgrößen-Konzept vorschlägt. Die Europäische Union verfolgt mit der Bestimmung primär den Präventivzweck, Steuervermeidungsstrategien zur Senkung der Gesamtsteuerlast zu verhindern. Während das debt-to-equity-Konzept vorwiegend Lenkungszwecke zur Rechts- und Planungssicherheit für Unternehmen verfolgt, beabsichtigt das Ergebnisgrößen-Konzept, Missbrauch zu bekämpfen. Demzufolge ist Art. 13 GKB in seiner vorgeschlagenen Fassung eher geeignet, den beabsichtigten Zweck zu fördern. Ob das Konzept den beabsichtigten Zweck auch erreichen kann, erscheint zweifelhaft, da Unternehmen mit einem entsprechend hohen EBITDA ihre Gewinne dennoch verkürzen bzw. in Drittstaaten verlagern können. Die bloße Förderung des Zweckes genügt jedoch, damit Art. 13 GKB geeignet ist.

Art. 13 GKB entspricht überwiegend § 4h EStG. Dies lässt zudem die Vermutung zu, dass die Position des BMF innerhalb der Arbeitsgruppe auf EU-Ebene stark genug war, um ein paralleles Konzept zu etablieren. Dieser Verdacht liegt insbesondere nahe, da sich dieselbe Vermutung aus der Entstehung der europäischen Zinsschranke in der ATAD ergibt.[1275]

bb. Tatbestand

Der Tatbestand müsste ebenso geeignet sein, dieses Ziel zu erreichen. Hinsichtlich des Grundtatbestandes bestehen keine Zweifel, sodass der Fokus auf den Ausnahmetatbeständen liegt.

Wie bereits dargestellt wurde, handelt es sich bei Art. 13 Abs. 2 GKB um eine Freigrenze. Daher ist zu klären, ob die Festlegung einer Freigrenze und die Höhe von 30 % bzw. 3 Mio. € geeignet sind. Hinsichtlich der Festlegung einer Freigrenze bestehen keine Zweifel, dass sie gegenüber dem Freibetrag eher geeignet ist.[1276] Der Zweck der Bestimmung, Missbrauch zu vermeiden, würde andernfalls ausgenutzt. Nicht abzugsfähige Fremdkapitalkosten würden schließlich ohnehin gemäß Art. 13 Abs. 6 GKB vorgetragen werden. Andererseits kann Missbrauch lediglich präventiv vermieden werden, wenn der Steuerpflichtige die Missbrauchsgrenze kennt. Die 30 %-Grenze dient nicht der Planungssicherheit des Steuerpflichtigen, da sie nur in Abhängigkeit vom jährlichen EBITDA des Steuerpflichtigen missbräuchlich ist. Das EBITDA ist nicht durch den Steuerpflichtigen beeinflussbar. Hingegen gewährt die absolute Freigrenze in Höhe von 3 Mio. € zumindest für das erste Jahr, in dem überschüssige Fremdkapitalkosten entstehen, eine entsprechende

1275 Vgl. so: *Stöber* in: Schön/Sternberg, Zukunftsfragen des deutschen Steuerrechts III, S. 146; *Mitschke* FR 2016, S. 834 (835).

1276 Vgl. im Hinblick auf § 4h EStG mit dem Vorschlag für einen relativen Freibetrag: *Köhler* DStR 2007, S. 597 (598).

Planungssicherheit. Für die Höhe der Freigrenze spricht das bewusst restriktive Vorgehen der EU.[1277]

Jedoch bestehen offensichtlich Zweifel, dass die Freigrenze des einzelnen Steuerpflichtigen mit der Freigrenze für eine Gruppe übereinstimmt. Eine genaue Analyse zur Höhe der Freigrenze müsste nach betriebswirtschaftlichen Aspekten erfolgen, indem die Eigen- bzw. Fremdkapitalausstattung der in Frage kommenden Unternehmen untersucht würde. Dies kann nicht Gegenstand dieser Untersuchung sein. Daher bestehen im Ergebnis keine Zweifel an der Geeignetheit der Freigrenze, mit Ausnahme der Freigrenze für Gruppengestaltungen.

Art. 13 GKB verzichtet auf die escape-Klausel, wie sie in mehreren Mitgliedstaaten[1278] verwendet wird. Dies wirft die Frage auf, ob es eines Ausnahmetatbestandes in der Bestimmung des Richtlinienvorschlags bedarf, um die beabsichtigten Ziele zu erreichen. Die Klausel verhindert den Abzug überschüssiger Fremdkapitalkosten, soweit die Eigenkapitalquote des konzernangehörigen Unternehmens die Eigenkapitalquote des Konzerns übersteigt. Soweit der entsprechende Nachweis erbracht wird, können überschüssige Fremdkapitalkosten unbegrenzt abgezogen werden.[1279] Für diesen Ausnahmetatbestand spricht, dass das Ergebnisgrößen-Konzept nach Art. 13 GKB stark fremdfinanzierte Unternehmen, Start-Ups und Unternehmen in der Krise benachteiligt, indem es den Abzug der Fremdkapitalkosten nur im Rahmen des Art. 13 Abs. 2 GKB zulässt. Dem ist jedoch die Wertung des Zweckes des Art. 11 GKB entgegenzuhalten[1280], der ebendiese Unternehmen fördert. Nichtsdestotrotz wurde die escape-Klausel in Art. 4 Abs. 5 ATAD[1281] aufgenommen, was die Wichtigkeit des Ausnahmetatbestandes für die europäische Zinsschranke indizieren könnte. Allerdings ist es ebenso möglich, dass der Ausnahmetatbestand auf den Einsatz des BMF zurückzuführen ist.[1282] Zudem knüpft der Richtlinienvorschlag gemäß Art. 7 GKB an die Gewinn- und Verlustrechnung und nicht an die Bilanz des Steuerpflichtigen an, sodass es eines Verweises auf das nationale Bilanzrecht bedürfte. Nationale Gesetzgeber könnten entsprechend vorteilhafte Bestimmungen schaffen, damit der quotale Vergleich stets positiv ist. Es entsteht der Anreiz, nach einem bestimmten Rechtssystem zu bilanzieren, und dies fördert Wettbewerbsverzerrungen innerhalb des europäischen Binnenmarktes. Erfolgt der Verweis auf IAS/IFRS, entstehen die Probleme, die dieses

---

1277 Vgl. dazu ebenso für § 4h EStG: *Köhler* DStR 2007, S. 597 (603); *Thiel* FR 2007, S. 729 (730).

1278 Deutschland, Finnland und Frankreich verwenden eine escape-Klausel. Vgl. dazu: *Kahlenberg/Kopec* IStR 2015, S. 84 (86).

1279 *Stöber* in: Lademann, KStG, § 8a KStG Rn. 170; *Stöber* in: Schön/Sternberg, Zukunftsfragen des deutschen Steuerrechts III, S. 132 f.; *Ganssauge/Mattern* DStR 2008, S. 213 (215).

1280 Vgl. COM(2016) 685 final, Tz. 8.

1281 Vgl. dazu: Teil 4: B.IV.3.f.

1282 Vgl. so zur Anti-BEPS-Richtlinie: *Stöber* in: Schön/Sternberg, Zukunftsfragen des deutschen Steuerrechts III, S. 132 f.

Rechnungslegungssystem als solches mit sich bringt.[1283] Insbesondere ist das konzernangehörige Unternehmen gezwungen, einen Einzelabschluss nach IAS/IFRS aufzustellen, selbst wenn dazu an sich keine Verpflichtung besteht.[1284] Dies erhöht die Befolgungskosten, was nicht mit den Zielen des Richtlinienvorschlags vereinbar ist. Des Weiteren gibt es in der Europäischen Union Unternehmen, die einen hohen Fremdfinanzierungsanteil aufweisen und folglich eine escape-Klausel ohnehin nicht einhalten könnten.[1285] Steuervermeidungsstrategien durch Gewinnverlagerung und Gewinnverkürzung würden in diesem Zusammenhang nur gefördert, da die Bestimmung den Anreiz schafft, die quotale Voraussetzung beim Gruppenangehörigen zu erfüllen. Auch darf nicht außer Acht bleiben, dass lediglich drei Mitgliedstaaten diesen Ausnahmetatbestand verwenden. Dementsprechend scheinen die Erfolgsaussichten im Hinblick auf die politische Diskussion und die Akzeptanz eher gering. Es bedürfte in der Umsetzung eines administrativen Mehraufwandes, der wohl überschaubar wäre. Durchaus problematischer erscheint der administrative Mehraufwand für die Durchführung. Es fehlt ohnehin bereits an administrativen Vorgaben zur Feststellung des EBITDA in Art. 13 GKB. Die Finanzbehörden würden zusätzlich angehalten, die Rechnungslegung der Eigenkapitalquoten zu prüfen. Zusammenfassend sprechen die besseren Gründe gegen die Einführung einer escape-Klausel, sodass Art. 13 GKB auch ohne die Klausel geeignet ist.

Im Falle des schädlichen Beteiligungserwerbs können die vorgetragenen überschüssigen Fremdkapitalkosten in Deutschland gemäß § 8a Abs. 1 Satz 3 i.V.m. § 8c Abs. 1 Satz 1 KStG nicht mehr abgezogen werden. Fraglich ist, ob es auch in Art. 13 GKB dieser Ausnahme für die Geeignetheit der Klausel bedürfte. Da es sich bei Art. 13 GKB primär um eine Regelung zur Bekämpfung von Steuervermeidungspraktiken handelt, entspricht es dem Sinn und Zweck, eine solche Bestimmung in die unionsrechtliche Zinsschranke zu übernehmen. Jedoch handelt es sich bei § 8c KStG um eine nationale Vorschrift, die primär die Verlustnutzung nach einem Beteiligungserwerb behandelt.[1286] Vor dem Hintergrund der erstmaligen Einführung des grenzüberschreitenden Verlustabzugs nach Art. 41 ff. GKB erscheint eine erneute Diskussion um den Untergang dieser Verlustvorträge wenig erfolgversprechend. Aus deutscher Sicht ist die Anknüpfung im Rahmen des Umsetzungsverfahrens möglich, soweit die Kommission infolge des Art. 70 Abs. 2 GKB keine

1283 Vgl. zu den Problemen von IAS/IFRS: *Stöber* in: Schön/Sternberg, Zukunftsfragen des deutschen Steuerrechts III, S. 133.

1284 Vgl. dazu aus deutscher Sicht: *Heuermann* in: Blümich, EStG/KStG/GewStG, § 4h EStG Rn. 85; *Stöber* in: Lademann, KStG, § 8a Rn. 174; *Stöber* in: Schön/Sternberg, Zukunftsfragen des deutschen Steuerrechts III, S. 133, 140.

1285 Vgl. zu diesem Erklärungsansatz bzgl. der Abweichung zwischen § 4h EStG und Art. 20 TRILS: *Müller/Villacorta Hernández* IStR 2012, S. 877 (881).

1286 *Brandis* in: Blümich, EStG/KStG/GewStG, § 8c KStG Rn. 21; *Roser* in: Gosch, Körperschaftsteuergesetz, § 8c KStG Rn. 2.

Einwände hat. Dennoch bleibt abzuwarten, wie der deutsche Steuergesetzgeber die teilweise Verfassungswidrigkeit des § 8c Abs. 1 Satz 1 KStG lösen wird.[1287] Dem Vernehmen in der Literatur nach wird wohl eine (nicht unproblematische) Rückwirkung des § 8d KStG in Betracht gezogen.[1288]

Bezüglich der Nutzung überschüssiger EBITDA nach Art. 96 Abs. 5 Satz 2 TUIR kann auf die Ausführungen zum Steuerpflichtigen[1289] verwiesen werden. Das EBITDA ist ohnehin für die gesamte Gruppe als Steuerpflichtigen im Sinne des Art. 13 GKB nach Art. 13 Abs. 3 GKB zu berechnen und die Fremdkapitalaufwendungen der gesamten Gruppe gemäß Art. 13 Abs. 2 UAbs. 2 GKB abzuziehen.

cc. Erforderlichkeit

Art. 13 GKB müsste zudem erforderlich sein. Die Bestimmung ist erforderlich, soweit die Ziele nicht durch eine andere Maßnahme erreicht werden können, die weniger beeinträchtigend ist. Wie bereits dargestellt wurde, verwenden 17 Mitgliedstaaten das debt-to-equity-Konzept. Dies ließe den Schluss zu, dass eine Harmonisierung auf Basis des mehrheitlich verwendeten Konzepts eine mildere Maßnahme darstellt. Jedoch wurde auch bereits gezeigt, dass das debt-to-equity-Konzept nicht gleichermaßen geeignet ist, um die primär beabsichtigten Ziele zu erreichen.

dd. Verhältnismäßigkeit i.e.S.

Anknüpfend an die Erforderlichkeit stellt sich dennoch die Frage, ob Art. 13 GKB auch angemessen ist. Insbesondere die mehrheitlich ausschließliche Verwendung des debt-to-equity-Konzepts lässt die Frage zu, ob die Umstellung auf das Ergebnisgrößen-Konzept zu mehrheitlich höheren Umsetzungskosten für die Mitgliedstaaten führt als eine Umstellung auf das debt-to-equity-Konzept. Zehn Mitgliedstaaten wenden nur das debt-to-equity-Konzept, vier Mitgliedstaaten nur das Ergebnisgrößen-Konzept, sieben Mitgliedstaaten wenden beide Konzepte und weitere sieben Mitgliedstaaten weder das eine noch das andere Konzept an.[1290] Demzufolge führt die Umsetzung des Ergebnisgrößen-Konzepts auf Basis des Art. 13 GKB für 24 Mitgliedstaaten zu Umsetzungskosten, während die Umsetzung des debt-to-equity-Konzepts lediglich für 18 Mitgliedstaaten Kosten verursacht. Unter dem Vorbehalt der Geeignetheit stellt sich daher die Frage, ob das debt-to-equity-Konzept angemessener ist.

Wie bereits dargestellt, bezweckt das debt-to-equity-Konzept vordergründig Lenkungswirkungen. Es ist jedoch nicht nachvollziehbar, dass dieses Konzept

---

1287 BVerfG v. 29.03.2017 – 2 BvL 6/11, BStBl. II 2017, S. 1082, Rn. 155; vgl. dazu einführend: *Rosenberg et al.* DB Beilage zu Heft 51/52 2017, S. 5 (16).

1288 *Rosenberg et al.* DB Beilage zu Heft 51/52 2017, S. 5 (16).

1289 Vgl. dazu: Teil 4: B.IV.1.

1290 Vgl. *Kahlenberg/Kopec* IStR 2015, S. 84 (91).

in Verbindung mit der Beschränkung des Abzuges der Fremdkapitalkosten als Rechtsfolge nicht ebenso den gewünschten Präventionszweck verfolgen kann. Selbst wenn das debt-to-equity-Konzept auch den Präventivzweck erreichen kann, so sind die Lenkungszwecke für die Ziele des Richtlinienvorschlags dennoch irrelevant.[1291] Es kann jedoch nicht im Sinne des Richtlinienvorschlags sein, dass Art. 13 GKB nur Missbrauchsvermeidungszwecke verfolgt. Diese Auffassung begründet sich damit, dass die Richtlinie sowohl obligatorisch wie auch optional anzuwenden ist. Während der Missbrauch der angeprangerten grenzüberschreitend tätigen Unternehmensgruppen verhindert werden muss, kommt den optional anwendenden kleinen und mittleren Unternehmen die Stärkung der Eigenkapitalquote zur Steigerung des Investitionspotenzials zugute. Demzufolge kann die Europäische Union sich nicht dem Fakt verschließen, dass Art. 13 GKB entgegen der Erläuterung[1292] auch Lenkungszwecke verfolgt. Andererseits verursacht das debt-to-equity-Konzept höhere administrative Kosten, da die Quote jährlich auf Basis der Bilanz festgestellt werden muss. Da das EBITDA auf Basis der ohnehin vorliegenden Steuerbemessungsgrundlage der GKB ermittelt wird, bedarf es keines Blickes der Finanzverwaltung in die Bilanz. Problematisch ist jedoch, dass diese Kosten bisher nicht beziffert werden konnten. Zudem sei vorweggenommen, dass die Mitgliedstaaten dem Ergebnisgrößen-Konzept bereits für die Anti-BEPS-Richtlinie zugestimmt haben. Die politische Diskussion um das Konzept erneut eröffnen zu wollen, erscheint wohl wenig aussichtsreich. Mit dem debt-to-equity-ratio-Konzept besteht wohl eine Alternative, die ebenso Vor- und Nachteile mit sich bringt. Aufgrund der laufenden administrativen Kosten tendiere ich dazu, dass Art. 13 GKB angemessener ist.

Hinsichtlich der Steuerfreiheit der Veräußerungserlöse durch Beteiligungen im Sinne des Art. 8 GKB ist anzumerken, dass Deutschland und Frankreich bereits für einen pauschalen Abzug für nicht abzugsfähige betriebliche Aufwendungen in Höhe von 5 % der steuerfreien Einkünfte plädiert haben. Zudem sollte überprüft werden, welche betriebswirtschaftlichen Auswirkungen die Regelung auf Venture Capital und Start-ups haben wird.[1293]

c. *Niederlassungsfreiheit*

Art. 13 GKB knüpft an den Steuerpflichtigen im Sinne des Richtlinienvorschlags an. Nationalität und Ansässigkeit sind dabei irrelevant. Dementsprechend lässt sich kein Verstoß gegen die Niederlassungsfreiheit gemäß Art. 49 AEUV erkennen.

1291 Vgl. COM(2016) 685 final, Tz. 3.

1292 COM(2016) 685 final, Tz. 9.

1293 BMF/Ministère de l'Économie et des Finances v. 19.01.2018, Gemeinsames Positionspapier Deutschlands und Frankreichs zum GKB-Vorschlag, S. 2, abrufbar unter: https://www.bundesfinanzministerium.de/Content/DE/Standardartikel/Themen/Europa/2018-06-20-Meseberg-Anl2.pdf?__blob=publicationFile&v=1 (zuletzt abgerufen am 06.12.2018).

Auch ein Verstoß infolge der mittelbaren Auswirkung auf die ertragsteuerliche Organschaft[1294] scheidet aus, da das nationale Organschaftsverhältnis durch die Anwendung des Richtlinienvorschlags auf ein Unternehmen als Teil einer zu Rechnungslegungszwecken konsolidierten Gruppe im Sinne des Art. 13 Abs. 4 Satz 2 Alt. 1 GKB obsolet würde. Es liegt damit kein Verstoß gegen Art. 49 AEUV vor.

d. Unionsrechtlicher Gleichheitssatz

Wie bereits ausgeführt,[1295] kann die Frage, ob Art. 13 GKB gegen das objektive Nettoprinzip verstößt, nur entschieden werden, wenn der EuGH es als Bestandteil des Art. 20 EUGrCh anerkennt. Die Mitgliedstaaten haben in den begründeten Stellungnahmen hierzu keine Aussage getätigt, was wohl auf die mit der Bestimmung verbundene Verbreiterung der Bemessungsgrundlage zurückzuführen ist. Es ist jedoch davon auszugehen, dass der EuGH bei Umsetzung der Richtlinie diese Frage diskutieren müsste. Bejaht der EuGH das objektive Nettoprinzip als Ausprägung des Art. 20 EUGrCh, wird er die Ausführungen des BFH bzw. BVerfG zur deutschen Zinsschranke übernehmen können.

Hinsichtlich der allgemeinen Betrachtung des Art. 13 GKB ergeben sich drei Anwendungsgruppen, die miteinander zu vergleichen sind: Körperschaften, die die GKB obligatorisch bzw. optional anwenden; Körperschaften, die § 4h EStG anwenden; Personengesellschaften, die § 4h EStG anwenden müssen. Hinsichtlich der Ungleichbehandlung zwischen den Körperschaften lässt sich auf die früheren Ausführungen[1296] zu den Rechtfertigungsgründen und die Milderung des Eingriffs durch das Optionsrecht verweisen. Hervorzuheben ist nochmals der Sinn und Zweck der Klausel, Steuervermeidungsstrategien vorwiegend grenzüberschreitend tätiger Unternehmensgruppen zu unterbinden.[1297] Hinsichtlich der unterschiedlichen Behandlung aufgrund des gesellschaftsrechtlichen Status lässt sich zusätzlich auf die bereits angesprochenen Rechtfertigungsargumente[1298] verweisen.

Bei der Verwendung des Ergebnisgrößen-Konzeptes erfolgt aus der Verbindung zwischen Fremdkapitalaufwendungen und der steuerlichen Ergebnisgröße die Typisierung des Missbrauchs. Die Typisierung müsste dem unionsrechtlichen Gleichheitssatz im Hinblick auf den Grundsatz der Gleichmäßigkeit der Besteuerung genügen. Es sei unterstellt, dass der EuGH diesen Grundsatz ebenso wie der BFH und das BVerfG im allgemeinen Gleichheitssatz verankern würde. Fraglich ist, ob das Ergebnisgrößen-Konzept dazu geeignet ist, das Gebot der Gleichmäßigkeit der Besteuerung zu erfüllen. Schon die Festlegung einer Mindesteigenkapitalquote zur Typisierung ist problematisch, da die durchschnittliche Eigenkapitalquote

---

1294 Vgl. zu dieser Idee m.w.N.: *Stöber* In: Schön/Sternberg, Zukunftsfragen des deutschen Steuerrechts III, S. 147.

1295 Vgl. dazu: Teil 3: F.V.5.a.

1296 Vgl. dazu: Teil 4: A.I.1.c.

1297 COM(2016) 685 final, Tz. 9.

1298 Vgl. dazu: Teil 4: A.I.1.c.

vornehmlich branchenspezifisch ist.[1299] Während die Eigenkapitalquote dennoch weitestgehend durch das Unternehmen beeinflusst werden kann, ist die Ergebnisgröße überwiegend von externen Faktoren abhängig.[1300] Dementsprechend kann einem Unternehmen in der Rezession, einem Start-Up oder einem Unternehmen in der Krise der Abzug überschüssiger Fremdkapitalkosten nach Art. 13 GKB untersagt werden, obgleich es über eine gesunde Eigenkapitalausstattung verfügt.[1301] Der Typisierung scheint ein atypischer Fall zugrunde zu liegen, obgleich die Europäische Kommission es schuldig bleibt darzustellen, wie viele Unternehmen von der Bestimmung betroffen wären. Es entspricht jedoch dem Sinn und Zweck von Art. 13 Abs. 2 GKB, Gewinnverlagerungen und -verkürzungen zu verhindern, indem man an das EBITDA als Ausgangsgröße anknüpft. Die Eigenkapitalausstattung ist für die EU-Kommission irrelevant.[1302] Dem ist jedoch abermals zu entgegnen, dass das Ergebnisgrößen-Konzept den Missbrauch nicht ausschließen kann, wenn Unternehmen bereits einen entsprechend hohen EBITDA aufweisen. Auch verwaltungsökonomische Argumente können die Regelung nicht durchweg rechtfertigen, da sie lediglich für einen kleinen Teil obligatorisch ist. Unternehmen, die den Richtlinienvorschlag obligatorisch anwenden, stehen ohnehin im Fokus der Finanzverwaltung und bedürfen daher keiner Typisierung, um in Massenverfahren ökonomischer behandelt zu werden. Abschließend beantworten kann diese Frage ohnehin nur der EuGH, der sich der Frage, ob Typisierungen mit Art. 20 EUGrCh zu vereinbaren sind, annehmen müsste. Meines Erachtens bestehen jedoch erhebliche Zweifel an der Vereinbarkeit mit dem Grundsatz der gleichmäßigen Besteuerung, der bei fortschreitender Harmonisierung der direkten Besteuerung im unionsrechtlichen Gleichheitssatz zu verankern wäre.

e. Zins- und Lizenzrichtlinie

Die bereits in 2003 in Kraft getretene Zins- und Lizenzgebührenrichtlinie[1303] verfolgt das Ziel, dass Zinsen und Lizenzgebühren innerhalb der Europäischen Union nur einmal besteuert werden.[1304] Die Richtlinie ist auf die Unternehmen der GKB gemäß Art. 3 lit. a ZLRL i.V.m. Anhang lit. c ZLRL anwendbar.[1305] So werden sie gemäß Art. 1 Abs. 1 ZLRL von allen Steuern befreit, wenn das Unternehmen

---

1299 Vgl. detailliert: *Herzig/Bohn/Fritz* Beihefter zu DStR (Nr. 29) 2009, S. 61 (62).

1300 *Herzig/Bohn/Fritz* Beihefter zu DStR (Nr. 29) 2009, S. 61 (64).

1301 *Herzig/Bohn/Fritz* Beihefter zu DStR (Nr. 29) 2009, S. 61 (1304 ff.); *Hey* StuW 2008, S. 167 (172).

1302 COM(2016) 685 final, Tz. 9.

1303 Richtlinie des Rates über eine gemeinsame Steuerregelung für Zahlungen von Zinsen und Lizenzgebühren zwischen verbundenen Unternehmen verschiedener Mitgliedstaaten v. 03.06.2003, 03/49/EG.

1304 Richtlinie 2003/49/EG des Rates v. 03.06.2003, ABl.-EU. L 157/49 v. 26.06.2003, Tz. 3.

1305 Deutschland: AG, KGaA, GmbH, bergrechtliche Gewerkschaft und Körperschaftsteuersubjekte.

des Nutzungsberechtigten innerhalb der Europäischen Union ansässig ist. Nach Art. 13 GKB werden nicht bzw. teilweise abzugsfähige Zinsaufwendungen sowohl beim zinszahlenden als auch bei dem nutzungsberechtigten Unternehmen besteuert. Hieraus entsteht eine Doppelbesteuerung.[1306] Unter Berücksichtigung des Scheuten Solar-Urteils[1307] des EuGH untersagt die ZLRL lediglich die Besteuerung beim Zinsempfänger, während die Beschränkung der Abzugsfähigkeit der Fremdkapitalkosten im Rahmen der Richtlinie möglich ist.[1308] Dementsprechend verstößt Art. 13 GKB nicht gegen Art. 1 Abs. 1 ZLRL. Ob dieser zweifelhaften Ansicht[1309] durch den EuGH zu folgen ist, kann dahinstehen. Denn ein Verstoß des Art. 13 GKB gegen Art. 1 Abs. 1 ZLRL ist im Wege der Kollisionsregel *lex posterior derogat legi priori*[1310] zu lösen und damit hinfällig.[1311]

f. ATAD oder Anti-BEPS-Richtlinie

Eine Bestimmung zur Abziehbarkeit von Fremdkapitalkosten wurde bereits mit Erlass ATAD in der Europäischen Union eingeführt. Die in Art. 2 Abs. 1 ATAD für den Begriff „Fremdkapitalkosten" festgelegte Definition stimmt weitestgehend mit Art. 4 Abs. 12 GKB überein. Die Zinsschrankenregelungen unterscheiden sich insoweit, als Art. 4 Abs. 12 GKB den fiktiven Ertrag aus Nettoeigenkapitalerhöhungen gemäß Art. 11 GKB als Fremdkapitalkosten erfasst. Die Definitionen (Art. 13 Abs. 1 GKB bzw. Art. 2 Abs. 2 ATAD) zum Begriff „überschüssige Fremdkapitalkosten" stimmen ebenfalls weitestgehend überein, wobei die GKB diese Kosten im Gegensatz zur ATAD als solche Beträge ansieht, die wirtschaftlich Zinserträgen entsprechen. Auch die Definition des Steuerpflichtigen im Sinne des Art. 4 Abs. 1 UAbs. 1 ATAD entspricht sinngemäß der Definition im dem Richtlinienvorschlag.

Die Definition des EBITDA in Art. 4 Abs. 2 ATAD unterscheidet sich lediglich sprachlich von der Definition in Art. 13 Abs. 3 GKB. Eine absolute Freigrenze wie in Art. 13 Abs. 2 UAbs. 1 GKB kann dem Steuerpflichtigen gemäß Art. 4 Abs. 3

1306 Vgl. zu der Idee im Hinblick auf § 4h EStG: *Stöber* in: Lademann, KStG, § 8a KStG Rn. 256; *Stöber* in: Schön/Sternberg, Zukunftsfragen des deutschen Steuerrechts III, S. 143.

1307 EuGH v. 21.07.2011 – C-397/09 (Scheuten Solar Technology), Slg 2011, I-6455, Rn. 28.

1308 Vgl. dazu unter Berücksichtigung des § 4h EStG: *Frotscher* in: Frotscher/Drüen, Körperschaftsteuergesetz, Gewerbesteuergesetz, Umwandlungssteuergesetz – Kommentar, § 8a KStG Rn. 8; *Schenke* in: Kirchhof/Söhn/Mellinghoff, EStG, § 4h EStG Rn. A 204 ff.; *Förster* in: Gosch, Körperschaftsteuergesetz, § 8a KStG Rn. 58; *Rehm/Nagler* GmbhR 2011, S. 935 (938).

1309 Vgl. m.w.N.: *Stöber* in: Schön/Sternberg, Zukunftsfragen des deutschen Steuerrechts III, S. 144 ff.; *Jacobs et al.* Int. Unternehmensbesteuerung, S. 187.

1310 Das jüngere Gesetz hebt das ältere Gesetz auf.

1311 Vgl. mit dieser Idee: *Stöber* in: Schön/Sternberg, Zukunftsfragen des deutschen Steuerrechts III, S. 147.

lit. a ATAD gewährt werden, obgleich die Abzugsfähigkeit in Höhe von 30 % des EBITDA übereinstimmt. Zudem ist der vollständige Abzug für eigenständige, also nicht konzernangehörige Unternehmen ermessensabhängig. Aus der Systematik des Art. 4 Abs. 3 ATAD als Ausnahme zu Art. 4 Abs. 1 ATAD folgt, dass der Mitgliedstaat gemäß Art. 4 Abs. 1 UAbs. 2 ATAD das Ermessen ausübt. Ebenso entspricht dies dem Sinn und Zweck der Vorschrift, Steuervermeidungspraktiken durch übermäßige Fremdkapitalkosten zu bekämpfen. Es besteht abweichend zum Richtlinienvorschlag nach Art. 4 Abs. 5 ATAD die Möglichkeit des vollständigen Abzugs oder des Abzugs eines höheren Betrags der überschüssigen Fremdkapitalkosten, soweit der Steuerpflichtige Mitglied einer zu Rechnungslegungszwecken konsolidierten Gruppe ist.

Der Abzug von überschüssigen Fremdkapitalkosten für Darlehen, die vor dem 17.06.2016 bzw. zur Finanzierung langfristiger öffentlicher Infrastrukturprojekte abgeschlossen wurden, steht ebenfalls im Ermessen des Mitgliedstaates. Aus dem Wortlaut des Art. 4 Abs. 4 UAbs. 1 ATAD geht jedoch nicht hervor, ob die Kosten vollständig abzugsfähig oder nicht abzugsfähig sind. Dieses Problem entsteht vor allem dadurch, dass eine mit der des Art. 13 Abs. 1 GKB vergleichbare Bestimmung nicht aufgenommen wurde. Es entspricht jedoch dem Sinn und Zweck der Regelung, diese überschüssigen Fremdkapitalkosten vollständig abzuziehen, da sie vor der Einigung über die Richtlinie entstanden sind. Auch die systematische Wertung des Absatzes als Ausnahme zu Art. 4 Abs. 1 ATAD stützt diese Vermutung.

Die Anordnung des unbegrenzten Vortrags gemäß Art. 13 Abs. 6 GKB steht im Widerspruch zu Art. 4 Abs. 6 ATAD, der den Vortrag von nicht abgezogenen überschüssigen Fremdkapitalkosten den Mitgliedstaaten überlässt.

Diese Bestimmungen finden ebenfalls gemäß Art. 4 Abs. 7 ATAD keine Anwendung auf Finanzunternehmen im Sinne des Art. 2 Abs. 5 ATAD, welcher mit der Definition des GKB übereinstimmt. Die Definition des Tatbestandsmerkmals „zu Rechnungslegungszwecken konsolidierte Gruppe“ erfolgt in Art. 4 Abs. 8 ATAD. Abweichend zu Art. 4 Abs. 10 GKB kann der Mitgliedstaat dem Steuerpflichtigen gemäß Art. 4 Abs. 8 Satz 2 ATAD das Recht einräumen, einen konsolidierten Abschluss nach anderen Rechnungslegungsstandards als IAS/IFRS oder dem nationalen Finanzberichtsystem zu verwenden.

Aufgrund der aufgezeigten Parallelen stellt sich die Frage, mit welchem Grund es in dem Richtlinienvorschlag einer weiteren Bestimmung zur Zinsschranke bedarf.[1312]

aa. Grundsatz der Verhältnismäßigkeit

Diese Frage ist insbesondere im Hinblick auf den Grundsatz der Verhältnismäßigkeit des Art. 5 Abs. 4 EUV zu diskutieren. Die Bestimmung ist geeignet, wenn sie der Verwirklichung des beabsichtigten Ziels in kohärenter und systematischer

1312 Eerste Kamer der Staten-Generaal v. 12.01.2017 – 5216/17 FISC 11, S. 8.

Weise dient. Art. 4 ATAD beabsichtigt, der Aushöhlung der Steuerbemessungsgrundlage im Binnenmarkt durch Gewinnverkürzung im Binnenmarkt und Gewinnverlagerung in Drittländer entgegenzuwirken.[1313] Unternehmensgruppen bedienen sich sogenannter BEPS durch überhöhte Zinszahlungen, um ihre Steuerbelastung zu verringern. Die Bestimmung zur Zinsschranke dient dazu, diese Praktiken einzudämmen.[1314] Diese beabsichtigten Ziele stimmen mit den Zielen des Richtlinienvorschlags[1315] überein. Die ATAD wurde am 12.07.2016 durch den Rat der Europäischen Union verabschiedet und trat mit der Veröffentlichung gemäß Art. 12 ATAD am 19.07.2016 in Kraft. Folglich bedarf es keiner erneuten Bestimmung im Richtlinienvorschlag. Für diese Ansicht spricht auch der Richtlinienvorschlag selbst, der in den Erläuterungen einzelner Bestimmungen auf die ATAD verweist.[1316] Art. 13 GKB ist demzufolge nicht geeignet, das beabsichtigte Ziel zu erreichen, da es bereits durch Art. 4 ATAD erreicht wird. Betrachtet man demgegenüber den zeitlichen Rahmen beider Regelungssysteme, so fällt auf, dass die Mitgliedstaaten die Richtlinie gemäß Art. 11 Abs. 5 ATAD bis zum 31.12.2019 in nationale Rechts- und Verwaltungsvorschriften umsetzen und ab dem 01.01.2020 anwenden. Die Umsetzung der GKB sollte gemäß Art. 70 Abs. 1 GKB bereits zum 31.01.2018 und die Anwendung ab dem 01.01.2019 erfolgen. Sollte es zu einer zeitnahen Einigung der Mitgliedstaaten über den Richtlinienvorschlag kommen, würde Art. 13 GKB zwischen dem 01.01. und 31.12.2019 an die Stelle des Art. 4 ATAD treten. Dies zeigt, wie wichtig der Europäischen Union die Bekämpfung der Steuervermeidungspraktiken durch überhöhte Zinszahlungen ist. Infolgedessen ist Art. 13 GKB mangels einer entsprechenden Regelung vor dem 01.01.2020 geeignet, das beabsichtigte Ziel zu erreichen. Nach meiner Einschätzung ist eine zeitnahe Einigung aufgrund der aktuellen politischen Lage in der Europäischen Union jedoch nicht wahrscheinlich, sodass davon auszugehen ist, dass die GKB erst nach dem 31.12.2019 in Kraft tritt.[1317] Das Europäische Parlament geht in seiner Entschließung davon aus, dass die GKB ab dem 01.01.2020 anzuwenden sei.[1318] Ob ein solcher Übergangszeitraum zeitlich angemessen sein wird, ist schwerlich zu sagen. Auch hier werden sich die Mitgliedstaaten in der politischen Situation auf einen angemessenen Übergangszeitraum einigen müssen. Das BMF und das Ministère de l'Économie et des Finances haben sich aufgrund des technischen Anpassungsbedarfs für einen angemessenen Übergangszeitraum von mindestens

1313 Richtlinie (EU) 2016/1164 v. 12.07.2016, ABl.-EU L 193/2, Tz. 5.

1314 Richtlinie (EU) 2016/1164 v. 12.07.2016, ABl.-EU L 193/2, Tz. 6.

1315 Vgl. dazu: Teil 4: B.IV.3.b.aa.

1316 COM(2016) 685 final, S. 11.

1317 Vgl. ebenso: *Spengel/Stutzenberger* IStR 2018, S. 37 (40).

1318 Europäisches Parlament v. 15.03.2018 – P8_TA-PROV(2018)0088 (Legislative Entschließung des Europäischen Parlaments vom 15.03.2018 zu dem Vorschlag für eine Richtlinie des Rates über eine Gemeinsame Körperschaftsteuer-Bemessungsgrundlage), S. 54.

vier Jahren ausgesprochen.[1319] Dementsprechend bedarf es dann keiner erneuten Bestimmung, sodass Art. 13 GKB nicht geeignet und so nicht verhältnismäßig im Sinne des Art. 5 Abs. 4 EUV ist.

Dennoch sind die Unterschiede zwischen den Bestimmungen für die Verhältnismäßigkeit i.e.S. problematisch, da die Umstellung von ATAD auf GKB administrative Kosten im Sinne des Art. 5 Abs. 4 UAbs. 2 EUV i.V.m. Art. 5 Satz 5 SubProt verursacht. Jedoch kann an dieser Stelle nicht festgestellt werden, wie hoch die Umsetzungskosten sind. Feststeht, dass die Kosten möglichst gering zu halten sind. Mit einer erneuten Bestimmung, die jedoch nicht vollständig mit der bisherigen übereinstimmt, kann dieses Ziel keinesfalls erreicht werden. Der Umsetzung bedarf es insbesondere, um dem Grundsatz *lex posteriori derogat legi priori* gerecht zu werden. Folglich verstößt Art. 13 GKB gegen Art. 5 Satz 5 SubProt und ist nicht verhältnismäßig im Sinne des Art. 5 Abs. 4 EUV.

bb. Gebot der Folgerichtigkeit

Unter der zweifelhaften Annahme, dass die GKB vor Verstreichen der Umsetzungsfrist der Anti-BEPS-Richtlinie verabschiedet wird, stellt sich die Frage, ob die Bestimmungen nahtlos aneinander anknüpfen. Nur ein folgerichtiges System ist ein sinnvolles System. Es ist zweifelhaft und schlichtweg nicht nachvollziehbar, warum die Bestimmungen Unterschiede aufweisen. Wie bereits dargestellt, fand der Grundsatz der Folgerichtigkeit bisher keinen Einzug in die Rechtsprechung des EuGH.[1320] Daher ist abzuwarten, ob der EuGH das Gebot in Art. 20 EUGrCh verankern würde.

4. *Zwischenfazit zur Zinsschranke*

Der deutsche Gesetzgeber wird mit Einführung des Art. 13 GKB für Körperschaften erneut den verfassungsrechtlichen Bedenken[1321], die der BFH in seinem Vorlagebeschluss vom 14.10.2015[1322] gegen § 4h EStG äußerte, entkommen.[1323] Denn – wie bereits dargestellt wurde[1324] – überprüft das BVerfG Regelungen, die

1319 BMF/Ministère de l'Économie et des Finances v. 19.01.2018, Gemeinsames Positionspapier Deutschlands und Frankreichs zum GKB-Vorschlag, S. 2, abrufbar unter: https://www.bundesfinanzministerium.de/Content/DE/Standardartikel/Themen/Europa/2018-06-20-Meseberg-Anl2.pdf?__blob=publicationFile&v=1 (zuletzt abgerufen am 06.12.2018).

1320 Vgl. dazu: Teil 3: F.V.5.b.

1321 Vgl. detailliert: *Stöber* in: Schön/Sternberg, Zukunftsfragen des deutschen Steuerrechts III, S. 135 ff.

1322 BFH v. 14.10.2015 – I R 20/15, DStR 2016, S. 301; vgl. dazu: Teil 4: B.IV.2.a.

1323 Vgl. dazu bereits im Rahmen des Art. 4 Abs. 2 ATAD: *Stöber* in: Schön/Sternberg, Zukunftsfragen des deutschen Steuerrechts III, S. 146 f.

1324 Vgl. dazu: Teil 3: G.

auf Gesetzgebungsakten der Europäischen Union beruhen, nicht am Maßstab der Grundrechte des Grundgesetzes, soweit die Organe der Union einem dem Grundgesetz vergleichbaren Schutz auf der Grundlage der Unionsgrundfreiheiten und -grundrechte gewährleisten.[1325]

Es bleibt die Erkenntnis, dass die Zinsschranke in naher Zukunft nicht nur deutsche, sondern auch Kritiker aus dem europäischen Ausland auf den Plan rufen wird. Die Bestimmung ist sprachlich einerseits durch die Verweise auf systemeigene Definitionen (bspw. Steuerpflichtiger, [überschüssige] Fremdkapitalkosten, Finanzanlagevermögen, EBITDA) gut gestaltet, andererseits treten jedoch unbestimmte Rechtsbegriffe auf, die der Auslegung im Sinne des Richtlinienvorschlags bedürfen (bspw. Freigrenze und Gruppe). Die Bestimmung entspricht zwar dem Subsidiaritätsprinzip i.e.S. gemäß Art. 5 Abs. 3 EUV, hält der anschließenden Verhältnismäßigkeitsprüfung gemäß Art. 5 Abs. 4 EUV jedoch nur unter Bedenken stand. Dies lässt sich sowohl mit den Umsetzungskosten für ein Ergebnisgrößen-Konzept als auch mit den beabsichtigten Zwecken der Bestimmung begründen. Eine Ausrichtung allein auf den Präventivzweck, Missbrauch zu vermeiden, erscheint zu eindimensional und lässt sich vor dem Hintergrund der übergeordneten Motivation für ein so umfangreiches unionsweites Regelungssystem nicht rechtfertigen. Des Weiteren bestehen Zweifel an der Vereinbarkeit der Missbrauchstypisierung mit Art. 20 EUGrCh, wenn der EuGH zu dem Schluss kommt, dass die Typisierung Element des unionsrechtlichen Gleichheitssatzes ist. Die Vereinbarkeit mit sekundärem Unionsrecht kann für die Zins- und Lizenzgebührenrichtlinie aufgrund des Grundsatzes *lex posterior derogat legi priori* dahinstehen. Entscheidender ist eher die Umsetzungsgeschwindigkeit, um die Vereinbarkeit mit der ATAD beurteilen zu können. Bei Art. 13 GKB handelt es sich zudem um die speziellere Norm, da sie bereits an den Ursachen und der Entstehung von Qualifikationskonflikten der als unerwünscht empfundenen Steuerplanung ansetzt,[1326] sodass Art. 4 Abs. 2 ATAD zudem im Wege der Kollisionsnorm *lex speciales derogat lex generalis*[1327] verdrängt würde. Tritt der Richtlinienvorschlag wie geplant in Kraft, bestehen Bedenken hinsichtlich des Gebotes der Folgerichtigkeit. Jedoch bedürfte auch dieser Grundsatz der Klärung durch den EuGH. Wahrscheinlicher ist jedoch, dass der Richtlinienvorschlag erst nach der Umsetzung der Anti-BEPS-Richtlinie in Kraft tritt. Dann ist Art. 13 GKB schlichtweg überflüssig.

1325 BVerfG v. 22.10.1986 – 2 BvR 197/83, BVerfGE 73, S. 339 (32); vgl. in Anlehnung an Art. 4 Abs. 2 ATAD: *Stöber* in: Schön/Sternberg, Zukunftsfragen des deutschen Steuerrechts III, S. 147.

1326 *Spengel/Stutzenberger* IStR 2018, S. 37 (40 f.).

1327 Das spezielle Gesetz verdrängt das allgemeine Gesetz.

V. Wegzugsbesteuerung

Obwohl der Richtlinienvorschlag beabsichtigt, den europäischen Binnenmarkt zu stärken, darf nicht unberücksichtigt bleiben, dass Unternehmen die Europäische Union womöglich verlassen, nachdem sie die Vorteile des Binnenmarktes genossen haben. Zu diesem Zweck wurde die bereits in der $GKKB_{2011}$ eingeführte und zuletzt im Kompromisstext[1328] geänderte Bestimmung zur Wegzugsbesteuerung sprachlich sowie konzeptionell überarbeitet.

So wird ein Vermögenswert gemäß Art. 29 Abs. 1 GKB als sogenannter antizipativer Ertrag im Zeitpunkt der Übertragung oder des Wegzugs besteuert. Der Begriff des Vermögenswertes wird dabei in der Bestimmung bzw. in Art. 4 GKB definiert. Infolge der Berücksichtigung der Historie der Bestimmung (gemäß Art. 31 Abs. 1 $GKKB_{2011}$) betrifft sie lediglich die Wirtschaftsgüter des Anlagevermögens. Zu demselben Ergebnis gelangt die Auslegung im systematischen Kontext des Art. 4 Abs. 17 GKB, da die Besteuerung abzüglich des steuerlichen Wertes erfolgt. Demzufolge sind Vermögenswerte im Sinne des Art. 29 GKB alle vom Steuerpflichtigen entgeltlich erworbenen oder geschaffenen materiellen Wirtschaftsgüter sowie alle entgeltlich erworbenen immateriellen Wirtschaftsgüter, die einzeln bewertet werden können und länger als zwölf Monate für betriebliche Zwecke bei der Erzielung, der Aufrechterhaltung oder der Sicherung von Einkommen verwendet werden, außer wenn die Kosten ihres Erwerbs oder ihrer Errichtung weniger als 1000 EUR betragen. Hierunter fällt auch das Finanzanlagevermögen im Sinne des Art. 4 Abs. 20 GKB, obgleich Art. 29 Abs. 3 GKB zu beachten ist. Dennoch führt die Auslegung zu dem Problem, dass der Richtlinienvorschlag den Begriff des Wirtschaftsguts weiterhin nicht definiert, obwohl die Literatur ausführlich auf die dadurch entstehenden Probleme hingewiesen hat.[1329] Die Besteuerung erfolgt in Höhe des Marktwertes abzüglich des steuerlichen Wertes. Der Marktwert ist in Art. 4 Abs. 18 GKB als Betrag, für den zwischen vertragswilligen unabhängigen Parteien zum Zeitpunkt der Übertragung oder des Wegzugs in einer direkten Transaktion Vermögenswerte ausgetauscht oder gegenseitige Verpflichtungen abgerechnet werden können, legaldefiniert. Da der Schluss nahe liegt, dass die Vorschrift der Sicherung des nationalen bzw. mitgliedstaatlichen Besteuerungsaufkommens dient, kommt es sinngemäß zur Aufdeckung der sogenannten stillen

1328 Rat der Europäischen Union v. 19.11.2014 – 15756/14 FISC 197.

1329 Vgl. ebenso: EWSA v. 28.01.2012 – 2011/0058 (CNS) (2012/C 24/12), Tz. 4.9; vgl. detailliert dazu: *Eggert* Die Gewinnermittlung nach dem Richtlinienvorschlag über eine Gemeinsame Konsolidierte Körperschaftsteuer-Bemessungsgrundlage: Vergleich mit der Gewinnermittlung nach dem HGB, EStG und den IFRS, S. 159 ff.; *Köstler/Dietrich* WPg 2015, S. 81 (83 ff.); *Spengel/Zöllkau* Common Corporate Tax Base (CC(C)TB) and Determination of Taxable Income, S. 93 ff.; *Kahle/Dahlke/Schulz* Ubg 2011, S. 491 (493); *Kahle/Schulz* StuB 2011, S. 296 (298); *Scheffler/Krebs* Beihefter zur DStR (Nr. 22) 2011, S. 13 (17).

Reserven.[1330] Der steuerliche Wert eines Wirtschaftsguts des Anlagevermögens im Sinne des Art. 4 Abs. 19 GKB oder eines Sammelpostens im Sinne des Art. 37 Abs. 1 GKB bezeichnet gemäß Art. 4 Abs. 17 GKB die Abschreibungsbasis abzüglich des abgezogenen Abschreibungsbetrags gemäß Art. 30 ff. GKB. Bei der Übertragung verliert ein Mitgliedstaat gemäß Art. 4 Abs. 14 GKB das Besteuerungsrecht, obwohl das wirtschaftliche und rechtliche Eigentum beim Steuerpflichtigen verbleiben. Dementsprechend ist es folgerichtig notwendig, dass das Besteuerungsrecht des Mitgliedstaates bestanden haben muss und nicht aufgrund bilateraler Abkommen einem Drittstaat zustand.

Die Besteuerung ist an vier alternative Voraussetzungen gebunden. Erstens wird der Vermögenswert vom Hauptsitz des Steuerpflichtigen an seine Betriebsstätte übertragen, die in einem anderen Mitgliedstaat oder in einem Drittland angesiedelt ist. Der Hauptsitz des Steuerpflichtigen ist in dem Richtlinienvorschlag nicht näher definiert. Aus dem Kontext lässt sich jedoch schließen, dass der Hauptsitz sich auf das Stammhaus bezieht. Demzufolge handelt es sich um den Mitgliedstaat, in dem das Stammhaus unbeschränkt körperschaftsteuerpflichtig ist.

Zweitens wird der Vermögenswert von einer Betriebsstätte an den Hauptsitz oder eine andere Betriebsstätte in einem Mitgliedstaat oder Drittland übertragen, sodass die übertragende Betriebsstätte das Besteuerungsrecht an dem Vermögenswert verliert.

Drittens verlegt der Steuerpflichtige seinen Steuersitz in einen anderen Mitgliedstaat oder in ein Drittland, mit Ausnahme jener Vermögenswerte, die tatsächlich weiterhin einer Betriebsstätte im vorherigen Mitgliedstaat zuzurechnen sind. Gemäß Art. 4 Abs. 15 GKB gibt der Steuerpflichtige durch die Verlegung seinen Steuersitz in einem Mitgliedstaat auf und wird in einem anderen Mitgliedstaat bzw. Drittland steuerlich ansässig. Folglich ist der Begriff aufgrund fehlender Definition dahingehend auszulegen, dass die Begründung des Steuersitzes zur Begründung der unbeschränkten Steuerpflicht und somit zur Ansässigkeit führt. Aus der Perspektive des deutschen Körperschaftsteuerrechts genügt sowohl die Verlegung des Ortes der Geschäftsleitung nach § 10 AO als auch des statuarischen Sitzes nach § 11 AO.

Viertens überträgt der Steuerpflichtige die Geschäftstätigkeit der Betriebsstätte von einem Mitgliedstaat in einen anderen Mitgliedstaat oder ein Drittland, insofern der Mitgliedstaat der Betriebsstätte das Besteuerungsrecht für die Vermögenswerte verliert. Durch die Verlegung der ausgeübten Geschäftstätigkeit gibt der Steuerpflichtige gemäß Art. 4 Abs. 16 GKB seine steuerliche Präsenz in einem Mitgliedstaat auf und begründet sie in einem anderen Mitgliedstaat bzw. Drittland neu. Trotzdem ändert die Verlegung die steuerliche Ansässigkeit nicht.

1330 Vgl. zum Begriff: *Hennrichs* in: Tipke/Lang, Steuerrecht, § 9 Rn. 409; vgl. zur Behandlung im Rahmen früherer Richtlinienvorschläge: *Krauß* Gruppenbesteuerung nach dem Richtlinienvorschlag zur CCCTB, S. 108 ff.

Nach der Übertragung erkennt der Mitgliedstaat gemäß Art. 29 Abs. 2 GKB den Wert an, den der frühere Besteuerungsstaat als Ausgangswert für steuerliche Zwecke festgesetzt hat. Die Bestimmung findet gemäß Art. 29 Abs. 3 GKB keine Anwendung auf Übertragungen im Zusammenhang mit Wertpapierfinanzierungen, Sicherheiten oder zur Erfüllung aufsichtsrechtlicher Kapitalforderungen oder für Zwecke des Liquiditätsmanagements, sofern die Vermögenswerte innerhalb von zwölf Monaten wieder zurückgeführt werden.

1. Vereinbarkeit mit unionsrechtlichen Grundfreiheiten

Die bisherige Rechtsprechung des EuGH hat die Besteuerung „antizipativer Erträge" im Sinne des Art. 29 Abs. 1 GKB bzw. nicht realisierter Wertzuwächse am Maßstab der Niederlassungsfreiheit nach Art. 49 AEUV und gelegentlich an der Kapitalverkehrsfreiheit nach Art. 63 AEUV gemessen.[1331] *Lampert* unterscheidet in Anlehnung an die Rechtsprechung, ob die Übertragung als Sachkapital oder Beteiligung betrachtet wird, sodass die Kapitalverkehrsfreiheit einschlägig ist, oder der Verlust des Besteuerungsrechts aufgrund einer Sitzverlegung eintritt, sodass die Niederlassungsfreiheit einschlägig ist.[1332] Beide Grundfreiheiten können zur Abgrenzung dienen, soweit die Übertragung des Wirtschaftsguts funktional zu betrachten ist.[1333]

a. Beschränkung einer Grundfreiheit

Dem Gedanken der Niederlassungsfreiheit im Sinne des Art. 49 Abs. 2 AEUV unterfallen aus steuerrechtlicher Sicht insbesondere die Gründung einer Betriebsstätte oder Tochtergesellschaft und die Sitzverlegung ins europäische Ausland sowie die dadurch entstehende Aufdeckung stiller Reserven.[1334]

Der Steuerpflichtige ist in st. Rspr. in der Niederlassungsfreiheit beschränkt, wenn die Ausübung infolge einer Bestimmung verboten ist, behindert wird oder weniger attraktiv erscheint.[1335] Die Rechtsfolge des Art. 29 Abs. 1 GKB führt sowohl

---

1331 EuGH v. 29.11.2011 – C-371/10 (National Grid Indus), Slg 2011, I-12273, Rn. 35 ff.; EuGH v. 07.09.2006 – C-470/04 (N), Slg 2006, I-7409, Rn. 66; EuGH v. 11.03.2004 – C-9/02 (De Lasteyrie du Saillant), Slg 2004, I-2409, Rn. 40; EuGH v. 21.11.2002 – C-436/00 (X und Y), Slg 2002, I-10829, Rn. 18.

1332 EuGH v. 29.11.2011 – C-371/10 (National Grid Indus), Slg 2011, I-12273, Rn. 35 ff.; EuGH v. 07.09.2006 – C-470/04 (N), Slg 2006, I-7409, Rn. 66; *Lampert* in: Gosch, Körperschaftsteuergesetz, § 12 KStG Rn. 55.

1333 Vgl. EuGH v. 21.11.2002 – C-436/00 (X und Y), Slg 2002, I-10829, Rn. 18; *Lampert* in: Gosch, Körperschaftsteuergesetz, § 12 KStG Rn. 55.

1334 EuGH v. 29.11.2011 – C-371/10 (National Grid Indus), Slg 2011, I-12273, Rn. 35 ff.; *Lampert* in: Kellersmann *et al.*, EU I, S. 102.

1335 EuGH v. 23.10.2008 – C-157/07 (Krankenheim Ruhesitz am Wannsee), Slg 2008, I-8061, Rn. 29; EuGH v. 06.12.2007 – C-298/05 (Columbus Container Services), Slg 2007, I-10451, Rn. 33; EuGH v. 16.07.1998 – C-264/96 (ICI), Slg 1998, I-4695, Rn. 21.

bei Übertragung bzw. Wegzug innerhalb des europäischen Binnenmarktes als auch über die Grenzen der Europäischen Union hinaus zur Besteuerung des Ertrages, obwohl dieser lediglich antizipiert und der Wertzuwachs somit nicht realisiert wurde. Der dadurch entstehende Liquiditätsmangel könnte nur dann verhindert werden, wenn der Steuerpflichtige den Vermögenswert nicht grenzüberschreitend überträgt bzw. seinen Sitz nicht grenzüberschreitend verlagert. In Anlehnung an die Rechtsprechung des EuGH[1336] würde Art. 29 Abs. 1 GKB die Niederlassungsfreiheit beschränken. Allerdings gilt die Beschränkung nur für die Übertragung und den Wegzug innerhalb des europäischen Binnenmarktes.

b. Rechtfertigung

Die Beschränkung wäre jedoch zulässig, soweit sie durch sogenannte zwingende Gründe des Allgemeininteresses gerechtfertigt wäre. Der EuGH stützt die Rechtfertigung im Hinblick auf Entstrickungstatbestände überwiegend auf die zwischenstaatliche Aufteilung der Besteuerungsbefugnisse.[1337] Die sogenannte steuerliche Kohärenz spielt als Rechtfertigungsgrund nur noch eine untergeordnete Rolle.[1338] Gleiches gilt für die Rechtfertigung aufgrund der Vermeidung der Steuerflucht.[1339]

In der Rechtssache *DMC* hat der EuGH zuletzt klargestellt, dass die Sofortbesteuerung grundsätzlich zulässig ist.[1340] Jedoch soll die Sofortbesteuerung unzulässig sein, wenn diese allein den inländischen Steuerzugriff schützt, obwohl es infolge der Verlagerung oder des Wegzugs im Ausland zu keinem Steuerzugriff kommt.[1341]

Die Festlegung der Anwendungsbereiche des Art. 29 Abs. 1 lit. b und d GKB erscheint gerechtfertigt, da die Anwendung die Besteuerung in beiden Mitgliedstaaten und den Verlust des Besteuerungsrechts im Ursprungsland („insofern, als der Mitgliedstaat der Betriebsstätte aufgrund der Übertragung nicht mehr das Besteuerungsrecht für die übertragenen Vermögenswerte hat") voraussetzt. Sinn und Zweck der Anwendungsbereiche ist es, Besteuerungsbefugnisse zwischenstaatlich aufzuteilen.

1336 EuGH v. 29.11.2011 – C-371/10 (National Grid Indus), Slg 2011, I-12273, Rn. 37, 41; EuGH v. 11.03.2004 – C-9/02 (De Lasteyrie du Saillant), Slg 2004, I-2409, Rn. 46.

1337 Vgl. EuGH v. 12.07.2012 – C-269/09, HFR 2012, S. 1025, Rn. 76; EuGH v. 13.12.2005 – C-446/03 (Marks&Spencer), Slg 2005, I-10837, Rn. 45; EuGH v. 07.09.2006 – C-470/04 (N), Slg 2006, I-7409, Rn. 76; EuGH v. 21.11.2002 – C-436/00 (X und Y), Slg 2002, I-10829, Rn. 59.

1338 *Lampert* in: Kellersmann *et al.*, EU I, S. 115 f.; *Lampert* in: Gosch, Körperschaftsteuergesetz, § 12 KStG Rn. 60 ff.

1339 EuGH v. 11.03.2004 – C-9/02 (De Lasteyrie du Saillant), Slg 2004, I-2409, Rn. 49; *Lampert* in: Gosch, Körperschaftsteuergesetz, § 12 KStG Rn. 68.

1340 EuGH v. 23.01.2014 – C-164/12 (DMC), DStR 2014, S. 193, Rn. 51.

1341 EuGH v. 12.07.2012 – C-269/09, HFR 2012, S. 1025, Rn. 81; *Lampert* in: Gosch, Körperschaftsteuergesetz, § 12 KStG Rn. 63.

Hinsichtlich des Art. 29 Abs. 1 lit. a GKB bestehen jedoch Zweifel, da die Besteuerung als antizipierter Ertrag auch dann erfolgt, wenn der ursprüngliche Besteuerungsstaat sein Besteuerungsrecht durch die unbeschränkte Steuerpflicht des Stammhauses weiterhin sichern kann. Obwohl die Bestimmung sich territorialer Anknüpfungspunkte bedient, ist der Verlust des Besteuerungsrechtes irrelevant. Dies legt den Schluss nahe, dass die Bestimmung allein den unbegrenzten Steuerzugriff sichern soll. Dieses Ergebnis ändert sich durch eine Rechtfertigung infolge steuerlicher Kohärenz oder Vermeidung der Steuerflucht nicht, insbesondere da die Bestimmung nicht an den Verlust des Besteuerungsrechts infolge einer Steuerflucht anknüpft.

Ebenfalls unterlässt Art. 29 Abs. 1 lit. c GKB den oben genannten Hinweis auf den Verlust des Besteuerungsrechts. Auch wenn sich aus dem Kontext mit Art. 4 Abs. 15 GKB ergibt, dass sich die unbeschränkte Steuerpflicht zwischen den Mitgliedstaaten aufgrund von Aufgabe und Begründung der steuerlichen Ansässigkeit ändert, schafft der Steuerpflichtige durch die Verlegung die Voraussetzungen für den Verlust des Besteuerungsrechts aufgrund unbeschränkter Steuerpflicht. Nichtsdestotrotz kann die beschränkte Steuerpflicht bestehen bleiben. Fraglich ist daher, ob die sofortige Besteuerung dennoch gerechtfertigt ist. Einerseits ist der Steuerzugriff auch im Wege der beschränkten Steuerpflicht gewährleistet. Andererseits könnte es zu einer Doppelbesteuerung kommen. Zur Beseitigung kann es daher gerechtfertigt sein, die Vermögenswerte sofort durch denjenigen Mitgliedstaat zu besteuern, der das unbeschränkte Besteuerungsrecht verliert.[1342]

c. *Verhältnismäßigkeit*

Auch wenn die sofortige Besteuerung als antizipierter Ertrag ein legitimes Ziel verfolgt, ist es fraglich, ob die in Art. 29 GKB gewählte Zahlungsmodalität verhältnismäßig ist. Während bspw. die deutsche Wegzugsbesteuerung die Stundung der Steuer über einen Zeitraum von fünf Jahren nach § 12 Abs. 1 KStG i.V.m. § 4g EStG zulässt, wird die entstehende Steuer nach dem Richtlinienvorschlag sofort eingezogen. Der EuGH hat in der Rechtssache *National Grid Indus* jedoch festgestellt, dass dieses Vorgehen mit Blick auf die EU-Amtshilferichtlinie[1343] und EU-Beitreibungsrichtlinie[1344] unverhältnismäßig sei.[1345] Das legitime Ziel könne ebenso erreicht werden, wenn die Steuer bis zur Realisierung des antizipierten Ertrages gestundet oder Sicherheiten erhoben würden.[1346] Demzufolge entspricht Art. 29 Abs. 1 GKB nicht der Rechtsprechung des EuGH. Der Liquiditätsausfall ist nicht

1342 Vgl. zu dieser Idee: *Lampert* in: Gosch, Körperschaftsteuergesetz, § 12 KStG Rn. 67.
1343 Richtlinie (EU) 2011/16 v. 15.02.2011, ABl.-EU L 64/1.
1344 Richtlinie (EU) 2010/24 v. 16.03.2010, ABl.-EU L 84/1.
1345 EuGH v. 29.11.2011 – C-371/10 (National Grid Indus), Slg 2011, I-12273, Rn. 85.
1346 EuGH v. 12.07.2012 – C-269/09, HFR 2012, S. 1025, Rn. 64 ff.; EuGH v. 29.11.2011 – C-371/10 (National Grid Indus), Slg 2011, I-12273, Rn. 76 f.

erforderlich, um die zwischenstaatliche Aufteilung der Besteuerungsbefugnisse zu erreichen.

d. *Zwischenfazit zur Vereinbarkeit mit unionsrechtlichen Grundfreiheiten*

Art. 29 Abs. 1 lit. a GKB stellt eine Beschränkung der Niederlassungsfreiheit gemäß Art. 49 AEUV dar. Diese Beschränkung kann nicht durch zwingende Gründe des Allgemeinwohls gerechtfertigt werden. Infolgedessen verstößt die Bestimmung bezüglich der Übertragung und des Wegzugs innerhalb des europäischen Binnenmarktes gegen Art. 49 AEUV und bedarf der Nachbesserung hinsichtlich der Anknüpfung an den Verlust des Besteuerungsrechts.

2. *Subsidiarität*

Das deutsche Steuerrecht unterscheidet ebenfalls zwischen der Übertragung eines Wirtschaftsguts und der Verlegung des Sitzes der Körperschaft. So regelt § 12 Abs. 1 KStG insbesondere den Fall, in dem ein Wirtschaftsgut des Betriebsvermögens dem deutschen Besteuerungszugriff infolge betrieblicher Vorgänge entzogen wird.[1347] Die sogenannte Entstrickung führt zur Ermittlung des Wertes des Wirtschaftsgutes anhand des sogenannten gemeinen Wertes im Sinne des § 9 Abs. 2 Satz 1 BewG, obwohl kein entgeltlicher Umsatz für die Übertragung erzielt wurde.[1348] Infolgedessen werden die sogenannten stillen Reserven eines Wirtschaftsgutes aufgedeckt.[1349] Materielle Wirtschaftsgüter werden der Betriebsstätte zugeordnet, die sie tatsächlich nutzen, und immaterielle Wirtschaftsgüter werden nach Ansicht der Finanzverwaltung dem Stammhaus zugeordnet.[1350] Der Steuerpflichtige kann die Steuerschuld durch die Auflösung eines Ausgleichspostens, der gemäß § 4g Abs. 1 Satz 1 EStG zwischen dem Buchwert und dem gemeinen Wert zu bilden ist, nach § 12 Abs. 1 Satz 1 KStG i.V.m. § 4g EStG über einen Zeitraum von fünf Jahren tilgen.[1351]

Davon abzugrenzen sind sogenannte grenzüberschreitende Strukturmaßnahmen, aufgrund derer die Körperschaft ihre unbeschränkte Steuerpflicht in einem EU- oder EWR-Mitgliedstaat gemäß § 12 Abs. 3 Satz 1 KStG verliert. Der Verlust tritt dabei durch die Verlegung des Ortes der Geschäftsleitung gemäß § 10 AO

1347 BT-Drucks. 16/2710, S. 30 f.; *Lampert* in: Gosch, Körperschaftsteuergesetz, § 12 KStG Rn. 92 ff.; *Pfirrmann* in: Blümich, EStG/KStG/GewStG, § 12 KStG Rn. 35 f.

1348 *Lampert* in: Gosch, Körperschaftsteuergesetz, § 12 KStG Rn. 117; vgl. detailliert. *Pfirrmann* in: Blümich, EStG/KStG/GewStG, § 12 KStG Rn. 41.

1349 *Pfirrmann* in: Blümich, EStG/KStG/GewStG, § 12 KStG Rn. 46.

1350 BFH v. 30.08.1995 – I R 112/94, BStBl. II 1996, S. 563; BMF v. 25.08.2009 – IV B 5 – S 1341/07/10004 (Betriebsstätten-Verwaltungsgrundsätze), BStBl. I 2009, S. 888, Rn. 2.4.

1351 Vgl. *Lampert* in: Gosch, Körperschaftsteuergesetz, § 12 KStG Rn. 118.

und/oder des statuarischen Sitzes gemäß § 11 AO ein.[1352] Infolgedessen fingiert § 12 Abs. 3 KStG die Auflösung im Sinne des § 11 KStG.[1353] Es kommt zur Schlussbesteuerung gemäß § 11 KStG,[1354] sodass die sogenannten stillen Reserven der Körperschaft aufgedeckt und schlussendlich im Inland besteuert werden.[1355] Eine Steuerstundung nach § 4g EStG erfolgt in diesem Fall jedoch nicht.[1356] Die Vorschrift verfolgt einzig das Ziel, das deutsche Steueraufkommen zu sichern.[1357]

Im Vergleich zu Art. 29 GKB ist auffällig, dass die Bestimmung des Richtlinienvorschlags die Stundung der Steuer auf den sogenannten antizipativen Ertrag unterlässt. Des Weiteren knüpft die Bestimmung nicht vollständig an den Verlust des Besteuerungsrechts an.

3. *Verhältnismäßigkeit der Bestimmung im Hinblick auf ATAD*

Die ATAD sieht ebenfalls eine Bestimmung zur Wegzugsbesteuerung vor. Art. 5 Abs. 1 ATAD entspricht sprachlich wie inhaltlich Art. 29 Abs. 1 GKB. Ebenfalls stimmen die Konzeption der Anerkennung des steuerlichen Wertes gemäß Art. 5 Abs. 5 ATAD und die Definition des Marktwertes gemäß Art. 5 Abs. 6 ATAD überein.

Jedoch besteht gemäß Art. 5 Abs. 2 ATAD für den Steuerpflichtigen das Recht, die Steuerzahlung, die infolge des Wegzugs entsteht, für fünf Jahre aufzuschieben. Der Zahlungsaufschub ist aber nur möglich, soweit der Zuzugsstaat des Steuerpflichtigen Vertragspartei des EWR-Abkommens ist. Infolge des Zahlungsaufschubes kann der Besteuerungsstaat gemäß Art. 5 Abs. 3 UAbs. 1 ATAD Zinsen erheben. Ferner kann er gemäß Art. 5 Abs. 3 UAbs. 2 ATAD eine Sicherheitsleistung erheben, sofern ein sogenanntes nachweisliches und tatsächliches Risiko besteht, dass die Steuer nicht eingezogen werden kann. Außerdem kann ein Zahlungsaufschub unter den Voraussetzungen des Art. 5 Abs. 4 ATAD umgehend beendet werden, sodass die Steuer einziehbar wird. Der Zahlungsaufschub wird weder in den Erläuterungen des Richtlinienvorschlages noch in der $GKKB_{2011}$ erwähnt. Allerdings wurde ein Zahlungsaufschub in den letzten Kompromisstext[1358] aufgenommen. Es ist nicht nachvollziehbar, warum der Zahlungsaufschub keinen Einzug in die GKB fand.

1352 *Lampert* in: Gosch, Körperschaftsteuergesetz, § 12 KStG Rn. 146 ff.

1353 Vgl. detailliert zu den sachlichen Voraussetzungen: *Stalbold* in: Gosch, Körperschaftsteuergesetz, § 11 KStG Rn. 26 ff.

1354 Vgl. zum Berechnungsschema: *Pfirrmann* in: Blümich, EStG/KStG/GewStG, § 11 KStG Rn. 47.

1355 Vgl. BFH v. 08.12.1971 – I R 164/69, BStBl. II 1972, S. 229; BFH v. 12.12.1965 – I 246/62 U, BStBl. III 1966, S. 152; vgl. zum Streit bei fortbestehender Steuerverstrickung des Wirtschaftsguts: *Hofmeister* in: Blümich, EStG/KStG/GewStG, § 11 KStG Rn. 7, 90; *Stalbold* in: Gosch, Körperschaftsteuergesetz, § 11 KStG Rn. 3.

1356 Vgl. m.w.N.: *Gebert/Jörn* IStR 2009, S. 445 (447).

1357 *Pfirrmann* in: Blümich, EStG/KStG/GewStG, § 12 KStG Rn. 13.

1358 Rat der Europäischen Union v. 19.11.2014 – 15756/14 FISC 197.

Hinsichtlich des Grundsatzes der Verhältnismäßigkeit gemäß Art. 5 Abs. 4 EUV infolge der Parallelität der Bestimmungen des Art. 29 GKB und des Art. 5 ATAD kann auf die obigen Ausführungen verwiesen werden.[1359] Demzufolge verstößt Art. 29 GKB gegen Art. 5 Satz 5 SubProt und ist nicht verhältnismäßig im Sinne des Art. 5 Abs. 4 EUV, soweit eine Umsetzung erst nach der ATAD erfolgen kann.

4. Unionsrechtlicher Gleichheitssatz

Infolge der Unterschiede zwischen Art. 29 GKB und nationalen Entstrickungs- bzw. Wegzugsbestimmungen für Nicht-GKB-Körperschaften ergeben sich zwei parallel anzuwendende Bestimmungen. Hinsichtlich der daraus entstehenden Ungleichbehandlung im Sinne des Art. 20 EUGrCh kann auf die oben genannten Ausführungen[1360] verwiesen werden. Nicht jeder Wegzug ist durch die Motivation der Steuervermeidung bedingt.

5. Zwischenfazit zur Wegzugsbesteuerung

Die Wegzugsbesteuerung nach Art. 29 GKB erscheint infolge der redaktionellen Änderung deutlich vereinfacht. Dennoch weist die Bestimmung weiterhin deutliche Probleme auf, die es zu beseitigen gilt. Die vorliegende Bestimmung verstößt gegen die Niederlassungsfreiheit gemäß Art. 49 AEUV, da der Verlust des Besteuerungsrechts nur teilweise ausschlaggebend ist. Ferner kann der Eingriff in die Niederlassungsfreiheit nicht durch zwingende Gründe des Allgemeinwohls gerechtfertigt werden, da die sofortige Einziehung der Steuer auf einen Betrag als antizipierten Ertrag nach ständiger Rechtsprechung des EuGH nicht verhältnismäßig ist. Zudem bestehen mit Blick auf die Anti-BEPS-Richtlinie Zweifel an der Vereinbarkeit mit Art. 5 Abs. 4 EUV und Art. 5 Satz 5 SubProt.

C. Einführung des grenzüberschreitenden Verlustausgleichs

Der grenzüberschreitende Verlustausgleich zwischen Konzernunternehmen ist seit der Entscheidung in der Rechtssache *Marks & Spencer*[1361] ein Grundproblem des Europäischen Steuerrechts.[1362] Neun Mitgliedstaaten[1363] lassen den konzerninternen

1359 Vgl. dazu: Teil 4: B.IV.3.f.aa.

1360 Vgl. dazu: Teil 4: A.I.1.c.

1361 EuGH v. 13.12.2005 – C-446/03 (Marks&Spencer), Slg 2005, I-10837.

1362 *Weiten* (Finale) Verluste aus ausländischen EU/EWR-Direktinvestitionen. Eine Untersuchung zur inländischen Berücksichtigung ausländischer Verluste aus deutscher Steuerperspektive, S. 11, 89 ff.; vgl. detailliert zur Historie in der EU: *Treisch* in: Kellersmann *et al.*, EU II, S. 81 f.

1363 Belgien, Bulgarien, Griechenland, Estland, Kroatien, Slowakei, Slowenien, Tschechien und Ungarn.

Verlustausgleich nicht zu.[1364] Nach Ansicht der Europäischen Kommission behindert die Beschränkung bzw. die Nichtexistenz Unternehmen im Zugang zum europäischen Binnenmarkt.[1365]

Die Verluste des Steuerpflichtigen oder der Betriebsstätte können nach Art. 41 Abs. 1 GKB unbegrenzt vorgetragen werden, sofern der Richtlinienvorschlag nicht etwas anderes bestimmt. Der unbegrenzte Verlustvortrag ergänzt den unbefristeten Vortrag von überschüssigen Fremdkapitalkosten gemäß Art. 13 Abs. 6 GKB und stellt die Besteuerung des realen Einkommens sicher.[1366] Verlust bezeichnet gemäß Art. 4 Abs. 9 GKB den Überschuss an abzugsfähigen Aufwendungen im Sinne des Art. 4 Abs. 6 GKB sowie anderen abzugsfähigen Posten gegenüber den Erträgen im Sinne des Art. 4 Abs. 5 GKB.[1367] Die ältesten Verluste werden gemäß Art. 41 Abs. 4 GKB zuerst verrechnet. Jedoch darf der Verlustvortrag gemäß Art. 41 Abs. 2 GKB nicht zu einer negativen Steuerbemessungsgrundlage führen, sodass eine Mindestbesteuerung[1368] sichergestellt wird. Ferner besteht ein Abzugsverbot, sofern ein Unternehmen eine Beteiligung an dem Steuerpflichtigen erwirbt, in dessen Folge der Steuerpflichtige zu einer qualifizierten Tochtergesellschaft im Sinne des Art. 3 GKB wird und die Tätigkeit des Steuerpflichtigen sich wesentlich ändert. Diese Voraussetzungen müssen kumulativ vorliegen. Der Steuerpflichtige ändert seine Tätigkeit gemäß Art. 41 Abs. 3 lit. b GKB, wenn eine Tätigkeit eingestellt oder aber eine neue Tätigkeit aufgenommen wird. Die Tätigkeit ändert sich nach dem Vorschlag der Europäischen Kommission wesentlich, wenn sie 60 % des Umsatzes des Steuerpflichtigen im vorangegangen (bei Einstellung) bzw. folgenden (bei Neuaufnahme) Steuerjahr entspricht. Das Abzugsverbot beabsichtigt, Strategien zum Missbrauch durch den Kauf verlustbringender Unternehmen zu verhindern.[1369]

Wenn der gebietsansässige Steuerpflichtige im Anschluss an den oben genannten Verlustabzug weiterhin rentabel ist, kann er gemäß Art. 42 Abs. 1 GKB die Verluste seiner qualifizierten Tochtergesellschaften oder Betriebsstätten abziehen. Demzufolge werden die Verluste im Sinne des Art. 4 Abs. 9 GKB zunächst von den Gewinnen im Sinne des Art. 4 Abs. 8 GKB, die innerhalb eines Steuerjahres im Sinne des Art. 4 Abs. 7 GKB entstanden sind, abgezogen. Sofern das Resultat positiv ausfällt, können im Sinne des Art. 41 Abs. 1 GKB vorgetragene Verluste abgezogen werden. Aufgrund der absoluten Abzugsgrenze nach Art. 41 Abs. 2 GKB bleibt

1364 *Kessler/Arnold* IStR 2016, S. 226 (227).

1365 KOM(2006) 824 endg, S. 3.

1366 COM(2016) 685 final, Tz. 12.

1367 Vgl. detailliert zur Definition des Verlustes aus deutscher Perspektive: *Hey* in: Lüdicke/Mellinghoff/Rödder, FS Gosch 2016, S. 161 (162 f.); vgl. m.w.N.: *Weiten* (Finale) Verluste aus ausländischen EU/EWR-Direktinvestitionen. Eine Untersuchung zur inländischen Berücksichtigung ausländischer Verluste aus deutscher Steuerperspektive, S. 22.

1368 Vgl. dazu aus Sicht des deutschen Verfassungsrechts: BFH v. 22.08.2012 – I R 9/11, BStBl. II 2013, S. 512.

1369 COM(2016) 685 final, Tz. 12.

die Steuerbemessungsgrundlage auch in diesem Fall stets positiv. Der rechtsträgerübergreifende Verlustausgleich erfolgt bei qualifizierten Tochtergesellschaften in Höhe der Beteiligung gemäß Art. 42 Abs. 2 Satz 1 Alt. 1 GKB. Gleiches gilt für den Ausgleich durch die Betriebsstätte, der gemäß Art. 42 Abs. 2 Satz 1 Alt. 1 GKB in voller Höhe erfolgt. Jedoch darf der Verlustausgleich keinesfalls zu einer negativen Steuerbemessungsgrundlage gemäß Art. 42 Abs. 2 Satz 2 GKB führen, sodass die Mindestbesteuerung gesichert bleibt. Der Verlustausgleich gemäß Art. 42 GKB dient dazu, die infolge der schrittweisen Einführung verschobene Konsolidierung zu berücksichtigen.[1370] Die Kommission ist mit dieser Bestimmung bestrebt, die Liquidität der Unternehmen und die grenzüberschreitende Expansion innerhalb der Europäischen Union zu fördern.[1371]

Künftige Gewinne des gebietsansässigen Steuerpflichtigen werden der qualifizierten Tochtergesellschaft bzw. Betriebsstätte gemäß Art. 42 Abs. 3 GKB in Höhe des Verlustausgleichs wieder hinzugerechnet. Eine automatische Hinzurechnung erfolgt gemäß Art. 42 Abs. 4 GKB, wenn nach fünf Jahren die Gewinne nicht oder nicht in vollem Umfang hinzugerechnet wurden. Alternativ werden die Gewinne hinzugerechnet, wenn die qualifizierte Tochtergesellschaft bzw. Betriebsstätte veräußert, liquidiert oder in eine Betriebsstätte bzw. Tochtergesellschaft umgewandelt wird. Ebenfalls sind die Gewinne hinzuzurechnen, wenn Anforderungen an die Muttergesellschaft im Sinne des Art. 3 Abs. 1 GKB nicht mehr erfüllt werden. Die Hinzurechnung stellt die Nachversteuerung und somit das nationale Besteuerungsaufkommen sicher.[1372]

Insgesamt fällt auf, dass die Bestimmungen auf bestehende Definitionen zurückgreifen und wenig Raum für die Auslegung unbestimmter Rechtsbegriffe lassen. Zudem ist der grenzüberschreitende Verlustausgleich mit Umsetzung der Konsolidierung gemäß Art. 7 GKKB_{2016} ohnehin obsolet.[1373]

I. Mitgliedstaatliche Behandlung entstandener Verluste

Die Mitgliedstaaten haben aus Sorge um das nationale Besteuerungsaufkommen naturgemäß ein Interesse daran, den grenzüberschreitenden Verlustausgleich

---

1370 COM(2016) 685 final, Tz. 12.

1371 Dieses Ziele wurde bereits durch unionsrechtliche Rechtsprechung vorgegeben: EuGH v. 03.02.2015 – C-172/13 (Kommission/Vereinigtes Königreich), DStR 2015, S. 337 Rn. 22; EuGH v. 01.04.2014 – C-80/12 (Felixstowe Dock and Railway Commany u.a.), DStR 2014, S. 784, Rn. 19; COM(2016) 685 final, Tz. 12; vgl. dazu: *Stöber* DStZ 2016, S. 582 (582)

1372 COM(2016) 685 final, Tz. 13.

1373 Vgl. klarstellend: Parlament v. 19.09.2017 – 2016/0337(CNS) (Stellungnahme des Rechtsausschusses für den Ausschuss für Wirtschaft und Währung zu dem Vorschlag für eine Richtlinie des Rates über eine Gemeinsame Körperschaftsteuer-Bemessungsgrundlage), S. 20.

möglichst einzuschränken.[1374] Im Rahmen der sogenannten intersubjektiven Verlustverrechnung werden in der Europäischen Union unterschiedliche Konzepte (bspw. Vollkonsolidierung, Pooling, Gruppenbeitrag, Group Relief) verwendet. Im Folgenden werden daher einige Modelle exemplarisch und übersichtsartig dargestellt.[1375]

1. National orientierte Verlustverrechnung in Deutschland

Das sogenannte objektive Nettoprinzip[1376] bildet die Grundlage der Verlustermittlung und Verlustverrechnung im deutschen Steuerrecht.[1377]

a. Verlustausgleich und Verlustabzug

Der sogenannte Verlustausgleich bezeichnet die interperiodische Saldierung von positiven und negativen Einkünften innerhalb einer Besteuerungsperiode. Für Körperschaftsteuersubjekte kommt lediglich der sogenannte horizontale Verlustausgleich in Betracht, nach dem negative und positive Einkünfte verrechnet werden, da sie gemäß § 8 Abs. 2 KStG lediglich gewerbliche Einkünfte im Sinne des § 15 EStG erzielen.[1378] Insoweit entspricht die deutsche Regelung der Definition des Art. 4 Abs. 9 GKB.

Davon abzugrenzen ist der sogenannte Verlustabzug, der Verluste vorangegangener (sogenannter Verlustrücktrag) bzw. folgender (sogenannte Verlustvortrag) Besteuerungsperioden ausgleicht.[1379] Durch den Verlustrücktrag werden Verluste, die bei der Ermittlung des Gesamtbetrags der Einkünfte im Sinne des § 8 Abs. 1 Satz 1 KStG i.V.m. § 2 Abs. 3 EStG nicht ausgeglichen werden, vom Gesamtbetrag der Einkünfte des unmittelbar vorangegangenen Veranlagungszeitraums gemäß § 8 Abs. 1 Satz 1 KStG i.V.m. § 10d Abs. 1 Satz 1 EStG abgezogen.[1380] Soweit Verlustausgleich und Verlustrücktrag nicht möglich sind, sind Verluste gemäß § 8 Abs. 1 Satz 1 KStG i.V.m. § 10d Abs. 2 Satz 1 EStG für eine unbegrenzte Zeit in die folgenden Veranlagungszeiträume vorzutragen.[1381] Der Verlustrücktrag ist nach dem Richtlinienvorschlag nicht gestattet. Dies wird durch die Europäische Kommission damit begründet, dass diese Praxis nur selten erlaubt sei und zu übermäßiger Komplexität führe.[1382] Der Verlustvortrag ist hingegen ebenfalls unbegrenzt gestattet,

---

1374 *Lüdicke/Lange-Hückstädt* IStR 2013, S. 611 (611).
1375 *Treisch* in: Kellersmann *et al.*, EU II, S. 109 f.; *Herzig* StuW 2010, S. 214 (215).
1376 Vgl. m.w.N.: *Hey* in: Tipke/Lang, Steuerrecht, § 8 Rn. 54.
1377 *Hey* in: Tipke/Lang, Steuerrecht, § 8 Rn. 60; *Herzig* in: von Groll, DStJG 2005 (28), S. 185 (186).
1378 *Hey* in: Tipke/Lang, Steuerrecht, § 8 Rn. 61.
1379 *Hey* in: Tipke/Lang, Steuerrecht, § 8 Rn. 62.
1380 Vgl. *Schlenker* in: Blümich, EStG/KStG/GewStG, § 10d EStG Rn. 46, 101 ff.
1381 Vgl. *Schlenker* in: Blümich, EStG/KStG/GewStG, § 10d EStG Rn. 131 ff.
1382 COM(2016) 685 final, Tz. 13.

obgleich der Richtlinienvortrag die Berücksichtigung abweichend lediglich absolut gemäß Art. 41 Abs. 2 GKB begrenzt.

Eine Einschränkung ergibt sich jedoch aus § 8c KStG, wonach Verluste nur quotal bzw. vollständig nicht abziehbar sind, wenn ein sogenannter schädlicher Beteiligungserwerb vorliegt.[1383] Ein schädlicher Beteiligungserwerb liegt gemäß § 8c Abs. 1 Satz 1 KStG vor, wenn innerhalb von fünf Jahren mittelbar oder unmittelbar eine Beteiligung von mehr als 25 % übertragen wird.[1384] Es ist jedoch anzumerken, dass das BVerfG[1385] von der partiellen Verfassungswidrigkeit des § 8c (Abs. 1) Satz 1 KStG ausgeht. Das aus Art. 3 Abs. 3 GG folgende sogenannte objektive Nettoprinzip[1386] binde den Gesetzgeber an den Grundsatz der Steuergerechtigkeit.[1387] Bei § 8c (Abs. 1) Satz 1 KStG handelt es sich nach Auffassung des Gerichts um eine unzulässige Typisierung, die nur auf Körperschaftsteuerpflichtige anzuwenden und die nicht durch sachliche Gründe zu rechtfertigen ist.[1388]

Diese Idee des schädlichen Beteiligungserwerbs findet sich ebenfalls in Art. 41 Abs. 3 GKB wieder. Die Einschränkung dient ebenfalls der Missbrauchsbekämpfung von Steuervermeidungspraktiken durch den Kauf verlustbringender Unternehmen.[1389] In Anlehnung an die Entscheidung des BVerfG[1390] wird danach zu fragen sein, ob Art. 41 Abs. 3 GKB mit dem unionsrechtlichen Gleichheitssatz nach Art. 20 EUGrCh[1391] oder nach der Umsetzung in deutsches Körperschaftsteuerrecht mit dem allgemeinen Gleichheitssatz nach Art. 3 Abs. 1 GG[1392] vereinbar ist.[1393]

b. Verlustverrechnung

Die Verrechnung der Verluste einer unselbstständigen Betriebsstätte erfolgt im Rahmen der Besteuerung des Stammhauses gemäß § 1 Abs. 1, Abs. 2 KStG bzw. gemäß §§ 2, 8 Abs. 1 Satz 1 KStG i.V.m. § 49 Abs. 1 Nr. 2 lit. a EStG.[1394] Grenzüberschreitende Verluste werden aufgrund der abkommensrechtlichen Freistellung beim inländischen Stammhaus nicht erfasst.[1395] Allenfalls werden die

---

1383 Vgl. kritisch m.w.N.: *Hey* in: Tipke/Lang, Steuerrecht, § 11 Rn. 58 f.

1384 *Roser* in: Gosch, Körperschaftsteuergesetz, § 8c KStG Rn. 113 f.

1385 BVerfG v. 29.03.2017 – 2 BvL 6/11, BVerfGE 145, S. 106.

1386 Vgl. detailliert m.w.N.: *Hey* in: Tipke/Lang, Steuerrecht, § 8 Rn. 54.

1387 BVerfG v. 29.03.2017 – 2 BvL 6/11, BVerfGE 145, S. 106, Rn. 99.

1388 BVerfG v. 29.03.2017 – 2 BvL 6/11, BVerfGE 145, S. 106, Rn. 118 ff.

1389 COM(2016) 685 final, S. 12; *Roser* in: Gosch, Körperschaftsteuergesetz, § 8c KStG Rn. 12.

1390 BVerfG v. 29.03.2017 – 2 BvL 6/11, BVerfGE 145, S. 106.

1391 Vgl. dazu: Teil 4: C.V.

1392 Vgl. zu den steuerrechtlichen Anforderungen an Art. 3 Abs. 1 GG: *Hey* in: Tipke/Lang, Steuerrecht, § 3 Rn. 110 ff.

1393 Vgl. dazu: Teil 4: C.IV.1.

1394 Vgl. dazu: Teil 2: A.II.2.

1395 *Weiten* (Finale) Verluste aus ausländischen EU/EWR-Direktinvestitionen. Eine Untersuchung zur inländischen Berücksichtigung ausländischer Verluste aus deutscher Steuerperspektive, S. 83, 237.

ausländischen Verluste im Rahmen des negativen Progressionsvorbehalts gemäß Art. 7 Abs. 1, Art. 23a OECD-MA i.V.m. § 32b EStG berücksichtigt.[1396] Liegt jedoch kein DBA vor, wird der ausländische Steuerabzug im Inland gemäß § 34c Abs. 2 EStG angerechnet.[1397]

Körperschaftsteuerliche Gewinne und Verluste einer selbstständigen Tochtergesellschaft werden intrasubjektiv im Rahmen der sogenannten ertragsteuerlichen Organschaft[1398] gemäß §§ 14 ff. KStG steuermindernd auf der Ebene des Organträgers konsolidiert.[1399] Dieses System ist dem sogenannten Pooling zuzuschreiben.[1400] Die Organgesellschaft verpflichtet sich gegenüber dem Organträger gemäß § 14 Abs. 1 Satz 1 KStG, den Gewinn abzuführen. Organträger und Organgesellschaft sind notwendigerweise durch einen gesellschaftsrechtlichen Gewinnabführungsvertrag gemäß § 291 AktG miteinander verbunden.[1401] Organträger kann gemäß § 14 Abs. 1 Nr. 2 KStG unter anderem eine der Rechtsformen des Richtlinienvorschlags sein.[1402] Die Organgesellschaft muss zudem in den Organträger gemäß § 14 Abs. 1 Nr. 1 Satz 1 KStG finanziell eingegliedert sein.[1403] Als Organgesellschaften kommen gemäß § 14 Abs. 1 Satz 1, § 17 Abs. 1 Satz 1 KStG lediglich solche Rechtsträger in Betracht, deren Geschäftsleitung im Inland und Sitz in einem EU- oder EWR-Mitgliedstaat ist.[1404] Eine grenzüberschreitende Verlustverrechnung ist demnach nicht ohne weiteres möglich.[1405] Diese ist lediglich im Falle sogenannter finaler Verluste gestattet. Als Spiegelbild der Risikoübernahme durch den Organträger haftet die Organgesellschaft gemäß § 73 AO für die Steuerschulden des Organträgers, der alleiniger Steuerschuldner ist.[1406] In Anknüpfung daran fällt auf, dass es

1396 *Brähler* Internationales Steuerrecht, S. 323 f.; vgl. auch *Treisch* in: Kellersmann *et al.*, EU II, S. 95.

1397 *Heinemann* in: Kellersmann *et al.*, EU I, S. 120 f.

1398 Vgl. zur theoretischen Begründung der Organschaft: *Braun* Latente Steuern in Gruppenbesteuerungssystemen, S. 73 f.

1399 *Birk/Desens/Tappe* Steuerrecht, Rn. 1221; *Orth* in: Kessler/Kröner/Köhler, Konzernsteuerrecht, § 11 Rn. 600.

1400 *Treisch* in: Kellersmann *et al.*, EU II, S. 109.

1401 Vgl. *Neumann* in: Gosch, Körperschaftsteuergesetz, § 14 KStG Rn. 416 ff.; *Stöber* DStZ 2016, S. 582 (588); *Braun* Latente Steuern in Gruppenbesteuerungssystemen, S. 85; *Link* in: Prinz/Witt, Steuerliche Organschaft, Rn. 2.28 ff.; *Herzig* in: von Groll, DStJG 2005 (28), S. 185 (192); *Priester* in: Herzig, Organschaft, S. 553 f.

1402 Vgl. zu den Voraussetzungen m.w.N.: *Montag* in: Tipke/Lang, Steuerrecht, § 14 Rn. 4 ff.

1403 Vgl. detailliert: *Braun* Latente Steuern in Gruppenbesteuerungssystemen, S. 81; *Beinert/Marx* in: Prinz/Witt, Steuerliche Organschaft, Rn. 12.3 ff.

1404 *Braun* Latente Steuern in Gruppenbesteuerungssystemen, S. 77; vgl. m.w.N.: *Montag* in: Tipke/Lang, Steuerrecht, § 14 Rn. 3.

1405 EuGH v. 13.12.2005 – C-446/03 (Marks&Spencer), Slg 2005, I-10837, Rn. 54; EuGH v. 25.02.2010 – C-337/08 (X Holding), Slg 2010, I-1215, Rn. 41.

1406 BFH v. 31.05.2017 – I R 54/15, DB 2017, S. 2392; vgl. *Arendt* StuB 2017, S. 98 (98 f.).

hierzu keine Regelung innerhalb des Systems des Art. 42 GKB gibt. Dementsprechend wird man wohl auf die nationale Regelung zurückgreifen müssen.

Am Rande sei auf § 2a Abs. 3 Satz 1 EStG a.F.[1407] hingewiesen. Soweit sich in einem der anschließenden Veranlagungszeiträume bei den nach dem DBA zu befreienden Einkünften aus gewerblicher Tätigkeit aus der in diesem ausländischen Staat belegenen Betriebsstätte insgesamt ein positiver Betrag ergibt, ist dieser in dem betreffenden Veranlagungszeitraum bei der Ermittlung des Gesamtbetrags der Einkünfte gemäß § 2a Abs. 3 Satz 3 EStG a.F. wieder hinzuzurechnen. Die Praxis hat nach Ansicht von *Spengel* jedoch gezeigt, dass die Nachversteuerung nicht funktioniert.[1408]

Es bestehen deutliche Unterschiede zu Art. 42 GKB. Der Richtlinienvorschlag beabsichtigt gezielt die Ermöglichung der grenzüberschreitenden Verlustverrechnung unterschiedslos für Betriebsstätten und Tochtergesellschaften. Trotzdem lässt Art. 42 Abs. 2 Satz 1 Alt. 1 GKB die Verlustverrechnung bei qualifizierten Tochtergesellschaften lediglich in Höhe des Beteiligungsverhältnisses zum Steuerpflichtigen zu, während § 14 Abs. 1 Satz 1 KStG die Verrechnung in Höhe des erzielten Ergebnisses zulässt. Infolgedessen geht der Richtlinienvorschlag vermutlich davon aus, dass mehrere Muttergesellschaften bzw. Steuerpflichtige an einer Tochtergesellschaft beteiligt sein können, die Verlustverrechnungsmöglichkeit jedoch nur der Muttergesellschaft, welche im Sinne des Art. 3 Abs. 1 GKB qualifiziert beteiligt ist, zusteht. Dieser Idee folgt auch die deutsche Organschaft, die die „qualifizierte Beteiligung" durch das Tatbestandsmerkmal der finanziellen Eingliederung sicherstellt. Ferner wurde die sogenannte Mehrmütterorganschaft ohnehin 2003 infolge der BFH-Rechtsprechung abgeschafft.[1409]

Der Richtlinienvorschlag verzichtet – mit Ausnahme des Verweises auf Art. 3 Abs. 1 GKB – auf die Anknüpfung an das Gesellschaftsrecht. Demgegenüber ist die Organschaft vom gesellschaftsrechtlichen Gewinnabführungsvertrag abhängig. Die Europäische Kommission hatte hierbei wohl weniger die Kritik im deutschen

---

1407 Einkommensteuergesetz i.d.F. der Bekanntmachung v. 16.04.1997 (BGBl. I v. 29.04.1997, S. 821): „Sind nach einem Abkommen über die Vermeidung der Doppelbesteuerung bei einem unbeschränkt Steuerpflichtigen aus einer in einem ausländischen Staat belegenen Betriebsstätte stammende Einkünfte aus gewerblicher Tätigkeit von der Einkommensteuer zu befreien, so ist auf Antrag des Steuerpflichtigen ein Verlust, der sich nach den Vorschriften des inländischen Steuerrechts bei diesen Einkünften ergibt, bei der Ermittlung des Gesamtbetrags der Einkünfte abzuziehen, soweit er vom Steuerpflichtigen ausgeglichen oder abgezogen werden könnte, wenn die Einkünfte nicht von der Einkommensteuer zu befreien wären, und soweit er nach diesem Abkommen zu befreiende positive Einkünfte aus gewerblicher Tätigkeit aus anderen in diesem ausländischen Staat belegenen Betriebsstätten übersteigt."

1408 *Spengel* ifst-Schrift Nr. 520 (2017), S. 23 (26).

1409 Vgl. detailliert zur Historie: *Prinz* in: Prinz/Witt, Steuerliche Organschaft, Rn. 1.25 f.

Schrifttum[1410] im Blick, als dass sie Verweise in unharmonisiertes nationales Gesellschaftsrecht vermeiden wollte. Dieser Vorgehensweise ist durchaus zuzustimmen, da der Gewinnabführungsvertrag im Europäischen Steuerrecht bzw. Gesellschaftsrecht nicht verbreitet ist und in der Vergangenheit zu Auslegungsproblemen geführt hat.

2. Österreichische Gruppenbesteuerung – ebenfalls Pooling

Österreich verfolgt durch die sogenannte Gruppenbesteuerung anhand der Unternehmensgruppe gemäß § 9 Abs. 1 öKStG ebenfalls das Ziel, die steuerlichen Ergebnisse beim sogenannten Gruppenträger im Sinne des § 9 Abs. 3 öKStG zusammenzufassen. Jede Körperschaft wird grundsätzlich als eigenständiges Steuersubjekt betrachtet.[1411] Am Rande sei erwähnt, dass Österreich steuersystematisch Personengesellschaften ebenfalls transparent und Körperschaften intransparent betrachtet.[1412] Durch die Gruppenbesteuerung können die Verluste innerhalb der Unternehmensgruppe sofort ausgeglichen werden.[1413] Ausländische Körperschaften können in die Gruppenbesteuerung sowohl als Gruppenmitglied als auch als Gruppenträger eingebunden sein.[1414] Die Unternehmensgruppe ist auf Körperschaftsteuersubjekte gemäß § 9 Abs. 2, 3 öKStG – und damit ebenfalls auf Subjekte des Richtlinienvorschlages – beschränkt.[1415] Dennoch kommen sowohl als Gruppenmitglied als auch als Gruppenträger ausländische Körperschaften in Betracht.[1416] Die ausländische Gruppenmitgliedschaft ist hingegen auf eine Ebene begrenzt, sodass die weitere finanzielle Verbindung des ausländischen Gruppenmitglieds im Sinne des § 9 Abs. 4 öKStG mit einer ausländischen Enkelgesellschaft ausgeschlossen ist.[1417] Die Körperschaften müssen gemäß § 9 Abs. 4 öKStG miteinander finanziell verbunden sein. Hierzu bedarf es einer unmittelbaren oder mittelbaren Beteiligung in Höhe von mindestens 50 % des Grund-, Stamm- oder

---

1410 *Jacobs et al.* Int. Unternehmensbesteuerung, S. 978; *Glaser* DStR 2011, S. 2317 (2318 f.); *Esterer/Bartelt* BB Spezial Nr. 5 2010, S. 2 (3); *Lüdicke* FR 2009, S. 1025 (1028); in: Herzig, Organschaft, S. 553 ff.; a.A.: *Lausterer/Hulde* in: Prinz/Witt, Steuerliche Organschaft, Rn. 5.81; *Köhler* DStR 2007, S. 597 (597).

1411 Österreichisches Bundesministerium für Finanzen v. 13.03.2013 – BMF-010216/0009-VI/6/2013 (KStR 2013), Rn. 1004; *Beiser* Steuern. Ein systematischer Grundriss, Rn. 334; *Prodinger* Einführung in das Steuerrecht, S. 186.

1412 Vgl. detailliert: *Beiser* Steuern. Ein systematischer Grundriss, Rn. 249 ff., 383.

1413 Vgl. *Prodinger* Einführung in das Steuerrecht, S. 186.

1414 Vgl. *Beiser* Steuern. Ein systematischer Grundriss, Rn. 335.

1415 Vgl. Österreichisches Bundesministerium für Finanzen v. 13.03.2013 – BMF-010216/0009-VI/6/2013 (KStR 2013), Rn. 1012 ff.

1416 Vgl. detailliert m.w.N.: *Treisch* in: Kellersmann *et al.*, EU I, S. 115 ff.

1417 Österreichisches Bundesministerium für Finanzen v. 13.03.2013 – BMF-010216/0009-VI/6/2013 (KStR 2013), Rn. 1008.

Genossenschaftskapitals und der Stimmrechte der Beteiligungskörperschaft.[1418] Die Gruppenbesteuerung setzt gemäß § 9 Abs. 8 öKStG einen Gruppenantrag beim Finanzamt des Gruppenträgers voraus und besteht gemäß § 9 Abs. 10 öKStG für einen Zeitraum von drei Jahren. Die Gruppenmitglieder sind nichtsdestotrotz individuell zu veranlagen, wobei das eigene Einkommen durch Bescheid nach § 92 Abs. 1 lit. b BAO festgestellt wird.[1419] Soweit die Gruppe nach der Zusammenfassung ein negatives Ergebnis erwirtschaftet hat, unterliegen AG und GmbH einer Mindestkörperschaftsteuer in Höhe von 5 % ihres Mindestgrund-[1420] bzw. Stammkapitals[1421], wobei die Mindestbesteuerung gemäß § 24 Abs. 4 öKStG als Steuervorauszahlung vorgetragen wird, soweit sie die tatsächliche Körperschaftsteuerschuld übersteigt, um dann mit der Körperschaftsteuer des Folgejahres verrechnet werden zu können.[1422]

3. *Steuerliches Einheitskonzept in den Niederlanden*

In den Niederlanden können Verluste gemäß § 20 Abs. 2 WVB auf das vorangegangene Steuerjahr zurückgetragen und auf die folgenden neun Jahre vorgetragen werden.

Mutter- und Tochtergesellschaft werden gemäß § 15 Abs. 1 Satz 1 WVB als sogenannte steuerliche Einheit („fiscale eenheid“) behandelt, wenn die Muttergesellschaft zu mindestens 95 % an der Tochtergesellschaft beteiligt ist. Infolgedessen ist die Muttergesellschaft gemäß § 15 Abs. 1 Satz 2 WVB Steuersubjekt der Körperschaftsteuer. Abweichend von den Körperschaftsteuersubjekten des Richtlinienvorschlags[1423] kommen gemäß § 15 Abs. 4 lit. d WVB nur bestimmte Körperschaften als Muttergesellschaft in Frage.[1424] Beide Gesellschaften müssen gemäß § 15 Abs. 4 lit. c WVB der unbeschränkten Steuerpflicht unterliegen und den Ort der Geschäftsleitung in den Niederlanden haben. Abweichend können gemäß § 15 Abs. 8 lit. a WVB auch Unternehmen, die lediglich eine Betriebsstätte („vaste inrichting“) in den Niederlanden haben, Teil der steuerlichen Einheit sein, wenn der Ort der Geschäftsleitung in einem EU/EWR-Mitgliedstaat liegt. Zudem können

1418 Österreichisches Bundesministerium für Finanzen v. 13.03.2013 – BMF-010216/0009-VI/6/2013 (KStR 2013), Rn. 1033 f.; vgl. *Prodinger* Einführung in das Steuerrecht, S. 189.

1419 Österreichisches Bundesministerium für Finanzen v. 13.03.2013 – BMF-010216/0009-VI/6/2013 (KStR 2013), Rn. 1596 f.

1420 Dieses beträgt bei der AG: 70.000 €.

1421 Dieses beträgt bei der GmbH: 35.000 €.

1422 Vgl. *Beiser* Steuern. Ein systematischer Grundriss, Rn. 378; *Prodinger* Einführung in das Steuerrecht, S. 160, 209.

1423 COM(2016) 685 final, Anhang, S. 3 lit. u).

1424 AG („naamloze vennootschap“), GmbH („besloten vennootschap met beperkte aansprakelijkheid“), Genossenschaft („coöperatie“) und Versicherungsverein auf Gegenseitigkeit („onderlinge waarborgmaatschappij“).

nach der Rechtsprechung des EuGH gebietsfremde Enkelgesellschaften und sogar gebietsfremde Muttergesellschaften in die steuerliche Einheit einbezogen werden.[1425] Innerhalb der steuerlichen Einheit werden die Gewinne und Verluste der Beteiligten gemäß § 15af WVB konsolidiert.

4. *Gruppenentlastung in Irland*

Soweit ein Unternehmen sogenannte Handelsverluste („loss in the trade“) erwirtschaftet, können diese in Irland gemäß Sec. 396 SSec. 1 TCA auf nachfolgende Besteuerungsperioden („accounting period“) vorgetragen werden („carry-forward of losses“), wenn das Unternehmen den Handel weiter fortführt. Der Verlustvortrag ist gemäß Sec. 396 SSec. 1 TCA nicht möglich, wenn die Verluste teilweise oder vollständig nach Sec. 396 SSec. 2, Sec. 455 SSec. 3 TCA verrechnet werden. Nach Sec. 396 SSec. 2 TCA können Handelsverluste mit anderen Gewinnen derselben Besteuerungsperiode („same period set-off“) oder im Rahmen des Verlustrücktrags („carry-back of losses“) auf Gewinne der unmittelbar vorangegangenen Besteuerungsperiode im Sinne des Sec. 396 SSec. 3 TCA verrechnet werden, soweit sich die Besteuerungsperioden entsprechen. Handelsverluste, die durch den Handel im Ausland entstanden sind, können gemäß Sec. 396 SSec. 4 TCA nicht durch den Verlustrücktrag oder den Verlustabzug in derselben Besteuerungsperiode nach Sec. 396 SSec. 2 TCA mit inländischen Handelsgewinnen verrechnet werden („Case III of Schedule D“).

Für körperschaftsteuerliche Zwecke können Handelsverluste im Sinne des Sec. 396 SSec. 2 TCA eines Unternehmens („surrendering company“) gemäß Sec. 420 SSec. 1, Sec. 411 SSec. 2 TCA an ein Unternehmen derselben Gruppe („claimant company“) übergeben werden, um mit den korrespondierenden Handelsgewinnen des empfangenen Unternehmens derselben Besteuerungsperiode verrechnet zu werden. Die beiden Unternehmen sind dabei gemäß Sec 411 SSec. 3 TCA über eine Beteiligung in Höhe von 75 % miteinander verbunden oder Teil eines Konsortiums im Sinne des Sec. 410 SSec. 1 lit. b TCA. Sogenannte „Case III of Schedule D“ – Verluste im Sinne des Sec. 396 SSec. 4 TCA oder Sec. 663 TCA können jedoch nicht übertragen werden. Die Zahlung („payment for group relief“) zwischen den Unternehmen wird gemäß Sec. 411 SSec. 5 TCA weder als körperschaftsteuerlicher Ertrag noch als Aufwand berücksichtigt.

5. *Konsolidierung in Italien*

Die Bildung einer Gruppe nach Art. 117 TUIR führt in Italien zur Konsolidierung der steuerlichen Ergebnisse der einzelnen in Italien unbeschränkt steuerpflichtigen Gruppenmitglieder. Die Option zur Konsolidierung wird gemäß Art. 119 Abs. 1 TUIR für ein Jahr ausgeübt. Gemäß Art. 118 Abs. 1 TUIR wird das weltweite

1425 EuGH v. 12.06.2014 – C-39/13, C-40/13 und C-41/13, IStR 2014, S. 486, Rn. 25 f.

Gesamteinkommen („redditi complessivi netti") der Gruppe errechnet. Entstehende Verluste werden beim herrschenden Unternehmen („soggetto controllante") gemäß Art. 118 Abs. 1 Satz 2 TUIR vorgetragen. Verluste, die in Besteuerungsperioden vor der Gruppenbildung entstanden sind, können gemäß Art. 118 Abs. 2 TUIR durch die entsprechenden Unternehmen verrechnet werden. Die Muttergesellschaft („l'ente controllante") ist Steuerschuldner der Gruppe gemäß Art. 118 Abs. 3, 127 TUIR. Die Konsolidierung ist gemäß Art. 131 Abs. 1 TUIR ebenfalls möglich, wenn Gruppenmitglieder beschränkt steuerpflichtig sind. Eine beschränkt steuerpflichtige Tochtergesellschaft erfüllt die notwendige Ansässigkeitsvoraussetzung für die Konsolidierung gemäß Art. 133 Abs. 1 TUIR, wenn die Muttergesellschaft die Beteiligung in Höhe von mindestens 50 % hält. Dementsprechend bestimmt sich der Anteil der Muttergesellschaft am Ertrag gebietsfremder Tochtergesellschaften („controllata non residente") anhand der Beteiligung gemäß Art. 131 Abs. 2 TUIR.

6. Finnischer ergebniswirksamer Konzernbeitrag

Im finnischen Steuerrecht erfolgt die Verlustverrechnung anhand eines Konzernbeitrages („Konserniavustuksen"). Der Konzernbeitrag wird von einer Aktiengesellschaft („osakeyhtiö") oder einer gewerblich geprägten Genossenschaft („osuuskunta") einer anderen Aktiengesellschaft oder Genossenschaft gemäß § 2 KonsAvL gewährt. Der Konzernbeitrag wird für die Geschäftstätigkeit („harjoittamaa liiketoimintaa") gewährt. Er stellt keine Investition dar und kann nicht von den Einkünften nach dem Gesetz über die Besteuerung der Einkünfte aus gewerblicher Tätigkeit („Elinkeinotulon verottamisesta annettu laki") abgezogen werden. Ist die Muttergesellschaft („emoyhteisö") unmittelbar oder mittelbar zu 90 % an der Tochtergesellschaft („tytäryhteisö") beteiligt, ist der Konzernbeitrag als Betriebsausgabe gemäß § 3 KonsAvL abzugsfähig. Korrespondierend stellt der Konzernbeitrag bei der Tochtergesellschaft eine Betriebseinnahme dar.

7. Zwischenfazit zur Mitgliedstaatliche Behandlung entstandener Verluste

Die Analyse zeigt, wie unterschiedlich die einzelnen nationalen Regelungen sind. In Deutschland würde sich durch die Einführung eines grenzüberschreitenden Verlustausgleichs das nationale System de lege lata erstmalig der grenzüberschreitenden Verrechnung öffnen.[1426] In diesem Zusammenhang hat sich das BMF gegen die Einführung eines grenzüberschreitenden Verlustausgleichs ausgesprochen.[1427]

1426 Vgl. mit gleichem Ergebnis bereits: *Glaser* DStR 2011, S. 2317 (2322).

1427 BMF/Ministère de l'Économie et des Finances v. 19.01.2018, Gemeinsames Positionspapier Deutschlands und Frankreichs zum GKB-Vorschlag, S. 1 f., abrufbar unter: https://www.bundesfinanzministerium.de/Content/DE/Standardartikel/Themen/Europa/2018-06-20-Meseberg-Anl2.pdf?__blob=publicationFile&v=1 (zuletzt abgerufen am 06.12.2018).

In anderen Mitgliedstaaten würden vornehmlich die Beteiligungsverhältnisse geändert, die für die finanzielle Eingliederung in das nationale Verrechnungssystem notwendig wären. In Italien besteht bereits ein Konsolidierungssystem, was somit doppelten Aufwand für die Umsetzung des Richtlinienvorschlags bedeutet, da Italien sein bestehendes System anpassen müsste und mit der voraussichtlichen Umsetzung der $GKKB_{2016}$ zu dem Grundgedanken seines nationalen Systems zurückkehren würde. Und für finnische Körperschaften wird der Anwendungsbereich im Gegensatz zu § 1 ff. KonsAvL durch den Richtlinienvorschlag erweitert.[1428] Der Beitrag zur Verlustverrechnung stellt abweichend eine Betriebsausgabe dar. Eine Nachversteuerung ist nicht vorgesehen. Schließlich wird der Konzernbeitrag als steuerwirksame Betriebseinnahme bei der Tochtergesellschaft besteuert. Eine Nachversteuerung würde eine Doppelbesteuerung darstellen, sobald die Tochtergesellschaft keine Verluste mehr erzielt.

II. Einfluss der Rechtsprechung des EuGH auf die Verlustbehandlung innerhalb der Europäischen Union

Wie bereits dargestellt wurde, können DBA zur Berücksichtigung von Einkünften, die außerhalb des Besteuerungsstaats entstanden sind, entweder auf die Anrechnungsmethode oder die Freistellungsmethode zurückgreifen.[1429] Die Nutzbarkeit von Verlusten in einem Staat darf nicht von der Situation im anderen Staat abhängen, da die steuerliche Neutralität zur Doppelbesteuerung führt.[1430] Schließlich darf es nicht im Belieben des Steuerpflichtigen stehen, in welchem Mitgliedstaat die Muttergesellschaft besteuert wird.[1431]

Nach Auffassung des BFH zu deutschen DBA, in denen traditionell die Freistellungsmethode vereinbart wird[1432], gilt nach der sogenannten Symmetriethese, dass ausländische Verluste ebenso wie ausländische Gewinne im Rahmen abkommensrechtlicher Freistellung nicht in die inländische Steuerbemessungsgrundlage einzubeziehen seien.[1433]

1428 COM(2016) 685 final, Anhang, S. 4 lit. bb).

1429 Vgl. dazu: Teil 2: A.I.3.b.; vgl. zu beiden Methoden: *Jacobs et al.* Int. Unternehmensbesteuerung, S. 430 f.

1430 *Schön* in: Schön/Heber, Grundfragen des Europäischen Steuerrechts, S. 145.

1431 EuGH v. 25.02.2010 – C-337/08 (X Holding), Slg 2010, I-1215, Rn. 29; EuGH v. 18.07.2007 – C-231/05 (Oy AA), Slg 2007, I-6373, Rn. 30; *Kessler/Arnold* IStR 2016, S. 226 (230); *Schwenke* in: Baumhoff/Schönfeld, Grenzüberschreitende Verlustverrechnung, S. 10 f.

1432 Vgl. so: *Schänzle/Engel* in: Mössner, Steuerrecht international tätiger Unternehmen, Rn. 6.159.

1433 Vgl. st. Rspr. BFH v. 17.07.2008 – I R 84/04, BStBl. II 2009, S. 630; vgl. detailliert: *Fähling* Die grenzüberschreitende Verlustverrechnung international agierender Unternehmen, S. 71 ff.; vgl. m.w.N.: *Schänzle/Engel* in: Mössner, Steuerrecht international tätiger Unternehmen, Rn. 6.159.

1. Übersichtsartige Darstellung der EuGH-Rechtsprechung

Der EuGH bestätigte in der Rechtssache Marks&Spencer grundsätzlich die Auffassung des BFH, obgleich er in der Nichtabziehbarkeit der in einem anderen Mitgliedstaat entstandenen Verluste eine unzulässige Beeinträchtigung der Niederlassungsfreiheit gemäß Art. 49 AEUV erkannte.[1434]

Unter Beachtung der Verhältnismäßigkeit ist es daher notwendig, sogenannte finale Verluste zum Abzug bei der inländischen Muttergesellschaft zuzulassen. Allerdings kann die Verwertbarkeit stets nur als ultima ratio erfolgen.[1435] Kernbestandteil der finalen Verluste ist es, dass diese aus tatsächlichen Gründen im Ausland – unbeschadet der rechtlichen Rahmenbedingungen[1436] – unter jedem realistisch in Betracht kommenden Gesichtspunkt endgültig nicht mehr berücksichtigt werden können.[1437] Bspw. fehlt es an der Finalität, wenn die Verluste aufgrund einer zeitlichen Verlustabzugsbeschränkung im Quellenstaat nicht mehr abziehbar sind.[1438] Verluste sind nicht final, wenn der Steuerpflichtige die Nutzung von Verlustabzugsmöglichkeiten im Ausland unterlässt.[1439] In der Rechtssache Lidl Belgium[1440] kam der EuGH dann zu der Auffassung, dass sich die aufgestellten Grundsätze ebenso auf eine im Ausland befindliche Betriebsstätte übertragen lassen.[1441]

1434 Vgl. st. Rspr. EuGH v. 13.12.2005 – C-446/03 (Marks&Spencer), Slg 2005, I-10837, Rn. 28; vgl. zur Historie der „finalen Verluste"-Rechtsprechung: *Brandis* DStR 2018, S. 2051 (2051 ff.); *Schnitger* IStR 2016, S. 72 (72 f.); *Niemann/Dodos* DStR 2016, S. 1057 (1057 f.).

1435 *Hey* GmbHR 2006, S. 113 (115).

1436 Vgl. BFH v. 05.02.2014 – I R 48/11, BFHE 244, S. 371, Rn. 13; vgl. zur Abgrenzung: *Eisgruber* in: Baumhoff/Schönfeld, Grenzüberschreitende Verlustverrechnung, S. 37.

1437 EuGH v. 15.05.2008 – C-414/06 (Lidl Belgium), Slg 2008, I-3601, Rn. 49 ff.; vgl. dazu: BFH v. 22.09.2015 – I B 83/14, BFH/NV 2016, S. 375, Rn. 15; BFH v. 05.02.2014 – I R 48/11, BFH/NV 2014, S. 963, Rn. 11; BFH v. 09.06.2010 – I R 100/09, BFH/NV 2010, S. 1742, Rn. 18; *Weiten* (Finale) Verluste aus ausländischen EU/EWR-Direktinvestitionen Eine Untersuchung zur inländischen Berücksichtigung ausländischer Verluste aus deutscher Steuerperspektive, S. 123 f., 200, 238; *Schönfeld* in: Baumhoff/Schönfeld, Grenzüberschreitende Verlustverrechnung, S. 23.

1438 EuGH v. 23.10.2008 – C-157/07 (Krankenheim Ruhesitz am Wannsee), Slg 2008, I-8061, Rn. 25; *Weiten* (Finale) Verluste aus ausländischen EU/EWR-Direktinvestitionen Eine Untersuchung zur inländischen Berücksichtigung ausländischer Verluste aus deutscher Steuerperspektive, S. 200.

1439 *Weiten* (Finale) Verluste aus ausländischen EU/EWR-Direktinvestitionen Eine Untersuchung zur inländischen Berücksichtigung ausländischer Verluste aus deutscher Steuerperspektive, S. 200; *Mitschke* IStR 2013, S. 209 (210).

1440 EuGH v. 15.05.2008 – C-414/06 (Lidl Belgium), Slg 2008, I-3601.

1441 Vgl. ebenso: EuGH v. 23.10.2008 – C-157/07 (Krankenheim Ruhesitz am Wannsee), Slg 2008, I-8061, Rn. 43; EuGH v. 15.05.2008 – C-414/06 (Lidl Belgium), Slg 2008, I-3601, Rn. 31 ff.

Allerdings gelangte der EuGH unter Berücksichtigung des Territorialitätsprinzips[1442] auch zu der Auffassung, dass der Eingriff in Art. 49 AEUV gerechtfertigt sei, sofern sogenannte zwingende Gründe des Allgemeinwohls vorlägen.[1443] Die Rechtfertigung erfolgt dementsprechend auch zum Zwecke der Missbrauchsprävention, da andernfalls Einkünfte künstlich auf Tochtergesellschaften in Niedrigsteuerländern verschoben werden könnten.[1444] Als zwingende Gründe des Allgemeinwohls definierte der EuGH folgende Fallgruppen: Wahrung der ausgewogenen Aufteilung der Besteuerungsbefugnisse, Vermeidung der Gefahr doppelter Verlustberücksichtigung und Steuerfluchtgefahr.[1445] Demzufolge ist es aus unionsrechtlicher Perspektive möglich, die grenzüberschreitende Verlustverrechnung auf nationaler Ebene auszuschließen.[1446] Nach Ansicht der Generalanwältin *Kokott* darf das Unionsrecht einen Mitgliedstaat zur steuerlichen Berücksichtigung der Verluste verpflichten, wenn die korrespondierenden Gewinne außerhalb der Besteuerungshoheit dieses Mitgliedsstaates liegen.[1447] So berücksichtigt der EuGH das Interesse der Mitgliedstaaten, durch nationale Bestimmungen das Steueraufkommen zu schützen.[1448]

Kritisch wird gegenüber der Rechtsprechung des EuGH angemerkt, dass sie Inlands- und Auslandsinvestitionen infolge der ultima-ratio-Lösung unterschiedlich behandelt, da bspw. im Falle der Organschaft nach § 14 KStG Verluste sofort verrechnet würden.[1449] Zudem greift der EuGH entgegen seiner ursprünglichen Intention in die ausgewogene Aufteilung der Besteuerungsbefugnisse ein, indem er den Ansässigkeitsstaat verpflichtet, finale Verluste im Quellenstaat

---

1442 Vgl. detailliert: EuGH v. 29.03.2007 – C-347/04 (Rewe Zentralfinanz), Slg 2007, I-2647; *Lausterer/Hulde* in: Prinz/Witt, Steuerliche Organschaft, Rn. 5.31.

1443 Vgl. *Lang* in: Schön/Heber, Grundfragen des Europäischen Steuerrechts, S. 63 (74 f.); *Weiten* (Finale) Verluste aus ausländischen EU/EWR-Direktinvestitionen Eine Untersuchung zur inländischen Berücksichtigung ausländischer Verluste aus deutscher Steuerperspektive, S. 123 ff., 140 ff., 173 ff.

1444 EuGH v. 21.02.2013 – C-123/11 (A), GmbHR 2013, S. 321 Rn. 27; EuGH v. 18.07.2007 – C-231/05 (Oy AA), Slg 2007, I-6373, Rn. 59; EuGH v. 13.12.2005 – C-446/03 (Marks&Spencer), Slg 2005, I-10837, Rn. 57.

1445 Vgl. st. Rspr.: EuGH v. 17.12.2015 – C-388/14 (Timac Agro Deutschland), BStBl. II 2016, S. 362, Rn. 26; EuGH v. 17.06.2014 – C-48/13 (Nordea Bank Danmark), IStR 2014, S. 563, Rn. 23; EuGH v. 13.12.2005 – C-446/03 (Marks&Spencer), Slg 2005, I-10837, Rn. 44 ff.

1446 *Weiten* (Finale) Verluste aus ausländischen EU/EWR-Direktinvestitionen Eine Untersuchung zur inländischen Berücksichtigung ausländischer Verluste aus deutscher Steuerperspektive, S. 123.

1447 Vgl. Schlussanträge von GA Kokott zu: EuGH v. 21.02.2013 – C-123/11 (A), GmbHR 2013, S. 321 Rn. 50.

1448 *Weiten* (Finale) Verluste aus ausländischen EU/EWR-Direktinvestitionen Eine Untersuchung zur inländischen Berücksichtigung ausländischer Verluste aus deutscher Steuerperspektive, S. 126.

1449 *Lang* European Taxation 2014, S. 530 (540).

anzuerkennen.[1450] Zuletzt bereiten die Bestimmung[1451] des Verlustes und der Finalität Schwierigkeiten, da es an harmonisierten Definitionen fehlt.[1452] Aus deutscher Sicht bereitet insbesondere die Untätigkeit des Gesetzgebers Probleme, der wohl entgegen dem BFH zur Minimierung finanzieller Risiken von einem engen Verständnis der Finalität ausgehen würde.[1453]

In der Rechtssache Timac Agro[1454] kam der EuGH zu dem Ergebnis, dass für Verluste, die in den zeitlichen Anwendungsbereich des § 2a Abs. 3 a.F. EStG fallen, keine Berücksichtigung im Inland erfolgen kann. Gleiches gelte jedoch auch für Verluste, die nicht in den zeitlichen Anwendungsbereich fallen. Dies begründet der EuGH damit, dass insoweit die in der ausländischen Betriebsstätte entstandenen Verluste objektiv nicht mit inländischen Verlusten vergleichbar seien.[1455] Diese Entscheidung überraschte, weil man aus den Entscheidungsgründen hätte schließen können, dass der EuGH seine über Jahre gefestigte Rechtsfigur der finalen Verlusten aufgegeben hätte.[1456]

Der BFH hatte sich trotz deutlicher Kritik in der Literatur[1457] der Ansicht des EuGH angeschlossen. Dabei hat der Senat ausdrücklich offengelassen, ob es für die Vergleichbarkeit grenzüberschreitender und innerstaatlicher Sachverhalte genüge, dass der deutsche Gesetzgeber aufgrund nationaler oder abkommensrechtlicher switch-over-Regeln von der Freistellungsmethode zur Anrechnungsmethode wechselt.[1458]

Zuletzt überraschte der EuGH in der Rechtssache Bevola und Jens W. Trock[1459] erneut. Die Entscheidung hatte die Berücksichtigung finnischer Betriebsstättenverluste einer dänischen Körperschaft zum Gegenstand. Essenz der Entscheidung

---

1450 Vgl. m.w.N.: *Lang* in: Schön/Heber, Grundfragen des Europäischen Steuerrechts, S. 80 ff.

1451 Vgl. EuGH v. 21.02.2013 – C-123/11 (A), GmbHR 2013, S. 321 Rn. 58.

1452 Vgl. FG Köln, 19.02.2014 – 13 K 3906/09, EFG 2014, S. 1901 (1906); vgl. ähnlich: *Hey* in: Lüdicke/Mellinghoff/Rödder, FS Gosch 2016, S. 161 (169); *Hey* in: Tipke/Lang, Steuerrecht, § 13 Rn. 153; *Weiten* (Finale) Verluste aus ausländischen EU/EWR-Direktinvestitionen Eine Untersuchung zur inländischen Berücksichtigung ausländischer Verluste aus deutscher Steuerperspektive, S. 207; *Musil* DB 2011, S. 2451 (25); aA. EuGH v. 06.10.2015 – C-66/14, IStR 2015, S. 879, Rn. 41.

1453 Vgl. dazu BMF „Verlustverrechnung und Gruppenbesteuerung" v. 10.11.2011, S. 69 ff.

1454 EuGH v. 17.12.2015 – C-388/14 (Timac Agro Deutschland), BStBl. II 2016, S. 362

1455 EuGH v. 17.12.2015 – C-388/14 (Timac Agro Deutschland), BStBl. II 2016, S. 362, Rn. 63 ff.

1456 Vgl. ebenso bspw.: *Schlücke* FR 2018, S. 648 (648); *Dobratz* IStR 2017, S. 1006 (1007); *Niemann/Dodos* DStR 2016, S. 1057 (1063).

1457 Vgl. bspw.: *Schänzle/Engel* in: Mössner, Steuerrecht international tätiger Unternehmen, Rn. 6.162; *Schnitger* IStR 2016, S. 72 (73 f.)

1458 BFH v. 22.02.2017 – I R 2/15 BStBl. II 2017, S. 709, Rn. 40; vgl. dazu: *Schnitger* IStR 2016, S. 72 (73).

1459 EuGH v. 12.06.2018 – C-650/16 (Bevola und Jens W. Trock), GmbHR 2018, S. 741.

war, dass das Vorliegen finaler Verluste sich nach wie vor nach den in der Rechtssache Marks&Spencer entwickelten Kriterien bemisst, welche durch die nationalen tatsacheninstanzlichen und höchstrichterlichen Finanzgerichte zu prüfen sind.[1460] Es ist festzuhalten, dass der Gerichtshof die Rechtsfigur der finalen Verluste keinesfalls aufgegeben hat, sondern in der Rechtssache Timac Agro vielmehr falsch verstanden wurde.[1461]

2. Vergleich der EuGH-Rechtsprechung mit Art. 42 GKB

Sowohl die richterrechtliche Entwicklung der Rechtsfigur der finalen Verluste als auch die hinter der Normierung des Art. 42 GKB stehende gesetzgeberische Wertung gehen auf die Niederlassungsfreiheit nach Art. 49 AEUV zurück. Nach der jahrelangen Entwicklung dieser für das internationale Steuerrecht wichtigen Rechtsfigur wäre es ein Einfaches gewesen, die entwickelten Rechtssätze in Art. 42 GKB zu normieren. Hierauf verzichtet die Bestimmung jedoch vollständig, was in der deutschen Literatur positiv zur Kenntnis genommen wird.[1462]

Vielmehr beendet Art. 42 Abs. 1 Satz 1 AEUV das bisher gerichtlich zu lösende Problem, ob ein Verlust aufgrund tatsächlicher oder rechtlicher Gründe nicht mehr verwertbar ist, dadurch, dass die Abziehbarkeit der Verluste gerade nicht von ihrer Finalität, sondern von der Rentabilität des gebietsansässigen Steuerpflichtigen abhängt. Zweifelsohne trägt dies zur Vereinfachung der Bestimmung bei, da die Regelung sich gerade nicht auf unbestimmte Rechtsbegriffe zurückzieht. Dennoch ist es bemerkenswert, dass die Europäische Kommission mit einer über Jahre entstandenen Rechtsprechung des EuGH bricht.

Während der Verlustabzug nach den entwickelten Grundsätzen der EuGH-Rechtsprechung bei Vorliegen finaler Verluste stets vollständig erfolgen konnte, schränkt Art. 42 Abs. 2 Satz 1 GKB den Verlustabzug weiter in der Art ein, dass der Abzug im Verhältnis zu der Beteiligung des gebietsansässigen Steuerpflichtigen erfolgt.

Bleibt man im System der EuGH-Rechtsprechung, entspricht Art. 42 Abs. 4 GKB den entwickelten zwingenden Gründen des Allgemeinwohls. Während die Rechtsprechung bei Vorliegen zwingender Gründe den Verlust im Vorhinein versagt hat, sieht Art. 42 Abs. 4 GKB eine automatische Hinzurechnung vor. Zutreffend ist, dass dieses Vorgehen das Besteuerungsaufkommen der Mitgliedstaaten sichert, gleichwohl aber auch zu einem bürokratischen Aufwand für die Finanzbehörden[1463] bzw.

1460 EuGH v. 12.06.2018 – C-650/16 (Bevola und Jens W. Trock), GmbHR 2018, S. 741, Rn. 61 ff.; *Schlücke* FR 2018, S. 648 (649).

1461 *Brandis* DStR 2018, S. 2051 (2056); *Schlücke* FR 2018, S. 648 (648).

1462 Vgl. *Hey* in: Lüdicke/Mellinghoff/Rödder, FS Gosch 2016, S. 171 ff.; *Kessler/Arnold* IStR 2016, S. 226 (226).

1463 Denn zumindest aus Sicht des deutschen Steuerrechts besteht für die Finanzbehörde eine Ermittlungspflicht von Amts wegen nach § 88 Abs. 1 Satz 1 AO.

für den gebietsansässigen Steuerpflichtigen[1464] führt, sofern ein Sachverhalt nach Art. 42 Abs. 4 GKB verwirklicht wird.

Ferner verhindert Art. 42 Abs. 2 Satz 2 GKB, dass die dem gebietsansässigen Steuerpflichtigen fremden Verluste zu „eigenen“ Verlusten werden, die er dann nach nationalem Recht über Jahre vortragen könnte, da die Steuerbemessungsgrundlage keinen negativen Betrag ausweisen darf.

Insgesamt verspricht Art. 42 GKB die Diskussion um die Rechtsfigur der finalen Verluste noch einmal zu beleben und bei erfolgreicher Umsetzung der Richtlinienvorschläge schlichtweg zu beenden.

III. Auswirkung auf die Subsidiarität i.e.S.

Da die vorangegangenen Abschnitte bereits den status-quo in der Europäischen Union aufgezeigt haben, ist fraglich, ob die Bestimmungen gemäß Art. 41, 42 GKB mit dem Subsidiaritätsprinzip i.e.S. gemäß Art. 5 Abs. 3 AEUV vereinbar sind. Der EuGH hat sich der grenzüberschreitenden Verlustverrechnung bereits angenommen, um die Einhaltung der Grundfreiheiten zu sichern. Dennoch fällt die Regelung nicht in die ausschließliche Zuständigkeit der EU. Sie beabsichtigt, mit Art. 42 GKB die grenzüberschreitende Expansion zu fördern.[1465] Während die einzelnen Mitgliedstaaten nur unilaterale bzw. bilaterale Lösungen anbieten können, bedarf es nach Ansicht von *Kessler/Arnold* bestimmungsgemäß einer supranationalen Lösung.[1466] *Stöber* führt an, dass der EuGH in seiner jüngeren Rechtsprechung Klarheit zur grenzüberschreitenden Verlustverrechnung geschaffen habe, eine unionsweite Regelung zur Beseitigung rechtlicher Unsicherheiten und Erleichterung der grenzüberschreitenden Tätigkeiten von Unternehmen aber wünschenswert wäre.[1467] Dem ist mit Blick auf das übergeordnete Ziel des Richtlinienvorschlags, steuerliche Befolgungskosten für Unternehmen zu senken, zuzustimmen, indem lediglich ein System zur Behandlung von Verlusten angewendet wird. Soweit das Funktionieren des Binnenmarktes gesichert werden soll, können die Unterschiede nur im Wege einer einheitlichen Bestimmung beseitigt werden. Da der intersubjektive Verlustausgleich an Art. 41 GKB anknüpft, bedarf es notwendigerweise auch einer unionsrechtlichen Bestimmung zum interperiodischen Verlustabzug, obgleich dieser lediglich national stattfindet und von der geteilten Zuständigkeit der Europäischen Union im Sinne des Art. 4 AEUV noch weiter entfernt ist. Dementsprechend ist mit politischer Gegenwehr der Mitgliedstaaten zu rechnen.

1464 Für den im Geltungsbereich des deutschen Steuerrechts gebietsansässigen Steuerpflichtigen folgt eine Erklärungspflicht aus § 90 Abs. 1 AO.

1465 COM(2016) 685 final, Tz. 13.

1466 *Kessler/Arnold* IStR 2016, S. 226 (227).

1467 *Stöber* DStZ 2016, S. 582 (591).

IV. Verhältnismäßigkeit der unionsrechtlichen Bestimmung

Ziel der Bestimmungen ist es, das Ergebnis der realen Handelstätigkeit darzustellen, Missbrauch durch den Abzug von Verlusten zu verhindern und die grenzüberschreitende Expansion innerhalb der Europäischen Union zu fördern.[1468]

1. *Verlustbehandlung*

Zweifelsohne würde ein Verlustrücktrag das System des Art. 41 GKB komplizieren und dem übergeordneten Ziel, steuerliche Befolgungskosten zu senken, nicht genügen, wenn Steuerpflichtige sich mit dem Verlustrücktrag erstmalig auseinandersetzen müssten.[1469] Demgegenüber sprechen sich Deutschland und Frankreich weiterhin für einen einjährigen Verlustrücktrag in Höhe von 1 Mio. Euro aus.[1470]

An der Geeignetheit des Art. 41 Abs. 3 GKB bestehen keine Zweifel, obwohl die Bestimmung sowohl wirtschaftliche Anknüpfungspunkte als auch gesellschaftsrechtliche Anknüpfungspunkte wählt, um die Verlustverwendung zu untersagen. Der von der deutschen Bundesregierung befürchtete „Handel mit Verlustmänteln"[1471] wird durch die Bestimmung in ebenso geeigneter Weise verhindert.[1472] Jedoch ist der Bundesregierung dahingehend zuzustimmen, dass die Anknüpfung an Umsatzgrenzen aus administrativer Sicht aufwändiger ist und ebenfalls Gestaltungsräume bietet.[1473] Dies entspricht der Wertung des Schutzzwecks der Bestimmung, Missbrauch zu vermeiden und die Handelstätigkeit darzustellen.

Unter Berücksichtigung des deutsch-französischen Positionspapiers aus dem Januar 2018 könnte die Mindestgewinnbesteuerung bezüglich des Verlustvortrags des Art. 41 Abs. 2 GKB noch intensiviert werden. Die beiden Ministerien schlagen vor, eine Verrechnung mit früheren Verlusten nach Abzug eines Sockelbetrags in Höhe von 1 Mio. Euro nur anteilig (50–60 %) zuzulassen.[1474] Unklar und infolgedessen wohl noch wenig ausgereift scheint dieser Vorschlag hinsichtlich der Frage, ob der nicht verrechnete Teil nach dem anteiligen Verlustabzug dann vollständig

---

1468 COM(2016) 685 final, Tz. 12 f.

1469 COM(2016) 685 final, Tz. 13.

1470 BMF/Ministère de l'Économie et des Finances v. 19.01.2018, Gemeinsames Positionspapier Deutschlands und Frankreichs zum GKB-Vorschlag, S. 3, abrufbar unter: https://www.bundesfinanzministerium.de/Content/DE/Standardartikel/Themen/Europa/2018-06-20-Meseberg-Anl2.pdf?__blob=publicationFile&v=1 (zuletzt abgerufen am 06.12.2018).

1471 BR-Drucks. 641/16, Tz. 9.

1472 Vgl. dazu: Teil 4: C.V; *Benz/Böhmer* DB 2016, S. 2800 (2804).

1473 BR-Drucks. 641/16, Tz. 9.

1474 BMF/Ministère de l'Économie et des Finances v. 19.01.2018, Gemeinsames Positionspapier Deutschlands und Frankreichs zum GKB-Vorschlag, S. 3, abrufbar unter: https://www.bundesfinanzministerium.de/Content/DE/Standardartikel/Themen/Europa/2018-06-20-Meseberg-Anl2.pdf?__blob=publicationFile&v=1 (zuletzt abgerufen am 06.12.2018).

untergehen soll oder im Sinne des Art. 41 Abs. 2 und 4 GKB weiterhin bis zur vollständigen Verrechnung unbegrenzt vorgetragen werden kann.

Hinsichtlich der Erforderlichkeit erscheint es als das mildere Mittel, den status-quo beizubehalten, da die aktuelle Regelungen ebenfalls geeignet sind, die oben genannten Ziele zu erreichen. Jedoch sind die mitgliedstaatlichen Regelungen nicht geeignet, ein level-playing-field zu errichten oder die grenzüberschreitende Expansion durch Senkung der Befolgungskosten zu fördern. Infolge der Anknüpfung des Art. 42 GKB erscheint eine unionsrechtliche Bestimmung erforderlich, da Mitgliedstaaten durch die Anknüpfung an nationale Bestimmungen Unternehmen Anreize bieten könnten, Standorte zu verlagern. Zusammenfassend ergeben sich keine Bedenken gegen die Angemessenheit der Bestimmung.

2. *Verlustausgleich*

Ob der Verlustausgleich geeignet ist, die Ziele[1475] zu erreichen, erscheint durchaus problematisch, da die technische Ausgestaltung ungeklärt ist. Die Wertung des Wortlautes „nach Abzug ihrer eigenen Verluste gemäß Art. 41 [GKB]" spricht dafür, dass der Ausgleich erst nach der Berechnung der Steuerbemessungsgrundlage möglich ist.

Infolgedessen kann es sich bei dem Verlustausgleich nicht um einen konzerninternen Beitrag handeln. Eine Ausgestaltung anhand des Poolings erscheint ebenso fraglich, da Art. 42 GKB den Sinn und Zweck hat, die grenzüberschreitende Expansion lediglich durch den Ausgleich von Verlusten und nicht auch von Gewinnen zu fördern. Das Modell der Vollkonsolidierung scheidet offensichtlich mit Blick auf die $GKKB_{2016}$ aus. Vielmehr scheint der unionsrechtliche Verlustausgleich die Verluste lediglich körperschaftsteuerlich zu berücksichtigen. Hierfür spricht einerseits der Sinn und Zweck der Nachbesteuerung, das Besteuerungsaufkommen sicherzustellen,[1476] und andererseits der anteilige Ausgleich bei qualifizierten Tochtergesellschaften, der Ausfluss der steuerrechtlichen Symmetrie ist.

Obwohl nach Art. 42 Abs. 1 Satz 1, Abs. 2 Satz 1 GKB der quotale Ausgleich in Höhe der Beteiligung möglich ist, lässt der Wortlaut die Verlustbehandlung bei der qualifizierten Tochtergesellschaft offen.[1477] Es ist sowohl vorstellbar, dass der Verlust bei der qualifizierten Tochtergesellschaft in Höhe des quotalen Ausgleichs gemindert wird, als auch, dass der Verlust national weiterhin in voller Höhe bestehen bleibt. Für die letztgenannte Ansicht spricht, dass trotz Umsetzung national zwei Körperschaftsteuersysteme bestehen bleiben. Eine Körperschaft unterliegt nicht zwangsläufig, mit Ausnahme der Voraussetzungen gemäß Art. 1 Abs. 1 GKB, der Verlustberücksichtigung nach Art. 41 GKB, obwohl sie die Voraussetzungen der Tochtergesellschaft im Sinne des Art. 3 Abs. 1 GKB erfüllt. Ihre Verluste können

1475 Teil 4: C.
1476 COM(2016) 685 final, Tz. 13.
1477 Vgl. wohl ebenso: *Kerber* ifo-Schnelldienst 15/2015, S. 8 (10).

mangels entsprechender Bestimmung ebenso nach dem nationalen Recht berücksichtigt werden, sodass der Verlust sowohl bei der der steuerpflichtigen Muttergesellschaft für körperschaftsteuerliche Zwecke quotal gemäß Art. 42 Abs. 2 GKB als auch bei der Tochtergesellschaft nach nationalem Körperschaftsteuerrecht in voller Höhe zu berücksichtigen ist. Dieses Vorgehen widerspricht jedoch den Zielen des Richtlinienvorschlags und des internationalen Steuerrechts, da die Verluste doppelt berücksichtigt würden. Insbesondere bei Grenzüberschreitung würde so der Wertung des Sinns und Zwecks widersprochen, das Besteuerungsaufkommen zu sichern und die reale Handelstätigkeit abzubilden. Im systematischen Umkehrschluss würde es infolge der quotalen Nachbesteuerung gemäß Art. 42 Abs. 3, Abs. 4 lit. a GKB zu einer doppelten Besteuerung der Gewinne kommen. Da dies ebenso den Zielen des Richtlinienvorschlags[1478] widerspricht, erscheint die quotale Berücksichtigung bei der Tochtergesellschaft vorzugswürdig. Ein einheitliches level-playing-field kann zudem nicht entstehen, wenn weiterhin Anreize über das nationale Verlustverrechnungssystem bestehen könnten. Daher sprechen sich über 50 % in einer Befragung im Rahmen der Folgenanalyse für einen grenzüberschreitenden Verlustausgleich aus.[1479]

Ausweislich des Wortlauts des Art. 42 Abs. 1 Satz 1 GKB wird der Verlust bei dem gebietsansässigen Steuerpflichtigen abgezogen. Hieraus ergibt sich jedoch zwingend die Frage, wie der Verlust bei der Betriebsstätte oder qualifizierten Tochtergesellschaften sowie die dazugehörige Beteiligung festzustellen ist. Da in der GKB noch keine sogenannte Hauptsteuerbehörde im Sinne des Art. 3 Abs. 27 $GKKB_{2016}$ vorgesehen ist, kann die Verlustfeststellung nicht einzig bei dem Finanzamt der gebietsansässigen steuerpflichtigen Muttergesellschaft bzw. Stammhaus erfolgen. Verfahrensökonomisch sinnvoll erscheint es meines Erachtens, dass die qualifizierte Tochtergesellschaft ihre negative Steuerbemessungsgrundlage nach Art. 9 GKB durch die mitgliedstaatliche Finanzbehörde feststellen lässt und die positive Steuerbemessungsgrundlage des gebietsansässigen Steuerpflichtigen auf Grundlage dessen im Rahmen der weiteren Vorgaben des Art. 42 GKB gemindert wird. Übernimmt man die verfahrenstechnische Abwicklung[1480] der deutschen Organschaft gemäß § 14 Abs. 5 KStG, erfolgt die Verlustfeststellung im Wege der einheitlichen und gesonderten Feststellung gemäß §§ 179 ff. AO.[1481] In Österreich könnte man auf die Feststellung gemäß §§ 188 ff. BAO zurückgreifen. Obwohl aus deutscher Sicht ein zufriedenstellendes verfahrensrechtliches Werkzeug vorhanden ist, spricht hiergegen womöglich das Misstrauen in die ausländischen verfahrensrechtlichen Standards; höchst fraglich ist, ob die deutsche bzw. nationale

1478 COM(2016) 685 final, Tz. 2.

1479 Europäische Kommission v. 25.10.2016 – SWD(2016) 341 final (Impact assessment accompanying the document proposals for CCTB and CCCTB), S. 66.

1480 *Krumm* in: Blümich, EStG/KStG/GewStG, § 14 KStG Rn. 303 ff.; *Teiche* DStR 2013, S. 2197 (2200).

1481 Vgl. einführend: *Koenig* in: Koenig, AO, § 182 Rn. 9 ff.

Finanzverwaltung umgekehrt Feststellungsbescheide der Finanzbehörde eines anderen Mitgliedstaats als sogenannte Grundlagenbescheide anerkennen würde. Schließlich würde sie das Ergebnis des ausländischen Bescheids ungeprüft bzw. lediglich mit einer Plausibilitätsprüfung übernehmen, ohne die verfahrensrechtlichen Standards des Mitgliedstaats nachvollziehen zu können. Gerade bei der mit der GKB verbundenen Angst der Mitgliedstaaten, Besteuerungsaufkommen einzubüßen, kann man von der ungeprüften Übernahme nicht ausgehen. Dieses Vorgehen ließe sich wohl auch auf ausländische Betriebsstätten übertragen, wobei aus deutscher Sicht die Frage zu klären wäre, wie die Betriebsstättengewinnaufteilungsverordnung[1482] zu beachten wäre. Dementsprechend muss die Europäische Kommission nachbessern, um eine einheitliche und verfahrensökonomische Vorgehensweise gewährleisten zu können. Andernfalls wird sich der EuGH zukünftig mit der Frage beschäftigen müssen, ob die Feststellungsverfahren der einzelnen Mitgliedstaaten vergleichbaren Standards unterliegen und die Ergebnisse ungeprüft übernommen werden können. Auch wenn Art. 42 GKB sich vorwiegend an die Muttergesellschaft richtet, steht fest, dass die qualifizierte Tochtergesellschaft eigenständiger Steuerpflichtiger bleibt.[1483] Schließlich umfasst der Verlustausgleich ausweislich des Wortlauts nicht die sogenannten Enkelgesellschaften im Sinne des Art. 3 Abs. 2 GKB, sodass diese Verluste zunächst bei der qualifizierten Tochtergesellschaft, soweit sie die Voraussetzungen des Art. 2, 42 GKB erfüllt, zum Ausgleich kommen. Ferner erleichtert diese Betrachtung es der Finanzbehörde, die bestehenden Verluste bei der Tochtergesellschaft sowohl für die nationale als auch die grenzüberschreitende Verlustverrechnung festzustellen.

Dennoch birgt jede neue Bestimmung die Gefahr für Strategien zur Steuervermeidung.[1484] Dennoch erscheint die Nachversteuerung gemäß Art. 42 Abs. 3 f. GKB geeignet, das Besteuerungsaufkommen der Mitgliedstaaten zu sichern und Steuervermeidungsstrategien zumindest einzudämmen.

Hinsichtlich der Erforderlichkeit stellt sich die Frage, ob die Ziele nicht durch die ständige Rechtsprechung des EuGH in milderer Art und Weise ebenso erreicht werden. Schließlich beurteilt der EuGH den Sachverhalt unter Berücksichtigung des mitgliedstaatlichen Körperschaftsteuerrechts und der Grundfreiheiten.

1482 Verordnung zur Anwendung des Fremdvergleichsgrundsatzes auf Betriebsstätten nach § 1 Abs. 5 AStG, (BGBl. I v. 13.10.2014, S. 1603), zuletzt geändert durch Art. 5 der Verordnung v. 12.07.2017 (BGBl. I v. 19.07.2017, S. 2360).

1483 Hier ist meines Erachtens sinngemäß die Betrachtung im Rahmen der deutschen Organschaft zu übernehmen: *Müller* in: Müller/Stöcker/Lieber, Die Organschaft, Rn. 469 ff.

1484 Europäische Kommission v. 25.10.2016 – SWD(2016) 341 final (Impact assessment accompanying the document proposals for CCTB and CCCTB), S. 65 f.; Europäischer Ausschuss der Regionen v. 10.02.2016 – ABl.-EU C 51/34 (Stellungnahme — Eine faire und effiziente Unternehmensbesteuerung in der Europäischen Union), Tz. 30.

Der EuGH kann in einem schleichenden Prozess die oben genannten Ziele erreichen, obgleich diese rechtspolitische Aufgabe der Gemeinschaft der Gesetzgeber obliegt.[1485] Eine gerichtliche Harmonisierung erfolgt lediglich auf die Vorlage durch die nationalen Gerichte. Gerade die eingeschränkte Betrachtung einer einzigen nationalen Regelung in Verbindung mit der betroffenen Grundfreiheit kann kein Garant für die Förderung grenzüberschreitender Expansion sein.

Auch die Einführung separater mitgliedstaatlicher Regelungen zu ausländischen Verlusten auf Grundlage einer gefestigten EuGH-Rechtsprechung vermag die Ziele des Verlustausgleichs nicht ebenso zu fördern. Einerseits müssten die Regelungen geeignet sein, eine doppelte Verlustnutzung zu verhindern.[1486] Andererseits entstehen durch die Einführung solcher Regelungen zwangsläufig weitere Diskrepanzen in der Steuergesetzgebung und infolgedessen weitere Befolgungskosten für die Steuerpflichtigen.

Zudem ist fraglich, ob die grenzüberschreitende Verlustverrechnung das Steueraufkommen von Besteuerungsstaaten mit einem hohen Körperschaftsteuersatz benachteiligen wird. Denn es bietet Unternehmen den Anreiz, Verluste aus Staaten mit einem niedrigeren Steuersatz zu importieren.[1487] Dieses Problem hat der europäische Steuergesetzgeber jedoch bereits erkannt und eine sogenannte Recapture-Rule in Art. 42 Abs. 4 lit. b-d GKB implementiert. Ob diese Regelung erfolgversprechend sein kann, ist schwierig zu beurteilen. Frühere Erfahrungen zu § 2a Abs. 3 Satz 3 EStG a.F. sprechen eher dafür, den Erfolg zu verneinen.[1488]

Der grenzüberschreitende Verlustausgleich kommt vor allem Unternehmen zugute, die grenzüberschreitend tätig sind und Anlaufverluste nutzen wollen. Trotz des Widerstands gegenüber der Konsolidierung scheint es sich bei Art. 42 GKB um eine durchaus sinnvolle Bestimmung zu handeln. Die Bestimmung wird die Liquidität fördern und kommt nicht nur kleinen und mittleren Unternehmen zugute. Dennoch wird die Abkehr von der EuGH-Rechtsprechung auf politischen Widerstand stoßen, da noch ungeklärt ist, welche Auswirkungen die Bestimmung auf die öffentlichen Haushalte haben wird.[1489] Womöglich wird die Umsetzung der Bestimmung in den ersten Jahren zu einer Verringerung des Besteuerungsaufkommens führen, da nun auch nicht finale Verluste ausgeglichen werden können. Meines Erachtens wird diese Verringerung jedoch maximal so lange andauern, bis die Fristen für die automatische Nachversteuerung verstrichen sind. Auch wenn das Besteuerungsaufkommen demzufolge über einen längeren Zeitraum gesichert bleibt, fürchten die Mitgliedstaaten die kurzfristige Verringerung. Dennoch fehlt

1485 Vgl. dazu: Teil 3: F.II.2.b.

1486 Vgl. *Spengel/Stutzenberger* IStR 2018, S. 37 (39).

1487 *Jakob/Fehling* ISR 2017, S. 290 (295 f.).

1488 Vgl. dazu: Teil 4: C.I.1.b

1489 Vgl. Bundesrat v. 25.09.2015 – BR-Drucks. 296/15 (Mitteilung der Kommission an das Europäische Parlament und den Rat: Eine faire und effiziente Unternehmensbesteuerung in der Europäischen Union – Fünf Aktionsschwerpunkte), Tz. 4.

es an Angaben zu den finanziellen Auswirkungen gemäß Art. 4 Abs. 4 UAbs. 2 EUV i.V.m. Art. 5 Satz 3, 5 SubProt, sodass die Bestimmung nicht verhältnismäßig ist. Problematisch ist ferner, dass Unternehmen, die nicht für die Anwendung des Richtlinienvorschlags optieren, weiterhin das nationale Körperschaftsteuerrecht anwenden. Für die Mitgliedstaaten entsteht dementsprechend eine administrative Mehrfachbelastung, da sie die gängige Praxis nicht ohne Weiteres aufgeben können.

Im Ergebnis bestehen keine Bedenken an der grundsätzlichen Ausrichtung der Bestimmung, wobei die Akzeptanz der Mitgliedstaaten für einen grenzüberschreitenden Verlustausgleich vor dem Hintergrund der aktuellen Entwicklung der Rechtsprechung des EuGH gesunken sein dürfte.[1490] Vielmehr bestehen Bedenken an der Ausgestaltung der Bestimmung, sodass sie überarbeitet werden sollte.

V. Unionsrechtlicher Gleichheitssatz

Es verstärkt sich der Eindruck, dass der EuGH sich zukünftig mit dem objektiven Nettoprinzip[1491] im Rahmen des unionsrechtlichen Gleichheitssatzes gemäß Art. 20 EUGrCh auseinandersetzen muss. Zur Beurteilung der allgemeinen Einhaltung des unionsrechtlichen Gleichheitssatzes kann auf die oben genannten Ausführungen verwiesen werden.[1492]

Es sei unterstellt, dass der EuGH das objektive Nettoprinzip ebenso in Art. 20 EUGrCh verankern sieht. Dann stellt sich hier unter Berücksichtigung der Erkenntnisse des BVerfG[1493] zur partiellen Verfassungswidrigkeit des § 8c (Abs. 1) Satz 1 KStG die Frage, inwiefern das Abzugsverbot gemäß Art. 41 Abs. 3 GKB mit dem Nettoprinzip vereinbar wäre. So greift Art. 41 Abs. 3 lit. a GKB in vergleichbarer Weise in das Trennungsprinzip ein, indem die Bestimmung an die hinter dem Steuerpflichtigen stehende Beteiligungsstruktur anknüpft.[1494] Allerdings geht das Körperschaftsteuerrecht stets von der Trennung der Vermögenssphären aus.[1495] Der Eingriff könnte jedoch durch zwingende Gründe des Allgemeinwohls gerechtfertigt sein. In Betracht kommt vor allem die Rechtfertigung zur Missbrauchsbekämpfung, da die Bestimmung dem Grunde nach die Liquidität der Unternehmen verbessern soll.[1496] Das Abzugsverbot soll eben diese Motivation schützen, indem es lediglich den Missbrauchsfall vor Augen hat.[1497] Daneben entspricht es dem

1490 Vgl. ebenso: *Jakob/Fehling* ISR 2017, S. 290 (296).
1491 Vgl. m.w.N.: *Ohlendorf* Grundrechte als Maßstab des Steuerrechts in der Europäischen Union, S. 244 f.
1492 Vgl. dazu. Teil 4. A.I.1.c.
1493 BVerfG v. 29.03.2017 – 2 BvL 6/11, BVerfGE 145, S. 106.
1494 BVerfG v. 29.03.2017 – 2 BvL 6/11, BVerfGE 145, S. 106, Rn. 42.
1495 Vgl dazu: Teil 1: A.
1496 COM(2016) 685 final, Tz. 12.
1497 COM(2016) 685 final, Tz. 12.

mitgliedstaatlichen Schutz der Besteuerungsgrundlagen[1498], den Abzug gerade nicht zuzulassen. Hinzukommt die weitere Voraussetzung nach Art. 41 Abs. 3 lit. b GKB, welche an den Umsatz des Steuerpflichtigen anknüpft. Hier liegt keine Durchbrechung des Trennungsprinzips vor. Die zusätzliche Voraussetzung schützt davor, dass auch legitime Erwerbe von qualifizierten Tochtergesellschaften unbeabsichtigt in den Anwendungsbereich des Abzugsverbots geraten. Infolge des kumulativen Erfordernisses werden lediglich missbräuchliche Fälle erfasst. Der Eingriff wäre wohl gerechtfertigt. Dennoch bleibt abzuwarten, ob der EuGH in Rechtstreitigkeiten, die auf Art. 41 Abs. 2 GKB basieren, die Überlegungen des BVerfG[1499] zur partiellen Verfassungswidrigkeit des § 8c (Abs. 1) Satz 1 KStG zur eigenen Rechtsfortbildung im Rahmen des Art. 20 EUGrCh heranziehen wird. Hiervon ist meines Erachtens jedoch eher nicht auszugehen, da Art. 41 Abs. 2 GKB im Gegensatz zu § 8c (Abs. 1) Satz 1 KStG keine quotale Versagung der Abzugsfähigkeit bei geringen Beteiligungserwerben zwischen bspw. 25 %-50 % vorsieht, sondern lediglich bei einem Beteiligungserwerb eingreift, der dazu führt, dass der erworbene Steuerpflichtige als qualifizierte Tochtergesellschaft[1500] des Erwerbers im Sinne des Art. 3 Abs. 1 GKB zu bezeichnen ist.

Hinsichtlich des Verlustausgleiches werden qualifizierte Tochtergesellschaften und Betriebsstätten gemäß Art. 42 Abs. 2 Satz 1 GKB unterschiedlich behandelt. Während Verluste beim Steuerpflichtigen für Betriebsstätten in voller Höhe abgezogen werden können, ist bei qualifizierten Tochtergesellschaften nur ein quotaler Verlustausgleich möglich. Fraglich ist, ob hierin ein Verstoß gegen den Gleichheitssatz liegen könnte. Jedoch ist zweifelhaft, ob die beiden Gruppen aufgrund der deutlichen Unterschiede[1501] in ihrer Besteuerung überhaupt vergleichbar sind. Unterstellt man die Vergleichbarkeit, ist die unterschiedliche Behandlung darauf zurückzuführen, dass Gewinne spiegelbildlich ebenso behandelt werden. Meines Erachtens sind Verluste und Gewinne im Verhältnis zur Besteuerung symmetrisch zu behandeln. Da Gewinne bei qualifizierten Tochtergesellschaften dem Steuerpflichtigen nur in Höhe der Beteiligung zugute kommen, entspricht es der Wertung dieser Symmetrie, dass Verluste ebenfalls nur anteilig berücksichtigt werden. Infolgedessen besteht kein Verstoß gegen den unionsrechtlichen Gleichheitssatz.

An dieser Stelle erscheint auch fraglich, inwieweit die Anknüpfung an die Beteiligungsstruktur mit Blick auf den Durchgriff durch die Vermögenssphäre des Steuerpflichtigen zulässig sein kann. Allerdings könnte dieser Eingriff zur gerechten Aufteilung der Besteuerungsrechte gerechtfertigt sein. Die quotale

1498 Vgl. st. Rspr.: EuGH v. 17.12.2015 – C-388/14 (Timac Agro Deutschland), BStBl. II 2016, S. 362, Rn. 26; EuGH v. 17.06.2014 – C-48/13 (Nordea Bank Danmark), IStR 2014, S. 563, Rn. 23; EuGH v. 13.12.2005 – C-446/03 (Marks&Spencer), Slg 2005, I-10837, Rn. 44 ff.

1499 BVerfG v. 29.03.2017 – 2 BvL 6/11, BVerfGE 145, S. 106.

1500 Vgl. zu den Beteiligungsverhältnissen: Teil 4: A.I.

1501 Vgl. dazu: Teil 2: A.II.2 und Teil 2: A.II.3.

Anknüpfung erlaubt es, die Verluste optimal anhand der Beteiligungsstruktur auf die gebietsansässige Muttergesellschaft und die im anderen Mitgliedstaat sitzende Tochtergesellschaft zu verteilen.

VI. Grundfreiheiten

Obwohl insbesondere die Niederlassungsfreiheit gemäß Art. 49 AEUV im Rahmen der EuGH-Rechtsprechung wiederholt thematisiert wurde, bestehen für Art. 41 f. GKB keine Bedenken. Vielmehr ist eingedenk der Ziele[1502] der GKB davon auszugehen, dass die Idee eines grenzüberschreitenden Verlustausgleichs gerade auf Art. 49 AEUV beruht. Infolgedessen wäre er auch bei Bezug zu einem EWR-Staat anwendbar. Schließlich geht Art. 49 AEVU als primäres EU-Recht den Regelungen der Richtlinie als sekundäres Unionsrecht vor.[1503] Allerdings werden die Bestimmungen in nationales Recht umgesetzt, sodass die Ausklammerung von Betriebsstätten und Tochtergesellschaften mit Sitz in einem EWR-Staat auf nationales Recht und nicht direkt auf die GKB gestützt wird.

VII. Zwischenfazit zur Einführung des grenzüberschreitenden Verlustausgleich

Zusammenfassend sind die Mitgliedstaaten gezwungen, ihre nationalen Vorschriften für Unternehmen, die unter den Richtlinienvorschlag fallen, zu ändern. Insbesondere die Probleme, die aus der Rechtsprechung zu den finalen Verlusten entstanden, sind infolge des Art. 42 GKB obsolet. Die Bestimmungen verfolgen durchaus legitime Ziele, die ein Vorgehen der Europäischen Union im Einklang mit der Subsidiarität gemäß Art. 4 Abs. 3 EUV rechtfertigen. Jedoch weist vornehmlich Art. 42 GKB sprachliche Defizite auf, die zu Auslegungsschwierigkeiten hinsichtlich der Verlustberücksichtigung bei der qualifizierten Tochtergesellschaft führen. Auch die Ausführungen des BFH zum Verlustabzug sollten beachtet werden. Des Weiteren bleibt die Europäische Union eine Einschätzung der finanziellen Auswirkungen auf die Besteuerungsaufkommen der Mitgliedstaaten schuldig, sodass Art. 42 GKB nicht mit Art. 5 SubProt vereinbar ist. Infolgedessen verstößt die Bestimmung gegen den Grundsatz der Verhältnismäßigkeit gemäß Art. 4 Abs. 4 EUV. Dennoch überwiegen meines Erachtens die Vorteile dieser Lösung als Vorstufe zur Konsolidierung gemäß Art. 7 $GKKB_{2016}$; die Präzisierung der Bestimmung, insbesondere hinsichtlich der verfahrensrechtlichen Bestimmungen, sollte weiter verfolgt werden.[1504] Die im Rahmen der öffentlichen Konsultation befragten Unternehmen haben sich mehrheitlich für dieses Vorgehen ausgesprochen.[1505]

1502 Teil 4: C.
1503 *Scheffler/Köstler* ifst-Schrift 518 (2017), S. 109 f.
1504 A.A.: BR-Drucks. 641/16, Tz. 10.
1505 Europäische Kommission v. 25.10.2016 – SWD(2016) 341 final (Impact assessment accompanying the document proposals for CCTB and CCCTB), S. 66.

D. Switch-Over-Bestimmung

Der Richtlinienvorschlag enthält eine Switch-Over-Bestimmung, welche sich bereits insbesondere in Art. 23 A, B OECD-MA und den entsprechenden Regelungen in Doppelbesteuerungsabkommen findet. Ihr Zweck ist es, die Nichtbesteuerung von Einkünften zu vermeiden, die durch die Konflikte zwischen den beteiligten Besteuerungsstaaten entstehen.[1506] In der Regel geht dem Wechsel von der Freistellungsmethode zur Anrechnungsmethode ein erfolgloses Verständigungsverfahren nach Art. 25 OECD-MA voraus.[1507]

Gemäß Art. 53 Abs. 1 UAbs. 1 GKB sind im Ausland erzielte Einkünfte des Steuerpflichtigen abweichend von Art. 8 lit. c, d GKB von der Steuer befreit. Es ist auffällig, dass sowohl Art. 53 GKB als auch Art. 8 GKB die Veräußerung von Beteiligungen und die Gewinnausschüttung eines Rechtsträgers von der Steuerbemessungsgrundlage befreit. Jedoch handelt es sich hier wohl nur um einen Übersetzungsfehler. So zeigt der Vergleich mit der englischsprachigen Version des Richtlinienvorschlags, dass es dem System des Art. 53 Abs. 1 UAbs. 1 GKB entspricht, diese Einkünfte nicht von der Steuer zu befreien, sofern diese in einem Drittland entstanden sind.[1508] Ein Rechtsträger ist gemäß Art. 4 Abs. 30 GKB jede rechtliche Vereinbarung zur Durchführung einer Geschäftstätigkeit durch ein Unternehmen oder durch eine steuerlich transparente Struktur. Dies schließt Betriebsstätten und Tochtergesellschaften sowohl in Form einer Körperschaft als auch einer Personengesellschaft als „steuerlich transparente Struktur" ein. Die Befreiung setzt voraus, dass der Rechtsträger im Drittland steuerlich ansässig ist. Zudem muss er dort einem gesetzlichen Steuersatz unterliegen, welcher um weniger als die Hälfte des Steuersatzes des Mitgliedstaates geringer wäre, in dem der Steuerpflichtige ansässig ist. Jedoch ist die Befreiung gemäß Art. 53 Abs. 1 UAbs. 3 GKB nicht möglich, soweit zwischen dem Drittstaat und dem Mitgliedstaat ein DBA existiert, welches den Wechsel nicht zulässt. Systematisch folgt aus Anhang II zur GKB, dass es sich bei dem gesetzlichen Steuersatz nur um die im Anhang genannten Steuersätze handeln kann. Dementsprechend finden weitere Unternehmenssteuern (bspw. Grundsteuer, Vermögensteuer, Lohnsummensteuer,

1506 *Petereit* IStR 2003, S. 577 (579 ff.); *Haase* Internationales und Europäisches Steuerrecht, Rn. 733.

1507 *Petereit* IStR 2003, S. 577 (583).

1508 Vgl. englisch-sprachige Version des Art. 53 Abs. 1 UAbs. 3 GKB: "By way of derogation from points (c) and (d) of Article 8, a taxpayer shall not be exempt from tax on foreign income that the taxpayer received as a profit distribution from an entity in a third country or as proceeds from the disposal of shares held in an entity in a third country where that entity in its country of tax residence is subject to a statutory corporate tax rate lower than half of the statutory tax rate that the taxpayer would have been subject to, in connection with such foreign income, in the Member State of its residence for tax purposes."

Gewerbesteuer, Solidaritätszuschlag)[1509] wohl keine Berücksichtigung, soweit sie nicht Teil des Anhangs sind.

Findet Art. 53 Abs. 1 UAbs. 1 GKB Anwendung, so ist die im Drittland entrichtete Steuer gemäß Art. 53 Abs. 2 GKB von der Steuerschuld abzuziehen. Im Falle der Veräußerung von Beteiligungen finden entstehende Verluste gemäß Art. 53 Abs. 3 GKB keine Berücksichtigung.

Die Bestimmung beabsichtigt, den europäischen Binnenmarkt vor der Gewinnverkürzung durch die Nutzung von Konzernstrukturen in Drittländern zu schützen. „In diesem Zusammenhang ist es wichtig, eine Klausel über den Wechsel von der Freistellungs- zur Anrechnungsmethode vorzusehen, die auf bestimmte Arten von Einkünften aus Drittländern ausgerichtet ist, wie Gewinnausschüttungen und Erlöse aus der Veräußerung von Anteilen, damit diese Einkünfte in der Union steuerpflichtig sind, wenn ihre Besteuerung im Drittland unter einer bestimmten Schwelle liegt."[1510] Während der Schutz des Binnenmarktes ein legitimes Ziel für die Geeignetheit der Bestimmung im Sinne des Art. 5 Abs. 4 EUV darstellt, ist das zweite Ziel durchaus kritisch zu betrachten. Es erweckt den Anschein, dass die Bestimmung zumindest auch dazu dient, Besteuerungsaufkommen innerhalb der Europäischen Union zu generieren. Diese Motivation könnte daher rühren, dass der Steuerwettbewerb innerhalb der Europäischen Union infolge der GKB weitestgehend minimiert wurde und die Europäische Union nun als Ganzes in den Steuerwettbewerb mit Drittländern treten muss. Soweit der Bestimmung jedoch rein fiskalpolitische Interessen zu Grunde liegen, die über die „Erzielung von Einnahmen" hinausgehen würden, kann es sich nicht um ein legitimes Ziel handeln. Schließlich dient die Steuererhebung nicht der reinen Bedarfsdeckung. Da die Festlegung einer oben genannten bestimmten Schwelle der Betrachtung der unterschiedlichen Körperschaftsteuersätze bedarf, führt die Betrachtung ferner zu einer schleichenden Angleichung bzw. Festlegung eines Körperschaftsteuersatzes in der EU. Der Ausschuss des Europäischen Parlaments hat in Ergänzung der Ausführungen der Europäischen Kommission zur Verhältnismäßigkeit[1511] darauf hingewiesen, dass man nicht bestrebt sei, in die Körperschaftsteuersätze der Mitgliedstaaten einzugreifen.[1512] Zuletzt ist anzuführen, dass die Bestimmung an die Besteuerung eines Sachverhaltes in einem Drittland anknüpft, was dem Territorialitätsprinzip des internationalen Steuerrechts widerspricht.[1513] Jedoch erscheint es nicht abwegig, dass die Veräußerung

1509 Vgl. mit einer übersichtlichen Darstellung: *Jacobs et al.* Int. Unternehmensbesteuerung, S. 147 ff.

1510 COM(2016) 685 final, Tz. 16.

1511 COM(2016) 685 final, S. 6.

1512 Parlament v. 19.09.2017 – 2016/0337(CNS) (Stellungnahme des Rechtsausschusses für den Ausschuss für Wirtschaft und Währung zu dem Vorschlag für eine Richtlinie des Rates über eine Gemeinsame Körperschaftsteuer-Bemessungsgrundlage), S. 13.

1513 Vgl. dazu: Teil 2: A.I.1.

einer Beteiligung bzw. Gewinnausschüttung eines Rechtsträgers im Drittland die steuerrechtliche notwendige Beziehung zu dem Steuerpflichtigen in einem Mitgliedstaat herstellt. Somit betrifft Art. 53 GKB die Besteuerung eines Sachverhaltes, dessen Ergebnis sich bei dem Steuerpflichtigen im Mitgliedstaat niedergeschlagen hat. Es erscheint daher unter Berücksichtigung des Gesamtbildes des Richtlinienvorschlags legitim, den Sachverhalt bei den Mitgliedstaaten und nicht den Drittländern zu regeln. Zudem überwiegt das Interesse der Mitgliedstaaten, den europäischen Binnenmarkt vor Praktiken zur Steuerflucht schützen zu wollen. Dem Argument der schleichenden Steuerangleichung kann entgegengehalten werden, dass die Europäische Union mit der Bestimmung die Wettbewerbsgleichheit innerhalb des Binnenmarktes trotz unterschiedlicher Steuersätze fördern möchte. Schließlich erfolgt bei Anwendung der Bestimmung stets ein individueller Vergleich zwischen dem Steuersatz eines Mitgliedstaates und dem Steuersatz des Drittlandes. Ein Vergleich zwischen den Steuersätzen der Mitgliedstaaten findet somit nicht statt. Jedoch darf nicht unerwähnt bleiben, dass eine vergleichbare Bestimmung ebenso im Richtlinienvorschlag zur Anti-BEPS-Richtlinie[1514] vorgesehen war, welche dann jedoch – wohl aufgrund dieses Argumentes – aus der finalen Richtlinie gestrichen wurde. Zusammenfassend verfolgt die Bestimmung ein legitimes Ziel. Dieses Ziel erscheint auch geeignet, da die Steuern auf die im Drittland erzielten Erträge gegebenenfalls in der Europäischen Union angerechnet werden. Infolgedessen sind missbräuchliche Steuergestaltungen weniger attraktiv. Zudem wird durch die einheitliche Regelung ein geschlossenes Bild der Europäischen Union gegenüber missbräuchlichen Steuergestaltungen gezeigt. Daher erscheinen insbesondere abkommensrechtliche Bestimmungen, die im Hinblick auf Art. 5 Abs. 4 AEUV ohnehin irrelevant wären, diesbezüglich weniger geeignet. An der Erforderlichkeit und Verhältnismäßigkeit i.e.S. bestehen keine Zweifel, sodass die Bestimmung gemäß Art. 5 Abs. 4 EUV verhältnismäßig ist.

E. Vorschriften zur Verhinderung von Missbrauch

Im Rahmen des Richtlinienvorschlags wurden auch die Bestimmungen zur Verhinderung von Missbrauch teilweise neugestaltet. Im Folgenden werden die Veränderungen überblickartig dargestellt. Ziel solcher Vorschriften ist es, die Gesetzesumgehung[1515] zu unterbinden.

1514 COM(2016) 26 final, Art. 6.

1515 Vgl. dazu grundlegend: *Ratschow* in: Klein, AO, § 42 AO Rn. 6; *Lang* in: Tipke/Lang, Steuerrecht, § 5 Rn. 95.

I. Allgemeine Vorschrift zur Verhinderung von Missbrauch

Nach der allgemeinen Vorschrift zur Verhinderung von Missbrauch werden sogenannte unangemessene Gestaltungen oder eine unangemessene Abfolge von Gestaltungen gemäß Art. 58 Abs. 1 GKB bei der Berechnung der Steuerbemessungsgrundlage gemäß Art. 6 ff. GKB nicht berücksichtigt. Eine Gestaltung oder eine Abfolge von Gestaltungen als Mittel zur Steuervermeidung bzw. Steuerumgehung[1516] ist von der gesetzeskonformen Steuergestaltung abzugrenzen. Bei der Steuervermeidung wird ein Sachverhalt verwirklicht, der keine Besteuerung auslöst. Bei der Steuerumgehung tritt infolge des Sachverhalts eine begünstigende Rechtsfolge ein, obwohl diese nicht eintreten sollte, oder eine belastende Rechtfolge, die eintreten sollte, tritt nicht ein.[1517]

Dementsprechend ist abzugrenzen, wo gesetzes- bzw. richtlinienkonforme Steuergestaltung aufhört und missbräuchliche Steuergestaltung gemäß Art. 58 GKB anfängt. Nach Art. 58 Abs. 1 GKB ist eine Gestaltung oder eine Abfolge von Gestaltungen unangemessen, wenn es der wesentliche Zweck oder einer der wesentlichen Zwecke ist, einen steuerlichen Vorteil zu erlangen, der dem Ziel oder dem Zweck des geltenden Steuerrechts zuwiderläuft. Da das Ziel oder der Zweck der Richtlinienvorschläge durch Auslegung zu ermitteln ist, bildet die nachvollziehbare und logische Auslegung die Grenze zwischen richtlinienkonformer und missbräuchlicher Steuergestaltung.[1518]

Undefiniert bleibt jedoch, inwiefern der Steuerpflichtige einen steuerlichen Vorteil erlangen kann. Da die Vorschrift den Zweck verfolgt, Steuergestaltungsmöglichkeiten zu verhindern, welche dem Zwecke des Richtlinienvorschlags zuwiderlaufen, erscheint es sinnvoll, den Anwendungsbereich möglichst weit zu fassen. Durch den Vergleich zweier rechtlicher Gestaltungen ist feststellbar, ob sich durch die Gestaltung des Steuerpflichtigen ein Vorteil in steuerlicher Hinsicht entwickelt.[1519] Demzufolge könnte sich ein steuerlicher Vorteil sowohl aus einer Steuervergütung als auch einer Steuererstattung sowie Steueransprüchen entwickeln. Fraglich erscheint, wer in den Anwendungsbereich der Bestimmung fällt. Der Wortlaut des Art. 58 GKB bringt hierbei keine Erkenntnisse, da er lediglich an die Gestaltung anknüpft. Jedoch knüpft die Bestimmung in systematischer Hinsicht an Art. 6 ff. GKB an. In diesen Bestimmungen wird teilweise mittelbar, teilweise unmittelbar auf den Steuerpflichtigen im Sinne

1516 Vgl. zur Abgrenzung: *Gabel* Verfassungsrechtliche Maßstäbe spezieller Missbrauchsnormen im Steuerrecht, S. 15 ff.

1517 Vgl. dazu grundlegend: *Ratschow* in: Klein, AO, § 42 AO Rn. 35.

1518 Vgl. zu dem Methodenstreit aus deutscher Sicht: *Ratschow* in: Klein, AO, § 42 AO Rn. 36; *Gabel* Verfassungsrechtliche Maßstäbe spezieller Missbrauchsnormen im Steuerrecht, S. 12 ff.

1519 Vgl. dazu für § 42 AO: *Ratschow* in: Klein, AO, § 42 AO Rn. 67.

des Art. 4 Abs. 1 GKB abgestellt. Infolgedessen liegt es nahe, auch im Rahmen des Art. 58 GKB auf den Steuerpflichtigen im Sinne des Art. 4 Abs. 1 GKB abzustellen. Meines Erachtens geht diese Annahme jedoch nicht weit genug, da so nur auf den einzelnen Steuerpflichtigen als Mitglied einer grenzüberschreitend tätigen Gruppe abgestellt wird. Es erscheint jedoch sinnvoller, auf die steuerliche Belastung der Gestaltung innerhalb einer Gruppe abzustellen, um Gestaltungen der Gruppenmitglieder zusammenfassend und in mitgliedstaatlicher Zusammenarbeit beurteilen zu können. Das übergeordnete Ziel des Richtlinienvorschlages, den Unternehmen einheitliche rechtliche Rahmenbedingungen innerhalb des Binnenmarktes zur Verfügung zu stellen, erscheint durch eine grenzüberschreitende Betrachtung eher praktikabel, vor allem weil die Finanzbehörden bereits bei der Aufklärung der missbräuchlichen Gestaltung zusammenarbeiten könnten und sich nicht auf die gegenseitigen Ergebnisse verlassen müssten.

Nach dem Wortlaut des Art. 58 Abs. 1 GKB ist es der wesentliche Zweck einer unangemessenen Gestaltung bzw. unangemessenen Abfolge von Gestaltungen einen steuerlichen Vorteil zu erlangen, der dem Ziel oder Zweck des geltenden Steuerrechts zuwiderläuft. Ausweislich des Wortlauts „des geltenden Steuerrechts" bezieht sich diese Bestimmung nicht nur auf die Bestimmungen der GKB und der anschließenden $GKKB_{2016}$, sondern auch auf alle nationalen Bestimmungen des Steuerrechts. Dies entspricht auch dem Wesen des Richtlinienvorschlags, welcher durch den Besteuerungsstaat in nationales Recht umgesetzt werden muss und sich dann in das ursprüngliche nationale Steuerrecht eingliedert. Dementsprechend wäre der Sinn und Zweck des Richtlinienvorschlags verfehlt, wenn sich Art. 58 GKB nur auf die Bestimmungen der GKB beziehen würde. Aus Sicht des deutschen Steuerrechts sind somit alle formellen und materiellen Gesetze gemäß § 4 AO einzubeziehen. Insbesondere das Ziel und der Zweck der Bestimmungen, die aus den Richtlinienvorschlägen resultieren, sind anhand der ursprünglichen Richtlinienvorschläge zu erfassen.

Eine Gestaltung oder eine Abfolge von Gestaltungen ist gemäß Art. 58 Abs. 2 GKB insoweit unangemessen, wie keine triftigen wirtschaftlichen Gründe vorliegen. Die Bestimmung definiert nicht, welche triftigen wirtschaftlichen Gründe vorliegen müssten. Es steht fest, dass stets auf den gesamten wirtschaftlichen Kontext einer Gestaltung bzw. Abfolge von Gestaltungen abzustellen ist. Dieses Element kann wohl kaum grundlegend definiert werden. Vielmehr bedarf es einer Entscheidung der Frage im Einzelfall, ob die wirtschaftlichen Gründe triftig sind. Demzufolge wird es an den Finanzbehörden und gegebenenfalls den Finanzgerichten sein, eine gängige Formel zu entwickeln. Nichtsdestotrotz ist dieses Element eng mit der Frage verknüpft, ob es einer expliziten Missbrauchsabsicht des Steuerpflichtigen bedarf, um den Tatbestand zu erfüllen. Der Steuerpflichtige würde absichtlich handeln, wenn er mit einer Gestaltung zielgerichtet Art. 58 GKB erfüllen will. Der Wortlaut der Bestimmung nimmt keine Missbrauchsabsicht an und stellt lediglich auf objektive Tatbestandsmerkmale ab.[1520] Mit Blick auf die praktische Anwendung der Norm kann diese Frage wohl doch dahinstehen, da allein die Wahl einer unangemessenen Gestaltung oder Abfolge von Gestaltungen darauf schließen lässt, dass der Steuerpflichtige mit Missbrauchsabsicht handelte, zumal es der Finanzbehörde nach *Florstedt* nur schwer gelingen dürfte, den missbräuchlichen Zweck der Gestaltung nachzuweisen.[1521] Andererseits geht der EuGH in seiner gefestigten Rechtsprechung davon aus, dass der Steuerpflichtige sich zur Erfüllung des Missbrauchs absichtlich einen Vorteil verschaffen muss.[1522] Infolgedessen wird die Missbrauchsabsicht meines Erachtens indiziert – wie ebenfalls im deutschen Recht[1523]. Auch aus teleologischer Sicht ergeben sich an dieser Ansicht keine Zweifel. Die historische Betrachtung des Art. 80 $GKKB_{2011}$ bringt diesbezüglich keine neuen Erkenntnisse.[1524]

Wenn der Tatbestand erfüllt ist, wird diese Gestaltung oder diese Abfolge von Gestaltungen gemäß Art. 58 Abs. 3 GKB bei der Berechnung der Steuerbemessungsgrundlage anhand ihrer wirtschaftlichen Substanz erfasst.

1. Vereinbarkeit mit der Subsidiarität i.e.S.

Der deutsche Steuergesetzgeber hat mit dem Jahressteuergesetz 2008 § 42 AO erneuert. Dieser weist deutliche Gemeinsamkeiten mit Art. 58 GKB auf. Beide Bestimmungen beabsichtigen, den Missbrauch durch Steuerumgehung zu verhindern. Dabei stellen beide Bestimmung im Grunde auf dieselben Tatbestandselemente ab. So liegt ein Missbrauch gemäß § 42 Abs. 2 Satz 1 AO vor, wenn eine unangemessene rechtliche Gestaltung zu einem gesetzlich nicht vorgesehen Steuervorteil beim Steuerpflichtigen oder einem Dritten im Vergleich einer angemessenen Gestaltung führt.[1525] Eine ähnliche Bestimmung findet sich im österreichischen Steuerrecht in § 22 BAO. Dementsprechend müsste die Vereinbarkeit des Art. 58 GKB mit der Subsidiarität i.e.S. nach Art. 5 Abs. 3 EUV beurteilt werden. Klar ist, dass die mitgliedstaatlichen Finanzbehörden und Finanzgerichte bereits auf Erkenntnisse in der Literatur und der Rechtsprechung zurückschauen können. Diese müssten durch eine unionsweite Regelung zunächst aufgebaut werden.[1526]

1520 Es bedarf zwingend eines subjektiven Elements in Art. 58 GKB: *Florstedt* FR 2016, S. 1 (9).

1521 *Florstedt* FR 2016, S. 1 (2).

1522 Vgl. EuGH v. 09.07.2015 – C-607/13 (Fransesco Cimmino u.a), ABl.-EU 2015, C 294/4, Rn. 61.

1523 Vgl. dazu: *Koenig* in: Koenig, AO, § 42 AO, Rn. 24 f.

1524 Vgl. mit einer historischen Übersicht: *Florstedt* FR 2016, S. 1 (1 ff.).

1525 Vgl. zu § 42 AO detailliert: *Ratschow* in: Klein, AO, § 42 AO Rn. 45 ff.; *Koenig* in: Koenig, AO, § 42 AO Rn. 17 ff.

1526 BFH v. 25.02.2004 – I R 42/02, BStBl. II 2005, S. 14; Mitteilung der Kommission v. 10.12.2017 – KOM(2007) 785 endgültig (Anwendung von Maßnahmen zur Missbrauchsbekämpfung im Bereich der direkten Steuern (innerhalb der EU und im Hinblick auf Drittländer)).

Wenigstens aus deutscher Sicht können die gesammelten Erkenntnisse übernommen werden, da die Tatbestandsmerkmale weitestgehend identisch sind. Ferner führt die Änderung des § 42 AO auf Basis des Art. 58 GKB dazu, dass infolge der Harmonisierung der Norm der Streit gelöst wird, ob Unionsrecht bzw. auf Unionsrecht beruhendes nationales Recht mit § 42 AO vereinbar sein muss.[1527] Momentan gehört es zum Aufgabengebiet der mitgliedstaatlichen Finanzgerichte, Gestaltungen anhand der nationalen Missbrauchsregelung zu prüfen. Dem EuGH fehlt es schlicht an der Kompetenz, dies zu bewerten, sodass er die Gestaltung stets nur mittelbar im Zusammenspiel mit den Grundfreiheiten beurteilt. So dürfte eine unionsweite Bestimmung dazu führen, dem EuGH die Kompetenz zu übertragen, einen Missbrauch im Sinne des § 42 AO bzw. des Art. 58 GKB im Rahmen seiner Auslegungsbefugnisse letztverbindlich festzustellen. Ob der EuGH zu dieser eher fachgerichtlichen Auslegung in der Lage sein wird, bleibt abzuwarten.[1528]

Im Wege der Umsetzung wird § 42 AO – zumindest im Hinblick auf die Steuerpflichtigen, die die Vorschriften des Richtlinienvorschlags anwenden – mit Art. 58 GKB kollidieren. Das Nebeneinander beider Regelungen ist jedenfalls im Wege der Kollisionsregel *lex specialis derogat legi generali*[1529] zu beseitigen. Eine ähnliche Entwicklung war bereits bei der Umsetzung des Art. 5 Abs. 2 ZLRL in § 50g Abs. 4 Satz 1 EStG zu beobachten.[1530] Dementsprechend wäre eine Verortung des Art. 58 GKB im KStG wohl am wahrscheinlichsten.

Zusammenfassend wird die Umsetzung des Art. 58 GKB Vorteile für die unionsweite Vermeidung des Steuermissbrauchs mit sich bringen, sodass an der Subsidiarität i.e.S. keine Zweifel bestehen.

2. *Verhältnismäßigkeit der Bestimmung*

Jedoch müsste die Bestimmung auch der Verhältnismäßigkeit gemäß Art. 5 Abs. 4 EUV genügen. Einerseits würdigt *Florstedt* die Bemühungen des europäischen Gesetzgebers im Hinblick auf Art. 1 Abs. 2, 3 der Mutter-Tochter-Richtlinie[1531] recht positiv.[1532] Andererseits bestehen Zweifel an der Geeignetheit einer allgemeinen Bestimmung, da sie nur minimale Anforderungen erfüllt und die

---

1527 Vgl. dazu: *Ratschow* in: Klein, AO, § 42 AO Rn. 32.

1528 Vgl. dazu: Teil 4: E.I.5; *Mitschke* IStR 2013, S. 209 (209 ff.).

1529 Das spezielle Gesetz verdrängt das allgemeine Gesetz.

1530 Vgl. dazu: *Wagner* in: Blümich, EStG/KStG/GewStG, § 50g EStG Rn. 76.

1531 Richtlinie 2011/96/EU des Rates v. 30.11.2011 über das gemeinsame Steuersystem der Mutter- und Tochtergesellschaften verschiedener Mitgliedstaaten, ABl.-EU v. 29.12.2011, L 345/8, zuletzt geändert durch Richtlinie (EU) 2015/121 des Rates v. 27.01.2015 zur Änderung der Richtlinie 2011/96/EU über das gemeinsame Steuersystem der Mutter- und Tochtergesellschaften verschiedener Mitgliedstaaten, ABl.-EU v. 28.01.2015L 21/1.

1532 *Florstedt* FR 2016, S. 1 (4 f.).

Mitgliedstaaten eigene nationale Bestimmungen erlassen könnten.[1533] Wenn mit der oben genannten Ansicht bei einer Art. 58 GKB entsprechend übereinstimmenden Ausgestaltung der nationalen Bestimmung auf die nationalen Erkenntnisse abgestellt werden kann, ist fraglich, auf welche Erkenntnisse in anderen Fällen abgestellt werden kann. Ferner bedarf es einer unionsweiten einheitlichen Rechtsprechung, um den Anforderungen der Mitgliedstaaten an Art. 58 GKB gerecht werden zu können. Der EWSA merkt zu Recht an, dass der Richtlinienvorschlag es weiterhin gestattet, Körperschaften in Steueroasen außerhalb der Europäischen Union in den Kreis des Steuerpflichtigen zwischenzuschalten, sodass es hier der Nachbesserung insbesondere für den Missbrauch als auch für den Umgang mit den Verrechnungspreissystemen bedarf.[1534]

Infolgedessen müsste die Europäische Kommission den Richtlinienvorschlag nachbessern, um durch einheitliche Auslegung der unbestimmten Rechtsbegriffe den Steuermissbrauch effektiver bekämpfen zu können. Denn ohne den Rückgriff auf die nationalen Erkenntnisse fehlt es Art. 58 GKB an griffigen Definitionen und die Regelung ist nicht geeignet, den beabsichtigten Zweck zu erreichen.

3. Vergleich mit ATAD

Eine vergleichbare bzw. in Teilen sogar identische Bestimmung findet sich bereits in Art. 6 ATAD. Die Vorschrift dient dazu, Lücken zu schließen, die durch die Anwendbarkeit spezieller Missbrauchsnormen entstehen. Zudem ist wichtig, durch eine unionsweite Bestimmung eine einheitliche Regelung für grenzüberschreitende Sachverhalte zwischen Mitgliedstaaten und Drittländern zu schaffen.[1535] Nach Ansicht von *Lüdicke/Oppel* sollte die Vorschrift ein Lückenfüller sein, um das Streben des Steuerpflichtigen, seine steuerlichen Verhältnisse optimal auszugestalten, zu begrenzen.[1536] *Spengel/Stutzenberger* unterstellen der ATAD zwar einerseits, dass sie der GKB vorgreife, andererseits aber die mit der Einführung einer harmonisierten Körperschaftsteuer-Bemessungsgrundlage verbundenen positiven Effekte nicht ersetzen könne.[1537] Hinsichtlich der Frage, ob dennoch eine zweite Bestimmung durch die GKB notwendig und verhältnismäßig sei, wird auf die obigen Ausführungen verwiesen.[1538]

1533 Sveriges Riksdag v. 15.12.2017 – SkU16, S. 2.

1534 EWSA v. 20.09.2017 – ECO/419 (Stellungnahme zur GKB und GKKB), Tz. 5.9.

1535 Richtlinie 2016/1164 des Rates v. 12.07.2016 mit Vorschriften zur Bekämpfung von Steuervermeidungspraktiken mit unmittelbaren Auswirkungen auf das Funktionieren des Binnenmarkts, ABl.-EU L 193/1, Rn. 11.

1536 *Lüdicke/Oppel* BB 2016, S. 351 (353); vgl. ebenso: *Eilers/Oppel* IStR 2016, S. 312 (316).

1537 Vgl. *Spengel/Stutzenberger* IStR 2018, S. 37 (41).

1538 Vgl. dazu: Teil 4: B.IV.3.f.aa.

4. *Vergleich mit Mutter-Tochter-Richtlinie*

Art. 58 Abs. 1, 2 GKB sind mit Art. 1 Abs. 2, 3 Mutter-Tochter-Richtlinie[1539] wortgleich. Mit der Einführung einer gemeinsamen sogenannten de-minimis-Missbrauchsbekämpfungsvorschrift erhoffte sich die Europäische Union, Missbräuche mit der Richtlinie zu bekämpfen und mehr Kohärenz bei der Anwendung in verschiedenen Mitgliedstaaten zu gewährleisten.[1540] Dementsprechend kann hinsichtlich der Notwendigkeit und Verhältnismäßigkeit auf die obigen Ausführungen zur ATAD verwiesen werden.[1541]

5. *Vergleich mit Missbrauchsjudikatur des EuGH*

Jedoch folgt der EuGH seit der Rechtssache *Emsland-Stärke* einem einheitlichen Kriterienkatalog, um einen Missbrauch festzustellen.[1542] So liege ein Missbrauch vor, soweit die Gestaltung die formalen Bedingungen einer Regelung erfüllt, dem verfolgten Zweck zuwiderläuft (sogenanntes objektives Element)[1543] und der Steuerpflichtige die Absicht hat, sich einen gemeinschaftsrechtlichen Vorteil zu verschaffen, indem er künstlich die Voraussetzungen für seine Erlangung schafft (sogenanntes subjektives Element).[1544]

Das subjektive Element ist erfüllt, soweit ein ungerechtfertigter Vorteil erstrebt wird. Hierbei steht die Künstlichkeit der Konstruktion im Vordergrund, die erfüllt ist, soweit der Steuerpflichtige eine rein künstliche, jeder wirtschaftlichen Realität nahe Gestaltung zu dem Zweck errichtet, der Steuer zu entgehen.[1545] Beide Elemente sind immer im direkten Zusammenspiel mit dem objektiven Element zu betrachten, sodass der EuGH anhand dieser Elemente zweckorientiert abwägt und dabei das Gewicht des subjektiven Moments an die Richtung und Intensität der Zweckprüfung anpasst.

Neben den in der Summe verschiedener Einzelurteile aufgestellten Abwägungskriterien[1546] bedient sich der EuGH sogenannter Abwägungsgebote. So gelten ökonomisch substanzlose Gestaltungen und Tätigkeiten ohne Präsenz stets als missbräuchlich.[1547] Deutlich weitreichender ist die Annahme, dass ein Missbrauch

---

1539 Richtlinie 2015/121 des Rates v. 27.01.2015 zur Änderung der Richtlinie 2011/96/EU über das gemeinsame Steuersystem der Mutter- und Tochtergesellschaften verschiedener Mitgliedstaaten, ABl.-EU L 21/1.

1540 Richtlinie 2015/121, ABl.-EU L21/1, Rn. 5.

1541 Vgl. dazu: Teil 4: B.IV.3.f.aa.

1542 EuGH v 14.02.2000 – C-110/99 (Emsland Stärke), Slg 2000, I-11569, Rn. 29 ff.

1543 Vgl. einführend: *Florstedt* FR 2016, S. 1 (5).

1544 Vgl. EuGH v. 09.07.2015 – C-607/13 (Fransesco Cimmino u.a), ABl.-EU 2015, C 294/4, Rn. 61.

1545 EuGH v. 02.05.2006 – C-196/04 (Cadbury Schweppes), Slg 2006, I-7995, Rn. 55.

1546 Vgl. zu den Abwägungskriterien: *Florstedt* FR 2016, S. 1 (6 ff.).

1547 Vgl. dazu: Art. 15 Abs. 1a der Fusionsrichtlinie (2009/133/EG v. 19.10.2009).

vorliegt, soweit die Gestaltung durch atypische Wirtschaftstätigkeiten motiviert ist.[1548] Um ein Beispiel aufzuzeigen, liegt nach Ansicht des EuGH in der Rechtssache *Part Service* ein Missbrauch vor, wenn der fragliche Umsatz des Unternehmens lediglich dazu dienen soll, einen steuerlichen Vorteil zu erlangen.[1549]

Offensichtlich bedient Art. 58 GKB zwei der drei Kriterien des EuGH. Auch die Abwägungsgründe fanden Einzug in die Bestimmung. Lediglich das subjektive Element findet, wie bereits erwähnt, keine Berücksichtigung. Jedoch ergibt sich dieses aus dem Kontext der Bestimmung, sodass die Europäische Kommission hier lediglich nachbessern sollte, um Auslegungsdifferenzen zu vermeiden.

6. *Zwischenfazit zur Allgemeine Vorschrift zur Verhinderung von Missbrauch*

Die Bestimmung weist durchaus Probleme hinsichtlich der unbestimmten Rechtsbegriffe auf. Hier ist der Europäischen Kommission zu raten, die Bestimmung der Rechtsbegriffe nachzuliefern. Andernfalls ist durch den EuGH zu klären, ob diese Probleme bei Übereinstimmung mit einer nationalen Bestimmung anhand der bisher erzielten Erkenntnisse auszulegen sind oder der EuGH gezwungen ist, die Begriffe selbst zu definieren. Für den letztgenannten Fall bestehen Zweifel an der Verhältnismäßigkeit der Bestimmung in ihrer jetzigen Form. Nichtsdestotrotz ergibt sich aus dieser Norm abermals die Notwendigkeit für den EuGH, letztverbindlich über Steuerrechtsnormen zu entscheiden.

Zur weiteren Missbrauchsbekämpfung schlägt der Rechtsausschuss des Europäischen Parlaments vor, Aufwendungen zugunsten von Empfängern in Ländern, die auf der europäischen Liste nicht kooperativer Länder und Gebiete für Steuerzwecke (Steueroasen)[1550] aufgeführt sind, nicht zum Abzug von der Steuerbemessungsgrundlage gemäß Art. 12 GKB zuzulassen.[1551] Nach dem deutsch-französischen Positionspapier sollte Art. 12 lit. d GKB um eine Liste nicht abzugsfähiger Kosten erweitert werden, sodass auch Sonderabgaben (bspw. Bankenabgaben) nicht abzugsfähig sind.[1552]

1548 EuGH v 14.02.2000 – C-110/99 (Emsland Stärke), Slg 2000, I-11569, Rn. 29.

1549 EuGH v. 21.02.2008 – C425/06 (Part Service), Slg 2008, I-897 Rn. 40 ff.

1550 Schlussfolgerungen des Rates über die Kriterien und das Verfahren für die Erstellung einer EU-Liste nicht kooperativer Länder und Gebiete für Steuerzwecke, ABl.-EU v. 10.12.2016, C 461/2.

1551 Parlament v. 19.09.2017 – 2016/0337(CNS) (Stellungnahme des Rechtsausschusses für den Ausschuss für Wirtschaft und Währung zu dem Vorschlag für eine Richtlinie des Rates über eine Gemeinsame Körperschaftsteuer-Bemessungsgrundlage), S. 19 f.

1552 BMF/Ministère de l'Économie et des Finances v. 19.01.2018, Gemeinsames Positionspapier Deutschlands und Frankreichs zum GKB-Vorschlag, S. 2, abrufbar unter: https://www.bundesfinanzministerium.de/Content/DE/Standardartikel/Themen/Europa/2018-06-20-Meseberg-Anl2.pdf?__blob=publicationFile&v=1 (zuletzt abgerufen am 06.12.2018).

II. Hybride Gestaltung

Den Begriff der hybriden Gestaltung definiert der Richtlinienvorschlag ausführlich in Art. 4 Abs. 31 GKB. Die Entschließung des Europäischen Parlaments verweist an dieser Stelle lediglich auf die Definition des Art. 2 Abs. 9[1553] der Richtlinie zur Bekämpfung von Steuervermeidungspraktiken mit unmittelbaren Auswirkungen auf das Funktionieren des Binnenmarkts[1554], die jedoch nicht deckungsgleich sind.[1555] Die Definition des Art. 4 Abs. 31 GKB geht über die des Art. 2 Abs. 9 hinaus.

Ziel der hybriden Gestaltungen ist es, durch grenzüberschreitende Situationen oder sogenannte strukturierte Vereinbarungen im Sinne des Art. 4 Abs. 32 GKB die Unterschiede bei der rechtlichen Einordnung eines Finanzinstruments, eines Rechtsträgers oder der Einordnung einer gewerblichen Niederlassung als Betriebsstätte zum Vorteil des Steuerpflichtigen zu nutzen. Vorteile im Sinne des Richtlinienvorschlags liegen bei doppeltem Abzug, Abzug bei gleichzeitiger steuerlicher Nichtberücksichtigung und Nichtbesteuerung bei gleichzeitiger steuerlicher Nichtberücksichtigung vor.

Art. 61 Abs. 1 UAbs. 1 GKB ordnet an, dass doppelte Abzüge derselben Zahlungen, Aufwendungen oder Verluste, die durch eine hybride Gestaltung entstehen, nur in dem Mitgliedstaat abgezogen werden können, aus dem Zahlungen bzw. Aufwendungen oder Verluste stammen. Ist ein Drittland an der sogenannten hybriden Gestaltung beteiligt, verweigert der betreffende Mitgliedstaat den Abzug gemäß Art. 61 Abs. 1 UAbs. 2 GKB.

Sofern die hybride Gestaltung zu einem Abzug bei gleichzeitiger Nichtberücksichtigung führt, verweigert der Mitgliedstaat des Zahlenden den Abzug gemäß

1553 „hybride Gestaltung" [bezeichnet für die Zwecke dieser Richtlinie] eine Situation zwischen einem Steuerpflichtigen in einem Mitgliedstaat und einem verbundenen Unternehmen in einem anderen Mitgliedstaat oder eine strukturierte Vereinbarung zwischen Parteien in Mitgliedstaaten, in der Unterschiede bei der rechtlichen Einordnung eines Finanzinstruments oder Unternehmens zu folgendem Ergebnis führen: a) ein und dieselben Zahlungen, Aufwendungen oder Verluste werden sowohl in dem Mitgliedstaat, aus dem die Zahlungen stammen bzw. in dem die Aufwendungen oder Verluste angefallen sind, als auch in einem anderen Mitgliedstaat abgezogen („doppelter Abzug"), oder b) eine Zahlung wird in dem Mitgliedstaat, aus dem sie stammt, abgezogen, ohne dass im anderen Mitgliedstaat eine entsprechende Besteuerung derselben Zahlung erfolgt („Abzug bei gleichzeitiger Nichtbesteuerung").

1554 Richtlinie (EU) 2016/1164 des Rates v. 12.07.2016 mit Vorschriften zur Bekämpfung von Steuervermeidungspraktiken mit unmittelbaren Auswirkungen auf das Funktionieren des Binnenmarkts.

1555 Europäisches Parlament v. 15.03.2018 – P8_TA-PROV(2018)0088 (Legislative Entschließung des Europäischen Parlaments vom 15.03.2018 zu dem Vorschlag für eine Richtlinie des Rates über eine Gemeinsame Körperschaftsteuer-Bemessungsgrundlage), S. 26.

Art. 61 Abs. 1 GKB. Sollte an der Gestaltung ein Drittstaat beteiligt sein, ist gemäß Art. 61 Abs. 1 UAbs. 2 GKB das Abzugsverbot bzw. Gebot zur Berücksichtigung in der Bemessungsgrundlage vom Zahlungsursprung abhängig.

Wird eine Zahlung an ein verbundenes Unternehmen in einem Drittland durch Zahlungen, Aufwendungen oder Verluste aus hybriden Gestaltungen ausgeglichen, verweigert der Mitgliedstaat des Steuerpflichtigen gemäß Art. 61 Abs. 4 GKB den Abzug der geleisteten Zahlung, es sei denn, dass eines der beteiligten Drittländer den Abzug bereits verweigert hat.

Bezieht der Zahlende aufgrund einer hybriden Gestaltung eine abzugsfähige Zahlung ohne Berücksichtigung des Ausgleichs an ein verbundenes Unternehmen in einem Drittland ein, welche direkt oder indirekt ausgeglichen wurde, verweigert der Mitgliedstaat dem Steuerpflichtigen den Abzug gemäß Art. 61 Abs. 5 GKB. Anders ist es nur, wenn eines der beteiligten Drittländer den Abzug der nicht einbezogenen Zahlung bereits verweigert hat.

Führt die hybride Gestaltung zu einer Ermäßigung der auf ein Finanzinstrument gezahlten Quellensteuer, begrenzt der Mitgliedstaat des Steuerpflichtigen gemäß Art. 61 Abs. 6 GKB die Ermäßigung im Verhältnis zum steuerpflichtigen Nettoeinkommen.

Sinn und Zweck der Vorschrift ist es, die aus dem Nebeneinander zweier Steuersysteme entstehenden Inkongruenzen zu beseitigen, da diese die Binnenmarktmechanismen verzerren und Steuervermeidungspraktiken begünstigen.[1556]

Art. 61 GKB ist sowohl im Zusammenspiel mit der allgemeinen Vorschrift zur Verhinderung von Missbräuchen nach Art. 58 GKB als auch mit Art. 9 ATAD sowie der nachfolgenden zweiten Anti-BEPS-Richtlinie (ATAD-2)[1557] zu betrachten. Art. 61 GKB konkretisiert die Vorgaben, die aus Art. 58 GKB erwachsen, und stellt gegenüber Art. 58 GKB die speziellere Norm dar, welche im Wege der Kollisionsregel *lex specialis derogat legi generali*[1558] verdrängt würde. Hinsichtlich der unionsrechtlichen Beurteilung kann infolgedessen auf die vorherigen Feststellungen verwiesen werden.[1559] Hinsichtlich der Verhältnismäßigkeit im Sinne des Art. 5 Abs. 4 EUV ist jedoch anzuführen, dass Art. 61 GKB deutlich präziser ausgestaltet ist und somit eher den Anforderungen der Verhältnismäßigkeit genügt. Dennoch kann Art. 61 GKB auch nicht über die Begrenzung der gesetzgeberischen Reichweite bis zur EU-Außengrenze hinweghelfen.[1560] Ob eine Einbindung von hybriden Gestaltungen, die zwischen einem Mitgliedstaat und einem Drittstaat zu einem erhöhten Steuerabzug führen, Gegenstand eines europäischen Richtlinienvorschlags sein kann, erscheint doch sehr zweifelhaft. Dieses Problem wird weiterhin

---

1556 COM(2016) 685 final, Tz. 17.

1557 COM(2016) 687 final; vgl. dazu: *Rosenberg et al.* DB Beilage zu Heft 51/52 2017, S. 5 (5 f.).

1558 Das spezielle Gesetz verdrängt das allgemeine Gesetz.

1559 Teil 4: E.I.1.

1560 Teil 4: E.I.2.

Gegenstand von bilateralen Maßnahmen[1561] der Mitgliedstaaten sein müssen, da auch der Anwendungsbereich des Art. 58 GKB an der EU-Außengrenze endet.

Ziel der Richtlinien ist es, den Missbrauch mit steuerlichen Gestaltungsmöglichkeiten zu bekämpfen. ATAD-2[1562] ergänzt die ATAD und dient dabei der Umsetzung des Aktionspunkt 2 des BEPS-Projektes der OECD/G 20 im Rahmen des Anti-Tax-Avoidance Package[1563]. Die ATAD-2 Richtlinie wurde am 07.06.2017 verkündet und bedarf für Art. 9 ATAD-2 bis zum 31.12.2021 der Umsetzung in nationales Recht.[1564]

Art. 61 GKB und Art. 9 ATAD-2 unterscheiden sich lediglich sprachlich. Obgleich Art. 9 ATAD-2 den Fokus eher auf hybride Gestaltungen unter Beteiligung von Drittstaaten legt, entsprechen sich die Regelungsinhalte. Art. 9a ATAD-2 geht sogar noch darüber hinaus und regelt die Ansässigkeit bzw. Besteuerung sogenannter umgekehrt hybrider Gestaltungen.[1565] Daher kann hinsichtlich der Frage, ob dann eine zweite Bestimmung durch die GKB notwendig und verhältnismäßig sei, auf die obigen Ausführungen zur ATAD verwiesen werden.[1566]

F. Zwischenfazit zur Gemeinsame Körperschaftsteuer-Bemessungsgrundlage

Zusammenfassend ist der Richtlinienvorschlag mit Blick auf den administrativen Aufwand zutreffend auf Körperschaften begrenzt. Auch die obligatorische Anwendung auf Körperschaften, die eine gewisse Umsatzerlösschwelle überschreiten, ist sinnvoll, obwohl zukünftig anhand wirtschaftswissenschaftlicher Methoden zu klären ist, wo diese Schwelle liegen soll. Ungleichbehandlungen im Verhältnis zwischen Körperschaften, die die Richtlinienvorschläge fakultativ anwenden, und Körperschaften, die das mitgliedstaatliche System anwenden, werden dadurch abgemildert, da sie sich freiwillig für die Anwendung der GKB entscheiden können.

Bei der Definition der Betriebsstätte herrscht weiterhin Chaos. So bestehen neben dem Richtlinienvorschlag weiterhin ein nationaler und ein bilateraler Betriebsstättenbegriff, welche nicht deckungsgleich sind. Auch das Bestreben der Europäischen Union, virtuelle Geschäftseinrichtungen in den Begriff zu integrieren, ist lobenswert, aber bedarf weiterer Überprüfung.

Die Neueinführung von unionsrechtlich motivierter indirekter Förderung von Forschungs- und Entwicklungsaktivitäten ist meines Erachtens richtig. So

---

1561 Teil 2: A.I.3.b.

1562 Richtlinie (EU) 2017/952 des Rates vom 29.05.2017 zur Änderung der Richtlinie (EU) 2016/1164 bezüglich hybrider Gestaltungen mit Drittländern, EU-ABl. v. 07.06.2017, L 144/1.

1563 COM(2015) 302 final.

1564 Vgl. detailliert: *Niedling/Rautenstrauch* BB 2017, S. 1500 (1501 ff.).

1565 *Niedling/Rautenstrauch* BB 2017, S. 1500 (1506 f.).

1566 Vgl. dazu: Teil 4: B.IV.3.f.aa.

haben die Ausführungen im Kapitel zur unionsrechtlichen Förderung von Forschungs- und Entwicklungsaktivitäten[1567] gezeigt, dass die unionsweit einheitliche Förderung die Strategie „Europa 2020" unterstützt, Förderungsunterschiede in Europa beseitigt und auch mit dem Subsidiaritätsprinzip vereinbar ist. Auch die Einführung eines Freibetrags für Wachstum und Investitionen ist sinnvoll, um Verschuldensanreize zu beseitigen. Jedoch ist den Kritikern zuzustimmen, dass die Bestimmung hinsichtlich der Nachversteuerung noch nicht ausgereift ist und Nachbesserungsbedarf besteht.

Meines Erachtens entspricht die Einführung einer europäischen Zinsschranke den Anforderungen des Subsidiaritätsprinzips und auch der Verhältnismäßigkeit, obwohl insbesondere die Umsetzungskosten infolge bestehender mitgliedstaatlicher Systeme Probleme bereiten. Insgesamt zeigt sich an der Bestimmung plakativ die Notwendigkeit, dass der EuGH bei fortschreitender Harmonisierung zunehmend über die steuerliche Beurteilung im Rahmen anderer Regelungen als den Grundfreiheiten, insbesondere Art. 20 EUGrCh, nachdenken muss. Aus praktischen Überlegungen scheitert die Vereinbarkeit mit der Verhältnismäßigkeit der Zinsschranke jedoch an der Tatsache, dass mit der ATAD bereits eine Bestimmung hierzu erlassen worden ist.

Die meisten Bedenken bestanden wohl vor der Einführung eines grenzüberschreitenden Verlustausgleichs. Die Ausführungen hierzu haben gezeigt, dass der EuGH bei Einführung der Richtlinie seine Rechtsprechung zu den finalen Verlusten aufgeben bzw. anpassen wird. Die Europäische Kommission bleibt jedoch eine Einschätzung, wie sich die Einführung auswirken würde,[1568] schuldig, sodass die Bestimmung zum jetzigen Zeitpunkt gegen die Regelungen des Subsidiaritätsprotokolls verstößt. Ferner sollte die Kommission die aktuelle Rechtsprechung des BFH beachten, da sie auch für die Ausgestaltung des grenzüberschreitenden Verlustausgleichs verwertbare Erkenntnisse liefert. Trotzdem ist der Schritt der Europäischen Union durchaus zu begrüßen und sollte weiterverfolgt werden.

Hinsichtlich der Missbrauchsregelungen zu hybriden Gestaltungen stellt sich ebenso wie bei der Zinsschranke das Problem, dass die Europäische Union auf diese Gestaltungen bereits mit der ATAD-2 Richtlinie reagiert hat. Demzufolge ist die Bestimmung nicht verhältnismäßig.

Zusammenfassend haben die Ausführungen gezeigt, dass weiterhin Auslegungsdivergenzen infolge unbestimmter Rechtsbegriffe bestehen, welche zukünftig durch den EuGH letztverbindlich umrissen bzw. definiert werden müssten. Andernfalls läuft der Richtlinienvorschlag ins Leere, da die Mitgliedstaaten die Bestimmungen weiterhin allein auslegen könnten.

1567 Vgl. dazu: Teil 4: B.II.

1568 Auch die EWSA fordert die Kommission auf, Folgenabschätzungen für beide Richtlinienvorschläge durchzuführen. Hierbei sollen die Mitgliedstaaten alle erheblichen Daten zur Verfügung stellen. Vgl. dazu: EWSA v. 20.09.2017 – ECO/419 (Stellungnahme zur GKB und GKKB), Tz. 5.1.

Teil 5: Gemeinsame konsolidierte Körperschaftsteuer-Bemessungsgrundlage

An die GKB soll sich nach Vorstellung der Europäischen Kommission die $GKKB_{2016}$ anschließen. Während der erste Schritt (GKB) die Harmonisierung der Gewinnermittlungsvorschriften fokussiert, steht im zweiten Schritt ($GKKB_{2016}$) die Konsolidierung der steuerlichen Ergebnisse innerhalb der Gruppe und die formelmäßige Aufteilung im Mittelpunkt. Mit dieser grundlegenden Unterscheidung zur $GKKB_{2011}$ reagiert die Europäische Kommission auf die Schwierigkeiten der Mitgliedstaaten, die Konsolidierung in einem Schritt zu akzeptieren.[1569] Sie erhofft sich dadurch einen konstruktiveren Diskussions- bzw. schnelleren Einigungsprozess, um so die „einfacheren" Gewinnermittlungsregeln vor der „komplexeren" Konsolidierung harmonisieren zu können.[1570] Die Europäische Kommission geht davon aus, dass durch die Verbindung mit der Konsolidierung die Investitionen um ca. 3,4 % und die Beschäftigung um ca. 0,6 % steigen sowie die Kosten für die Errichtung einer Tochtergesellschaft um ca. 67 % sinken werden.[1571]

Da es sich um zwei eigenständige Richtlinienvorschläge handelt, bedürfen diese auch zweier eigenständiger Gesetzgebungsverfahren. Die $GKKB_{2016}$ schließt sich keineswegs automatisch an. Abgesehen von dem in Art. 80 $GKKB_{2016}$ festgesetzten zeitlichen Umsetzungsrahmen durch die Mitgliedstaaten fehlt es an einem zeitlichen Rahmen für das Gesetzgebungsverfahren. Es erscheint daher nicht unvorstellbar, dass die politische Diskussion um die $GKKB_{2016}$ trotz stufenweiser Einführung ebenfalls andauert.[1572] Nichtsdestotrotz ermöglicht es die GKB schon während der politischen Diskussion zur zweiten Stufe, die Unternehmensbesteuerung wesentlich zu verändern.[1573] Die Einführung der Konsolidierung muss immer der notwendige zweite Schritt des Projekts bleiben.[1574]

1569 Europäische Kommission v. 25.10.2016 – SWD(2016) 341 final (Impact assessment accompanying the document proposals for CCTB and CCCTB), S. 30.

1570 EWSA v. 20.09.2017 – ECO/419 (Stellungnahme zur GKB und GKKB), Tz. 1.3; COM(2016) 685 final, Tz. 5.

1571 COM(2016) 683 final, S. 9.

1572 Europäischer Ausschuss der Regionen v. 10.02.2016 – ABl.-EU C 51/34 (Stellungnahme – Eine faire und effiziente Unternehmensbesteuerung in der Europäischen Union), Rn. 27; *Richter* FR 2012, S. 765 (767).

1573 COM(2016) 685 final, S. 3.

1574 Parlament v. 19.09.2017 – 2016/0337(CNS) (Stellungnahme des Rechtsausschusses für den Ausschuss für Wirtschaft und Währung zu dem Vorschlag für eine Richtlinie des Rates über eine Gemeinsame Körperschaftsteuer-Bemessungsgrundlage), S. 7; BR-Drucks. 641/16, Rn. 2; BR-Drucks. 640/16, Rn. 2.

Die GKKB$_{2016}$ unterscheidet sich dabei jedoch nur geringfügig von ihrer Vorgängerin, der GKKB$_{2011}$. In den folgenden Abschnitten werden die wichtigsten Bestimmungen übersichtsartig dargestellt.

A. Konsolidierung

Ein Steuerpflichtiger bildet gemäß Art. 6 GKKB$_{2016}$ bspw. mit seinen Betriebsstätten und/oder den qualifizierten Tochtergesellschaften eine Gruppe. Entgegen der deutschen Regelung, die gemäß § 14 KStG i.V.m. § 291 AktG einen Gewinnabführungsvertrag verlangt, verzichtet die Gruppenbildung im Rahmen des Richtlinienvorschlags auf einen gesellschaftsrechtlichen Vertrag und knüpft lediglich an die Verteilung der Stimmrechts-, Eigentums- bzw. Gewinnbeteiligungsanteile gemäß Art. 5 GKKB$_{2016}$ an.[1575] Diese formalrechtliche Anknüpfung eignet sich gegenüber einer wirtschaftlichen Anknüpfung eher zur Erreichung der mit der Konsolidierung verbundenen Ziele[1576], da sie sowohl durch den Steuerpflichtigen als auch durch die Finanzbehörde leicht festzustellen und zu überprüfen sowie weniger streitanfällig ist. Dennoch bleibt ein gewisses steuergestalterisches Risiko.[1577]

Die Gruppe bietet den Steuerpflichtigen dann die Möglichkeit, die Steuerbemessungsgrundlagen aller Gruppenmitglieder gemäß Art. 7 Abs. 1 GKKB$_{2016}$ zu konsolidieren. Ein entstandener Verlust kann gemäß Art. 7 Abs. 2 GKKB$_{2016}$ grenz- und gesellschaftsübergreifend ausgeglichen bzw. vorgetragen werden.[1578] Dies birgt den Vorteil, dass es keiner weiteren Norm für die Verlustverrechnung zwischen den Gruppenmitgliedern bedarf, da der Verlust bei der Gruppe gespeichert wird.[1579]

Da sich die Konsolidierung nicht von dem bisherigen Richtlinienvorschlag aus 2011 unterscheidet, übernimmt die Europäische Kommission infolgedessen die von der Literatur angesprochenen Probleme und Widerstände der Mitgliedstaaten. So wird befürchtet, dass es zu einer Verschiebung der Steueraufkommen, die durch die unionsweit tätigen Unternehmen generiert werden, komme und die daraus entstehenden Folgen nur schwer abschätzbar seien.[1580] Das BMF ging bereits 2011 davon aus, dass durch die Konsolidierung in Verbindung mit dem herrschenden Steuersatzniveau das gesamteuropäische Steueraufkommen sinken werde.[1581] Insbesondere die Anknüpfung der Konsolidierungsfähigkeit an rechtliche Kriterien

1575 Vgl. zu einem ähnlichen Vorschlag in 2011 des Hessischen Finanzministeriums: *Bünning/Möser* BB 2011, S. 2647 (2649).

1576 COM(2016) 683 final, Tz. 6.

1577 *Krauß* Gruppenbesteuerung nach dem Richtlinienvorschlag zur CCCTB, S. 72 f.

1578 Vgl. *Frey/Speidel* StB 2011, S. 430 (432).

1579 *Krauß* Gruppenbesteuerung nach dem Richtlinienvorschlag zur CCCTB, S. 75.

1580 Vgl. m.w.N. zur Steuerplanung beim Übergang auf eine konsolidierte Bemessungsgrundlage: *Scheffler* in: Oestreicher, Konzernbesteuerung, S. 305 ff.

1581 BMF, Gutachten „Einheitliche Bemessungsgrundlage der Körperschaftsteuer in der Europäischen Union" v. 26.03.2007, S. 65.

liegt aufgrund der leichten Administrierbarkeit auf der Hand, obgleich auch diese rechtlichen Kriterien gestaltungsanfällig sind.[1582] Dementsprechend kann meines Erachtens wieder ein entsprechender Widerstand der Mitgliedstaaten erwartet werden.[1583]

B. Formelmäßige Aufteilung

Der Richtlinienvorschlag sieht vor, dass die konsolidierte Steuerbemessungsgrundlage anhand der Formel des Art. 28 Abs. 1 $GKKB_{2016}$ zwischen den der Gruppe angehörigen Steuerpflichtigen aufgeteilt wird, soweit die Bemessungsgrundlage positiv ist.

Abbildung 1

$$\text{Share A} = \left(\frac{1}{3}\frac{\text{Sales}^{A}}{\text{Sales}^{\text{Group}}} + \frac{1}{3}\left(\frac{1}{2}\frac{\text{Payroll}^{A}}{\text{Payroll}^{\text{Group}}} + \frac{1}{2}\frac{\text{No of employees}^{A}}{\text{No of employees}^{\text{Group}}} \right) + \frac{1}{3}\frac{\text{Assets}^{A}}{\text{Assets}^{\text{Group}}} \right) * \text{Con'd Tax Base}$$

Auch hier übernimmt die $GKKB_{2016}$ die bereits in 2011 aufgestellten Grundsätze. Durch die formelmäßige Aufteilung kann folgerichtig keine Doppelbesteuerung von konzerninternen Lieferungen und Leistungen entstehen, da stets an das Gruppengesamtergebnis angeknüpft wird.[1584] Die Zuweisung zu den einzelnen Faktoren erscheint recht pauschal und kann daher nicht zwingend die tatsächliche Ergebniszuweisung innerhalb der Gruppe darstellen.[1585]

Es stellt sich allerdings weiterhin die Frage, ob die Faktoren anhand des Bestimmungsortes oder des Ursprungsortes zugewiesen werden.[1586] Die Zuweisung zum Faktor Arbeit gemäß Art. 32 ff. $GKKB_{2016}$ trägt durch die Anknüpfung an den Ort der Tätigkeit dem im internationalen Steuerrecht anerkannten Grundsatz der Quellenbesteuerung Rechnung.[1587] Nach Ansicht von *Krauß* ist die Berücksichtigung der Lohnsummen jedoch überflüssig, da sich das Lohnniveau im europäischen Binnenmarkt zunehmend angleicht, sodass eine signifikante Differenzierung nur schwerlich möglich sein würde.[1588]

1582 Vgl. m.w.N. zu den Vor- und Nachteilen von ökonomischen und rechtlichen Anknüpfungspunkten: BMF, Gutachten „Einheitliche Bemessungsgrundlage der Körperschaftsteuer in der Europäischen Union" v. 26.03.2007, S. 47 ff.; *Herzig* Gemeinsame konsolidierte Körperschaftsteuerbemessungsgrundlage (GKKB), S. 18.

1583 Vgl. zur Kritik der Bundesregierung an der GKKB: BT-Drucks. 17/5748.

1584 *Krauß* Gruppenbesteuerung nach dem Richtlinienvorschlag zur CCCTB, S. 79 f.

1585 Vgl. m.w.N.: *Jacobs et al.* Int. Unternehmensbesteuerung, S. 238.

1586 *Kußmaul/Niehren* StB 2011, S. 344 (347).

1587 *Krauß* Gruppenbesteuerung nach dem Richtlinienvorschlag zur CCCTB, S. 84.

1588 *Krauß* Gruppenbesteuerung nach dem Richtlinienvorschlag zur CCCTB, S. 85.

Der Faktor Vermögenswerte berücksichtigt gemäß Art. 34 Abs. 1 $GKKB_{2016}$ nach wie vor lediglich Wirtschaftsgüter des Sachanlagevermögens, da diese leicht der Bilanz des Steuerpflichtigen zu entnehmen sind. So wird von der Literatur bemängelt, dass sie immaterielle Wirtschaftsgüter nicht berücksichtige und so Finanzdienstleistungsunternehmen und wissensbasierte Unternehmen gegenüber Produktionsunternehmen in Niedriglohnländern benachteilige.[1589] Dies erfolge jedoch zum Zwecke der Missbrauchsvermeidung, da Wirtschaftsgüter des Finanzanlagevermögens, immaterielle Wirtschaftsgüter und Wirtschaftsgüter des Umlaufvermögens infolge der Kapitalverkehrsfreiheit gemäß Art. 63 Abs. 1 AEUV leicht innerhalb des europäischen Binnenmarktes und auch in Drittstaaten verschoben werden können und somit nur schwer beurteilt werden kann, wie diese örtlich zuzuordnen oder zu bewerten sind.[1590] Nichtsdestotrotz bleiben Subventionen und öffentliche Güter im Rahmen der Zuordnung unberücksichtigt.[1591]

Ausweislich des Wortlauts des Art. 38 Abs. 1 GKB_{2016} wird der Faktor Umsatz nach dem Bestimmungsort berücksichtigt. Dies erscheint nach *Krauß* auch nur folgerichtig, da bei einer Anknüpfung an das Ursprungsland die durch den Faktor Arbeit entstehende Linie lediglich identisch nachgezogen würde.[1592] Die Anknüpfung an den Bestimmungsort bedingt jedoch, dass am Endpunkt des Umsatzes ein Mitglied der Gruppe stationiert sein müsste, da die betroffenen Umsätze andernfalls im Rahmen der sogenannten gestreuten Rückbezugsklausel gemäß Art. 38 Abs. 4 $GKKB_{2016}$ anhand der Faktoren Arbeit und Vermögenswerte aufgeteilt werden.[1593] *Weiner* kam bereits 2008 zu der Überzeugung, dass die Einführung der formelmäßigen Aufteilung die Einschaltung von unabhängigen Handelsvertretern in Niedrigsteuerländern hervorrufen werde.[1594] Der EWSA ist besorgt, dass die Anknüpfung an den Bestimmungsort dazu führen wird, dass sich das Besteuerungsaufkommen kleinerer exportorientierter Mitgliedstaaten zugunsten konsumorientierter Mitgliedstaaten verändern werde.[1595]

1589 Eerste Kamer der Staten-Generaal v. 12.01.2017 – 5216/17 FISC 11, S. 7; *Herzig* Gemeinsame konsolidierte Körperschaftsteuerbemessungsgrundlage (GKKB), S. 5; vgl. m.w.N.: *Spengel/Zöllkau* Common Corporate Tax Base (CC(C)TB) and Determination of Taxable Income, S. 12; *Kußmaul/Niehren* StB 2011, S. 344 (349); vgl. kritisch: EWSA v. 20.09.2017 – ECO/419 (Stellungnahme zur GKB und GKKB), Tz. 4.3.3.

1590 EuGH v. 24.11.2016 – C-464/14 (SECIL), IStR 2017, S. 118, Rn. 45; EuGH v. 11.09.2014 – C-47/12 (Kronos International/Finanzamt Leverkusen), IStR 2014, S. 724, Rn. 85; *Krauß* Gruppenbesteuerung nach dem Richtlinienvorschlag zur CCCTB, S. 86 ff.; *Kemmerer* Kapitalverkehrsfreiheit und Drittstaaten, S. 79 ff.

1591 *Krauß* Gruppenbesteuerung nach dem Richtlinienvorschlag zur CCCTB, S. 88.

1592 *Krauß* Gruppenbesteuerung nach dem Richtlinienvorschlag zur CCCTB, S. 90 ff.

1593 Vgl. dazu detailliert: *Krauß* Gruppenbesteuerung nach dem Richtlinienvorschlag zur CCCTB, S. 92 f.

1594 *Weiner* EC Tax Review 2008, S. 100 (103).

1595 EWSA v. 20.09.2017 – ECO/419 (Stellungnahme zur GKB und GKKB), Tz. 4.3.3.

Mit der überwiegenden Ansicht in der Literatur ist gleichgültig, auf welche Faktoren[1596] sich die Aufteilung bezieht, da alle Faktoren im Wege der konzerninternen Steuerplanung gestaltungsanfällig sind.[1597] So erscheint es nicht unmöglich, dass grenzüberschreitend tätige Unternehmen ihre Steuerplanung anhand der einzelnen Faktoren optimieren und nicht mehr nur Gewinne, sondern ganze Produktionsbereiche verlagern.[1598] Schließlich bieten die Grundfreiheiten nicht nur in Gestalt der Kapitalverkehrsfreiheit, sondern auch in Gestalt der Arbeitnehmerfreizügigkeit gemäß Art. 45 AEUV die Möglichkeit zur grenzüberschreitenden Optimierung bzw. steueroptimalen Verlagerung. Dieses Planungsmodell relativierte der EWSA jedoch bereits 2011 mit dem Argument, dass unterschiedliche Faktoren im Rahmen der Aufteilungsformel berücksichtigt würden.[1599] Jedoch lässt sich zu Recht auch davon ausgehen, dass die Besteuerungsstaaten auf solche steuerplanerischen Fehlanreize reagieren würden, um die Abwanderung ihres Besteuerungsaufkommens zu verhindern. Hierzu könnten die Mitgliedstaaten bspw. die Elemente der Aufteilungsformel national unterschiedlich ausgestalten oder bei einer einheitlichen Anwendung der Richtlinienvorschläge die Körperschaftsteuersätze an die Anforderungen des Steuerwettbewerbs angleichen.[1600] So fordern *Jacobs et. al* zur Verhinderung einer solchen Entwicklung richtigerweise die parallele Einführung einer Untergrenze für Körperschaftsteuersätze innerhalb des europäischen Binnenmarktes.[1601] Es erscheint auch abwegig, die Verlagerung eines Produktionsbetriebs lediglich von der steuerlichen Gestaltungsmöglichkeit abhängig zu machen.[1602]

Dennoch sollen nach Ansicht von *Bünning/Möser* vor allem Deutschland und Frankreich von der Aufteilungsformel profitieren, da hier materielle Wirtschaftsgüter unter hohem Personalaufwand hergestellt werden.[1603]

Ebenfalls auffällig ist, dass sowohl die Aufteilungsformel als auch die Bestimmungen zum Ein- und Austritt keine Bestimmung zu der Besteuerung stiller Reserven enthalten. Dieses bereits in der $GKKB_{2011}$ enthaltene Problem konnte

1596 Vgl. mit unterschiedlichen Modellen: *Krauß* Gruppenbesteuerung nach dem Richtlinienvorschlag zur CCCTB, S. 94 f.

1597 Dáil Éireann and Seanad Éireann v. 21.12.2016 – 15770/16 FISC 239, Tz. 3.12; *Kußmaul/Niehren* StB 2011, S. 344 (347).

1598 *Kimpel* Verhaltensreaktionen und Aufkommenswirkungen bei Einführung einer G(K)KB, S. 4; *Richter/Welling* FR 2013, S. 793 (794 f.); vgl. m.w.N.: *Spengel/Zöllkau* Common Corporate Tax Base (CC(C)TB) and Determination of Taxable Income, S. 14; *Oestreicher* DStR 2009, S. 773 (780).

1599 KOM(2011) 121 endgültig, Tz. 4.6.1.

1600 KOM(2011) 121 endgültig, Tz. 4.6.2; BR Drucks. 155/11, Tz. 10; *Kimpel* Verhaltensreaktionen und Aufkommenswirkungen bei Einführung einer G(K)KB, S. 88; *Förster/Krauß* IStR 2011, S. 607 (614); *Mayr* BB 2008, S. 1312 (1317).

1601 *Jacobs et al.* Int. Unternehmensbesteuerung, S. 94.

1602 Vgl. dazu: *Kaeser* FR 2013, S. 788 (789); *Richter/Welling* FR 2013, S. 793 (796).

1603 *Bünning/Möser* BB 2011, S. 2647 (2651).

auch im aktuellen Richtlinienvorschlag nicht gelöst werden. In Deutschland verhaftete stille Reserven würden nach dem Eintritt in die Gruppe gemäß Art. 11 $GKKB_{2011}$ europäisiert.[1604] Hieraus könnte die Angst der nationalen Steuergesetzgeber erwachsen, Steuersubstrat bei der Besteuerung der stillen Reserven an die beteiligten Mitgliedstaaten zu verlieren.[1605] *Spengel/Stutzenberger* sehen dieses Problem nicht so drastisch, da die im Falle von grenzüberschreitenden Umstrukturierungen oder Vermögensübertragungen entstehenden stillen Reserven bei deren Auflösung auf die Mitglieder der Gruppe entsprechend der Aufteilungsformel verteilt und dort besteuert werden.[1606]

Unter Berücksichtigung der Ausführungen zu bilateralen Maßnahmen[1607] wird bei Einführung der $GKKB_{2016}$ auch danach zu fragen sein, in welchem Verhältnis der Richtlinienvorschlag zu den abgeschlossenen DBA-Regelungen für körperschaftsteuerliche Belange stehen wird. Nach Art. 1 Abs. 2 $GKKB_{2016}$ unterliegt ein Unternehmen, das die Bestimmungen der vorliegenden Richtlinie anwendet, in Bezug auf alle in dieser Richtlinie geregelten Fragen nicht länger dem nationalen Körperschaftsteuerrecht, sofern nichts anderes bestimmt ist. Im Gegensatz dazu regelt das DBA kollisionsrechtlich, welchem Vertragsstaat die Besteuerungshoheit für die Steuerbemessungsgrundlage zusteht. Art. 28 Abs. 1 $GKKB_{2016}$ setzt bereits vor der Kollision an, indem es die Steuerbemessungsgrundlage zwischen den beteiligten Mitgliedstaaten aufteilt. Es kann nicht mehr zur Kollision von mitgliedstaatlichen Besteuerungsinteressen kommen.

Im Verhältnis zu Drittstaaten wird das Kollisionsrecht jedoch weiterhin fortbestehen müssen, da der Anwendungsbereich der formelmäßigen Aufteilung an der Grenze der Europäischen Union endet. Nach dem hier vertretenen Verständnis, welches in einer gesonderten Untersuchung genauer zu erforschen wäre, ist vermutlich zunächst kollisionsrechtlich danach zu fragen, welche Besteuerungshoheiten an dem grenzüberschreitenden Sachverhalt beteiligt sind. In einem zweiten Schritt müsste wohl kollisionsrechtlich das Besteuerungsrecht geklärt werden. Steht das Besteuerungsrecht einem Mitgliedstaat zu, findet der Sachverhalt zuletzt Einzug in die Gemeinsame konsolidierte Körperschaftsteuer-Bemessungsgrundlage, welche dann unter den Mitgliedstaaten nach den Vorgaben des Art. 28 Abs. 1 $GKKB_{2016}$ aufzuteilen wäre.

1604 Vgl. dazu: Teil 4: B.V.

1605 Vgl. detailliert: *Weiss* Die steuerliche Behandlung stiller Reserven im Rahmen des Übergangs auf eine Gemeinsame Konsollidierte Körperschaftssteuer-Bemessungsgrundlage (GKKB), S. 70 ff.; *Herzig* FR 2012, S. 761 (762); *Förster/Krauß* IStR 2011, S. 607 (615).

1606 Vgl. *Spengel/Stutzenberger* IStR 2018, S. 37 (40).

1607 Vgl. dazu: Teil 2: A.I.3.b.

C. Verwaltung und Verfahren

Entsprechend dem System der $GKKB_{2011}$ soll sich der sogenannte Hauptsteuerpflichtige bei Anwendung des Richtlinienvorschlags gemäß Art. 46 $GKKB_{2016}$ zukünftig nur noch mit der sogenannten Hauptsteuerbehörde auseinandersetzen müssen. Hauptsteuerpflichtiger im Sinne des Art. 3 Abs. 11 $GKKB_{2016}$ ist derjenige, der eine der folgenden Voraussetzungen erfüllt:

- Ein gebietsansässiger Steuerpflichtiger, der mit seinen qualifizierten Tochtergesellschaften, einer oder mehreren seiner in anderen Mitgliedstaaten belegenen Betriebsstätten oder einer oder mehreren Betriebsstätten einer in einem Drittland ansässigen qualifizierten Tochtergesellschaft eine Gruppe bildet.
- Ein von der Gruppe benannter gebietsansässiger Steuerpflichtiger, der nur aus zwei oder mehreren gebietsansässigen Steuerpflichtigen besteht, die als Tochtergesellschaften einer in einem Drittland ansässigen Muttergesellschaft unmittelbar qualifiziert sind.
- Ein gebietsansässiger Steuerpflichtiger als qualifizierte Tochtergesellschaft einer in einem Drittland ansässigen Muttergesellschaft, wenn er nur mit einer oder mehreren Betriebsstätten seiner Muttergesellschaft eine Gruppe bildet.
- Eine von einem gebietsfremden Steuerpflichtigen benannte Betriebsstätte, die nur mit seinen in zwei oder mehr Mitgliedstaaten belegenen Betriebsstätten eine Gruppe bildet.

Die Hauptsteuerbehörde ist gemäß Art. 3 Abs. 27 $GKKB_{2016}$ zuständige Behörde des Mitgliedstaats, in dem der Hauptsteuerpflichtige ansässig ist. Meines Erachtens erscheint es insbesondere im Hinblick auf die Kosten für Infrastruktur und Ausbildung der Finanzbeamten sinnvoll, diese Steuerpflichtigen bei besonders spezialisierten Finanzämtern zu bündeln.[1608] Es erscheint nicht abwegig, dass kleine lokale Finanzämter mit dem Veranlagungsverfahren grenzüberschreitend tätiger Unternehmen in diesem System überfordert sein könnten und die für Unternehmen erhoffte Vereinfachung[1609] der grenzüberschreitenden Steuererklärung ausbleibt. Insbesondere bei Ansässigkeit in kleineren Mitgliedstaaten kann in Frage gestellt werden, ob diese in der Lage sind, den administrativen Anforderungen standzuhalten.[1610] Die Zentralisierung auf die Hauptsteuerbehörde befreit die entsprechenden Finanzbehörden jedoch nicht vom ausführlichen Austausch von Informationen. Insbesondere bei der Aufteilungsformel bedarf es einer intensiven Zusammenarbeit, damit diese korrekt auf die Mitgliedstaaten aufgeteilt werden.[1611]

1608 Vgl. mit ähnlichem Gedanken: *Frey/Speidel* StB 2011, S. 430 (434); *Kußmaul/Niehren* StB 2011, S. 344 (349).

1609 Vgl. zur Vereinfachung: KOM(2011) 121 endgültig, Tz. 4.18; *Frey/Speidel* StB 2011, S. 430 (433).

1610 *Spengel/Zöllkau* Common Corporate Tax Base (CC(C)TB) and Determination of Taxable Income, S. 12.

1611 *Englisch* DFGT 2011/2012, S. 87 (109).

Dementsprechend ist es fraglich, welche Dokumentationspflichten auf die Unternehmen der Gruppe zukommen, um sowohl den Anforderungen des Steuerrechts des Sitzstaates des Hauptsteuerpflichtigen als auch der Außenprüfungsbehörde nachzukommen.[1612]

Ferner hat der Europäische Ausschuss der Regionen bereits 2011 gefordert, dass die Einführung einer Hauptsteuerbehörde nicht dazu führen dürfe, dass der Hauptsteuerpflichtige seinen Steuersitz innerhalb der Europäischen Union frei wählen könne.[1613]

1612 Maltesisches Parlament v. 12.01.2017 – 5217/17 FISC 12, S. 3.
1613 Ausschuss der Regionen v. 14./15.12.2011 – ECOS-V-018 (Stellungnahme zur GKKB), Tz. 8.

Teil 6: Schlussbetrachtung

Die Untersuchungen haben gezeigt, dass die wirtschaftliche grenzüberschreitende Tätigkeit Schwierigkeiten begegnet, die durch die Koexistenz 28 nationaler, veralteter Besteuerungssysteme entstehen. Dies führt zu dem von Steuergesetzgeber und Steuerpflichtigen ungewollten Ergebnis von Doppelbesteuerung bzw. doppelter Nichtbesteuerung. Die Harmonisierung der direkten Besteuerung in der Europäischen Union erfolgte bisher nur durch Einzelprojekte, wodurch es zu Überschneidungen der Projekte kam. Mit den Richtlinienvorschlägen zur GKB und zur GKKB strebt die Europäische Union ein einheitliches, umfassendes System an. Dieser Ansatz ist nach der Untersuchung weitaus sinnvoller, als Maßnahmen im Rahmen der verstärkten Zusammenarbeit durchzusetzen. Auch die in der Öffentlichkeit oft geforderte Harmonisierung des Körperschaftsteuersatzes ist mit den genannten Argumenten nicht erfolgversprechend. Die Harmonisierung anhand der Bemessungsgrundlage ist weitaus überzeugender.

Auch wenn die Körperschaftsteuer im nationalen Steueraufkommen – zumindest in Deutschland – eher eine untergeordnete Rolle einnimmt, ist die Anknüpfung an diese Steuer zutreffend. Es ist insbesondere mit Blick auf die Subsidiarität unzutreffend, die Einkommensteuer in Angriff zu nehmen, da diese der gesetzgeberischen Arbeit durch die Europäische Union grundsätzlich vollständig entzogen ist. In diesem Zusammenhang wurde dargelegt, dass im Rahmen der begründeten Stellungnahme bzw. Subsidiaritätsrüge nach hier vertretener Auffassung alle Elemente des Art. 5 EUV im Rahmen eines Subsidiaritätsprinzips im weiteren Sinn zu überprüfen sind. So hat die europarechtliche Einordnung gezeigt, dass die Richtlinienvorschläge als solche mit dem Subsidiaritätsprinzip im weiteren Sinne vereinbar sind. Bei den einzelnen Bestimmungen ergeben sich die Probleme durch Rechtsvergleich mit den entsprechend bestehenden mitgliedstaatlichen Regelungen sowie den Überschneidungen mit anderen Sekundärrechtsakten der Europäischen Union. So sind insbesondere die Zinsschranke und die Missbrauchsregeln zu den hybriden Gestaltungen zu nennen, welche einerseits helfen könnten, den Missbrauch durch steuerliche Gestaltungsmöglichkeiten zu verhindern, aber andererseits ebenso in anderen Richtlinien zu finden waren, infolgedessen sie im Rahmen dieser Untersuchung nicht abschließend positiv bewertet werden konnten.

Daneben entstehen Probleme vor allem aus der Bestimmung selbst. Mangels Definition konnte die Untersuchung an verschiedenen Stellen Auslegungsdivergenzen aufdecken, die sich zwangsläufig ergeben werden. Dieses Problem konnte bereits 2011 festgestellt werden. Daneben hat die Untersuchung vermehrt die Frage aufgeworfen, wie Art. 20 EUGrCh im Lichte des Steuerrechts durch den EuGH zu bewerten ist. Dementsprechend konnte die Untersuchung zeigen, dass bei steigender Harmonisierung durch die Europäische Union auch die Notwendigkeit normenorientierter (nicht nur an Grundfreiheiten orientierter) Steuerrechtsprechung steigen wird. Hieraus folgt die Frage, die es abseits dieser Untersuchung zu bewerten gilt, inwiefern der EuGH infolge des Ressourcenproblems hierzu in der Lage sein kann.

Die wirtschaftswissenschaftlichen Analysen haben ergeben, dass durch die Einführung der Richtlinienvorschläge mit einem Rückgang der Befolgungskosten zu rechnen ist. Nach der Untersuchung wird dieser Kostenrückgang mit einem Kostenanstieg bei den Beratungskosten und den administrativen Kosten einhergehen. Dementsprechend ist weiterhin mit Protest durch die an der Umsetzung Beteiligten zu rechnen, wie man bereits an den partiell anklingenden Ausführungen des Rechtsausschusses des Europäischen Parlaments gesehen hat. Dennoch bieten die Richtlinienvorschläge insbesondere für kleine und mittlere Unternehmen eine Möglichkeit, kostengünstig und unter sachgerechter Einschätzung der Risiken die grenzüberschreitende Tätigkeit zu wagen.

Die Anwendung der Bestimmungen der GKB ab 01.01.2019 und der $GKKB_{2016}$ ab 01.01.2021 war bzw. ist ein ambitioniertes Ziel, das bei dem aktuellen Sachstand – auch in nächster Zukunft – nicht zu erreichen ist. Es besteht an vielen Stellen Nachbesserungsbedarf. Insbesondere besteht dieser bei der Einführung eines einheitlichen Betriebsstättenbegriffs, der Förderung von Forschung und Entwicklung und der Einführung eines Freibetrags für Wachstum und Investition. Ein einheitlicher Ansatz wird nichtsdestotrotz das Verständnis, die Wertigkeit und die Einheit des europäischen Binnenmarkts festigen und fördern. Insbesondere der unionsweit einheitliche grenzüberschreitende Verlustausgleich wäre ein bedeutender Schritt für den Binnenmarkt. Nach wie vor wird die Europäische Kommission der ablehnenden Kritik einiger Mitgliedstaaten gegenüberstehen, die den Verlust des Besteuerungsaufkommens fürchten.[1614] Dies entspricht auch meinem Vernehmen nach verschiedener Ansichten in der Fachwelt.[1615] Demgegenüber steht das dringende Bedürfnis, Unternehmen den Zugang zum europäischen Binnenmarkt zu erleichtern, wobei insbesondere die digitalisierte Arbeitsweise der steuerpflichtigen Unternehmen im Vordergrund stehen sollte.

Die Diskussion um ein einheitliches Besteuerungssystem wird weitergehen. Eine Lösung kann aufgrund der unterschiedlichen mitgliedstaatlichen Interessen und des unterschiedlichen Verständnisses von der Europäischen Union als Chance für einen gemeinsamen Wirtschaftsverbund auf einem umkämpften Weltmarkt zeitnah nicht erwartet werden. Auch andere große Harmonisierungsprojekte[1616] mussten einen steinigen Weg beschreiten.

1614 Vgl. bspw. mit der Forderung, dass weitere Darlegungen über die Auswirkungen erfolgen müssen: EWSA v. 20.09.2017 – ECO/419 (Stellungnahme zur GKB und GKKB), Tz. 1.8.

1615 Vgl. bspw. aktuell: *Kraft/Hentschel/Apler* RiW 2017, S. 473 (480).

1616 Bspw. Verordnung (EU) 2016/679 des Europäischen Parlaments und des Rates v. 27.04.2016 zum Schutz natürlicher Personen bei der Verarbeitung personenbezogener Daten, zum freien Datenverkehr und zur Aufhebung der Richtlinie 95/46/EG, ABl.-EU v. 04.05.2016, L 119/1; Richtlinie des Rates über das gemeinsame Mehrwertsteuersystem v. 28.11.2006, ABl.-EU v. 11.12.2006, L 347/1, zuletzt geändert durch Richtlinie des Rates 2013/61/EU v. 17.12.2013, ABl.-EU v. 28.12.2013, L 353/5.

Literaturverzeichnis

Accetto, Matej/Zleptnig, Stefan, The Principle of Effectiveness: Rethinking Its Role in Community Law, European Public Law 2005, S. 375–403

Ahmann, Karin-Renate, Das Ertragssteuerrecht unter dem Diktat des Europäischen Gerichtshofs?, Deutsche Steuer-Zeitung 2005, S. 75–80

Albin, Silke, Das Subsidiaritätsprinzip in der EU – Anspruch und Rechtswirklichkeit, Neue Zeitschrift für Verwaltungsrecht 2006, S. 629–635

Alexy, Robert, Theorie der Grundrechte, 5. Auflage, Frankfurt am Main 2006

Annacker, Claudia, Der fehlerhafte Rechtsakt im Gemeinschafts- und Unionsrecht, Wien 1998

Anweiler, Jochen, Die Auslegungsmethoden des Gerichtshofs der Europäischen Gemeinschaften, Frankfurt am Main 1997

Arendt, Hendrik, BFH: Haftung der Organgesellschaft bei mehrstufiger Organschaft – Anmerkungen zum BFH-Urteil vom 31.5.2017 – I R 54/15, Steuer- und Bilanzpraxis 2017, S. 98–99

Arndt, Hans-Wolfgang/Fischer, Kristian/Fetzer, Thomas, Europarecht, 11. Auflage, Heidelberg 2015

Atzmüller, Martin/Mayr, Gunter, Steuerliche Forschungsförderung in Österreich, Internationales Steuerrecht 2017, S. 143–149

Ban, Blaženka, Harmonisierung der Unternehmensbesteuerung in der EU. Notwendigkeit, Umfang und Grenzen einer positiven Integration, Hamburg 2007

Bauer, Anja, Steuerwettbewerb in der EU. Ein steuerlicher Belastungsvergleich zwischen Personengesellschaften, Kapitalgesellschaften und Genossenschaften, Baden-Baden 2011

Becker, Jan Dierk/Schwarz, Martin/Mühlhausen, Moritz, Steuerfolgen des identitätswahrenden Wegzugs einer Kapitalgesellschaft in einen Drittstaat, Internationales Steuerrecht 2017, S. 45–50

Becker, Katharina, Der OECD-Bericht zu Maßnahme 5 des BEPS-Aktionsplans BEPS-Aktionspunkt 5: Wirksamere Bekämpfung des schädlichen Steuerwettbewerbs, Internationales Steuerrecht 2014, S. 704–708

Becker, Peter, Die Subsidiaritätsprüfung in Bundestag und Bundesrat – ein rechtliches oder ein politisches Instrument?, Zeitschrift für Politikwissenschaft 2013, S. 5–37

Beiser, Reinhold, Steuern. Ein systematischer Grundriss, 14. Auflage, Wien 2016

Benz, Sebastian/Böhmer, Julian, Die Richtlinienvorschläge der EU-Kommission vom 25.10.2016 zur weiteren Harmonisierung der Unternehmensbesteuerung, Der Betrieb 2016, S. 2800–2805

-, Der RegE eines § 4j EStG zur Beschränkung der Abziehbarkeit von Lizenzzahlungen (Lizenzschranke), Der Betrieb 2017, S. 206–211

-, Besteuerung digitaler Unternehmen – Der Zwischenbericht der OECD 2018 und der Entwurf eines EU-Maßnahmenpakets, Der Betrieb 2018, S. 1233–1238

Benz, Sebastian/Rosenberg, Oliver, Die Treaty Overrides des § 50d EStG: Verfassungskonform oder verfassungswidrig?, in: Blumenberg, Jens (Hrsg.)/ Crezelius, Georg (Hrsg.)/Gosch, Dietmar (Hrsg.)/Schüppen, Matthias (Hrsg.), Festschrift für Wilhelm Haarmann, Düsseldorf 2015

Bergmann, Sebastian, Missbrauch im Anwendungsbereich der Mutter-Tochter-Richtlinie – Internationales und europäisches Steuerrecht, Steuern und Wirtschaft 2010, S. 246–261

Bickenbach, Christoph, Das Subsidiaritätsprinzip in Art. 5 EUV und seine Kontrolle, Zeitschrift Europarecht 2013, S. 523–549

Bieber, Roland/Epiney, Astrid/Haag, Marcel/Kotzur, Markus, Die Europäische Union. Europarecht und Politik, 12. Auflage, Baden-Baden 2016

Birk, Dieter, Das sog. „Europäische" Steuerrecht, Finanz-Rundschau 2005, S. 121–127

- (Hrsg.), Handbuch des europäischen Steuer- und Abgabenrechts, Herne/ Berlin 1995

Birk, Dieter/Desens, Marc/Tappe, Henning, Steuerrecht, 20. Auflage, Heidelberg 2017

Birker, Christian, Die „Aufteilungsklausel" des § 50d Abs. 3 EStG n.F., Betriebs-Berater 2012, S. 1961–1965

Bittner, Thomas/Dawid, Roman/Metzner, Susann, Typische Problemfelder in Betriebsprüfungen, in: Dawid, Roman (Hrsg.)/Dorner, Klaus (Hrsg.): Verrechnungspreise. Grundlagen und Praxis, Wiesbaden 2013, S. 199–230

Blumers, Wolfgang, Aggressive Steuerplanung – Vielleicht legal, aber jedenfalls verwerflich, Betriebs-Berater 2013, S. 2785–2788

Blümich, Walter (Begr.)/Heuermann, Bernd (Hrsg.)/Brandis, Peter (Hrsg.), Bd. 1: §§ 1–8 EStG, 147. Ergänzungslieferung, München 2019

Bd. 2: §§ 9–24c EStG, 147. Ergänzungslieferung, München 2019

Bd. 3: §§ 25–99 EStG, 147. Ergänzungslieferung, München 2019

Bd. 4: §§ 1–40 KStG, §§ 27–54a KStG a. F., §§ 1–37 GewStG, 147. Ergänzungslieferung, München 2019

Bogdandy, Armin von (Hrsg.)/Bast, Jürgen (Hrsg.), Europäisches Verfassungsrecht. Theoretische und dogmatische Grundzüge, 2. Auflage, Berlin 2009

Böhmer, Julian, Das Trennungsprinzip im Körperschaftsteuerrecht – Grundsatz ohne Zukunft?, Steuern und Wirtschaft 2012, S. 33–42

Bohn, Alexander/Loose, Thomas, Ausgewählte Zweifelsfragen bei der Anwendung des EBITDA-Vortrags, Deutsches Steuerrecht 2011, S. 241–246

Boss, Alfred, Steuerharmonisierung oder Steuerwettbewerb?, Kiel 2003

Brähler, Gernot, Internationales Steuerrecht. Grundlagen für Studium und Steuerberaterprüfung, 8. Auflage, Wiesbaden 2014

Brandis, Peter, „Zurück in die Zukunft"? – Finale Verluste nach dem EuGH-Urteil „Bevola", Deutsches Steuerrecht 2018, S. 2051–2058

Braun, Stephan, Latente Steuern in Gruppenbesteuerungssystemen: eine betriebswirtschaftliche Analyse von Steuerlatenzen im Kontext der ertragsteuerlichen Organschaft und einer „modernen" Gruppenbesteuerung, Koblenz 2015

Brinkmann, Jan/Maier, Anette/Brandstätter, Daniel, Forschung und Entwicklung – Steueroptimierung durch Nutzung ausländischer Steueranreize, Internationales Steuerrecht 2009, S. 563–567

Broemel, Karl/Endert, Volker, Zur Rolle von IP-Gesellschaften bei der Implementierung von Prinzipalstrukturen, Internationales Steuerrecht 2014, S. 87–93

Brosius-Linke, René, Die Implementierung des Subsidiaritätsprinzips in der öffentlichen Verwaltung, Deutsches Verwaltungsblatt 2014, S. 622–625

Bünning, Martin/Möser, Christian, Gemeinsame konsolidierte Körperschaftsteuer-Bemessungsgrundlage (GKKB) Vorbild für eine nationale Neuordnung der Gruppenbesteuerung?, Betriebs-Berater 2011, S. 2647–2653

Buschmann, Marco/Daiber, Birgit, Subsidiaritätsrüge und Grundsatz der begrenzten Einzelermächtigung, Die öffentliche Verwaltung 2011, S. 504–510

Buurmann, Claus, Rechtliche Grundlagen der Verrechnungspreise, in: Dawid, Roman (Hrsg.)/Dorner, Klaus (Hrsg.): Verrechnungspreise. Grundlagen und Praxis, Wiesbaden 2013, S. 13–48

Calliess, Christian, Der Schlüsselbegriff der „ausschließlichen Zuständigkeit" im Subsidiaritätsprinzip des Art. 3b II EGV, Europäische Zeitschrift für Wirtschaftsrecht 1995, S. 693–700

-, Subsidiaritäts- und Solidaritätsprinzip in der Europäischen Union. Vorgaben für die Anwendung von Art. 5 (ex-Art. 3b) EGV nach dem Vertrag von Amsterdam, 2. Auflage, Baden-Baden 1999

Calliess, Christian (Hrsg.)/Ruffert, Matthias (Hrsg.), EUV/AEUV – Das Verfassungsrecht der Europäischen Union mit Europäischer Grundrechtecharta, 5. Auflage, München 2016

Coenenberg, Adolf G./Haller, Axel/Mattner, Gerhard/et al., Einführung in das Rechnungswesen. Grundlagen der Buchführung und Bilanzierung, 6. Auflage, Stuttgart 2016

Cordewener, Axel, Europäische Grundfreiheiten und nationales Steuerrecht. „Konvergenz" des Gemeinschaftsrechts und „Kohärenz" der direkten Steuern in der Rechtsprechung des EuGH, Köln 2002

Cordewener, Axel/Schnitger, Arne, Europarechtliche Vorgaben für die Vermeidung der internationalen Doppelbesteuerung im Wege der Anrechnungsmethode, Steuern und Wirtschaft 2006, S. 50–78

Cremer, Wolfram, Grundgesetzliche Bindungen des deutschen Vertreters bei Abstimmungen im Rat der Europäischen Union und ihre prozessuale Durchsetzbarkeit, Europarecht 2014, S. 195–231

Czakert, Ernst, Ansatz der CCCTB working group zur Harmonisierung der Steuerbemessungsgrundlage in Europa, Betriebswirtschaftliche Förderung und Praxis 2008, S. 433–448

Dahlke, Andreas E., Harmonisierung der Konzernbesteuerung in der Europäischen Union. ökonomische Analyse einer einheitlichen konsolidierten körperschaftsteuerlichen Bemessungsgrundlage, Lohmar 2011

Dauses, Manfred (Begr.)/Ludwigs, Markus (Hrsg.), Handbuch des EU-Wirtschaftsrechts, 41. Ergänzunglieferung, München 2017

Dautzenberg, Norbert, Unternehmensbesteuerung im EG-Binnenmarkt. Problembereiche und Perspektiven Köln 1997

-, Europäische „Agenda" für das Ertragsteuerrecht im Jahr 2004: Die Richtlinien vom Juni 2003, Betriebs-Berater 2004, S. 17–20

Dawid, Roman, Erstellung einer Verrechnungspreisdokumentation, in: Dawid, Roman (Hrsg.)/Dorner, Klaus (Hrsg.): Verrechnungspreise. Grundlagen und Praxis, Wiesbaden 2013, S. 49–84

Debatin, Helmut, Doppelbesteuerungsabkommen und innerstaatliches Recht, Beihefter zu Deutsches Steuerrecht (Nr. 23) 1992, S. 1–8

-, Die grenzüberschreitende Sitzverlegung von Kapitalgesellschaften, GmbH Recht 1991, S. 164–170

Demleitner, Andreas, Fiktiver Zinsausgabenabzug im internationalen Vergleich, Internationale Steuer-Rundschau 2017, S. 145–150

De Mooij, Ruud/Devereux, Michael, An applied analysis of ACE and CBIT reforms in the EU, International Tax and Public Finance 2011, S. 93–120

Devereux, Michael/Freeman, Harold, A General Neutral Profits Tax, Fiscal Studies – The Journal of Applied Public Economics 1991, Volume 12, Issue 3, S. 1–15

Dicken, André Jacques, Spanisches Bilanzrecht. Einzel-, Konzern- und Steuerbilanzen, Bielefeld 2000

Ditz, Xaver/Luckhaupt, Hagen, Betriebsstättengewinnaufteilungsverordnung – Neues Gewinnermittlungsrecht für Betriebsstätten, Internationale Steuer-Rundschau 2015, S. 1–10

Djanani, Christiana/Brähler, Gernot/Hartmann, Thomas, Die Finanzverwaltung und die autonome Abkommensauslegung – zugleich Besprechung des BMF-Schreibens vom 19.3.2004, Internationales Steuerrecht 2004, S. 481–485

Dobratz, Lars, Grundfreiheiten und steuerliche Wirtschaftspolitik: vom Schutzbereich der Grundfreiheiten im Steuerrecht und der Zulässigkeit national orientierter Steuervergünstigungen, in: Sieker, Susanne (Hrsg.): Steuerrecht und Wirtschaftspolitik, Köln 2016, S. 145–168

-, Anhängige EuGH-Rechtssachen im Bereich der Ertragsteuern, Internationales Steuerrecht 2017, S. 1006–1013

Dorner, Klaus, Einführung – Der Fremdvergleichsgrundsatz, in: Dawid, Roman (Hrsg.)/Dorner, Klaus (Hrsg.): Verrechnungspreise. Grundlagen und Praxis, Wiesbaden 2013, S. 1–12

Dötsch, Ewald (Hrsg.)/Pung, Alexandra (Hrsg.)/Möhlenbrock, Rolf (Hrsg.), Die Körperschaftsteuer: KSt, 135. Ergänzungslieferung Stuttgart 2016

Drüen, Klaus-Dieter, Die Sanierungsklausel des § 8c KStG als europarechtswidrige Beihilfe-Anmerkungen zur Beihilfeentscheidung der EU-Kommission vom 26.1.2011, Deutsches Steuerrecht 2011, S. 289–294

-, Verfassungskonforme Auslegung und Rechtsfortbildung durch die Finanzgerichte-Rechtsfortbildung im Steuerrecht, Steuern und Wirtschaft 2012, S. 269–280

Eggert, Andreas, Die Gewinnermittlung nach dem Richtlinienvorschlag über eine Gemeinsame Konsolidierte Körperschaftsteuer-Bemessungsgrundlage: Vergleich mit der Gewinnermittlung nach dem HGB, EStG und den IFRS, Köln 2015

Egner, Thomas, Internationale Steuerlehre, Wiesbaden 2015

Ehlers, Dirk (Hrsg.), Europäische Grundrechte und Grundfreiheiten, 4. Auflage, Berlin 2014

Ehlers, Dirk/Schoch, Friedrich, Rechtsschutz im Öffentlichen Recht, Berlin 2009

Eicker, Klaus/Stockburger, Lars, Internationale Verfahren zur Beseitigung der Doppelbesteuerung – Überblick und Folgerungen für die Praxis anlässlich des rückwirkenden Wiedereintritts der EU-Schiedskonvention zum 1.11.2004, Internationales Steuer- und Wirtschaftsrecht 2005, S. 203–224

Eilers, Stephan/Oppel, Florian, BEPS erreicht die EU: Das Anti Tax Avoidance Package der EU-Kommission, Internationales Steuerrecht 2016, S. 312–319

Eiling, Astrid, Das GK(K)B-Projekt bekommt neuen Wind: Neue Richtlinientwürfe zur Umsetzung des GKKB-Projekts, Neue Wirtschafts-Briefe 2017, S. 49–54

Eisgruber, Thomas, Neuausrichtung der grenzüberschreitenden Verlustverrechnung aus Sicht der Finanzverwaltung, in: Baumhoff, Hubertus (Hrsg.)/Schönfeld, Jens (Hrsg.): Grenzüberschreitende Verlustverrechnung, Köln 2011, S. 25–44

El Mourabit, Francis B., Entwurf zum Steuerumgehungsbekämpfungsgesetz – Unverhältnismäßiger Aktionsimus aus Anlass der sog. Panama-Papers, Betriebs-Berater 2017, S. 91–97

Emmerich-Fritsche, Angelika, Der Grundsatz der Verhältnismäßigkeit als Direktive und Schranke der EG-Rechtsprechung, Berlin 2000

Englisch, Joachim, A European Legal Tax Order Based on Ability to Pay, in: Amatucci, Andrea (Hrsg.), International Tax Law, S. 251–336

-, Gemeinschaftsgrundrechte im harmonisierten Steuerrecht, in: Schön, Wolfgang (Hrsg.)/Beck, Karin (Hrsg.): Zukunftsfragen des deutschen Steuerrechts, Dordrecht 2009, S. 39–90

-, Europäische Perspektiven des Unternehmenssteuerrechts, Deutscher Finanzgerichtstag 2011/2012, S. 87–112

Esterer, Fritz/Bartelt, Martin, Modernes Gruppenbesteuerungssystem für Deutschland – Kritische Analyse der Organschaft und mögliche Reformansätze, Beilage Nr. 5 zu Betriebs-Berater 2010, S. 2–8

Faber, Angela, Die Zukunft kommunaler Selbstverwaltung und der Gedanke der Subsidiarität in den Europäischen Gemeinschaften, Deutsches Verwaltungsblatt, Deutsches Verwaltungsblatt 1991, S. 1126–1135

Fahrenberg, Jürgen/Henke, Ulf, Das BMF-Schreiben zur steuerlichen Einordnung der US-LLC aus Beratersicht, Internationales Steuerrecht 2004, S. 485–489

Fähling, Lars, Die grenzüberschreitende Verlustverrechnung international agierender Unternehmen, Potsdam 2016

Feld, Lars/Heckemeyer, Jost, FDI and Taxation: A Meta-Study, Journal of Economic Surveys 2011, Volume 25, S. 233–272

Florstedt, Tim, Die allgemeine Missbrauchsregeln in der Richtlinie über eine Gemeinsame konsolidierte Körperschaftsteuer-Bemessungsgrundlage, Finanz-Rundschau 2016, S. 1–10

Förster, Guido/Krauß, Sebastian, Der Richtlinienvorschlag der Europäischen Kommission zur Gemeinsamen konsolidierten Körperschaftsteuer-Bemessungsgrundlage (GKKB) vom 16. 3. 2011, Internationales Steuerrecht 2011, S. 607–615

Förster, Hartmut, Die allgemeinen Verrechnungspreisgrundsätze des § 1 Abs. 3 AStG – Vergleich mit den aktualisierten Verrechnungspreisrichtlinien der OECD, Internationales Steuerrecht 2011, S. 21–26

Frederiksen, Halvard Haukeland, Individualklagemöglichkeiten vor den Gerichten der EU nach dem. Vertrag für eine Verfassung für Europa, Zeitschrift für europarechtliche Studien 2005, S. 99–135

Frenz, Walter, Handbuch Europarecht: Europäische Grundrechte (Bd. 4), Berlin 2009

-, Subsidiaritätsprinzip und -klage nach dem Vertrag von Lissabon, Juristische Ausbildung 2010, S. 641–645

Frey, Niels/Speidel, Roland, Richtlinienentwurf für eine Gemeinsame konsolidierte Körperschaftsteuer-Bemessungsgrundlage (GKKB), Der Steuerberater 2011, S. 430–435

Friauf, Karl Heinrich/Scholz, Rupert, Europarecht und Grundgesetz. Betrachtungen zu materiell- und formalrechtlichen Problemen bei Schaffung und Umsetzung sekundären Gemeinschaftsrechts, Berlin 1990

Friese, Arne, Rechtsformwahlfreiheit im europäischen Steuerrecht, Köln 2010

Frotscher, Gerrit, Körperschaftsteuer, Gewerbesteuer, 2. Auflage München 2008

-, Zur Zulässigkeit des „Treaty Override“, in: Spindler, Wolfgang (Hrsg.)/Tipke, Klaus (Hrsg.)/Rödder, Thomas (Hrsg.): Steuerzentrierte Rechtsberatung. Festschrift für Harald Schaumburg zum 65. Geburtstag, Köln 2009, S. 687–714

-, Internationales Steuerrecht, 4. Auflage München 2015

-, Treaty Override – causa finita?, Internationales Steuerrecht 2016, S. 561–567

Frotscher, Gerrit (Hrsg.)/Drüen, Klaus-Dieter (Hrsg.), Körperschaftsteuergesetz, Gewerbesteuergesetz, Umwandlungssteuergesetz – Kommentar, 146. Ergänzungslieferung, Freiburg im Breisgau 2017

Fuest, Clemens/Spengel, Christoph/Finke, Katharina, et al., Handlungsoptionen gegen aggressive Steuerplanung, Der Betrieb 2013, S. 33–36

Fuest, Winfried/Huber, Bernd, Steuern als Standortfaktor im internationalen Wettbewerb, Köln 1999

Gabel, Monika, Verfassungsrechtliche Maßstäbe spezieller Missbrauchsnormen im Steuerrecht, Köln 2011

Ganssauge, Karsten/Mattern, Oliver, Der Eigenkapitaltest im Rahmen der Zinsschranke (Teil I), Deutsches Steuerrecht 2008, S. 213–218

Gebert, Daniel/Jörn, Fingerhuth, Die Verlegung des Ortes der Geschäftsleitung ins Ausland – Steuerliche Fallstricke im Licht aktueller gesellschaftsrechtlicher Entwicklungen, Internationales Steuerrecht 2009, S. 445–449

Geiger, Rudolf (Hrsg.), EUV, AEUV. Vertrag über die Europäische Union, Vertrag über die Arbeitsweise der Europäischen Union, 6. Auflage, München 2017

Glahe, Moritz, Einkünftekorrektur zwischen verbundenen Unternehmen. Vereinbarkeit der deutschen Verrechnungspreisvorschriften und der Zinsschranke mit Europa- und Verfassungsrecht, Köln 2012

Glaser, Andreas, Kompetenzverteilung und Subsidiarität in der Europäischen Gemeinschaft am Beispiel der Bodenschutzrahmenrichtlinie, Zeitschrift für Gesetzgebung 2007, S. 366–383

-, Auf dem Weg zu einer sachgerechten Konzernbesteuerung – die GKKB als Leitbild?, Deutsches Steuerrecht 2011, S. 2317–2325

Glasmeyer, Matthias, Steuerwettbewerb in der Europäischen Union. Eine wirtschaftsethische Perspektive, Bern 2006

Goebel, Sören/Eilinghoff, Karolina, (Nicht-)Konformität der Zinsschranke mit dem Grundgesetz und Europarecht?, Deutsche Steuer-Zeitung 2010, S. 550–562

Goebel, Sören/Küntscher, Anja, Gewerbesteuerliche Hinzurechnung von Zinsen auf dem europarechtlichen Prüfstand-Ein Beitrag anlässlich der Urteilsverkündung im Fall Scheuten Solar Technology, Internationales Steuerrecht 2011, S. 630–635

Gosch, Dietmar, Vielerlei Gleichheiten – Das Steuerrecht im Spannungsfeld von bilateralen, supranationalen und verfassungsrechtlichen Anforderungen, Deutsches Steuerrecht 2007, S. 1553–1561

-, Entwicklung und Rezeption der Rechtsprechung des EuGH aus Sicht des BFH, in: Kruthoffer-Röwekamp, Jutta (Hrsg.): Die Rechtsprechung des EuGH in ihrer Bedeutung für das nationale und internationale Recht der direkten Steuern. Kolloquium im Bundesministerium der Finanzen, Berlin, 17. und 18. November 2008, Baden-Baden 2010, S. 61–76

- (Hrsg.), Körperschaftsteuergesetz, 3. Auflage, München 2015

Grabitz, Eberhard (Begr.)/Hilf, Meinhard (Hrsg.)/Nettesheim, Martin (Hrsg.), Das Recht der Europäischen Union (Bd. 1: EUV/AEUV), 61. Ergänzungslieferung, München 2017

Grassmann, Günther (Hrsg.)/David, René (Hrsg.), Einführung in die großen Rechtssysteme der Gegenwart, 2. Auflage, München 1968

Grunewald, Barbara, Gesellschaftsrecht, 9. Auflage, Tübingen 2014

Haas, Wolfgang, Base Erosion Profit Shifting („BEPS") – Eine steuerpolitische Bewertung, in: Blumenberg, Jens (Hrsg.)/Crezelius, Georg (Hrsg.)/Gosch, Dietmar (Hrsg.)/Schüppen, Matthias (Hrsg.), Festschrift für Wilhelm Haarmann, Düsseldorf 2015

Haas, Wolfgang, Person im Sinne des Abkommens, in: Wassermeyer, Franz (Hrsg.): Doppelbesteuerung. Festgabe zum 75. Geburtstag von Prof. Dr. Dr. h.c. Franz Wassermeyer, München 2015, S. 73–76

Haas, Wolfgang/Herzig, Norbert/Hirte, Heribert, et al., Einführung einer modernen Gruppenbesteuerung – Ein Reformvorschlag, Institut Finanzen und Steuern – Schrift Nr. 471, Berlin 2011

Haas, Wolfgang/Wünnemann, Monika, Steuerpolitik in der 19. Legislaturperiode – Globaler Steuerwettbewerb ist Anlass für notwendige Strukturreformen, Deutsches Steuerrecht 2018, S. 377–383

Haase, Florian, Internationales und Europäisches Steuerrecht, 5. Auflage, Heidelberg 2017

Hackemann, Tim/Sydow, Sabine, Richtungsentscheidung des EuGH in der Rs. C-6/12, P Oy für die Voraussetzungen der Einstufung einer Sanierungsklausel als staatliche Beihilfe; Auswirkungen auf die suspendierte deutsche Sanierungsklausel des § 8c Abs. 1a KStG, Internationales Steuerrecht 2013, S. 786–790

Hahn, Hartmut, Gemeinschaftsrecht und Recht der direkten Steuern, Deutsche Steuer-Zeitung 2005, S. 433–442

Hamannt, Manfred/Halverscheid, Sonja, Allgemeine Anforderungen an eine einheitliche Bemessungsgrundlage, in: Blumenberg, Jens (Hrsg.)/Crezelius, Georg (Hrsg.)/Gosch, Dietmar (Hrsg.)/Schüppen, Matthias (Hrsg.), Festschrift für Wilhelm Haarmann, Düsseldorf 2015

Haratsch, Andreas/Koenig, Christian/Pechstein, Matthias, et al., Europarecht, 10. Auflage, Tübingen 2016

Heil, Svetlana/Pupeter, Alexander, Lizenzschranke – Update zum Inkrafttreten des § 4j EStG, Betriebs-Berater 2017, S. 1947–1952

Hellio, Francois/Leutner, Gerd, Frankreich vor der Reform der steuerlichen behandlung der Gesellschafterfremdfinanzierung, Internationales Steuer- und Wirtschaftsrecht 2005, S. 1425–1428

Hennrichs, Joachim, Zinsschranke, Eigenkapitalvergleich und IFRS, Der Betrieb 2007, S. 2101–2107

Herdegen, Matthias, Europarecht, 18. Auflage, Bonn 2016

Herrmann, Carl/Heuer, Gerhard/Raupach, Arndt, Einkommensteuer- und Körperschaftsteuergesetz, Köln 2011

Herzig, Norbert, Gesellschafter-Fremdfinanzierung von Kapitalgesellschaften. Bericht aus einer Arbeitsgruppe, Steuern und Wirtschaft 1993, S. 237–248

- *(Hrsg)*, Organschaft. Laufende und aperiodische Besteuerung, nationale und internationale Aspekte, Hinweise zum EU-Recht, Stuttgart 2003

-, Verluste im Körperschaftsteuerrecht, in: von Groll, Rüdiger (Hrsg.): Verluste im Steuerrecht, Köln 2005, S. 185–228

-, Europäisierung und Internationalisierung der steuerlichen Gewinnermittlung, in: Spindler, Wolfgang (Hrsg.)/Tipke, Klaus (Hrsg.)/Rödder, Thomas (Hrsg.): Steuerzentrierte Rechtsberatung. Festschrift für Harald Schaumburg zum 65. Geburtstag, Köln 2009, S. 751–765

-, Die Organschaft im Umbruch, Beihefter zu Deutsches Steuerrecht (Nr. 30) 2010, S. 61–67

-, Tax Accounting zwischen BilMoG und E-Bilanz, Deutsches Steuerrecht 2010, S. 1900–1908

-, Die Zukunft der Gruppenbesteuerung, Steuern und Wirtschaft 2010, S. 214–231

-, Seminar B – Alternative Körperschaftsteuerbemessungsgrundlagen und internationale Konsequenzen, Internationales Steuerrecht 2011, S. 662–664

-, Gemeinsame konsolidierte Körperschaftsteuerbemessungsgrundlage (GKKB), Bonn 2012

-, Prinzipienorientierung und schrittweise Umsetzung des GKKB-Projektes, Finanz-Rundschau 2012, S. 761–762

-, CCCTB und BEPS – Rivalen oder Partner? in: Lüdicke, Jürgen (Hrsg.)/Mellinghoff, Rudolf (Hrsg.)/Rödder, Thomas (Hrsg.): Nationale und Internationale Unternehemsnbesteuerung in der Rechtsordnung – Festschrift für Dietmar Gosch, München 2016, S. 151–160

Herzig, Norbert/Bär, Michael, Die Zukunft der steuerlichen Gewinnermittlung im Licht des europäischen Bilanzrechts, Der Betrieb 2003, S. 1–8

Herzig, Norbert/Bohn, Alexander, Modifizierte Zinsschranke und Unternehmensfinanzierung – Diskussion von Plänen zur Unternehmenssteuerreform, Der Betrieb 2007, S. 1–10

-, Internationale Vorschriften zur Zinsabzugsbeschränkung – Systematisierung denkbarer Alternativmodelle zur Zinsschranke, Internationales Steuerrecht 2009, S. 253–261

Herzig, Norbert/Bohn, Alexander/Fritz, Gunnar, Alternativmodelle zur Zinsschranke, Beihefter zu Deutsches Steuerrecht (Nr. 29) 2009, S. 61–68

Herzig, Norbert/Gellrich, Kai M./Jensen-Nissen, Lars, IAS/IFRS und steuerliche Gewinnermittlung, Betriebswirtschaftliche Förderung und Praxis 2004, S. 550–577

Herzig, Norbert/Kuhr, Johannes, Grundlagen der steuerlichen Gewinnermittlung nach GKKB, Der Betrieb 2011, S. 2053–2058

-, Realisations- und Imparitätsprinzip im Richtlinienentwurf der GKKB, Steuern und Wirtschaft 2011, S. 305–322

Heuermann, Bernd, Steuerinnovation im Wandel: Einige Thesen zur Zinsschranke und ihrer Verfassungsmäßigkeit, Deutsches Steuerrecht 2013, S. 1–5

Hey, Johanna, Harmonisierung der Unternehmensbesteuerung in Europa. Ein Vorschlag unter Auswertung des Ruding-Berichts und der US-amerikanischen „integration debate", Köln 1997

-, Steuerplanungssicherheit als Rechtsproblem, Köln 2002

-, Haben die Mitgliedstaaten den EuGH domestiziert?, GmbH Recht 2006, S. 113–123

-, CCCTB-Optionality, in: Lang, Michael (Hrsg.)/Pistone, Pasquale (Hrsg.)/Schuch, Josef (Hrsg.)/Staringer, Claus (Hrsg.): Common consolidated corporate tax base, Wien 2008, S. 93–114

-, Spezialgesetzliche Missbrauchsgesetzgebung aus steuersystematischer, verfassungs- und europarechtlicher Sicht, Steuern und Wirtschaft 2008, S. 167–183

-, Erscheinungsformen steuerlicher Wirtschaftspolitik, in: Sieker, Susanne (Hrsg.): Steuerrecht und Wirtschaftspolitik, Köln 2016, S. 11–52

-, Finale Verluste im nationalen und europäischen Recht, in: Lüdicke, Jürgen (Hrsg.)/Mellinghoff, Rudolf (Hrsg.)/Rödder, Thomas (Hrsg.): Nationale und Internationale Unternehemsnbesteuerung in der Rechtsordnung – Festschrift für Dietmar Gosch, München 2016, S. 161–174

-, Steuerrecht zwischen Umverteilung und Standortpolitik – Steuerpolitische Aufgaben der 19. Legislaturperiode, Deutsche Steuer-Zeitung 2017, S. 632–641

Hindelang, Steffen/Köhler, Hannes, Der Einfluss der Grundfreiheiten auf direkte Steuern, Juristische Schulung 2014, S. 405–408

Hobe, Stephan/Fremuth, Michael Lysander, Europarecht, 8. Auflage, München 2014

Hölscheidt, Sven, Formale Aufwertung – geringe Schubkraft: die Rolle der nationalen Parlamente gemäß dem Lissabonner Vertrag, integration 2008, S. 254–265

-, Die Verantwortung des Bundestags für die europäische Integration, Die öffentliche Verwaltung 2012, S. 105–112

Homburg, Stefan, Allgemeine Steuerlehre, 7. Auflage, München 2015

Hönes, Ernst Rainer, Kompetenzkategorien der Europäischen Union, Verwaltungsrundschau 2012, S. 361–371

Höpner, Martin/Ehret, Lena, Endlich Subsidiarität? Die parlamentarische Subsidiaritätskontrolle am Beispiel von „Monti II", Politische Vierteljahreszeitschrift 2016, S. 403–429

Hornig, Marcus, Steuerliche Förderung von Forschung und Entwicklung in Deutschland – Handlungsempfehlungen vor dem Hintergrund ausgewählter internationaler FuE-Steuerregime, Betriebs-Berater 2010, S. 215–221

Hummel, Roland, Fremdvergleich und hypothetischer Fremdvergleich, in: Wassermeyer, Franz (Hrsg.): Doppelbesteuerung. Festgabe zum 75. Geburtstag von Prof. Dr. Dr. h.c. Franz Wassermeyer, München 2015, S. 279–284

Hüttemann, Rainer, Die Zukunft der Steuerbilanz, Deutsche Steuer-Zeitung 2011, S. 507–512

Ipsen, Hans Peter, Europäisches Gemeinschaftsrecht, Tübingen 1972

Isensee, Josef, Subsidiaritätsprinzip und Verfassungsrecht. Eine Studie über das Regulativ des Verhältnisses von Staat und Gesellschaft, Berlin 2001

Jachmann, Monika, Besteuerung von Unternehmen als Gleichheitsproblem – Unterschiedliche Behandlung von Rechtsformen, Einkunftsarten, Werten und Steuersubjekten im Ertrag- und Erbschaftsteuerrecht, in: Pelka, Jürgen (Hrsg.): Europa- und verfassungsrechtliche Grenzen der Unternehmensbesteuerung, Köln 2000, S. 9–66

Jacobs, Otto H. (Begr.)/Endres, Dieter (Hrsg.)/Spengel, Christoph (Hrsg.), et al., Internationale Unternehmensbesteuerung: Deutsche Investitionen im Ausland – Ausländische Investitionen im Inland, 8. Auflage, München 2016

Jaeger, Claudia, Die Körperschaftsteuersysteme in Europa. Eine europarechtliche und betriebswirtschaftliche Analyse, Lohmar 2001

Jakob, Andrea/Fehling, Daniel, Harmonisierung 2.0 – Überblick über die wesentlichen Neuerungen im GKB-Richtlinienentwurf, Internationale Steuer-Rundschau 2017, S. 290–297

Jarass, Hans D. (Hrsg.), Charta der Grundrechte der Europäischen Union. Unter Einbeziehung der vom EuGH entwickelten Grundrechte, der Grundrechtsregelungen der Verträge und der EMRK, 3. Auflage, München 2016

Jarass, Lorenz/Tokman, Anthony/Wright, Mark, Steuern und Sozialabgaben in den USA und in Deutschland: Update nach der US-Steuerreform 2018, Betriebs-Berater 2018, S. 412–418

Jehke, Christian, Bestimmtheit und Klarheit im Steuerrecht, Berlin 2005

Jochimsen, Claus/Zinowsky, Tim/Schaud, Angélique, Die Lizenzschranke nach § 4j EStG – Ein Gesellenstück des deutschen Gesetzgebers, Internationales Steuerrecht 2017, S. 593–601

Kaeser, Christian, Standortentscheidungen und Steuern, Finanz-Rundschau 2013, S. 788–792

Kahle, Holger/Dahlke, Andreas/Schulz, Sebastian, Der EU-Richtlinienvorschlag zur CCCTB – Anmerkungen aus Theorie und Praxis, Die Unternehmensbesteuerung 2011, S. 491–503

Kahle, Holger/Schulz, Sebastian, Richtlinienentwurf für eine Gemeinsame konsolidierte Körperschaftsteuer-Bemessungsgrundlage in der Europäischen Union: Regelungen zur Gewinnermittlung, NWB Unternehmensteuern und Bilanzen 2011, S. 296–303

Kahlenberg, Christian/Kopec, Agnieszka, Unterkapitalisierungsvorschriften in der EU – eine Analyse im Vorfeld des OECD-Berichts zur Maßnahme 4 des BEPS-Aktionsplans, Internationales Steuerrecht 2015, S. 84–92

Kahlenberg, Christian/Prusko, Anselm, Die Weiterentwicklung der deutschen Hinzurechnungsbesteuerung durch die BEPS-RL – Substanzanforderungen, unangemessene Gestaltungen und Doppelbesteuerung, Internationales Steuerrecht 2017, S. 304–311

Karch, Roland/Ismer, Alexandra, Das Referenzsystem bei der beihilferechtlichen Überprüfung nationaler Steuervergünstigungen, Internationales Steuerrecht 2014, S. 130–136

Kellersmann, Dietrich (Hrsg.)/Treisch, Corinna (Hrsg.)/Lampert, Steffen (Hrsg.)/ Heinemann, Daniela (Hrsg.), Europäische Unternehmensbesteuerung I: Europarecht – Grundfreiheiten – Beihilfeproblematik, 2. Auflage, Wiesbaden 2013

Europäische Unternehmensbesteuerung II: Harmonisierung der direkten Unternehmensbesteuerung, 2. Auflage, Wiesbaden 2013

Kemmerer, Martin, Kapitalverkehrsfreiheit und Drittstaaten, Baden-Baden 2010

Kerber, Markus, EU-Aktionsplan zur Unternehmensbesteuerung – ursprüngliches Ziel aus dem Blick verloren, ifo-Schnelldienst 15/2015, S. 8–11

Kessler, Wolfgang (Hrsg.)/Kröner, Michael (Hrsg.)/Köhler, Stefan (Hrsg.), Konzernsteuerrecht: National – International, 3. Auflage, München 2018

Kessler, Wolfgang/Arnold, Niels, National begrenzte Organschaft, Internationales Steuerrecht 2016, S. 226–233

Kessler, Wolfgang/Köhler, Stefan/Knörzer, Daniel, Die Zinsschranke im Rechtsvergleich: Problemfelder und Lösungsansätze, Internationales Steuerrecht 2007, S. 418–422

Kessler, Wolfgang/Marie-Louise, Dietrich, Die Zinsschranke nach dem WaBeschG – la dolce vita o il dolce far niente?, Der Betrieb 2010, S. 240–244

Kessler, Wolfgang/Naumann, Stephan/Eicke, Rolf/Otter, Jan Philipp, Steuerliche Anreize zur Stimulierung von Forschung und Entwicklung in Deutschland, Der Betrieb 2008, S. 1237–1241

Kessler, Wolfgang/Spengel, Christoph, Checkliste potenziell EU-rechtswidriger Normen des deutschen direkten Steuerrechts – Update 2017, Der Betrieb Beilage zu Heft 5 2017, S. 1–46

Kimpel, Gerrit, Verhaltensreaktionen und Aufkommenswirkungen bei Einführung einer G(K)KB, 2015

Kirchhof, Ferdinand, Das Steuerrecht zwischen europäischer Integration und nationaler Souveränität, Deutscher Finanzgerichtstag 2011/2012, S. 23–37

Kirchhof, Paul (Hrsg.), Einkommensteuergesetz, 17. Auflage, Köln 2018

Kirchhof, Paul (Hrsg.)/Söhn, Hartmut/Mellinghoff, Rudolf, Einkommensteuergesetz/Kommentar, Bd. 1 (Gesetzestext, § 1 EStG), 298. Ergänzungslieferung, Heidelberg 2019

Bd. 5 (§§ 4 EStG (Teil F) – 5 EStG (Teil A)), 298. Ergänzungslieferung, Heidelberg 2019

Kischel, Uwe, Die Kontrolle der Verhältnismäßigkeit durch den Europäischen Gerichtshof, Europarecht 2000, S. 380–402

Klein, Franz (Begr.)/Orlopp, Gerd (Begr.), Abgabenordnung: Einschließlich Steuerstrafrecht, 13. Auflage, München 2016

Kluge, Volker, Das Internationale Steuerrecht: Gemeinschaftsrecht, Außensteuerrecht, Abkommensrecht, 4. Auflage, München 2000

Knobbe-Keuk, Brigitte, Wegzug und Einbringung von Unternehmen zwischen Niederlassungsfreiheit, Fusionsrichtlinie und nationalem Steuerrecht, Der Betrieb 1991, S. 298–306

-, The Ruding Committee Report – an impressive vision of European Company Taxation for the year 2000, EC Tax Review 1992, S. 22–38

Knopf, Peter, Europarecht und kommunale Selbstverwaltung, Deutsches Verwaltungsblatt 1980, S. 106–110

Koenig, Ulrich (Hrsg.)/Pahlke, Armin (Hrsg.), Abgabenordnung. §§ 1 bis 368; Kommentar, 3. Auflage, München 2014

Kofler, Georg, Ist der Spuk des Europäischen Steuerrechts bald vorbei?, in: Schön, Wolfgang (Hrsg.)/Heber, Caroline (Hrsg.): Grundfragen des Europäischen Steuerrechts, München 2015, S. 1–24

Köhler, Stefan, Erste Gedanken zur Zinsschranke nach der Unternehmenssteuerreform, Deutsches Steuerrecht 2007, S. 597–604

-, Rechtsformwahl aus steuerlicher Sicht für EU-Investments deutscher gewerblicher Investoren unter besonderer Berücksichtigung jüngerer EuGH-Rechtsprechung, in: Kessler, Wolfgang (Hrsg.)/Förster, Guido (Hrsg.)/Watrin, Christoph

(Hrsg.): Unternehmensbesteuerung: Festschrift für Norbert Herzig zum 65. Geburtstag, München 2010, S. 953–976

Kokott, Juliane/Dobratz, Lars, Der unionsrechtliche allgemeine Gleichheitssatz im Europäischen Steuerrecht, in: Schön, Wolfgang (Hrsg.)/Heber, Caroline (Hrsg.): Grundfragen des Europäischen Steuerrechts, München 2015, S. 25–40

Kokott, Juliane/Heydt, Volker/Reimer, Ekkehart, *et al.*, Grundfreiheiten im Steuerrecht der EU-Staaten, München 2000

Kokott, Juliane/Sobotta, Christoph, Der EuGH – Blick in eine Werkstatt der Integration, Europäische Grundrechte-Zeitschrift 2013, S. 465–472

Köstler, Melanie/Dietrich, Franziska, Harmonisierung der steuerlichen Gewinnermittlung und latente Steuern – Auswirkungen der GKB/GUB auf den HGB-Einzelabschluss, Die Wirtschaftsprüfung 2015, S. 81–91

Kraft, Gerhard/Hentschel, Sven/Apler, Marc, Die Bedeutung der Gemeinsamen Konsolidierten Körperschaftsteuer-Bemessungsgrundlage für die Gewinnabgrenzung zwischen Stammhaus und Betriebsstätte, Recht der internationalen Wirtschaft 2017, S. 473–480

Krauß, Sebastian, Gruppenbesteuerung nach dem Richtlinienvorschlag zur CCCTB, Köln 2012

-, Besprechung des Kompromisstexts vom 19.11.2014 zum Vorschlag für eine Richtlinie zur GKKB, Internationales Steuerrecht 2015, S. 727–734

-, Richtllinienvorschlag zur Gemeinsamen Körperschaftsteuer-Bemessungsgrundlage vom 25.10.2016, Internationales Steuerrecht 2017, S. 479–486

Kube, Hanno, Die Schwierigkeit judikativer Systembildung im Europäischen Ertragsteuerrecht, in: Schön, Wolfgang (Hrsg.)/Heber, Caroline (Hrsg.): Grundfragen des Europäischen Steuerrechts, München 2015, S. 41–62

Kubitza, Marc Philip, Die Vorwirkung von Richtlinien – die richtlinienbezogene Auslegung und ihre Grenzen, Europäische Zeitschrift für Wirtschaftsrecht 2016, S. 691–696

Kußmaul, Heinz/Niehren, Christoph, Die Gemeinsame Konsolidierte Körperschaftsteuer-Bemessungsgrundlage in der Europäischen Union, Der Steuerberater 2011, S. 344–350

Kußmaul, Heinz/Niehren, Christoph/Pfeifer, Georg, CCCTB – Illusion oder Wirklichkeit? Ein internationales Modell ruft (inter)nationale Reaktionen hervor, Steuern und Wirtschaft 2010, S. 177–184

Lademann, Fritz (Hrsg.), Kommentar zum Einkommensteuergesetz (Bd. 2: §§ 4 – 1h EStG), 247. Ergänzungslieferung, München 2019

-, Kommentar zum Körperschaftsteuergesetz (Bd. 1: §§ 1 – 22 KStG), 71. Ergänzungslieferung, München 2019

Ladenburger, Christian, Anmerkungen zu Kompetenzordnung und Subsidiarität nach dem Vertrag von Lissabon, Zeitschrift für europarechtliche Studien 2011, S. 389–408

Lampert, Steffen, Perspektiven der Rechtsangleichung auf dem Gebiet der direkten Steuern in der Europäischen Union, Europäische Zeitschrift für Wirtschaftsrecht 2013, S. 493–498

Lang, Joachim, Auf der Suche nach rechtsformneutraler Besteuerung der Unternehmen, in: Kessler, Wolfgang (Hrsg.)/Förster, Guido (Hrsg.)/Watrin, Christoph (Hrsg.): Unternehmensbesteuerung: Festschrift für Norbert Herzig zum 65. Geburtstag, München 2010, S. 323–333

Lang, Michael, Art. 3 Abs. 2 OECD-MA und die Auslegung von Doppelbesteuerungsabkommen-Auslegungsgrundsätze für DBA, Internationales Steuer- und Wirtschaftsrecht 2011, S. 281–294

-, Has the Case Law of the ECJ on Final Losses Reached the End of the Line?, European Taxation 2014, S. 530–540

-, Das Verhältnis zwischen Abkommensrecht und innerstaatlichem Recht in der Definition des unbeweglichen Vermögens nach Art. 6 Abs. 2 OECD-MA, Internationale Steuer-Rundschau 2015, S. 41–50

-, Ist die Rechtsprechung des EuGH zu den finalen Verlusten am Ene?, in: Schön, Wolfgang (Hrsg.)/Heber, Caroline (Hrsg.): Grundfragen des Europäischen Steuerrechts, München 2015, S. 63–88

Larenz, Karl/Canaris, Claus-Wilhelm, Methodenlehre der Rechtswissenschaft, 3. Auflage, Berlin 1995

Lehner, Moris, Steuerrecht im Europäischen Binnenmarkt: Einfluss des EG-Rechts auf die nationalen Steuerrechtsordnungen, in: Pelka, Jürgen (Hrsg.): Europa- und verfassungsrechtliche Grenzen der Unternehmensbesteuerung, Köln 2000, S. 263–320

-, DBA-Politik der Bundesregierung, Finanz-Rundschau 2011, S. 1087–1091

-, Die zwischenstaatliche Abgrenzung der Besteuerungszuständigkeit im Licht des Unionsrechts, in: Blumenberg, Jens (Hrsg.)/Crezelius, Georg (Hrsg.)/Gosch, Dietmar (Hrsg.)/Schüppen, Matthias (Hrsg.), Festschrift für Wilhelm Haarmann, Düsseldorf 2015

-, Die Bedeutung der Grundrechte-Charta der Europäischen Union für das Internationale Steuerrecht der Mitgliedstaaten, Internationales Steuerrecht 2016, S. 265–272

Lenz, Carl-Otto (Hrsg.)/Borchardt, Klaus-Dieter (Hrsg.), EU-Verträge Kommentar. EUV - AEUV - GRCh, 6. Auflage, Köln 2013

Lenz, Martin/Dörfler, Oliver, Die Zinsschranke im internationalen Vergleich, Der Betrieb 2010, S. 18–24

Lenz, Martin/Rautenstrauch, Gabriele, Der Richtlinienentwurf zur Gemeinsamen konsolidierten KSt-Bemessungsgrundlage (GKKB), Der Betrieb 2011, S. 726–731

Lenz, Thomas, Grundsätze steuerlicher Gewinnermittlung unter dem Einfluss der IAS/IFRS, Frankfurt am Main 2008

Lück, Michael, Die Gemeinschaftstreue als allgemeines Rechtsprinzip im Recht der Europäischen Gemeinschaft. Ein Vergleich zur Bundestreue im Verfassungsrecht der Bundesrepublik Deutschland, Baden-Baden 1992

Luck, Verena Katharina, "Alles oder Nichts" – Die Freigrenze im Steuerrecht, Berlin 2014

Lüdicke, Jochen/Oppel, Florian, Der Vorschlag der EU-Kommission einer Anti-BEPS-Richtlinie – ein erster Überblick, Betriebs-Berater 2016, S. 351–356

Lüdicke, Jürgen, Reform der Konzernbesteuerung, Finanz-Rundschau 2009, S. 1025–1030

-, Anmerkungen zur deutschen Verhandlungsgrundlage für Doppelbesteuerungsabkommen, Beihefter zu Internationales Steuerrecht (Nr. 10) 2013, S. 26–46

Lüdicke, Jürgen/Hummel, Lars, Zum Primat des primären Gemeinschaftsrechts, Internationales Steuerrecht 2006, S. 694–698

Lüdicke, Jürgen/Lange-Hückstädt, Carolin, Seminar C: Grenzüberschreitende Verlustnutzung, Internationales Steuerrecht 2013, S. 611–616

Ludwigs, Markus, Rechtsangleichung nach Art. 94, 95 EG-Vertrag. Eine kompetenzrechtliche Untersuchung unter besonderer Berücksichtigung des Europäischen Privatrechts, Baden-Baden 2004

Lutzenberger, Helena/Petersen, Nils, Tagungsbericht zum 8. Hamburger Forum für Unternehmensteuerrecht 2018 am 1./2.2.2018, Deutsches Steuerrecht 2018, S. 949–955

Maier, Nina, Die Regelungen zur Gesellschafter-Fremdfinanzierung im internationalen Vergleich, 2006

Marsch-Barner, Reinhard, Zur grenzüberschreitenden Mobilität deutscher Kapitalgesellschaften, in: Blumenberg, Jens (Hrsg.)/Crezelius, Georg (Hrsg.)/Gosch, Dietmar (Hrsg.)/Schüppen, Matthias (Hrsg.), Festschrift für Wilhelm Haarmann, Düsseldorf 2015

Marx, Franz Jürgen, Rechtfertigung, Bemessung und Abbildung von Steuerumlagen, Der Betrieb 1996, S. 950–958

-, Die Gewinnermittlungskonzeption der GKKB nach dem Richtlinienentwurf der EU-Kommission, Deutsche Steuer-Zeitung 2011, S. 547–555

Mayer, Franz C., Die Bedeutung von Rechts- und Verfassungsvergleichung im europaischen Verfassungsverbund, in: Calliess, Christian (Hrsg.): Verfassungswandel im europäischen Staaten- und Verfassungsverbund. Beiträge der Ersten Göttinger Gespräche zum Deutschen und Europäischen Verfassungsrecht vom 15. bis 17. Juni 2006, Tübingen 2007, S. 167–186

Mayr, Gunter, Moderne Konzernbesteuerung im Lichte der EUGH-Rechtsprechung, Betriebs-Berater 2008, S. 1312–1317

Mellein, Christine, Subsidiaritätskontrolle durch nationale Parlamente. Eine Untersuchung zur Rolle der mitgliedstaatlichen Parlamente in der Architektur Europas Baden-Baden 2007

Mellinghoff, Rudolf/Schließl, Harald, Zusammenwirken nationaler und europäischer Gerichte im Steuerrecht, in: *Lüdicke*, Jürgen (Hrsg.): Praxis und Zukunft des deutschen Internationalen Steuerrechts, Köln 2012, S. 45–70

Meyer-Ladewig, Jens (Hrsg.)/Nettesheim, Martin (Hrsg.)/Raumer, Stefan von (Hrsg.), EMRK. Europäische Menschenrechtskonvention: Handkommentar, 4. Auflage, Baden-Baden 2017

Meyer, Jürgen (Hrsg.)/Bernsdorff, Norbert (Hrsg.), Charta der Grundrechte der Europäischen Union, 4. Auflage, Baden-Baden 2014

Mitschke, Wolfgang, Finale Verluste in der „Zwickmühle" des Europäischen Steuerrechts – Zum EuGH-Urteil in der Rechtsache A Oy vom 21.2.2013, C-123/11, Internationales Steuerrecht 2013, S. 209–213

-, Zur zeitlichen und inhaltlichen Begrenzung einer möglichen Vorwirkung der Anti-BEPS-Richtlinie, Finanz-Rundschau 2016, S. 834–837

Molsberger, Philipp, Das Subsidiaritätsprinzip im Prozess europäischer Konstitutionalisierung, Berlin 2009

Mössner, Jörg Manfred (Hrsg.), Steuerrecht international tätiger Unternehmen. Handbuch der Besteuerung von Auslandsaktivitäten inländischer Unternehmen und von Inlandsaktivitäten ausländischer Unternehmen, 4. Auflage, Köln 2012

Mössner, Jörg Manfred/Kellersmann, Dietrich, Freiheit des Kapitalverkehrs in der EU und das deutsche Körperschaftsteueranrechnungsverfahren Deutsche Steuer-Zeitung 1999, S. 505–516

Müller-Gatermann, Gerd/Möhlenbrock, Rolf/Fehling, Daniel, Wege zu mehr Konvergenz in der Unternehmensbesteuerung in der EU – Eine Bestandsaufnahme zu wesentlichen Aspekten des GKKB-Richtlinienentwurfs, Internationale Steuer-Rundschau 2012, S. 17–23

Müller, Alexander/Villacorta Hernández, Miguel Ángel, Einführung einer Zinsschranke in Spanien, Internationales Steuerrecht 2012, S. 877–881

Müller, Thomas (Hrsg.)/Stöcker, Ernst E. (Hrsg.)/Lieber, Bettina (Hrsg.), Die Organschaft, 9. Auflage, Herne 2014

München, Markus, Die Zinsschranke – eine verfassungs-, europa- und abkommensrechtliche Würdigung, Frankfurt am Main 2010

Musil, Andreas, Was sind finale Verluste?, Der Betrieb 2011, S. 2451–2455

Nettesheim, Martin, Die Kompetenzordnung im Vertrag über eine Verfassung für Europa, Europarecht 2004, S. 511–546

Nicolaysen, Gert, Tabakrauch, Gemeinschaftsrecht und Grundgesetz. Zum BVerfG-Beschluß vom 12.05.1989 – 2 BvQ 3/89, Europarecht 1989, S. 215–225

Niedling, Dirk/Rautenstrauch, Gabriele, Auswirkungen des „ATAD II"-Vorschlags zu hybriden Gestaltungen mit Drittländern auf Finanzierungstransaktionen, Betriebs-Berater 2017, S. 1500–1507

Niemann, Walter/Dods, Panagiotis, Verrechnung von „finalen" Auslandsverlusten – auch nach „Timac Agro"!, Deutsches Steuerrecht 2016, S. 1057–1063

Odendahl, Kerstin, § 43: Gleichheit vor dem Gesetz, in: Heselhaus, Sebastian (Hrsg.)/Nowak, Carsten (Hrsg.): Handbuch der Europäischen Grundrechte, München 2006

Oestreicher, Andreas/Spengel, Christoph, Gemeinsame (konsolidierte) Körperschaftsteuerbemessungsgrundlage in der EU und Umsetzungsfragen, Deutsches Steuerrecht 2009, S. 773–781

Ohlendorf, Lutz, Grundrechte als Maßstab des Steuerrechts in der Europäischen Union, Tübingen 2015

Oppel, Florian, Der Aktionsplan für eine faire und effiziente Unternehmensbesteuerung in der EU – alter Wein in neuen Schläuchen?, Internationales Steuerrecht 2015, S. 813–818

Oppermann, Thomas, Eine Verfassung für die Europäische Union, Deutsches Verwaltungsblatt 2003, S. 1165–1176

Oppermann, Thomas/Classen, Claus Dieter/Nettesheim, Martin, Europarecht, 7. Auflage, München 2016

Otting, Olaf, Verfassungsrechtliche Grenzen der Bestimmung des Gewerbesteuerhebesatzes durch Bundesgesetz, Der Betrieb 2004, S. 1222–1225

Pahlke, Armin, Typusbegriff und Typisierung, Beihefter zu Deutsches Steuerrecht (Nr. 31) 2011, S. 66–71

Palm, Ulrich, Person im Ertragsteuerrecht, Tübingen 2013

Pechstein, Matthias, Die neue Subsidiaritätsklage: Die Interessen nationaler Parlamente in der Hand des EuGH, in: Pechstein, Matthias (Hrsg.): Integrationsverantwortung, Baden-Baden 2012, S. 135–150

Pechstein, Matthias/Görlitz, Niklas/Kubicki, Philipp, EU-Prozessrecht, 4. Auflage, Tübingen 2012

Petereit, Axel, Die sog. switch-over-Klausel in den deutschen Doppelbesteuerungsabkommen Überblick, Inhalt und Steuerplanung, Internationales Steuerrecht 2003, S. 577–586

Pinkernell, Reimar, Steuerliche Bedingungen von Forschung und Entwicklung, in: Sieker, Susanne (Hrsg.): Steuerrecht und Wirtschaftspolitik, Köln 2016, S. 369–428

Pleijsier, Arthur, The Agency Permanent Establishment in BEPS Action 7: Treaty Abuse or Business Abuse?, International tax review 2015, S. 147–154

Pommer, Sieglinde, Rechtsübersetzung und Rechtsvergleichung. Translatologische Fragen zur Interdisziplinarität, Frankfurt am Main 2006

Prinz, Ulrich/Cordewener, Axel, Unterkapitalisierungsregelung des § 8a Abs. 1 Nr. 2 KStG verstößt gegen Europarecht, GmbH Recht 2003, S. 80–84

Prinz, Ulrich/Witt, Sven-Christian, Steuerliche Organschaft, Köln 2015

Prodinger, Christian, Einführung in das Steuerrecht, 6. Auflage, Wien 2015

Raiser, Thomas/Veil, Rüdiger, Recht der Kapitalgesellschaften. Ein Handbuch für Praxis und Wissenschaft: Aktiengesellschaft, Societas Europaea, Kommanditgesellschaft auf Aktien, Gesellschaft mit beschränkter Haftung, Kapitalgesellschaft & Co., Insolvenzrecht, Konzernrecht, Umwandlungsrecht, Übernahmerecht, Kapitalmarktrecht, 6. Auflage, München 2015

Rasch, Stephan/Wenzel, Benedikt, Die Entstrickungsbesteuerung in der BsGaV und ihre europarechtliche Würdigung, Internationale Steuer-Rundschau 2015, S. 128–135

Rautenstrauch, Gabriele, Die gemeinsame konsolidierte KSt-Bemessungsgrundlage (GKKB) als Vorbild für ein eigenständiges Bilanzsteuerrecht in Deutschland?, Finanz-Rundschau 2009, S. 114–117

Recker, Thomas Fabian, Direkte Unternehmenssteuern in der Europäischen Union. Im Spannungsfeld zwischen nationaler Souveränität und Vertiefung der wirtschaftlichen Integration, Marburg 2009

Rehm, Helmut/Nagler, Jürgen, Gewerbesteuer: Gewerbesteuerliche Hinzurechnung von Zinsen und Lizenzgebühren zwischen verbundenen Unternehmen verschiedener Mitgliedstaaten, Anmerkung zu EuGH v. 21.07.2011 – C-397/09, GmbH-Rundschau 2011, S. 935–939

-, Europäisches Steuerrecht, Frankfurt am Main 2013

Reith, Thomas, Internationales Steuerrecht. Handbuch zum Doppelbesteuerungs- und Außensteuerrecht und zu Gestaltungen grenzüberschreitender Investitionen, München 2004

Rengeling, Hans-Werner (Hrsg.)/Middeke, Andreas (Hrsg.)/Gellermann, Martin (Hrsg.), Handbuch des Rechtsschutzes in der Europäischen Union, 3. Auflage, München 2014

Rengeling, Hans-Werner/Szczekalla, Peter, Grundrechte in der Europäischen Union. Charta der Grundrechte und allgemeine Rechtsgrundsätze, Köln 2004

Richter, Konrad/Bachmann, Carmen, Der Freibetrag für Wachstum und Investition als Bestandteil der gemeinsamen (konsolidierten) Körperschaftsteuer-Bemessungsgrundlage GK(K)B, Der Betrieb 2018, S. 649–660

Richter, Andreas/Welling, Berthold, Diskussionsbericht zum 43. Berliner Steuergespräch „Angleichung der Unternehmensbesteuerung zwischen Deutschland und Frankreich – neuer Anstoß für eine Harmonisierung in Europa?", Finanz-Rundschau 2012, S. 765–768

-, Tagungs- und Diskussionsbericht zum 47. Berliner Steuergespräch „Mobile Unternehmen – Steuerliche Standortentscheidungen", Finanz-Rundschau 2013, S. 793–799

Rieck, Jan, Anrechnung ausländischer Steuern und ATAD – Verpflichtet das EU-Recht zur Anrechnung ausländischer Steuern auf die Gewerbesteuer? Internationales Steuerrecht 2017, S. 399–401

Ritter, Thomas, Neue Werteordnung für die Gesetzesauslegung durch den Lissabon-Vertrag, Neue Juristische Wochenschrift 2010, S. 1110–1114

Rödder, Thomas, Steuergestaltung aus der Sicht der Beratungspraxis, in: Hüttemann, Rainer (Hrsg.): Veröffentlichung der Deutschen Steuerjuristischen Gesellschaft e.V.: Gestaltungsfreiheit und Gestaltungsmissbrauch (Bd. 33), Köln 2010, S. 93–106

-, Wo steht und wohin entwickelt sich das Europäische Unternehmenssteuerrecht?, in: Kessler, Wolfgang (Hrsg.)/Förster, Guido (Hrsg.)/Watrin, Christoph (Hrsg.): Unternehmensbesteuerung: Festschrift für Norbert Herzig zum 65. Geburtstag, München 2010, S. 349–364

Rosenberg, Oliver/Placke, Kirsten/Stadler, Rainer/Jetter, Jann, Rechtsentwicklungen im Steuerrecht 2017, Der Betrieb Beilage zu Heft 51/52 2017, S. 5–16

Rösler, Hannes, Rechtsvergleichung als Erkenntnisinstrument in Wissenschaft, Praxis und Ausbildung, Juristische Schulung 1999, S. 1084–1089

-, Zur Zukunft des Gerichtssystems der EU-Entwicklungstendenzen des EuGH zum Supreme Court Europas, Zeitschrift für Rechtspolitik 2000, S. 52–57

Roxan, Ian, Assuring Real Freedom of Movement in EU Direct Taxation, The Modern Law Review Limited 2000, S. 831–876

Rudolf, Walter, Uberterritoriale Grenzen der Steuergesetze, in: Lutter, Marcus (Hrsg.): Festschrift für Johannes Bärmann zum 70. Geburtstag, München 1975, S. 769–786

Rumpf, Dominik, Zinsbereinigung des Eigenkapitals im internationalen Steuerwettbewerb – Eine kostengünstige Alternative zu "Thin Capitalization Rules"?, Zeitschrift für Wirtschaftspolitik 2009, S. 93–126

Rüthers, Bernd/Fischer, Christian/Birk, Axel, Rechtstheorie mit juristischer Methodenlehre, 7. Auflage, München 2013

Sacco, Rodolfo/Rossi, Piercarlo, Einführung in die Rechtsvergleichung, 3. Auflage, Baden-Baden 2017

Savigny, Friedrich Carl, System des heutigen römischen Rechts

Bd. 1, 2. Neudruck der Ausgabe Berlin 1840, Aalen 1981

Bd. 3, 2. Neudruck der Ausgabe Berlin 1840, Aalen 1981

Schaumburg, Harald, Das Leistungsfähigkeitsprinzip im internationalen Steuerrecht, in: Lang, Michael (Hrsg.): Die Steuerrechtsordnung in der Diskussion. Festschrift für Klaus Tipke zum 70. Geburtstag, Köln 1995,S. 125–152

Schaumburg, Harald (Hrsg.), Internationales Steuerrecht: Außensteuerrecht, Doppelbesteuerungsrecht, 4. Auflage, Köln 2017

Schaumburg, Harald/Englisch, Joachim, Europäisches Steuerrecht, Köln 2015

Scheffler, Wolfram, Gemeinsame konsolidierte Steuerbemessungsgrundlage (CCTB) in der EU - Das Ende der Steuerplanung mit Verrechnungspreisen?, in: Oestreicher, Andreas (Hrsg.): Konzernbesteuerung – Beiträge zu einer Ringveranstaltung an der Universität Göttingen im Sommersemester 2004, Berlin 2005, S. 305–332

Scheffler, Wolfram/Evers, Maria Theresa/Köstler, Melanie/et al., Gemeinsame Körperschaftsteuer-Bemessungsgrundlage in der EU: Konkretisierung der Gewinnermittlungsprinzipien und Weiterentwicklungen, Steuern und Wirtschaft 2015, S. 359–373

Scheffler, Wolfram/Köstler, Melanie, Richtlinie über eine Gemeinsame Körperschaftsteuer- Bemessungsgrundlage – mehr als eine Harmonisierung der steuerlichen Gewinnermittlung, ifst-Schrift Nr. 518 (2017), S. 1–127

Scheffler, Wolfram/Krebs, Claudia, Richtlinienvorschlag zur CCCTB: Bestimmung der Steuerbemessungsgrundlage im Vergleich mit der Steuerbilanz nach EStG, Beihefter zu Deutsches Steuerrecht (Nr. 22) 2011, S. 13–28

Scheffler, Wolfram/Oestreicher, Andreas/Finke, Katharina/et al., Gemeinsame Körperschaftsteuer-Bemessungsgrundlage (GKB) bzw. Gemeinsame Unternehmensteuer-Bemessungsgrundlage (GUB): Eine steuerliche Folgenabschätzung für Deutschland, Steuern und Wirtschaft 2014, S. 326–343

Schienke, Tanja, Das französische Jahressteuergesetz für 2006, Internationales Steuerrecht 2006, S. 302–306

Schilling, Theodor, Zur Verfassungsbindung des deutschen Vertreters bei der Mitwirkung an der Rechtsetzung im Rate der EU, Deutsches Verwaltungsblatt 1997, S. 458–463

Schlie, Ina/Spengel, Christoph/Malke, Chrstiane, Generalthema 1: Steuerliche Anreize für Forschung und Entwicklung (F&E), Internationales Steuerrecht 2015, S. 570–574

Schlie, Ina/Stezelberger, Anna, Steuerliche Förderung von Forschung und Entwicklung, Internationales Steuerrecht 2008, S. 269–275

Schlücke, Katharina, Die Umsetzung von EuGH-Entscheidungen in das deutsche Steuerrecht: Das Beispiel der Betriebsstättenverluste, Baden-Baden 2014

-, Anmerkung zu: Abzug finaler Verluste bei Schließung einer EU-Betriebsstätte – Bevola und Trock, Finanz-Rundschau 2018, S. 648–649

Schmehl, Arndt, Nationales Steuerrecht im internationalen Steuerwettbewerb, in: Schön, Wolfgang (Hrsg.)/Beck, Karin (Hrsg.): Zukunftsfragen des deutschen Steuerrechts, Dordrecht 2009, S. 99–124

Schmidt-Fehrenbacher, Volker, Zinsschranke und „Mantelkauf" aus der Sicht der Praxis, Die Unternehmensbesteuerung 2008, S. 469–477

Schmidt, Christian/Rost, Tina, Die US-Steuerreform und deren Auswirkungen auf international agierende Unternehmen, Betriebs-Berater 2018, S. 988–993

Schnitger, Arne, Mögliche Wirkungsgrenzen der Grundfreiheiten des EG-Vertrages am Beispiel des § 8a KStG, Internationales Steuerrecht 2004, S. 635–639

-, EuGH in der Rs. Timac Agro zu finalen ausländischen Betirebsstättenverlusten – War es das bei der Freistellungsmethode?, Internationales Steuerrecht 2016, S. 72–74

Schön, Wolfgang, Zur Zukunft des Internationalen Steuerrechts, Steuern und Wirtschaft 2012, S. 213–224

-, Ein Steuerrecht für die Wissensgesellschaft, Finanz-Rundschau 2014, S. 93–97

-, Doppelbesteuerung und EU-Recht, in: Wassermeyer, Franz (Hrsg.): Doppelbesteuerung. Festgabe zum 75. Geburtstag von Prof. Dr. Dr. h.c. Franz Wassermeyer, München 2015, S. 7–13

-, Neutralität und Territorialität – Gegensätze oder Grundsätze des Europäischen Steuerrechts?, in: Schön, Wolfgang (Hrsg.)/Heber, Caroline (Hrsg.): Grundfragen des Europäischen Steuerrechts, München 2015, S. 109–164

Schön, Wolfgang/Schreiber, Ulrich/Spengel, Christoph, A Common Consolidated Corporate Tax Base for Europe – Eine einheitliche Körperschaftsteuerbemessungsgrundlage für Europa, Heidelberg 2008

Schönfeld, Jens, Verlustverrechnung bei ausländischen Tochtergesellschaften, in: Baumhoff, Hubertus (Hrsg.)/Schönfeld, Jens (Hrsg.): Grenzüberschreitende Verlustverrechnung, Köln 2011, S. 13–24

Schönfeld, Jens/Häck, Nils, Der Methodenartikel in der deutschen Verhandlungsgrundlage für Doppelbesteuerungsabkommen, Internationale Steuer-Rundschau 2013, S. 168–177

Schröder, Meinhard, Vertikale Kompetenzverteilung und Subsidiarität in Konventsentwurf für eine europäische Verfassung, Juristenzeitung 2004, S. 8–13

-, Neuerungen im Rechtsschutz der Europäischen Union durch den Vertrag von Lissabon, Die öffentliche Verwaltung 2009, S. 61–66

Schroeder, Werner, Die Auslegung des EU-Rechts, Juristische Schulung 2004, S. 180–186

Schultze, Pascal, Frankreich als neuer Holdingstandort, Internationales Steuerrecht 2005, S. 730–734

Schulz, Sebastian, Zinsschranke und IFRS – Geklärte, ungeklärte und neue Fragen nach dem Anwendungserlass vom 4.7.2008, Der Betrieb 2008, S. 2043–2051

Schütz, Hans-Joachim/Bruha, Thomas/König, Doris, Casebook Europarecht, München 2004

Schwarze, Jürgen (Hrsg.)/Becker, Ulrich (Hrsg.)/Hatje, Armin (Hrsg.)/Schoo, Johann (Hrsg.), EU-Kommentar, 3. Auflage, Baden-Baden 2012

Schwenke, Michael, Verrechnung „finaler" ausländischer Betriebsstättenverluste im Inland, in: Baumhoff, Hubertus (Hrsg.)/Schönfeld, Jens (Hrsg.): Grenzüberschreitende Verlustverrechnung, Köln 2011, S. 1–12

Schwerdt, Daniel, Verrechnungspreismethoden und Ökonomische Analyse, in: Dawid, Roman (Hrsg.)/Dorner, Klaus (Hrsg.): Verrechnungspreise. Grundlagen und Praxis, Wiesbaden 2013, S. 137–198

Seiler, Christian, Das Steuerrecht unter dem Einfluss der Marktfreiheiten, Steuern und Wirtschaft 2005, S. 25–36

Semler, Johannes (Hrsg.)/Stengel, Arndt (Hrsg.), Umwandlungsgesetz, 3. Auflage, München 2012

-, Umwandlungsgesetz, 4. Auflage, München 2017

Seyr, Sibylle, Der effet utile in der Rechtsprechung des Europäischen Gerichtshofs, Berlin 2010

Shirvani, Foroud, Die europäische Subsidiaritätsklage und ihre Umsetzung ins deutsche Recht, Juristenzeitung 2010, S. 753–759

Spengel, Christoph, Steuerliche Förderung von Forschung und Entwicklung (FuE) in Deutschland: ökonomische Begründung, Handlungsbedarf und Reformbedarf, Berlin 2009

-, Norbert Herzig und die europäische Steuerharmonisierung, in: Kessler, Wolfgang (Hrsg.)/Förster, Guido (Hrsg.)/Watrin, Christoph (Hrsg.): Unternehmensbesteuerung: Festschrift für Norbert Herzig zum 65. Geburtstag, München 2010, S. 879–895

-, GKKB, ATAD, US/UK, in: Nayin, Timur: Entwicklungslinien und Zukunft des deutsch-europäischen Steuerrechts: Brexit – Auswirkungen auf Europa, Tagungsband zur ifst-Jahrestagung am 26. Juni 2017, ifst-Schrift 520 (2017), S. 23–27

Spengel, Christoph/Golücke, Martin, Gesellschafter-Fremdfinanzierung: Implikationen der EG-Rechtswidrigkeit von § 8a KStG für die Praxis und den Gesetzgeber, Recht der internationalen Wirtschaft 2003, S. 333–347

Spengel, Christoph/Heckemeyer, Jost/Nusser, Hannah, et al., The impact of tax planing on forward-looking effective tax rates, Mannheim 2016

Spengel, Christoph/Schmidt, Frank/Heckemeyer, Jost/Nicolay, Katharina, The effects of tax reforms to address the debt-equity bias on the cost of capital and on effective tax rates, Mannheim 2016

Spengel, Christoph/Stutzenberger, Kathrin, Widersprüche zwischen Anti-Tax Avoidance Directive (ATAD), länderbezogenem Berichtswesen (CbCR) und Wiederauflage einer Gemeinsamen (Konsolidierten) Körperschaftsteuer-Bemessungsgrundlage (GK(K)B), Internationales Steuerrecht 2018, S. 37–44

Spengel, Christoph/Zöllkau, York, Common Corporate Tax Base (CC(C)TB) and Determination of Taxable Income, Heidelberg 2012

Spitaler, Armin, Das Doppelbesteuerungsproblem bei den direkten Steuern, Reichenberg 1936

Staats, Wendelin, Zur Verfassungskonformität der Zinsschranke, Die Unternehmensbesteuerung 2014, S. 520–530

Stadler, Rainer/Jetter, Jann/Rosenberg, Oliver/Placke, Kirsten, Rechtsentwicklungen im Steuerrecht 2016, Der Betrieb Beilage zu Heft 50 2016, S. 6–16

Staringer, Claus, Requirements for Forming a Group, in: Lang, Michael (Hrsg.)/ Pistone, Pasquale (hrsg.)/Schuch, Josef (Hrsg.)/Staringer, Claus (Hrsg.): Common consolidated corporate tax base, Wien 2008, S. 115–136

Staudacher, Sandra/Groß, Cornelia, OECD veröffentlicht überarbeitete Verrechnungspreisgrundsätze 2010, Steuern und Wirtschaft 2011, S. 461–465

Stein, Torsten, Subsidiarität als Rechtsprinzip?, in: Merten, Detlef (Hrsg.): Die Subsidiarität Europas, 2. Auflage Berlin 1994, S. 9–22

-, Keine Europäische „Verbots“-Gemeinschaft – zum Urteil des EuGH über die Tabakwerbeverbotsrichtlinie, Europäisches Wirtschafts- und Steuerrecht 2001, S. 12–17

Stern, Klaus (Hrsg.)/Sachs, Michael (Hrsg.), Europäische Grundrechte-Charta. GRCh: Kommentar, München 2016

Stöber, Michael, Die grenzüberschreitende Verlustverrechnung in Europa, Deutsche Steuer-Zeitung 2016, S. 582–592

-, Zur verfassungs- und europarechtlichen (Un-)Zulässigkeit von Treaty Overrides, Deutsches Steuerrecht 2016, S. 1889–1895

-, Zur Zukunft der Zinsschranke, in: *Schön, Wolfgang/Sternberg, Christian*: Zukunftsfragen des deutschen Steuerrechts III, Heidelberg 2018, S. 121–157

Streinz, Rudolf, Europarecht, 10. Auflage, Heidelberg 2016

- (Hrsg.), EUV/AEUV. Vertrag über die Europäische Union und Vertrag über die Arbeitsweise der Europäischen Union, 3. Auflage, München 2017

Strotkemper, Noemi, Aktuelle OECD-Statistik zu Verständigungsverfahren und Überlegungen zur Weiterentwicklung von Verständigungs- und Schiedsklauseln, Internationales Steuerrecht 2016, S. 479–487

-, Das Spannungsverhältnis zwischen Schiedsverfahren in Steuersachen und einem Internationalen Steuergerichtshof. Möglichkeiten zur Verbesserung der Streitbeilegung im Internationalen Steuerrecht, Baden-Baden 2017

-, Reformiertes Streitbeilegungsverfahren für Doppelbesteuerungskonflikte in der EU, Internationales Steuer- und Wirtschaftsrecht 2017, S. 55–64

Stütz, Barbara, Steuerwettbewerb in Europa, Sternenfels 2010

Teiche, Andreas, Verfahrensrechtliche Aspekte nach der Organschaftsreform, Deutsches Steuerrecht 2013, S. 2197–2205

Terra, Ben J. M./Wattel, Peter Jacob, European tax law, 5. Auflage, Alphen aan den Rijn 2008

Thiede, Jesko, Besitzen Patentboxregime eine Zukunft? – Eine beihilferechtliche Untersuchung, Internationales Steuerrecht 2016, S. 283–290

Thiel, Jochen, Die steuerliche Behandlung von Fremdfinanzierungen im Unternehmen, Finanz-Rundschau 2007, S. 729–733

Thiele, Alexander, Das Rechtsschutzsystem nach dem Vertrag von Lissabon, Europarecht 2010, S. 30–51

-, Europäisches Prozessrecht: Verfahrensrecht vor dem Gerichtshof der Europäischen Union, 2. Auflage, München 2014

Thömmes, Otmar, Anmerkung zum EuGH-Urteil in der Rs. C-324/00, Lankhorst Hohorst, Der Betrieb 2002, S. 2690–2693

Tipke, Klaus, Die Steuerrechtsordnung: Wissenschaftsorganisatorische, systematische und grundrechtlich-rechtsstaatliche Grundlagen (Bd. 1), 2. Auflage, Köln 2000

Tipke, Klaus (Hrsg.)/Kruse, Heinz Wilhelm (Hrsg.), Abgabenordnung – Finanzgerichtsordnung: Kommentar zur AO (ohne Steuerstrafrecht) und FGO, 150. Ergänzungslieferung, Köln 2017

Tipke, Klaus (Hrsg.)/Lang, Joachim (Hrsg.), Steuerrecht, 22. Auflage, Köln 2015

Todesco, Ingo/Harz, Markus, BEPS und Mobility – mehr als steuerliche Herausforderungen, Betriebs-Berater 2016, S. 2397–2399

Trstenjak, Verica/Beysen, Erwin, Das Prinzip der Verhältnismäßigkeit in der Unionsrechtsordnung, Europarecht 2012, S. 265–284

Tsouroufiis, Andreas, Die Harmonisierung der Körperschaftsteuer in der Europäischen Union, Frankfurt am Main 1997

Uerpmann-Wittzack, Robert, Frühwarnsystem und Subsidiaritätsklage im deutschen Verfassungssystem, Europäische Grundrechte-Zeitschrift 2009, S. 461–468

Valta, Matthias, Verfassungs- und Abkommensrechtsfragen des Richtlinienentwurfs für eine Steuer auf digitale Dienstleistungen, Internationales Steuerrecht 2018, S. 765–772

Vanistendael, Frans, The Compatibility of the Basic Economic Freedoms with the Sovereign National Tax Systems of the Member States, EC Tax Review 2003, S. 136–143

-, General report on the fundamental freedoms and national sovereignty in the European Union, Amsterdam 2006

Vedder, Christoph/Heintschel von Heinegg, Wolff, Europäisches Unionsrecht. EUV – AEUV – Grundrechte-Charta, 2. Auflage, Baden-Baden 2017

Velte, Patrick/Mock, Oliver, EU-Richtlinienvorschlag über eine Gemeinsame Körperschaftsteuer-Bemessunggrundlage (GKB) vom 25.10.2016 – Eine rechtsvergleichende und kritische Analyse zur steuerlichen Gewinnermittlung, Steuern und Wirtschaft 2017, S. 126–144

-, Experteninterviews zur europäischen Reform der steuerlichen Gewinnermittlung – Teil I, Finanz-Rundschau 2018, S. 1081–1091

-, Experteninterviews zur europäischen Reform der steuerlichen Gewinnermittlung – Teil II, Finanz-Rundschau 2018, S. 1125–1135

Verdross, Alfred/Simma, Bruno, Universelles Völkerrecht. Theorie und Praxis, 3. Auflage, Berlin 1984

Vogel, Klaus, Über „Besteuerungsrechte" und über das Leistungsfähigkeitsprinzip im Internationalen Steuerrecht, in: Kirchhof, Paul (Hrsg.), Steuerrecht, Verfassungsrecht, Finanzpolitik: Festschrift für Franz Klein, Köln 1994, S. 361–378

Vogel, Klaus (Begr.)/Lehner, Moris (Hrsg.), Doppelbesteuerungsabkommen der Bundesrepublik Deutschland auf dem Gebiet der Steuern vom Einkommen und Vermögen. Kommentar auf der Grundlage der Musterabkommen, 6. Auflage, München 2015

von Arnauld, Andreas, Völkerrecht, 3. Auflage, Heidelberg 2016

von Danwitz, Thomas, Subsidiaritatskontrolle in der Europaischen Union, in: Dolde, Klaus-Peter (Hrsg.)/Hansmann, Klaus (Hrsg.)/Paetow, Stefan (Hrsg.)/Schmidt-Assmann, Eberhard (Hrsg.): Verfassung – Umwelt – Wirtschaft. Festschrift für Dieter Sellner zum 75. Geburtstag, München 2010

-, Grundfreiheiten und direkten Steuern? Entwicklung, Kohärenz und Konsolidierug der Rechtsprechung des Gerichtshofes, Deutscher Finanzgerichtstag 2011/2012, S. 73–86

von der Groeben, Hans (Begr.)/Schwarze, Jürgen (Hrsg.)/Hatje, Armin (Hrsg.), Europäisches Unionsrecht: Vertrag über die Europäische Union – Vertrag über die Arbeitsweise der Europäischen Union – Charta der Grundrechte der Europäischen Union, 7. Auflage, Baden-Baden 2015

Voß, Reimer, Europäisches und nationales Steuerrecht, Steuern und Wirtschaft 1993, S. 155–168

Wackerbarth, Ulrich/Eisenhardt, Ulrich, Recht der Kapitalgesellschaften mit Bezügen zum Bilanz-, Insolvenz- und Kapitalmarktrecht, Heidelberg 2013

-, Recht der Personengesellschaften mit Grundzügen des GmbH- und des Aktienrechts, 16. Auflage, Heidelberg 2015

Walter, Konrad F., Rechtsfortbildung durch den EuGH. Eine rechtsmethodische Untersuchung ausgehend von der deutschen und französischen Methodenlehre, Berlin 2009

Walz, Simone/Süß, Stefan, Verfassungswidrigkeit der gewerbesteuerlichen Änderungen durch das Steuervergünstigungsabbaugesetz? Gemeinde und Unternehmer als Spielball des Gesetzgebers, Deutsches Steuerrecht 2003, S. 1637–1641

Wassermeyer, Franz, Die BFH-Rechtsprechung zur Betriebsstättenbesteuerung vor dem Hintergrund des § 1 Abs. 5 AStG und der BsGaV, Internationales Steuerrecht 2015, S. 37–40

-, Die BFH-Rechtsprechung zur Betriebsstättenbesteuerung vor dem Hintergrund des § 1 Abs. 5 AStG und der BsGaV, Internationales Steuerrecht 2015, S. 37–40

- (Hrsg.), Doppelbesteuerung. Kommentar zu allen deutschen Doppelbesteuerungsabkommen, 139. Ergänzungslieferung München 2017

Weber-Grellet, Heinrich, Europäisiertes Steuerrecht?: Stand und Entwicklung, Steuern und Wirtschaft 1995, S. 336–351

-, Europäisches Steuerrecht, 2. Auflage, München 2016

Weber, Albrecht, Europäisches Parlament und nationale Parlamente im Europäischen Rechtsetzungsverbund, Die öffentliche Verwaltung 2011, S. 497–504

Weidenfeld, Werner, Europa gebaut auf Staat und Region, in: Hilpold, Peter (Hrsg.)/Steinmair, Walter (Hrsg.)/Perathoner, Christoph (Hrsg.): Europa der Regionen, Heidelberg 2015, S. 39–48

Weier, Dagmar/Seroin, Patrick, Reform der Gesellschafter-Fremdfinanzierung und der Unternehmensbesteuerung in Frankreich, Internationales Steuerrecht 2005, S. 725–729

Weiner, Joann, Formula One. The race to find a common formula to apportion the EU tax base, EC Tax Review 2008, S. 100–110

Weisbach, David A., The Use of Neutralities in International Tax Policy, National Tax Journal 2015, S. 635–652

Weiss, Benjamin, Die steuerliche Behandlung stiller Reserven im Rahmen des Übergangs auf eine Gemeinsame Konsollidierte Körperschaftssteuer-Bemessungsgrundlage (GKKB), Hamburg 2015

Weiten, Phliipp, (Finale) Verluste aus ausländischen EU/EWR-Direktinvestitionen. Eine Untersuchung zur inländischen Berücksichtigung ausländischer Verluste aus deutscher Steuerperspektive, Aachen 2015

Wellmann, Richard/Junkers, Lars, Die Zukunft des AOA in den Zeiten von BEPS, Internationales Steuerrecht 2017, S. 847–849

Wernsmann, Rainer, Typisierung und Typusbegriff, Beihefter zu Deutsches Steuerrecht (Nr. 31) 2011, S. 72–76

Windbichler, Christine, Eine internationale Landkarte der Personengesellschaften (einschließlich juristische Personen und Gesamthand), Zeitschrift für Unternehmens- und Gesellschaftsrecht 2014, S. 110–138

Witt, Carl-Heinz, Die Konzernbesteuerung. Vorschlag zur Fortentwicklung des Rechts der steuerlichen Organschaft, Köln 2006

Zajicek, Stephanie Alexandra, Körperschaftsteuersysteme in der Europäischen Union: Möglichkeiten und Grenzen einer Harmonisierung, Baden-Baden 2017

Zourek, Heinz, Die GKKB und die Angleichung der Unternehmensbesteuerung in Deutschland und Frankreich, Finanz-Rundschau 2012, S. 763–765

Zülch, Henning/Hendler, Matthias, International Financial Reporting Standards (IFRS) 2017, 11. Auflage, Weinheim 2017

Zweigert, Konrad/Kötz, Hein, Einführung in die Rechtsvergleichung. Auf dem Gebiete des Privatrechts, 3. Auflage, Tübingen 1996

www.ingramcontent.com/pod-product-compliance
Ingram Content Group UK Ltd.
Pitfield, Milton Keynes, MK11 3LW, UK
UKHW021840290926
8980IPUK00005B/557